中國語學研究

開 篇
KAI PIAN VOL.37

鄭張尚芳・楊耐思両先生追悼記念号

中國語學研究 開篇 KAI PIAN VOL.37

目次

论郑张尚芳《上古音系》对《说文》及相关古文字的若干新考订　冯蒸　1

スペシャリストにしてゼネラリスト
　　　　　―鄭張尚芳先生への私的な追悼文　秋谷裕幸　12

追念楊耐思先生　丁鋒　14

民声字と中古重紐　宮内駿　17

切韻における重紐A、B類の合併　太田斎　27

重紐反切における一等上字について　季鈞菲　42

対音資料から見た初唐期の匣母の音価について　―義浄の音訳漢字を中心に―
　　　　　　　　　　　　　　　　　　橋本貴子　67

「趌」の異体字について　高山亮太　81

『新撰字鏡』切韻群に見える「唐韻」系の義注　藤田拓海　87

音韻変化と連綿詞　山内雅幸　95

『御製増訂清文鑑』における漢字音　鋤田智彦　101

古典中国語のテクストをいかに切り分けるか　山崎直樹　111

中国語の引用標識について　劉淼　120

武蔵大学蔵『有圖滿漢西廂記』の錯簡について　荒木典子　133

近代汉语"物品"义词的历时演变与共时分布　汤传扬　140

「箇」の個別化機能と定指"量名"構造　木津祐子　149

一百多年来吴语"没有（无）"类否定词的类型及演变　林素娥　162

关于19世纪宁波方言牙喉音腭化及尖团合流的问题　马之涛　177

上海人の「普通話」に対する言語意識	佐藤直昭	190
东乡县马圩镇方言同音字汇	张勇生 汪玲 张文娟 彭爱华	198
論臺灣海陸客語"再次"義「過」的語法化	遠藤雅裕	221
闽东区方言的｛手指｝义词及其相关的词语	秋谷裕幸	248
広西三江侗族自治県・六甲話の結果構文について	工藤早恵	263
广东吴川吉兆村双语人粤方言同音字汇	邵兰珠	271
現代香港粤語における上声の変異について　—同一話者の経年調査の結果から—	西田文信	292
広東語授与型二重他動構文	横田文彦	299
広東語の起点を表す"在"と"喺"（補遺）	横田文彦	338
＜研究ノート＞中古音と現代広東語の音韻対応と例外（声母篇）	塩田祥大	345
〈翻訳〉Cantonese Primer (16)	竹越美奈子	352
『開篇』創刊の頃のこと	笹原宏之	358
寄古屋先生	徐剛	361
《寒雨詩選》第1011首	野川博之	362
《开篇》所载汉语方言同音字汇目录	《开篇》编辑部	363
『開篇』閉刊の辞に代えて	古屋昭弘	367
開篇総目次		369

论郑张尚芳《上古音系》对《说文》及相关古文字的若干新考订

冯 蒸

（首都师范大学中国诗歌研究中心、文学院，fengzheng@solcnu.net）

O、引言
一、郑张先生的上古音系统简介
二、郑张先生关于汉字构造的新解
三、郑张先生《上古音系》采用认为可信的前人新说例
四、郑张先生《上古音系》根据其古音系统采信《说文》对形声字的解释
五、郑张先生对"柬"系列字构形的新解释
六、郑张先生的"转注说"

O、引言

郑张尚芳先生的《上古音系》（2003/2013）一书是当代汉语上古音研究的一个里程碑式著作，卓然成一家之言。其构拟体系与美国的白一平（1992、2014）、俄罗斯的斯塔罗斯金（1989/2012）殊途同归，有异曲同工之妙，此已为上古音研究者所广泛认同（参冯蒸2010-2011），毋烦赘述。

《上古音系》一书除了在上古音构拟方面有诸多创新性见解外，郑张尚芳先生在系统全面整理全部《说文》谐声系统的过程中，从上古音的系统性出发，发现现行的大小徐本《说文》收字中约有100多个字的六书构造特别是谐声系统有问题，或可商榷，需要对这些字的形声关系重新认定。从现代音韵学的角度看通行本《说文》的这些"讹误"，有些或许是许慎原书固有之误，有些则可能是许慎原本并无错误，而是经过宋大、小徐甚至唐李阳冰修改后所造成的错误。但不管是哪种情况，郑张先生均一一提出了自己的修正意见和看法，可供参考音韵学和古文字学研究者参考。我们认为，由于郑张先生有着自己独特的上古复声母体系和一韵部多元音体系，因而他对《说文》谐声的看法很有参考价值，即使他某些字的看法可能会引起学界的争议，甚至不同意见，也是一件很有意义的事情，可启发我们做进一步的研究。

但是，《说文》中被郑张先生认为是"有问题"的字到底有多少？各字都是什么情况？相关声纽和韵部的分布情况如何？亟有必要加以探讨。但由于《上古音系》中对这些有问题字的讨论散见全书各处，或在正文，或在脚注，或在后附的《古音字表》，检寻不便，难以窥其全豹，对于古音研究和古文字研究均不无缺憾。有鉴于此，笔者把该书的全部此类字汇为一编，重新加以统一编号。并且把郑张先生对这近200多个字的考订分为几种类型分别加以探讨。这对于深入研究郑张尚芳先生的上古音体系，亦不无裨益。本文对此略加介绍，不妥之处，敬请各位专家学者指正。

一、郑张先生的上古音系统简介

这里简单介绍一下郑张先生的上古拟音系统概要：

（一）韵母系统

（1）有6个元音 i、ɯ、u、e、a、o，各分长短： i 脂部　　ɯ 之部　　u 幽部

　　　　　　　　　　　　　　　　　　　　　e 支部　　a 鱼部　　o 侯部

（2）中古一二四等上古为长元音（一四等为锐钝元音互补），三等韵为短元音（那时还不带 i 介音，　仅'麻昔海齐'各韵长元音的三等字前有 j）。二等、三等 B 类前有 r- 介音。

（3）有乐音韵尾 -m、-n、-ŋ、 -l / -i（后变 -i），-w = -u 及 0（开尾），噪音韵尾 -b -d、-g、-gw= -ug，-q / -ʔ、-s / -h 。六对元音可与所有韵尾结合。

乐音尾形成平声，浊塞尾形成入声，-q (-ʔ) 尾可加在乐音尾后形成上声，-s (-h) 尾可加在乐音尾及塞音尾后形成去声（只 -bs -ds 变 -s 再变 -ih 入祭泰夬废，其它都直接变 -h）。上古中后期上声已经以 -ʔ 为主，但为打印方便可仍作 -q 。

（4）音标打印不便时，ʔ 可作 -'；ɯ 可用 y 或 w 代，用 w 时原来的 [w] 改作 v。

（5）分 30 韵部 58 韵类，连塞尾带 -s 为 81 韵类（据 1981《汉语上古音系表解》改一些分部代表字）：

	-0	-g	-gs/h	-ŋ	-u	-ug	ugs/h	-b	-bs/-s	-m	-l/-i	-d	-ds/-s	-n
a	鱼	铎₁	铎₂暮	阳	宵₁宵	药₁虐	药₄貌	盍₁	盍₄盖	谈₁	歌₁	月₁曷	月₄/祭₁泰	元₁寒
e	支	锡₁	锡₁赐	耕	宵₂尧	药₂的	药₅溺	盍₂夹	盍₅荔	谈₂兼	歌₂地	月₂灭	月₅/祭₂祭	元₂仙
o	侯	屋₁	屋₂豆	东	宵₃天	药₃沃	药₆暴	盍₃乏	盍₆会	谈₃赣	歌₃戈	月₃脱	月₆/祭₃兑	元₃算
ɯ	之	职₁	职₂置	蒸	幽₂萧	觉₂肃	觉₅啸	缉₁涩	缉₄位	侵₁音	微₁尾	物₁迄	物₃/队₁气	文₁欣
u	幽₁媪	觉₁睦	觉₄奥	终	×	×	×	缉₂纳	缉₅内	侵₂枕	微₂灰	物₂术	物₄/队₂队	文₂谆
i	脂₂冢	质₂节	质₄谥	真₂	幽₃黝	觉₃吊	觉₆吊	缉₃揖	缉₆摯	侵₃添	脂₁	质₁	质₃/至(至)	真₁

（二）声母系统：（/号后是较晚变体）

（1）有 30 个辅音，其中 25 个为基本声母，j、w 只作垫音，ʔ、h、ɦ 还另作鼻流音的喉冠音：

　　　k 见　　kh 溪　　g 群匣　　ŋ 疑　　ŋh 哭

　　　q/ʔ 影　qh/h 晓　ɢ/ɦ 云匣

　　　p 帮　　ph 滂　　b 并　　m 明　　mh 抚

　　　t 端　　th 透　　d 定　　n 泥　　nh 滩　　l 以　　lh 胎　　r 来　　rh 宠

　　　s 心　　sh/tsh 清　z/dz 从

*ŋh、mh、nh 表送气清鼻音，中古透彻昌、滂敷母字所谐声符为鼻流音的，可依本音分归：rh 獭体郴瘳离、lh 通畅汤滔笞、nh 帑聘慝丑耻退（内声）、ŋhl' 痴、

ŋhj 杵、mhr' 蚤，mh 奓瞗。

**精母 sl'-、邪母 lj-、及知章庄组和部分端组字都来自复声母，见下面说明。

（2）复声母有 6 个后加垫音：-j（在章组和邪母）、-w（在见系合口）；-r（在二等及重纽三 B，加心组后形成生、初、崇母）、-l（在其它等，限于以母来母通谐字）；-r'（塞音化的 r，使喉牙唇音变成知组二等）、-l'（塞音化的 l，使喉牙唇音变成端、知₃ 组，使心母变成精母：sl' / ts）。

*中古章组由后加垫音 -j 各母来：见帮端三组加 j 依发音方法分别形成章、昌、禅、日母，但影组（带 l 或不带 l）的 qlj 变章母，而 qhlj / hlj 变书母，Glj / ɦlj 变船母；lj 变邪母。带清喉冠音的鼻音 hŋj [烧]、hnj [恕]、hmj [少] 也变书母。

**-l' 在端组的分布是：端 pl'、kl'、ql'、ʔl'，透 phl'、khl'、qhl'、hl'，定 bl'、gl'、Gl'、ɦl'，泥 ml'、ŋl'（在鼻流音前 ʔ、h、ɦ 还有别的塞音来源，故 l 前与 q 组分列，单 l' = ɦl' 简化）。

（3）复声母包括 5 类前加冠音（冠音可以是音素或轻短音节）：咝冠 s-、喉冠 ʔ- h- ɦ-、鼻冠 m- n- ŋ-、流冠 r-、塞冠 p-（也可能有 k-、t-）。

*见帮端三组前加 s- 依发音方法变成精、清、从母，影组只 sq 变精而 sqh 变心、sG 变邪。喉冠音使鼻流音变影、晓、云匣，ɦ- 还能使浊 b、g 母脱落。鼻冠音也使浊 b、g、d 母脱落。r- 加在同部位的舌音前也形成知组二等（rd、rl' 都变澄母）。p- 能使喉音形成帮滂母：ph-烹。

（4）音标打印不便时，ŋ 可用 ng 替代，ɦ 可用 H 或 ' 替代。

了解了郑张尚芳先生上古音韵系统后，我们就可以较为方便地理解该书中所涉及到《说文》和古文字的内容，例子很多，下面分类加以说明。

二、郑张先生关于汉字构造的新解

《上古音系》中有一些汉字构造的解释完全是郑张先生的新见解，尚未见前人说过，这里举出如下二例：

（一）《上古音系：古音字汇》："宋 心冬 c1 合蘇統 宋終 sluuŋs 疑林省声（《上古音系》第二版 475 页）

按：《说文》："宋，居也。从宀从木。读若送。〖注〗臣铉等曰：木者所以成室以居人也。"《说文》释宋为会意字，但是其意义不明。大徐的解释也未免牵强。郑张先生把宋解为形声字。但不是从木声，认为是"疑林省声"。并同时列出"湺"卢感切，"倸"苏绀切相比较。

按：宋是冬部字，上古音与侵部关系密切，俞敏先生在《汉藏韵轨》（1948）一文中举了若干汉藏冬部对应例，其中的藏文同源词都是收-m 的，如藏文 dom 对汉语"熊"，藏文 ɦdzoms 对汉语的"众"，藏文 rom 对汉语的"隆"等等。"林"上古音在侵部，收-m 尾，对于"宋"字的构形情况，是一种较为理想的解释。

（二）《上古音系：古音字汇》：氏 禅支 b3 開承紙 氏支 gjeʔ 甲金文象人俯伏手臂下据着地（右下菱形象封土，指胝土命氏，金文省为圆点），以表对氏族份地的礼敬，后转注为坻衹，非乁声（《上古音系》第二版 475

页）。

按：《说文》："氏，……象形，乁声。扬雄赋：响若氏隤。"郑张先生认为氏是象形字没有问题，但是像什么，前人的解释均不可从，郑张先生的说明是：甲金文象人俯伏手臂下据着地（右下菱形象封土，指胙土命氏，金文省为圆点），以表对氏族份地的礼敬，后转注为坻祇，且非乁声。

除此二例外，《上古音系：古音字汇》中类似的例子还有很多，现在摘举数例如下：

(1) 0223 陳 澄真 a3 開直珍 陳真 ₂l'iŋ 同疄见经典，右从敉象布种于山阜，会层列意，非申声 转东

(2) 0250 敕 徹職 d3 開恥力 敕職 thɯg 金文左从束（穜），象下种，同说文㮌（插）地义，而非束声 转东

(3) 0370 宕 定唐 c1 開徒浪 宕陽 daaŋs 说文砀省声，实即石声

(4) 0409 帝 端齊 c4 開都計 帝賜 teegs 甲金文非束声

(5) 0482 尼 影麥 d2 開於革 尼錫 qreeg 金文象轭形非乙声

(6) 0550 氾 奉凡 a3 合符咸 氾談 ₃bom 咸手册据切韵改芝。说文㔾声，疑本水氾溢及人，非形声

(7) 0567 妃 敷微 a3 合芳非 妃微 ₁phul 甲金文从巳从女表育儿之妇，非己声

(8) 0662 甫 非虞 b3 合方矩 甫魚 paʔ 甲文象蔬在田不似父声

(9) 0701 嵌 溪銜 a2 開口銜 甘談 ₁khraam 依韵部当从嵌甘声，非欠声

(10) 0718 羔 見豪 a1 開古勞 羔幽 ₁kluu 甲文为羊小，非照声

(11) 1058 虧 溪支 a3b 合去為 虧歌 ₁khʷral 说文虖声，观声母圆唇则于亦声

(12) 1078 患 匣刪 c2 合胡慣 患元 ₃groon/s 本从串（毌）声

(13) 1120 惠 匣齊 c4 合胡桂 惠至 ₁Gʷiids 说文从叀实叀声，而叀中（屮）声，金文叀非喜亦非専，像橞或橞初文

(14) 1147 即 精職 d3 開子力 即職 ʔsɯg 甲文象即食卩非声

(15) 1580 剌 來曷 d1 開盧達 剌月 ₁raad 金文象刀断束使离散，束非声

(16) 1657 釐 來之 a3 開里之 釐之 rɯ 金文象攴击來麦脱粒，治來亦声，而非未声，來讹未乃转注加里声

(17) 1722 量 來陽 a3 開吕張 量陽 raŋ 金文下从東，上日丮文作口，象估量下种范围，非曏声

(18) 1819 魯 來模 b1 合郎古 魯魚 raaʔ 说文从白煑省声，甲文实会意象鱼在口上表甘美

(19) 1931 留 來尤 a3 開力求 卯幽 ₁m·ru 说文丣声误，金文实卯声

(20) 2109 季 泥先 a4 開奴顛 季真 ₂niiŋ 甲金文象人负禾会收成之意，非千声

(21) 2154 配 滂灰 c1 合滂佩 配隊 ₁phɯɯds 甲金文从酉从卩表配酒，非己声

(22) 2523 尚 禪陽 a3 開市羊 尚陽 djaŋ 说文从向声，金文不似疑堂初文

(23) 2579 聖 書清 c3 開式正 聖耕 hljeŋs 甲金文象人张耳对口会耳聪意，非呈声

(24) 2711 庶 書魚 c3 合商署 庶暮 hljags 甲金文火上为石，石亦声，本炙初文

(25) 2719 奊 生麻 b2 合沙瓦 奊魚 sqʰʷraaʔ 傻晚起分化字，由愚弄来，傻改声旁表妄言，疑本两声

(26) 2750 寺 邪之 c3 開祥吏 寺之 ljɯs 说文之声，文源云象手持改列他人说

(27) 2787 歲 心祭 c3 合相鋭 歲祭 ₁sqʰʷads 甲文戉分化字，说文戌声非

(28) 3169 肖 心宵 c3 開私妙 肖宵 ₂slews 从肉小会消瘦意，小非声，与后起从肉肖声瞿字同源

(29) 3209 信 心真 c3 開息晉 信真 ₁hljins 金文或从人从口，本指操信符传言之信使，故表可信，或从言身声

(30) 3241 欻 曉物 d3 合許勿 欻物 ₁hmɯd 吹火炎上会意，读若忽，炎非声

(31) 3458 疑 疑之 a3 開語其 疑之 ŋɯ 甲金文象人行道回顾迟疑状，金文或加牛声后讹为子，非矢声

(32) 3478 矣 云之 b3 開于紀 矣之 Glɯʔ/Gɯʔ 说文以声，金文从丩矢或为矢声

(33) 3493 迹 精昔 d3 開資昔 亦鐸 ʔsljaag<ʔsleeg 金文籀文本束声归锡部

(34) 3517 諡 船脂 c3 開神至 益至 2 Gligs 说文谥字古声母近兮而讹，玄应引作益声是

郑张先生的文字考订由此可见一斑。

三、郑张先生《上古音系》采用认为可信的前人新说例

此类例子不太多，现举一采用唐兰先生的新说例。

《上古音系：古音字汇》465 页 1083 黄 匣唐 a1 合胡光 黄陽 gʷaaŋ 甲金文象繁市（韨）之围腰绶带，取唐兰释黄为衡绶但不取其厷本字说。非光声

按：《说文》："黄，地之色也。从田从炗，炗亦聲。炗，古文光。"此说不可信。唐兰先生有新释，并且有二说。郑张先生采用了唐兰先生的后一种说法，他说："甲金文象繁市（韨）之围腰绶带，取唐兰释黄为衡绶但不取其厷本字说。"认为非光声。

《上古音系：古音字汇》类似的例子还有，如：

(1) 0512 爾 日支 b3 開兒氏 爾歌 2 njelʔ 说文尒声，甲金文象栏初文，取林义光说

(2) 3895 曾 精登 a1 開作縢 曾蒸 ʔsɯɯŋ 朱芳圃云为甑初文，非形声字

前者取林义光说，或者取朱芳圃说。

四、郑张先生《上古音系》根据其古音系统

采信《说文》对形声字的解释

此类例子不太多，但很值得注意。最著名的例子就是郑张先生采纳了《说文》的哭为狱省声说。

《上古音系：古音字汇》546 页：哭 溪屋 d1 合空谷 獄屋 ŋhoog《说文》狱省声

冯蒸按：《说文》的哭狱省声说需与狱字合观。《上古音系：古音字汇》同页：獄 疑燭 d3 合魚欲 獄屋 ŋog

郑张先生在《上古音系》讨论清鼻音声母时说（第二版 109 页）：

董同龢最早在上古音中构拟清鼻音声母，但只拟了一个[m̥]，不成系统，故为人诟病。李氏拟了成套的清鼻流音系统，这就对了。但李氏所拟变化不整齐，hm、hmgw→xw，hng、hr→x 都变擦音晓母，而 hn、hl 洪音则变送气塞音透母彻母，细音 hnj、hrj 又变擦音书母，使人难以理解其变化机制。郑张(1981、1983)主张将清鼻流音分为二类，其中变擦音的另属於前带喉冠音 h- 的复声母一类：

      hm 悔   hŋ 谑   hn 汉   hr 嚓   hl 哈——后变晓母
      hmj 少   hnj 烧   hnj 摄   hlj 舒——后变书母

而变送气塞音的则自成一套独立的送气清鼻流音声母，它们才是基本声母。其中 ŋh、mh、nh 表送气清鼻音 [ŋ̊ʰ、m̥ʰ、n̥ʰ]，lh、rh 表送气清流音 [l̥ʰ、r̥ʰ]，这套基本声母是超越切

韵系统之外的，所以得按代表字另行取名如下：

  mh[m̥ʰ]抚 ŋh[ŋ̊ʰ]哭 nh[n̥ʰ]滩

  rh[r̥ʰ]宠 lh[l̥ʰ]胎

对于哭字，《上古音系》加脚注说："哭《说文》"从狱省声"。藏文 ŋu、缅文 ŋouɯ、浪速 ŋuk，可见其词根为 ŋ。"前人多怀疑《说文》的哭狱省声说，郑张先生从汉藏比较的角度确认《说文》的说法是正确的。

五、郑张先生对"東"系列字构形的新解释

最有代表性的是郑张先生对東及其5个系列字"重敕陳量曹"的解释，见他撰写的《釋"東"——兼說"重敕陳量曹"中"東"同为種子義》（载《语言》第六卷）一文，这里择要介绍一下。他的这些新解释，也见于所著《上古音系：古音字汇》的相关字条下：

（1）0429 東 端東 a1 合德紅 東東 tooŋ 種（種籽）初文，甲金文象種皮甲坼萌生根芽，参敕字陳字注

（2）4096 重 澄鍾 b3 合直隴 重東 doŋʔ 東转注字，金文从禾東从土，为種（植）初文

（3）0250 敕 徹職 d3 開耻力 敕職 thɯɡ 金文左从東（種），象下種，同说文甾（插）地义，而非束声

（4）0223 陳 澄真 a3 開直珍 陳真 ₂l'iŋ 同敶見經典，右从敕象布种于山阜，会层列意，非申声

（5）1722 量 來陽 a3 開吕張 量陽 raŋ 甲金文下从東，上日甲文作口，象估量下種范围，非曏声

（6）0182 曹 從豪 a1 開昨勞 曹幽 ₁zluu 金文下非曰字，上从二東，象列置眾 种子之器，乃槽初文

  由对一个字形的新解，从而解释了一批字。而且对《说文》的字形提出不同意见，我们认为很有意义。

郑张先生说：对於"東"字构形，旧时代文字学者多相信《说文》所引"官溥说，从日在木中"。但看到甲金文"♦""♦""♦""♦""♦"，字体的中间并非日形，新的文字学家多已不信。况且木中有日何以为东，也与"莫"中有日表太阳西下为"莫"(暮)方向相违。

新说较通行的有 "束"或"橐"初文二说：

林义光说：中不从日，象圆束之形……是"東""束"同字。

徐中舒说，"東"古囊字，……实物囊中，括其两端，"♦"形象之。

不过此两说远不能算得上定论。除了音韵有问题外，而且"束"金文作"♦"，跟"東"的"♦""♦""♦""♦"等形也都不像（甲文有近似束而义为祭名的字，可能不同於束）。

在古文字中，以"東"作构件的可分两类：只有音而没有义的关系的为声旁，与本义分析无关；有音义关系或只有义而无音的关系的，还分见於"重陳敕量曹（♦，小篆从曰二東）"五字的构形中，囊橐说也好，绑束说也好，都不能通释六字，所以更难令人满意。

该文试图另提"東"为"種"字初文说，并以此解通释上述 6 字。

（一）"東"与重

視甲金文"▨""▨""▨""▨""▨",乃象種子发芽甲坼之形,上象芽头,下象根鬚, 中象種子坼裂之種皮,坼紋不一, 故有"▨""▨""▨""▨""▨"好多样式。依形可定"東"字为"種"的初文。種子既植於土而长叶,乃於 "東" 形下标土、上标叶, 又转注分化出 "重"(金文▨)字来表種。後来"東"借为方位名,"重" 再借表轻重,才另造加禾旁的"種"或童声的"穜",此於六书皆为转注(我一贯的主张是,"转注" 指同一字根的变形分化字,分改笔、加声、加形三类。加形旁分化是主要分化方式,故形声字一部分来自转注,而转注字定要音义都与原字相关。参郑张1981、 2001)。

"重"《说文》 说是 "厚也,从壬(挺)東声",厚重何以跟挺义联系,说不清楚。其实"重" 就是"東" 的转注分化字。《诗・豳风・七月》"黍稷重穋"释文:"先種後熟曰重,又作種, 音同。《说文》云:禾边作重,是重穋之字,禾边作童,是種蓺之字,今人乱之已久。"("童"〔*doong〕金文乃从辛目(刺目)、重声,用表童奴的字,从"童"声归根结柢仍是東声)。

"種"有名词(種子)和动词(種植)二义,"東"古与種植义相关则由下节可证。

(二)"東"与敕陳

《说文》 "敕,诚也,㐬地曰敕"。段注:"凡植物地中谓之㐬、或作倳事剚⋯⋯㐬者今之插字,汉人祗作㐬。" 意谓汉代人所云"㐬地"犹今插田播秧。"陳" 之分列义《说文》作敶:"敶, 列也"。段注也引上述释文李巡说,并云 "敕者敶之省,〈素问〉注敕古陳字是也 。"

《廣雅・释詁三》:"敶, 布也。""布"与"陳列種穀"的义解,都来播種。

(三)"東"与量

甲文"量"作"▨""▨""▨",字形上象田块 下象種子(金文下从重,也是指種),正表示以播多少種子计量田块。这也是如今有些民族地区还沿用的方法,例如藏族地去就以可播種一克(25 市斤)青稞種子的土地为一亩,称为一克地。

看了甲文, 就知道 《说文》 说量为 "曏省声" 是不正确的,字上部原来并不是日字。大概因汉代已变为日,许慎说不明白这个会意字的理据,就只好硬找到一个与 "量"〔*rang〕 音近的 "曏"〔*hlang〕来强行解作省声的形声字 。

(四)"東"与曹

"曹"小篆上从二"東"下从曰,《说文》解为"獄之两曹也,在廷東。"用廷東解两東形为曹有点可笑,一廷岂能有两个東?

曹甲文作"▨", 金文作"▨",主体象两種子相偶,下象孔穴,正为两颗或多颗種子播於一穴之形,这恰好表示了每穴所播種子各为组群之义。

郑张先生认为，也只有解"朿"为種字初文，才能通解"朿重敕陳量曹"六字。由此可见郑张先生对古文字的创新性见解。

六、郑张先生的"转注说"

我们认为，郑张尚芳先生对文字学以及词源学的一个重大贡献，就是他的转注说，他的看法见于他的下列论文：

《汉语的同源异形词和异源共形词》，载《汉语词源研究》第 1 辑（侯占虎编），吉林教育出版社 2001 版，179-197 页。

何为郑张先生的"转注说"，一言以蔽之，就是具有字形分化关系的同源字。郑张先生在说："从语言角度说，词源研究只涉及词的音与义的变化。义为词的内涵，音为词的形式。在以拼音文字表示的语言中，文字所记就是词的语音形式，包括历史语音形式，词形和字形是统一的，由形求义和由音求义是一回事。所以他们的词源研究要省力些。在我国，由于在象形文字基础上发展起来的汉字是形音义三分的，字形并不直接表示字音，字形、字音、和词形间的关系错综复杂，在词源研究中厘清这些关系，注意排除字形字音跟词形不同概念的混淆纠缠，相当要紧。字形中有相关表音成分的既有可能是同源词，也可能并不同源。字形毫不相干的倒有可能是真正的同源词。因此如文字学上的"右文说"也只对一部分词有词源学意义，一味扩大就有走《字说》之路的危险。"

郑张先生发现：许慎《说文》对六书的定义和例字，前四书所举例，例字都是同一类型，，象形以"日月"为例，指事以"上下"为例，形声以"江河"为例，会意以"武信"为例，例字都是同一类型，只有转注的定义"建类一首，同意相受，考老是也"，例字一个是象形字（老），一个是形声字（考），所以，许慎转注的含义，应该与前四书不同。他说："转注"指什么长期争论不休，以致一些先生根本否定它是造字法，那是我们不同意的。主张以《说文》同部、互训为转注的说法虽然较流行，但显然不妥。《说文》的分部、训释只是许慎一家之见，依此说岂非换了别人的分部、训释，转注字范围也得跟着他改动，那还有什么客观标准呢。而且分部相训等事与造字也非直接相关。只有太炎先生指出它和同源词孳乳相关最是灼见，惜未限定在新造字与旧字形间须有关联，则是未达一间。如所举"火/ 毁、旁/ 溥、谋/ 谟、空/ 窠、雁/ 鹅"等都是同源孳生词的好例，但既另造字形，新旧字形并无"考老"那样的相承关系。不过所举例中也有个别字形有联系的如"用/ 庸"，他认为这才是符合"考老"那样的转注正例。"转注"正表示原字跟分化字的造字相承关系。

郑张先生从 1981 年以来在有关古音研究的文章中都指出"转注"是同一字的变形分化现象，是以原字形为基础加以变化来表示音义变易（如：聿*lud/ 笔 prud，益 qleg/ 溢 lig，考 khluuq/ 老 ruuq，用 loŋs/ 庸 loŋ，莫 maag/ 暮 maags，队 l'uuls/ 坠 l'uls，閒 green/ 间 kreens，勾 koo/ 句 kos）或单纯义变（如：主/ 炷 *tjoq，勾/ 钩 koo）。而前者既是同一个字的音变，对古音研究当然比别的材料更为可贵，在词源研究方面它们基本上也是比较确定的孳孳词。转注字是大量存在的，不过以前有的常被人视为不屑一顾的"讹变"，有的被称为"分别字""区别字"，一部分又称为"累增字"，未被看作造字法罢了。就

因为未辨明转注的性质，还让人奇怪地猜疑：这些字该归六书那一类？大徐《说文》卷十五下除了有许慎的《叙》和许冲的《进《说文解字》表》外，还有一篇徐铉的序，其中举了 28 个俗书例，认为这 28 字"俗书讹谬，不合六书之体"，郑张先生则认为这 28 个字中，有 21 个都属于他所说的转注字，并不是什么谬误。他说：

徐铉在《进新校定说文表》中列了 28 个"俗书譌谬不合六书之体"的字，其实"个暮熟捧徘徊迴腰鸣慾拣俸鞦韆影悦藝著堅襄池"等 21 字都可属于转注。《说文》草段注"草斗之字俗作皁或皂，于六书不可通。"其实这正是转注之一型。

他认为转注不但"音义"同源，而且"形"也同源。所以，我们可以说，同源字是"音、义"二者同源，转注字是"音、义、形"三者同源。至于转注字的构形方法，郑张先生归纳为下列三种：

1. 加形符
2. 加声符
3. 变笔画

对此他是这样举例说明的：转注字有三大类：

1 变易笔画——[改笔]：句／勾 koo，刀 taau／刁 teeu，皁／皂 zluuq，巳 ljuuq／已 luɯq，鄉 qhlaŋ／卿 khraŋ，陈 l'in／阵 l'ins；借字改的：母 mɯq／毋 maq，鹵／匃 shooŋ，箸 dags 著 tag，tags／着 dag，邪 ljaa、la／耶 la。　[加笔]：大 daads／太 thaads（犹如俗字"行" hang 内加点以别于行 xing 亦用此法），小 smeuq／少 hmjeuq，不 pɯ／丕 phrɯ，史 srɯq／吏 rɯs／事 zrɯs，手 hnjuq／丑 nhuq，亨 qhraaŋ／享 qhlaŋ；借字改的：白 braag／百 praag，人 njin／千 snhiin，（俗借"乂"代义而加点为别为义，亦用此法）。　[减笔]：角 kroog／甪 roog，茶 l'aa／茶 rlaa，沈 hljumq／沉 fil'um，閒 green／间 kreen；借字改的：皁 zluuq／早 sl'uuq，气 khɯds／乞 khɯd。（借"厶"作"某"可能为就"牟"减旁）。

2 加声旁——网/罔 mlaŋq (+ 亡 maŋ)，鬥/鬪 toogs (+ 斲 rtoog)，齿 khjɯq (+ 止 kljɯq)，虫/虺 hŋulq (+ 兀 ŋuud)，晶 sl'eŋ／星 sleeŋ (+ 生 sreŋ)，自 zids (fibljids／鼻 blids (+ 畀 pids)，夕 ljaag／夜 laags (+ 亦 laag)；"凤 blums 鸡 kee 橐 thaag 望 mlaŋs 外 ŋwaads" 则原是象形文加声旁"凡 blom 奚 gee 石 djaag 亡 mlaŋ 月 ŋwad"。"老/考"也属此类。

3 加形旁——令 reŋs／命 mreŋs，七 snhid／切 snhiid，酉 luq／酒 sl'uq，谷 kloog／峪 log，鹵 shooŋ／窗 shrooŋ，午 ŋaaq／杵 ŋhjaq，入 njub／内 nuubs，求 gu／裘 gwɯ，东 tooŋ　重 doŋq（按皆象种子萌发形，下有根或加土）／种 tjoŋq，共 goŋs／拱 koŋqs，衰 srul／簑 sool，万 mlans／虿 mhr'aads，它 hl'aal／蛇 filjaal，臭 khjus／嗅 qhus、qhuŋs，买 mreeq／卖 mrees，责 sr'eeg／债 sr'eegs，景 kraŋq／影 qraŋq，尉 quds／熨 qud、quns，其 gɯ／箕 kɯ，奉 boŋq／捧 phoŋq，亨 qhraaŋ／烹 phraaŋ〈p-qhraaŋ；借字交替：来 rɯɯ／麦 mrɯɯg，冬 tuŋ／终 tjuŋ（冬以终的古文为声旁）。由原字加形旁来分化而音义没多大变的如"復胑纠逆噪得宫宝蜎蕅菓"等更数不胜数，造成一大宗所谓"形声字"。本类还包括改义符的：卓桌，倚椅，称秤……

从表面看，2、3两种都变成了形声字。从甲文"酒俘御祀"、"凤星"等加旁字都已出现看来，这种转注法造的形声字可能还是最先起带头作用的，然后才发展出形声直接结合的形声字。实质上这是两类不同性质的形声字，不能混为一谈，现在必须对形声字一分为二，从来源认真分析，把加声加形来的字辨别分离出来改回转注。有些字因后世音变的厉害，长期以来使人辨不清其源流，由于古音研究的进展现在也可以解决了。……如众所知，午是杵原形，万是虿原形，可声母怎会差得这样大？现知"杵"古音是*ŋhj-而"午"是*ŋ-，"虿"古音是*mhr-而"万"是*ml-，清鼻音变化特殊，就不怪了。俞敏先生曾说"史使：吏"大约是sl- 分的，可"史s-：吏l-：事dz-"中的"dz- 怎么构成的，完全不懂"。现知上古没有塞擦音，dz是中古才由擦音z 变来的（上古邪母不是z，是lj 和sɦ)，"史sr-：吏r-：事zr-"只是擦音清浊不同，就好懂了。

郑张先生说，转注字又可以称为"分化字"。由此看来，郑张先生的转注字理论，与古汉语学界通常所说的"古今字"有类似之处，但是目前的"古今字"理论远没有郑张的系统严密，音理说明也欠充分。郑张先生在上述论文中举了不少相关的例子，而在他的《上古音系》一书中例子更多，现摘举数例如下：

（1）200 撤 澄薛 d3 开直列 徹月 ₂ded 徹转注字

（2）0203 掔 溪先 a4 开苦坚 臣真 ₁khiin 𦥑转注字

（3）0626 封 非鍾 a3 合府容 封東 poŋ 甲文同丰金文加又或寸转注，表封土植木为封疆

（4）0827 峪# 以烛 d3 合俞玉 *谷屋 log < g·loog < ɦkloog 同谷,谷转注字

（5）0978 荄 见皆 a2 开古谐 亥之 kruɯ 亥之转注字

（6）1378 影 影庚 b3 开於丙 京阳 qraŋʔ 古作景，颜之推说葛洪字苑始加彡转注

（7）1417 鞠 见屋 d3 合居六 匊觉 ₁kug 集韵亦作䪥，说文从幸勹言，上加竹为竹声，幸勹为甲文㭬初文，疑即㭬分化字

（8）1450 瞿 见虞 c3 合九遇 瞿鱼 kʷas 眲分化字

（9）1539 克 溪德 d1 开苦得 克职 khuɯɯg 甲金文象人首顶物回手叉腰现示胜任，转注为勊 另列第一类

（10）1657 釐 來之 a3 开里之 釐之 rɯ 金文象攴击來麦脱粒，治來來亦声，而非未声，來讹未乃转注加里声

（11）1672 勒 來德 d1 开卢则 力职 rɯɯg 说文力声，金文或单作革，实革转注分化字

（12）2053 毋 微虞 a3 合武夫 母鱼 ma 母转注字

（13）2241 乞 溪迄 d3 开去訖 乞物 ₁khɯd 气的转注字从乞与从气同

（14）2301 臧 精唐 a1 开则郎 爿阳 ʔsaaŋ 甲文从臣从戈，象以戈刺俘目为奴（杨树达说），后乃加片声为转注字

（15）2608 事 崇之 c3 开鉏吏 史之 zrɯs/ʔ 史吏转注字

（16）2720 帅 生脂 c3 合所類 帅隊 ₂sruds 甲文象双手拭席，后加巾转注

（17）2800 璅 心戈 b1 合苏果 璅歌 ₃soolʔ 转注加玉

（18）3151 卿 溪庚 a3 开去京 鄉阳 khraŋ 鄉转注分化字

（19）3409 鴬 以宵 b3 开以沼 唯宵 ₃gʷiʔ 唯转注字，此音来自《释文》以水反讹本以小反，应以又羊水切为正读，改脂部

（20）3637 酋 從尤 a3 开自秋 酉幽 ₁sglu 酉转注字

（21）3684 茶[#] 澄麻 a2 開宅加　余魚 rlaa 楙，茶转注分化字
（22）3712 舉　見魚 b3 合居許　舁魚 klaʔ/-s 舁转注字，说文从手舁声，汉碑隶变作此
（23）3803 粵　云月 d3 合王伐　粵月 1 Gʷad 金文作亏，隶变转注分化字
（24）3868 皁　從豪 b1 開昨早　早幽 1 zuuʔ 皁字注俗体，折笔以转注分化
（25）4096 重　澄鍾 b3 合直隴　重東 doŋʔ 東转注字，金文从禾東从土，为種（植）初文
（26）4100 種　章鍾 c3 合之用　重東 tjoŋs 重转注字
（27）4112 肘　知尤 b3 開陟柳　肘幽 1 tuʔ < t-kuʔ/klʼuʔ 甲金文象手臂下加指示符，后再加形旁转注
（28）4117 株　知虞 a3 合陟輸　朱侯 to 朱转注字
（29）4170 卓　知覺 d2 開竹角　卓藥 2 rteewG 甲文象猿腾跃出罩高飞远逃，后转注为踔逴趠

他例尚多，恕不赘述。

参考文献

冯蒸 2010-2011：《二十世纪汉语历史音韵研究的一百项新发现与新进展》，（上）载《汉字文化》2010 年第五期 23-37 页。（下）《汉字文化》2010 年第六期 12-30 页。（补正）《汉字文化》2011 年第 1 期 40-44 页。

俞敏 1999：《俞敏语言学论文集》，北京：商务印书馆。

郑张尚芳 1981：《汉语上古音系表解》，浙江语言学首届年会论文（修订本刊 2003），《语言》4 卷，首都师范大学出版社

郑张尚芳 2001：汉语的同源异形词和异源共形词，《汉语词源研究》第 1 辑 179 — 197 页，吉林教育出版社（1999 首届汉语词源学研讨会论文）

郑张尚芳 2003/2013：《上古音系》（第二版），上海：上海教育出版社。

郑张尚芳 2006：《释"东"》，载《语言》第六卷，北京：首都师范大学出版社。

スペシャリストにしてゼネラリスト―鄭張尚芳先生への私的な追悼文

秋谷 裕幸

　中国語歴史音韻学および中国語方言学等の領域で顕著な業績を上げられた鄭張尚芳先生が、2018 年 5 月 19 日、85 歳で逝去された。

　先生は正式な学生をもたなかった。私ももちろん先生の学生ではない。ただ研究領域で重なる部分が多かったため、学会等ではよくお目にかかり、いろいろと教えていただいた。また『高山流水：郑张尚芳教授八十寿诞庆祝文集』（潘悟云主編、郑伟副主編、上海教育出版社、2014 年）に掲げられている著作目録から分かるように、何しろ多作でおられたから、日本にいてもいつも何かしら先生の研究に接していたような気がする。

　私見によるならば、呉語温州方言に対する母語話者としての深い理解、豊富な中国語方言調査の経験、チベット・ビルマ語族等諸言語への飽くなき探究心、そして確かな文献学的素養、これらすべてに由来する人並みはずれて該博な知識が生み出した自由奔放な発想こそが、先生の学問の特徴である。その発想は、中国語歴史音韻学と中国語方言学、ひいてはシナ・チベット言語学の可能性の拡大でもあった。それまで考えることができなかった多くのことを、我々は先生の研究を通じ考えることができるようになったのである。我々はそこに先生のスケールの大きさも感じた。日本人研究者を例にすると、橋本萬太郎先生とよく似たタイプの研究者であったと思う。（平田昌司「面白さの軌跡―『橋本萬太郎著作集』完結に寄せて―」、『中国図書』第 13 巻第 2 号、2-5 頁、2001 年）

　ただし、一点、橋本先生と大きく違う点がある。それは温州方言という絶対的なよりどころを鄭張尚芳先生が有していたことである。最初の論文である「温州音系」（『中国语文』1964 年第 1 期、28-60、75 頁）から「温州方言的轻声变化」（『方言』2007 年第 2 期、103-115 頁）まで、鄭張尚芳先生は一貫して傑出した温州方言研究者であり続けた。精緻をきわめたその記述は我々を完璧に圧倒する。これほどの精緻さをもって記述された中国語方言は他に存在しない。著作目録を一覧すれば明らかなように、温州方言の研究だけでも鄭張尚芳先生は中国語方言学史上に名をとどめたに違いない。

　そして周知のように、先生の中国語音韻史に関する少なからぬ卓見が、この温州方言に着想を得ている。中国語音韻史から温州方言音韻史を俯瞰する、温州方言音韻史に中国語音韻史構築の手がかりを見いだす。スペシャリストにしてゼネラリスト、これが鄭張尚芳先生であった。著書として『温州方言志』（中华书局、2008 年）を残してくれたのであるが、温州方言研究のスペシャリストという面からすると、先生の『温州方言词典』が存在しないことが残念でならない。

　以下、個人的なことを述べさせていただきたい。私は 1996 年以降、慶元方言を皮切りに呉語処衢方言群の調査を開始した。また 1998 年以降は、福建省浦城県の閩北語の調査に着

手した。その時何よりのガイドとなったのが、先生の「浦城方言的南北区分」(『方言』1985年第1期, 39-45頁)であった。浦城県では北部に呉語、南部に閩北語が分布するが、この論文はそのことを明らかにした。県城、臨江、水北街、石陂、観前各地点のデータ、そして県城方言の呉語的性格を明らかにすべく、慶元方言や江山方言等呉語処衢方言群のデータが挙げられている。これらすべての方言のデータは、当時としては驚くほど風変わりに感じられた。閩語以外の方言において舌上音が閉鎖音で現れるといった、今では特段めずらしくもない特徴でも、何かもう衝撃的な感じを受けたものである。毎日のように地図と突き合わせつつ、くり返し目を通した。7頁の短い論文であるから、各方言のデータは数えるほどしかない。しかし、データの少なさがかえって私の乏しい想像力を刺激し、どうしてもこのあたりの方言を調査したくなったのである。まず呉語処衢方言群、次いで浦城県内の閩北語の調査へととめどなくのめり込んでいった。先生のたった7頁の論文が、私の中国語方言調査をかなりの程度方向付けたのである。

　鄭張尚芳先生の訃報に接し、これらの方言の調査報告を是非完成させなければと決意を新たにした次第である。ご冥福をお祈りいたします。
(2019年1月15日、愛媛大学法文学部本館722室、観前方言の同音字表をチェック中に)

追念楊耐思先生

大東文化大學　丁鋒

初春寒風料峭之日，從微信上讀到中國著名語言學家、漢語音韻學家楊耐思先生逝世的消息，驚愕茫然，哀傷不已。先生終身從事科研的工作單位中國社會科學院語言研究所自官網欄目"今日語言學"發佈的訃告全文如下：

中国共产党党员、著名语言学家、中国社会科学院语言研究所研究员杨耐思先生，因病医治无效，于2019年3月5日21时在北京医院逝世，享年92岁。

杨耐思，湖南临湘人，1927年10月20日出生，笔名杨道经。1951年考入中山大学语言学系学习，1954年随院系调整到北京大学中文系学习，1955年毕业，分配到中国科学院语言研究所（1977年以后改称中国社会科学院语言研究所）工作，并考取了中国科学院研究生部首届副博士学位研究生，专业为汉语音韵史，指导老师为罗常培先生、陆志韦先生。1960年毕业后留在语言研究所工作，先后在汉语史组（室）、《中国语文》编辑部、近代汉语研究室从事编辑和研究工作，历任研究实习员、助理研究员、副研究员、研究员。曾任中国音韵学研究会理事、秘书长、学术委员会主任、顾问等职，1986年获北京大学王力语言学奖，1992年享受国务院政府特殊津贴。

杨耐思先生在音韵学、文字改革、语言应用、湘方言、普通话语音规范等多个研究领域做出了重要贡献，尤其是近代汉语音韵与《中原音韵》音系研究、八思巴与汉语音系研究方面，成绩卓著，出版了《中原音韵音系》《蒙古字韵校本》（与照那斯图先生合著）、《近代汉语音论》《近代汉语音论（增补本）》等著作，发表了一系列重要学术论文，在汉语音韵学界产生了重要影响。

杨耐思先生的逝世是语言学界的一大损失，对杨耐思先生的不幸逝世，我们沉痛哀悼！

楊耐思先生的從學時期恰逢建國以來漢語音韻學巨星燦爛的時代，在北京大學接受王力先生的教導後，又跟隨語言研究所羅常培先生和陸志韋先生攻讀學位，在幾位泰斗級大師的門下接受了最完備最系統的學術訓練。楊先生的專業功底集中體現在其成名作《中原音韻音系》（1981年10月，中國社會科學出版社）中，也因此成就了他榮獲1986年王力語言學獎的學術聲譽。前中國音韻學會會長、北京大學著名教授唐作藩先生著文（《評楊耐思〈中原音韻音系〉》，《語文研究》1982年第2期）評價楊著具有取材新、方法新和結論新等特點，"整個研究工作是相當深入的，確有不少創獲，它把《中原音韻》的研究工作推向了一個新的階段。"楊著基於內部分析法剖析十九部所有韻組，基於音位理論嚴格區分音類，基於元代其他音韻資料審視《中原音韻》語音性質，補苴白滌洲、羅常培、趙蔭棠、陸志韋、王力以來

各位先賢之舊說良多，後出轉精。楊著與隨後出版的李新魁先生《中原音韻音系研究》（1983）、寧繼福先生《中原音韻表稿》（1985）、薛鳳生先生《中原音韻音位系統》（1990）俗稱"《中原音韻》研究四大名著"，八十年代《中原音韻》研究盛況的出現與楊先生的首創之功密不可分。

楊耐思先生的另一學術領域是八思巴字學，其開拓始於攻讀研究生學位期間校讀《蒙古字韻》，鑽研俄國學者龍果夫教授相關論作，發表論文《八思巴字對音－讀龍果夫〈八思巴字與古官話〉》（《中國語文》1959年第2期）的五十年代後期。他作為新中國培養的第一代八思巴字學者，在深邃探究八思巴字的語音化問題的同時致力於攻克八思巴字對音韻書《蒙古字韻》的音韻課題，並輻射運用於《中原音韻》的語音系統解析和元代關聯韻書的語音橫向比較研究，以縱觀蒙元時代音韻總體面貌。楊先生的這一學術軌跡貫穿於其大作《中原音韻音系》乃至其後很長一個時期發表的系列論文中。可以說，八思巴字學與元代音韻學渾然一體的完美融通是他生平學術的主線，是楊先生數十年如一日孜孜不倦持續攀登的學術高峰。與此並行，作為漢語音韻學史學大家的楊先生與蒙古語學史大家照那斯圖先生合編出版《蒙古字韻》與八思巴字學的系列論著已成學界合作美好先例，並催化了二十世紀以來新一輪的《蒙古字韻》研究成果與八思巴字文獻考古研究成果的出現，令世人矚目。

楊先生晚年寫作選題廣泛，尤顯風骨，真知灼見，俯拾即是。拜讀其論集《近代漢語音論（增補本）》（2012年12月，商務印書館），多數是先生退休之後的作品，單篇論文刊年以2010年最晚，時年作者已逾八旬。正如作者"增補本後記"所言："我就像一位老農，春播、夏鋤、秋收、冬藏一整套全勞力的農活已然是幹不了啦，可是總喜歡上田間地頭轉轉，情不自禁地幹些力所能及的零星活兒。"先生以農民自許，樂在其中；而"情不自禁地幹些力所能及的零星活兒"正可見其老而不衰筆耕不止自得其樂的學術老人閒雅自適心態。

作為晚輩，筆者與楊耐思先生的交往始於八十年代後期在中國社科院研究生院攻讀學位期間。業師劉堅教授與楊先生同屬語言所近代漢語研究室，學業上多蒙楊先生關懷操心，受益良多。當時《中原音韻音系》已經出版，《中原音韻》的編者周德清的故鄉江西省高安縣正好與我從小生活的上高縣是鄰縣。楊先生和我談起高安話，問我一等厚韻字"狗"是不是讀細音"jiao（上聲）"，確認一等見母字也像二等字一樣產生 i 介音的特殊變異現象。其喜形於色津津樂道的表情神態至今栩栩如生，浮現眼前。

其後我東渡日本求學，九四年回京在北京師範大學王寧教授門下撰寫《琉漢對音與明代官話音研究》一書並交付出版，期間唐作藩先生與楊耐思先生給予珍貴指導，並為拙著賜寫序文，再造之恩無以言表。在京的歲月時常登門北大唐家和紫竹院昌運宮小區楊家，在高層住宅樓裡與楊先生無拘無束作忘年之談，促膝聆聽其人生感言學術話語的片片時光是多麼奢侈，多麼富有，多麼難得！如今思來，物是人非，天各一方，令人扼腕欷歔。

筆者是楊耐思先生的一名弟子，像我這樣接受過先生溫暖提攜諄諄教導慷慨幫助的音韻

人何止百千！先生對學術的忠誠不二鍥而不捨，先生對人生的無私無欲清正淡雅，先生對世間的寬容情懷瀟灑對處，都當成為後人的美好典範而與他的精湛論著敬業精神長存人寰。先生走好。

（先生四月忌日結稿）

民声字と中古重紐

宮内　駿

本論文は、筆者が 2015 年度、早稲田大学大学院文学研究科中国語中国文学コースに提出した修士論文「上古漢語における文字表記の諸相　－戦国出土資料を中心に－」の第3章「民声字と中古重紐」の抜粋である。従って、その段階での内容であることを予め断っておく。

1. はじめに

本章では民を声符とする字（以下、民声字と呼ぶ）が、中古真韻において重紐三等（B類）と重紐四等（A類）に両属する原因を追求する。一般的に中古真韻の重紐三等は文部由来が多く、重紐四等は真部由来が多い。従って民声字は全て重紐四等に配されるべきである。しかし実際には三等に配されるもの（珉…）と四等に配されるもの（民…）に分かれる。この混乱にはおそらく「昏」を声符とする字が多分に影響していると考えられる。「昏」は文部に属していたが、ある時期から「昏」が異体字「昬」を介して「民」と通用するようになった結果であろう。また唐の太宗李世民の避諱のために、本来は「昬」のように民に従う字であった{昏}が「昏」に作られるようになったとする説もあるため、事態をより複雑化させている。これらについて仔細に検討していくこととしたい。

2.　重紐とは

三等韻の中には唇牙喉音声母の場合に限って、同音としか考えられないような重複して出現する小韻が存在する場合がある。従って機械的に反切を系聯させると両者は同一の声母を持つと見なされてしまう。（一、二、四等韻にはこのような現象は見られない）このような、一韻中に現れる、開合を同じくする韻類を反切下字として、なおかつ同じ声母を重複して使用しているような反切をもつ小韻の別を重紐と言う。重紐は、三等韻の支脂祭真（／諄）仙宵侵塩韻で唇牙喉音声母の場合に限られる。（なお『切韻』には諄韻は存在せず、その所収字は真韻に属していたが、『広韻』では基本的に開合の別により真韻と諄韻に分割された。）また平山1967が紹介するように、学説によっては清韻を重紐A、庚韻三等を重紐Bと考えたり、幽韻のうち牙喉音声母をA類、唇声母をB類と見なしたりすることもある。

重紐は『韻鏡』などの韻図では三等に置かれるもの（重紐B類）と四等に置かれるもの（重紐A類）で区別されている。重紐の区別は現代方言に整然とした反映を見出すことはできない。そのため、Karlgrenはその音価の違いを無視して再構したが、実際には、有坂1937/1957により越南漢字音において、唇音声母は、重紐A類でt-, t'-, j-, ny-の如く舌音化[1]し、重紐B類では唇音の性質を保つことを証左として、三等と四等には音価の差異があることが証明されている。また日本語の上代特殊仮名遣いにおいても、ごく少数の例外を

---

[1] 越南漢字音の音価は平山1967に依る。

除いて、重紐B類は乙類、重紐A類は甲類に用いられることが知られている。

3. 上古音と重紐

　中古音における重紐は上古の部に由来する。支韻を例にとれば、三等は歌部由来の字が多く、四等は支部由来の字が多い。同様に、真韻は重紐B類（三等）に文部由来、重紐A類（四等）に真部由来の字が多い。藤堂1980によれば以下の如くである。

　　「真」韻類の3等字[2]：「巾・銀・瑾・彬・貧・䇏・筠・殣」
　　「真」韻類の4等字：「因・賓・牝・民・印・礦」

　これらを引用した上で、藤堂1980は以下のように述べている。（下線部は筆者による。）

> 「真・質」韻の3・4等にも上古の「文」部と「真」部の違いが反映している。（中略）「真・質」韻3等字は、「欣・迄」韻、「文・物」韻などと縁が深く、上古の「文」部系である。「真・質」韻4等字は、むしろ「先・屑」韻と縁が深く、上古の「真」部系である。（中略）<u>多少の例外はあるが、この大勢は明らかに認めてよい。</u>

　藤堂1980が述べるところの「多少の例外」とは、換言すれば「同一の声符を持つ字、すなわち上古で同部であるはずの字[3]が重紐三等、四等に両属する」ということになる。「多少の例外」の典型例と考えられるのは、「民」を声符とする字であろう。「民」は先秦の押韻状況を勘案すれば真部[4]であるから、原則に従えば真韻重紐では四等にのみ出現する重紐A類であると考えられる。ところが、『広韻』所収の民声字[5]は以下のような分布を見せる。（うち「峚」「頣」は『説文』未収）

　　重紐B類（三等）：珉（同音に峚・䪸・頣・笢[6]、鈱がある）
　　重紐A類（四等）：民（同音に泯・怋[7]がある）

　また真韻に相配する上声の軫韻でも同様に民声字が三、四等に両属している。
（うち「䤔」「䟣」「刡」は『説文』未収）

　　重紐B類（三等）：愍[8]（同音に敃、慜がある）
　　重紐A類（四等）：泯[9]（䤔、笢、䟣、刡が同音）

　本章では民声字の三四等両属の発生原因について検討していきたい。特に文部由来の字

---

[2] 藤堂の「～等」は厳密な表現ではないため、実際には「3等に配される字」「4等に配される字」としたほうがよい。
[3] 段玉裁が「同諧声者必同部也。」と提唱して以降、上古音研究は基本的にこれに従う。
[4] 王力、董同龢、周法高は真部とする。李方桂は文／真部に両属させているが、重紐の混乱を反映させた結果であると考えられる。
[5] ただし「昏（或いは𦩍）」を声符とする字（以降「昏声字」）はここでは扱わない。理由は後述。
[6] 「笢」は軫韻重紐A（真部由来）、真韻重紐B（文部由来）に両属している。
[7] 「怋」は『広韻』では魂韻（門と同音、文部由来）に又音を持つ。
[8] 「愍」は『説文』に依れば「敃」声であるが、「敃」が「民」声であるため、宮本・大西2009の述べるところの「二次諧声符」である。
[9] 「泯」は平声と去声を持つ多音字であるが、いずれも重紐A類である。

が相対的に多い重紐B類に属する民声字に関して、主に伝世文献を利用しながら一字ごとに確認することとしたい。

3.1. 重紐B類「珉」

「珉」について『広韻』には「亦作玟瑉碈。」とあり、『大広益会玉篇[10]』にも同様に「珉（中略）作碈或作玟也。」とあり、また「珉」の次の標出字である「瑉」の項には「同上」とある。これらに関連して段玉裁『説文解字注』は「珉」に対して以下のように注している。（太字は説解、下線部は筆者による。）

石之美者。弁師。珉玉三采。从王。**民聲。**武巾切。十二部。按凡民聲字在十二部。凡昏聲字在十三部。昏不以民爲聲也。聘義注曰。碈或作玟。凡文聲昏聲同部。瑉碈字皆玟之或體。<u>不與珉同字。</u>其譌亂久矣。

段玉裁は民声字が十二部（真部）に属し、昏声字、文声字が十三部（文部）に属することからこれらの異体字関係を否定している。しかし{珉}が元来「玟瑉碈」のように文部の字を声符として表記されており、ある時期以降に「瑉」が民声と誤解されて「珉」と省略されて書かれるようになったと考えれば、「珉」が文部に由来する真韻重紐B類に帰属することの説明が容易になるのではないだろうか。

3.2. 重紐B類「岷」

「岷」は『広韻』には「山名。江水所出。亦州名。泰隴西部之臨洮縣也。後魏置岷州因山以為名。」とあることから地名用の字である。「岷」は伝世文献では『荀子』子道篇に見られる、孔子の言葉「昔者江出於岷山、其始出也。其源可以濫觴。」が最古の用例である。しかし『韓詩外伝』巻三は同一内容の箇所を「昔者江於汶，其始出也。不足以濫觴。」に作る。『広韻』では「岷」と「汶」は同音[11]である。また「汶」について段玉裁は以下のように注する。

…漢人崏山崏江字作汶山汶江。以古音同讀如文之故。謂之假借可也。…

また「崏」は『集韻』によれば「岷」の異体字であるという。これらを鑑みると「岷」と「崏」と「汶」は異体字であるといえる。「昏」と「文」の諧声関係についてはいずれも上古文部である。暁母と明母の諧声は基本諧声からは外れるが「海／毎」「黒／墨」「荒／亡」などを考えれば問題ない。（第2章で詳述している。）従って{岷}は古くは「崏」や「汶」に作られ、ある時期（『広韻』から考えれば遅くとも後魏）以降、「岷」と通用するようになったと考えられる。例えば『韓非子』難四は「崏山」に作る。

また、出土文献『上博楚簡・二』容成氏の第38号簡において、{岷山}が「昏山」に作られることも、本来は文部字を声符としていたことの証左となろう。

---

[10] 以下、『玉篇』と略称する。
[11] 但し「汶」には文韻（「文」と同音）、文韻に相配する問韻（「問」と同音）の又音が存在する。

3.3. 重紐B類「䍇」

「䍇」について段注は以下のように述べる。

> 所㠯釣也。所以二字今補。召南曰。其釣維何。維絲伊緡。傳曰。緡、綸也。箋云。以絲爲之綸。則是善釣也。按糸部曰。緡、釣魚繁也。此曰䍇、所以釣也。然則緡䍇古今字。

すなわち民声の「䍇」と昏声の「緡」を古今字（異体字の一種）と見なしている。本来昏声であれば重紐B類に属することも説明が可能になる。

3.4. 重紐B類「頣」

「頣」は説文未収、だが『集韻』では「或从昏」としている。

3.5. 重紐B類「銻」

『広韻』では「鐥」と同音である。『広韻』では両者を異体字とはしていないが『集韻』では異体字であると認めている。

3.6. 重紐B類「㦖」

「㦖」は『説文』によれば「痛也。从心敃聲。」である。『広韻』では同音の「閔」の説解もまた「弔者在門也。从門文聲。㦖、古文閔。」であり字義も近似している。また『尚書』康誥「殺越人於貨, 瞀不畏死, 罔弗㦖」を『孟子』萬章（下）では「閔不畏死」に作る。『詩経』邶風・柏舟「覯閔既多,受侮不少。」を『魯詩』では「閔」を「㦖」に作る。

なお『玉篇』は「瞀」を「敃」の異体字としている。また「敃」に関して段注は以下のように述べる。

> 彊也。釋詁。昏瞀彊也。按説文瞀作敃。冒也。則許所據爾雅作敃。強也。昏字從氏省。不從民聲。自俗寫殽譌。音韵亦亂。玉篇謂敃瞀同字是也。从攴。民聲。眉殞切。十二部。

「敃」が昏声であれば{敃}を、旧くは昏声等の文部の字で表していた可能性がある。これを補強する事例として、徐學炳 2015 が『北大秦簡』「魯久次問數于陳起」の「瞀墨」を{昏晦}と読む可能性を指摘していることを挙げたい。

また陳剣 2004 に興味深い指摘がある。「敃」「㦖」は先秦文献で脚韻となることが極めて少ないため、上古音研究者の多くは「民声」として真部に収めるが、実のところこの二字は中古では「閔」「憫」と全くの同音であり、先秦秦漢の古書では「閔」「憫」と区別無く用いられる。これを根拠として、上古音で文部に収めることが妥当であるという。

3.7. 重紐B類「䇿」（竹＋㦖）

説文未収だが、『広韻』では「箘」に同じという。また『爾雅・釈草』に「箘, 䇿中。」とあり、『釈文』に「箘字或作䇿」とある。（『古字通假會典』では「艸＋㦖」に作るが、楷書では「艸」と「竹」はしばしば混同される。）伝世文献では字書類にしか現われない辟字で

あるが、「簡」が関声[12]であると考えれば、（上古に遡及すれば）文部となる。
　また「懑」という字は、声符を「憨」から、異体字の「閔」に置き換えた字であると言える。

4. 重紐A類「民」「泯」「怋」
　一方、真部を由来とする重紐A類に帰属する民声字はどうか。『広韻』を中心に考えれば、「民」は「文」や「昏」などの文部に帰属する声符を持つ異体字は存在しない。「泯」は『康熙字典』において「滑」の省略体であるとしているため検討する。また「怋」は『広韻』において魂韻に又音を持つ。魂韻は先述の通り基本的には文部由来であるため当該字についても検討が必要である。

4.1. 「泯」
　『康熙字典』では「滑」について「亦省作泯」とするが、これは昏と民の混乱以降であろう。また「春秋宋閔公，魯閔公」を『史記』宋魯世家では「滑公」に作ることから「閔」に通ずる。やはり「昏（昬）」を声符とする文部系統の字であるといえよう。
　一方「泯」は『説文解字』では「滅也。」とされ、藤堂1965が指摘するように物部「没」と陽入対転の関係にある。このことから分かるように「泯」と「滑」は来源の全く異なる字であろう。
　また「泯」は出土文献にも現われる。例えば、『上博楚簡・六』「用日」の「泯＝之不達[13]」や、包山楚簡147号簡「宋献為王具鹵於泯爰」などである。いずれも押韻箇所ではないため、読音の特定は困難であるが、いずれも如字に読むのが一般的である。

4.2. 「怋」
「怋」は魂韻（門と同音、莫奔切）の音も存在する。

> 恨也。从心。民聲。呼昆切。按古音當在十二部。讀若民。如今音則與惛無別矣。

　なお、「惛」については以下の通りである。

> 不憭也。憭、慧也。从心。昏聲。呼昆切。十三部。

　大徐本の反切が同一であることから分かるように、ある時期以降に「怋」と「惛」の音の区別が消滅し、「民」と「昏」の混乱に伴って、「怋」が文部由来の魂韻と真部由来の真部重紐A類に両属した可能性がある。

5. 昏声と思われる字「輯」の重紐A類所属
　今までとは逆に、上声軫韻の重紐A類には「輯」が含まれる。「輯」を昏声字と考えるならば文部由来の重紐B類に属さなければならない。

---
[12] 「閔」は声符が二つある可能性が指摘されているが、「門」「文」いずれも文部であるため、本論文では取り上げない。
[13] ＝は、実際には字の右下に配される重文符号。ここでは同一字の反復を意味する。

しかし実際のところ「輽」は先秦文献には一切見えず、伝世文献に見られる最古の用例は「軛」で『釈名』釈車に「軛，罔也，罔羅周倫之外也。關西曰輭，言曲輭也。或曰軛，軛，緜也，緜連其外也。」とある。ここからも分かるように辟字である。『康熙字典』によれば「輽」は「俗作軛。通作軛。音義丛同。」という。本来は「輽」（或いは「輽」）という字は存在せず、代わりに「軛」のみが存在しており、ある時期以降に混同されたと考えれば重紐A類でも問題はなくなる。

6. 民声と昏声

上述してきたように民声と昏声が混同される例が多数ある。段玉裁は『説文解字注』において民声と昏声は来源が異なることを繰り返し主張する。試みに「昏」の段注を挙げれば以下の通りである。

> 昏字於古音在十三部。不在十二部。昏聲之字。蠠亦作蚊。瞖亦作岐。敃亦作忞。昏古音同文。與眞臻韵有斂侈之別。字从氐省爲會意。<u>絕非从民聲爲形聲也</u>。蓋隸書淆亂。乃有从民作昏者。俗皆遵用。唐人作五經文字乃云。緣廟諱偏傍。準式省从氏。凡泯昏之類皆从氏。以昏類泯。其亦偵矣。呼昆切。覔韵者、文韵之音變。一曰民聲。此四字蓋淺人所增。非許本書。宜刪。<u>凡全書内昏聲之字皆不从民。有从民者譌也</u>。

また『六書音均表』でも民声は十二部（真部）、昏声は十三部（文部）であると述べ、その主張は首尾一貫している。しかし頼1957は以下のように、段玉裁の部分けを批判する根拠として「民」と「昏（昏）」の関係を挙げている。

> 例えば段玉裁は第十二部（真部・en）と第十三部（文部・ən）との分割に当っては、「民」（第十二部）と「昏」（第十三部）との関係を、かなり無理して絶ち切らなければならなかった。

また藤堂1965においても以下の如く「昏」を民声と見なしている。

> 民声は一般に上古の真部に属するが、しかし民の諧声系列に属する昏・婚などは一括して上古の文部に入る。民－昏は著しく発音を異にするようだが、これもmの無声化したm̥がhに変わっただけで、勿（m）－忽（h）の対応と全く同様である。
>
> 昏はもと「日＋民声」の字であった。上部の民を氏に書きかえたのは、唐代のことで、唐の太宗李世民の民の字を諱んだためである。

本章は「民」と「昏」が上古において全く異なる来源を持ち、「昏」が「昏」を通じて民声字と誤解された、という推論が成り立った上で初めて成立するものである。果たして「昏」と「民」の関係は如何なるものか。以下、甲骨・金文・戦国出土資料を用いて通時的に見ていきたい。

6.1. 「民」と「昏（昏）」

「昏」と「昏」の関係について、『大漢和辞典』では以下のように説明する。

> 「昏」昏に同じ。唐の太宗の諱を避けて昏に作るといふ。一説に、昏の俗字。

「昏」が太宗の避諱の結果として誕生したとする説は、由明智2002によれば、唐の張参『五経文字』が起源であるという。

6.2. 甲骨・金文における「昏」

「昏」は甲骨より見られる。甲骨では、原義の「黄昏」を示す。朝を表す「旦」と対比的に用いられることが多い。

例「郭（郭沫若は「覃」に作る）兮至昏不雨。」（粋715[14]）

甲骨： （粋715／合29794）

なお当該字について、郭沫若は「昏」字の段注を引用した上で、「知殷人昏字實不从民，足証段氏之卓識，而解決千載下之疑案矣。」と述べ、「昏」は民声ではないと見なしている。

6.3. 甲骨・金文における「民」

「民」は甲骨より出現し、尖った刃物で目を傷つけることの象形である。

甲骨：　（乙118／合20231）　金文：　（冊尊／西周早期／集成6014）

金文でも甲骨の形状を継承している。従って甲骨・金文の段階では両者が混同されることはあり得ないと思われる。なお金文では、白川1996によれば、新しく服属した民をいう語となったという。その字形は眼球に入れ墨する象形であるという。また興味深いことに、白川は「臣」（大きな目の形）と「民」（その目を刺す形）の字形の類似性を指摘している。音声面でもいずれも上古真部に属する。

6.4. 楚簡における「民」「昏」

民：　（『上博楚簡・一』孔子詩論）　　（『郭店楚簡』老子甲）

昏：　（『上博楚簡・二』容成氏）　　（『郭店楚簡』老子乙）

楚簡においては「民」の字形にはバリエーションが存在するものの、この段階でも「昏」（の上部）と形状が混乱することはないと言える。

---

[14] 粋は郭沫若『殷契粋編』の略称。715は通し番号。

6.5. 秦簡における「民」「昏」

民： 『睡虎地秦簡』語書

昏： 『睡虎地秦簡』日書乙　　『関沮』

秦簡では{昏}を「昬」に作るようになる。これについて、陳偉武2014は楚簡と秦簡の用字習慣を比較した上で、「楚簡昏字从氏得聲，秦簡从民得聲。」と結論づけている。しかし実際には「氏」（禅母支部）が「昏」（暁母文部）の声符ということは声母・韻母の面から考えてあり得ない。

また呉振武1991、黄文杰1998、郭永秉2008などが指摘するように、秦漢では「氏」と「民」がほぼ同形に書かれるようである。ここに「昏」を民に従う字と誤解した原因があったのではないだろうか。

6.6. 漢代における「民」「昏」

馬王堆帛書『老子』でも秦簡と同様に、{昏}を「昬」に作っている。

民：　（『馬王堆帛書』老子甲）

昏：　（『馬王堆帛書』老子乙）

また漢の石経でも「昏」は「民」＋「日」に作られる傾向が強い。

羅常培・周祖謨1958によれば、字形の面だけではなく、漢代には真部と文部が合流していたという。従って「昬」の上部にある「民」が声符として再解釈された可能性が高い。

【補1】　「蟁」

朱駿声『説文通訓定声』に依れば、『説文』所収の民声字は「民」を含めて八字[15]（民、珉、敃、笢、罠、怋、蟁、愍）ある。そのうち「蟁」を除いた全ての字が中古真韻（または相配する上声の軫韻）に属する。「蟁」は中古文韻に属すが、先述のように文韻の由来はほぼ文部に限られる。

なお「蟁」の説解は以下の通りである。

> 齧人飛蟲。从䖵民聲。蟁，蟁或从昏，以昏時出也。蚊，俗蟁从虫从文。無分切【注】蚊，『集韻』亦作䘆、蠢。螡，『直音』同蚊。

「蟁」は「蚊」の異体字であるため文声とも解釈できる。また「昏」に従うと考えれば昏

---

[15] 『説文解字注』によれば、「眠」はもと「冥」に従い、「冥」は声符でもある会意兼形声字。なお、中古では先韻に属す。

声である。いずれにせよ上古は文部に由来すると考えてよいと思われる。なお「蚊」は金文（亞矣鼎／殷代晩期）に用例があるが、固有名詞であるため読音は不明である。

【補2】 民声字以外の三四等両属字

　民声字以外にも真韻における「多少の例外」が存在する。例えば「因声字」である。「因」は上古では真部に属する。

　重紐B類（三等）：㵆・駰
　重紐A類（四等）：因

　「㵆」を『説文』では「㵆」に作る。『広韻』では両者は異体字であるという。その用例は『詩経』「商頌・那」の「鞉鼓淵淵」を『説文』の引く『詩』で「鼗鼓㵆㵆。」に作る一例のみである。「㵆」「㵆」は異体字の関係にあると言える。しかし㵆は因声字にも拘わらず中古音で合口的に発音される[16]極めて特殊な例であるため、「㵆」が本来の字形である能性が高い。

　「駰」は『経典釈文』毛詩に「旧於巾反, 読者並音因。」同爾雅に「字林乙巾反, 郭夾珍反。今人多作因音。」とあり、重紐A類、B類に両属する。これについて辻本1954は「時代によってA類B類の所属がかわる」としている。

7. 本章の結論

　本章では民声字と重紐の関係を見てきたが、重紐A類B類の混乱する原因は、「昏」が介在しているとみて問題ないと思われる。また秦代に「民」と「氏」の字形が混同することで「昏」という字形が生み出された。加えて漢代に真文部が合流したことで上部の「民」が声符とみなされるようになった。更に唐代・李世民の避諱の影響で、字形だけの混乱ではなくなったようである。

8. 今後の課題

　民声字の他にも重紐でペアとなるものが声符を共有している例がある。太田2013は以下のように述べる。

> 有坂秀世『カールグレン氏の拗音説を評す』の対立例を見ると、(1), (36), (37), (41), (52), (62)はそれぞれ対を成している双方が同一声符『皮、民、因、必、喬、音』を共有している。また『広韻』を調べると、例えば侵韻入声緝韻で、『邑悒裏浥』などが影母B類であるのに対し、『挹』は影母A類となっている、というような例も見られる。

　太田2013の指摘する、同一声符を持ちながら重紐の対立をなすペアを挙げると以下の通り。（番号は有坂1937/1957に基づく）

(1) 鈹（敷羈切）跛（匹支切）共に支韻開口滂母
(36) 珉（武巾切）民（彌隣切）共に真韻開口明母

---

[16] 中古だけでなく現代普通話でもyuān（ピンイン表記）のように合口となる。

（37）䪴（於巾切）因（於真切）共に真韻開口影母
（41）密（美畢切）蜜（禰畢切）共に質韻開口明母
（52）趬（起㬢切）蹻（去遥切）共に宵韻開口渓母
（62）音（於金切）愔（挹淫切）共に侵韻開口影母

　本論文では中古真韻（特に民声字）に特化して追究したが、今後その他のペアについて検討していきたい。

参考文献
・日本語文献
有坂 1937/1957：有坂秀世「カールグレン氏の拗音説を評す」（『国語音韻史の研究 増補新版』三省堂／1957年。もと 1937-1939年）
辻本 1954：辻本春彦「いわゆる三等重紐の問題」（『中國語學研究會會報24』／1954年）
頼 1957：頼惟勤「中国における上古の部と中古の重紐」（『国語学』第28輯／1957年）
藤堂 1965：藤堂明保『漢字語源辞典』（学灯社／1965年）
平山 1967：平山久雄「中古漢語の音韻」（『中国文化叢書 1言語』所収、大修館書店／1967年）
藤堂 1980：藤堂明保『中国語音韻論』（光生館／1980年）
諸橋轍次『大漢和辞典』（修訂第2版／鎌田正・米山寅太郎 修訂，大修館書店／1989年）
白川 1996：白川静『字通』（平凡社／1996年）
宮本・大西 2009：宮本徹・大西克也『アジアと漢字文化』（放送大学教育振興会／2009年）
太田 2013：太田斎『韻書と等韻図１』（神戸市外国語大学研究叢書52／2013年）
・中国語文献
羅常培・周祖謨 1958：羅常培，周祖謨合著《漢魏晋南北朝韻部演變研究》，科学出版社，1958年
呉振武 1991：〈釈战国"可以正民"成语玺〉，《湖南博物館文集》，岳麓书社，1991年
黄文杰1998：〈氏民辨〉，《容庚先生百年诞辰纪念文集》，广东人民出版社，1998年
由明智〈论昏字与昬字的关系〉，《古汉语研究》，2002年第2期
郭沫若《殷契粹編》（《郭沫若全集・考古編》第3巻，科学出版社，2002年）
李开〈论上古韵真、文两部的考古和审音〉，《南京师大学报》（社会科学版）第4期，2004年7月）
郭永秉 2008：〈馬王堆漢墓帛書《春秋事語》補釋三則〉，復旦大學出土文獻與古文字研究中心《出土文獻與古文字研究》（第二輯），復旦大學出版社 2008年
李开〈《广韵》重纽在古音构拟中的解释〉，《语言研究》（第32卷第4期，2012年）
陳偉武 2014：〈楚簡與秦簡用字習慣的若干比較研究〉，裘錫圭等編《承繼與拓新：漢語語言文字學研究（上卷、下卷）》商務印書館，2014年
李健強〈重紐字的諧聲關係與上古音構擬〉，《國學學刊》第3期，2015年
徐學炳2015：〈北大秦簡《魯久次問數于陳起》補釋〉，2015-04-21，簡帛網

切韻における重紐 A、B 類の合併
太田　斎（神戸市外国語大学）

1.切韻系韻書の増補改訂で見られる重紐韻の合併
　重紐の対立について切韻系韻書諸テキスト間における重紐韻の異同を見ると、広韻においてそれ以前のテキストでは区別のあったものが、合併されているという例が見られる。挙例に当っては掲出字を太字とし、反切と小韻所属字数のみを挙げ、義注は一切省略する。又切はときに提示するが、網羅的ではない。推定原本切韻及び各テキストは李永富1973を用いる。以下で特に区別する必要が生じない場合は、平声の韻目を以て四声相配する他韻を代表させ、去声のみの韻については その韻目名を用いる。

1)幽韻暁母小韻
原本切韻　**A 飍**　香幽反。又風幽反。一。
　　　　　B 烋　許彪反。一。
切三　**A 飍**　香幽反。又風幽反。一。
　　　B 烋　許彪反。一。
王一　**A 飍**　□□□……
　　　B　（缺損）
王二　**A 飍**　香幽反。又風幽反。一。
　　　B 休(>烋)　許彪反。一。
王三　**A 飍**　香幽反。又風幽二反。一。
　　　B 休(>烋)　許彪反。一。
廣韻　**飍**　香幽切。又風幽切。二。　　**烋**　又火交切。
　　　　　　　A　　　　　　　　　　　A<B

　董同龢1948, p.17に見られるように幽韻を重紐韻と見做さない説もあるが、本稿筆者は唇音字が軽唇音化していないので、重紐韻と見做す立場をとる。この立場では、唇音字は全てB、牙喉音字は上掲の「烋　許彪反」以外は全てAと見做し、韻図で三等に置くべき唇音字が一律四等に配されるのは、強引に C 類の尤韻と一枚の転図に収めるため、尤韻唇音字に三等の欄を譲り、便宜的に空欄の四等に間借りさせた措置とする。上掲暁母小韻の各テキスト間の異同を対照すると、原本切韻由来のA、Bの対立は、広韻においてA類小韻として一つに纏められたことが分る。この合併により、Bであった「烋」の帰属が変わった。なお王三の釈文に「加火失」とあるのは、「休」の字体が正しいという意味であろうが、この字は尤韻に収録されているので、「烋」が本来と見做し、「休」は省体として用いられているものと考える。
　広韻のみに頼って幽韻の重紐の帰属を判断すると、この合併の影響により、双方が実在する対立例が皆無となるばかりか、類相関の結果がそれ以前の両者を区別するテキストと大きく異なることになる。これについては太田2016, pp.225-226で指摘した。今は改めて検討することはせず、両者を区別するテキストに拠り論を進める。以下、合併されている例においてのみ A 類は＿＿、B 類は＿＿、C 類は＿＿を附して接合情況を示す。
　{ }で括られた字はそれで一字で、その中にある二字を組合せた字形であることを意味する。xは上下に組み合わせるということ。実際の字体の画像は末尾にテキストからペーストして掲げている。なお幽韻において実際に対立が見られるのは、上掲の平声暁母の一例のみであるが、増加小韻を除去して考えれば、侵韻でも平声、入声の影母においてのみ、鹽韻においてもやはり平声、上声、入声の影母の場合に限られる。このこと

は既に董同龢 1948, p.1,pp.17-18 で指摘され、同論文はこれらの韻を重紐韻と見做すことには慎重である。

2)職韻影母小韻

原本切韻	C 憶 於力反。九 臆 億 繶 醷 澺 檍 譩 薏			8/422/13
	B <u>抑</u> 於棘反。一			8/433/6
英倫	C 憶 於力反。十。 臆 億 繶 醷 澺 檍 ……(缺損)……			
	B <u>抑</u> 於棘反。一			
王二	C 憶 於力反。九。 臆 億 繶 醷 澺 檍 譩 薏			
	B <u>抑</u> 於棘反。二 {抑 x 土}		({ }の字は末尾参照)	
王三	C 憶 於力反。十二。 臆 億 繶 澺 醷 檍 薏 譩 音 {革意}(=䪝) 樿			
	B <u>抑</u> 於棘反。二 抑			
刊	C (缺損)			
	B <u>抑</u> 於棘反。三……(缺損)……			
唐韻	C 憶 於力反。十加一。 臆 億 ……(缺損)…… 醷 澺 薏 䪝 譩			
	B <u>抑</u> 於棘反。一			
廣韻	C 憶 於力切。十七 億 臆 肊 音 繶 醷 澺 薏 菣 譩 䪝 檍 樿 <u>抑</u> <u>𢦏</u> 癔			
		|C<B|	

この職韻影母小韻の場合はC類とB類が合併して、B類がC類と変化した。廣韻だけに見られる合併なので、唐代以降のB類とC類の合流という音韻変化を反映したものである可能性もないではないが、平山 1966,1972 により、中古音を反映する敦煌毛氏音残卷でもB、Cの混在が認められることが明らかにされているので、その考えは採らない(1)。一韻中にBとCの対立が見られるのは蒸-職以外には無い。C、Bの接合情況を示すと、以下の通り：

原本切韻　　C 憶 於力反。九 臆 億 繶 醷 澺 檍 譩 薏
　　　　　　B <u>抑</u> 於棘反。一
廣韻　　　　憶 於力切。十七 億 臆 (肊 音) 繶 醷 澺 薏 (菣 譩 䪝) 檍 (樿) <u>抑</u> (<u>𢦏</u> 癔)
　　　　　　　　　　　　　　　C　　　　　　　　　　　　　C<B　C

広韻の（ ）で括った掲出字は恐らく広韻において加えられたと考えられる増加字である。「癔」は合併後に新たに加えられた増加字であろう。

以下は元々が対立する類を欠いていたが、増補の過程でその類に属する字が加えられたと考えられる例である。その類の小韻が存在しないために、一種の「寄韻」のような便宜的手続きによる増加字の可能性もある。この他、唐代以降の真-殷合併（B、C合流）を承けて、中古殷韻（C類）群母字であったもの(2)が、真韻群母B相当としてつけ加えられた可能性もあるが、本稿ではA、B合併の一例と見做す。

原本切韻　殣 巨巾反。二。　　堇　　　　1/227/14
切三　　　<u>揯</u>(>殣) 巨巾反。二。　　堇
　　　　　　B
王三　　　<u>槿</u>(>殣) 巨巾反。又己陵反。三。　　堇 䢷
　　　　　　B　　　　　　　　　　　　　　　　　B<A
廣韻　　　<u>殣</u> 巨巾切。五。　　𢷤 堇 墐 䢷
　　　　　　B　　　　　　　　　　　B<A

廣韻諄韻増加小韻　趣　渠人切。又去忍切。一。

　王三と広韻の群母 A 小韻は他の切韻系韻書テキストには見えない増加小韻である。「菫」声は文部開口（＞真 B/k-）であるのに対し、「鮂」は真部開口で、中古真 A となるべきところであるが、原本切韻真韻には群 A 小韻は開口、合口ともに存在しない。恐らく、本来群 A 小韻として位置づけられるべき「鮂」は群 B 小韻の中に入れられてしまった(3)。その後で広韻においては合口韻の諄韻に群母小韻が増加小韻として加えられた。真-諄は開合の別による分韻のはずであるが、例外が散見する。「渠人切」は C ＋日（開口韻を表していると見做すのが一般的）で、この反切は類相関の観点から重紐 A、B のいずれであるかを判断するには自明ではない。この増加小韻は別に群 B 小韻があるからということで、切韻において重紐韻として対立するものであるならば、残る A 類と見做さざるを得ないが、「穜」と同音の可能性もあり、そうであるならば、「穜」小韻の増加字として処理すべきものということになる。なお反切上字「巨」、「渠」は共に遇摂字で、遇摂上字は下字が開口字であっても、帰字が合口となる場合がある。そのため、「穜」と「趣」は共に開口とする以外に、共に合口と見做すことも、開合を異にするとも見做すことができる。

2.原本切韻編纂時における合併

　以下に取り上げるのは、六朝以前にあった A、B の区別が、原本切韻において合併されたと考えられる例である。つまり切韻が依拠したいわゆる五家韻書（のいずれか）においては区別されていたが、切韻で合併されたと想定することが可能なものである。これまでに紹介した切韻の増補改訂の中で行われた A、B の合併の現象が、原本切韻で既に見られるということを意味する。現在においては五家韻書は極僅かな逸文しか残っておらず、王一、王二、王三などに残る韻目下注からは分韻に関しての情報は得られても、重紐の区別についての情報は得られない。そこで上古の分部との対応関係から、重紐の帰属に例外的性質が見られるものを採り上げて、整合性を追求する中で、重紐韻の合併について検討を加えて行きたい。
　先ずは宵韻去声笑韻の例である：

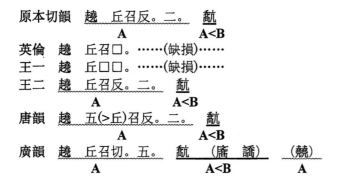

　広韻の「競」は恐らく「趬　丘召切。五。　鼽」に「旛　譑」が付け加えられた後に更に付け加えられたものであろう。この想定が正しいとして、「鼽」の本来の反切がいかなるものであったか不明である。上古分部で「堯」声のものは宵 A、「喬」声のものは宵 B へと変化することから、とりあえず「趬」に附された「丘召（反/切）」を A を代表するそもそもの反切と見做し、B の方の反切は不明「？？反」として説明することにする(4)。そうすると、切韻以前と対照して、以下のように示すことが出来る。

本来　　A　越　丘召反。
　　　　B　䶅　？？反。

改訂後　　　越　丘召反。二。　䶅
　　　　　　A　　　　　　　A<B

　実のところ、「丘召（反/切）」もC+章という組合わせにつき、類相関の観点から見て、帰字はAである可能性が比較的高いとは言え、AかBかは自明ではない。このことはA、B合併で帰類が不確か、或いは音価が不安定であったことの表れとも考え得る。A、B合併の例に附された反切にA、Bの帰類が分明でないものが少なくないことは以下の例でも確認できる。
　次はまた職韻の例である。

原本切韻　殛　紀力反。四。　恆　襋棘　　　　　　8/424/14
英倫　　　…　襋　棘　蕀
王二　　　殛　紀力反。八。　恆　襋棘極蕀璛　苟
王三　　　殛　紀力反。六。　恆　襋棘蕀棱
唐韻　　　殛　紀力反。六加二。恆　襋棘亟璛
廣韻　　　殛　紀力切。十一。　恆　襋棘亟璛憾棱蕀苟誋

　これについては太田2017, pp.22-24で述べたことをここで繰り返す。「亟」声と「棘」声は共に上古之部入声に所属するが、後者の一部の「棘」、「襋」等は後に麥韻、昔韻に変化する「朿」声と誤認され、佳部入声相当と見なされて、一時期A類の字音となっていたのではないかと考える。「朿」声は舌歯音に限られ、牙喉音字の例は見られないので説得力に乏しいのだが、この部には後に職韻へと変化する「寔」（常母字。これも牙喉音字ではない）が含まれている。或いは「棘」、「襋」等は「即」、「抐」、「抑」と同様、本来脂部入声に属していた字音があって、それが例外的に変化したものか。切韻系韻書の中ではP2014-9（十韻彙編中の「刊」）にしか見られないのだが、「日　而職反」という所属字1字のみの小韻も職韻に収められており(5)、韓愈の詩「古風」にも職韻字相当として「日」を使用する押韻例が見られる(6)。「棘」、「襋」等もこれと同じルーツを持つものであったならば、中古音以前までは職A相当だったということになる。それが後に所属を変えてBになったと言う事だろう。現在のところ上古の所属の例外的変化の理由を明らかにできていないのだが、整合性を追求していくと、見母小韻もまたC類韻と重紐韻Bとの合併と考えると矛盾無く全体の説明が可能となる。広韻などは増補の過程がかなり複雑なように見えるが、切韻前と切韻との間では以下のような情況が想定できる。推定反切は切韻に論拠を求めることができないので、とりあえず、説明の便のために玉篇に現れるB相当反切を代用する。

原本切韻前　　　C　殛　*紀*力反。二　　恆
　　　　　　　　B　襋　*居*抑反。二　　棘
推定切韻原文　　　　殛　紀力反。四　　恆　襋棘
　　　　　　　　　　C　　　　　　　　　　C<B

　このように考えると、切韻において先に取り上げた、二つの影母小韻のうちの「抑　於棘反」とこの「襋　*居*抑反」そして疑母の「嶷　魚抑」（上田1975、李永富1973の推定に拠る）は系聯して一グループを成し、それはB類と考えられる。

蒸・職韻は所属字が少なく、そして例外的な変化をしているものが多い。ここで取り上げた職韻の「抑」それに「即」、「扱」、「寔」、「日」も如上の推測が正しいとすれば、皆、脂部入声に所属するものであった。繰り返しになるが、「抑」は重紐の帰類が「一」（→質韻影 A）同様なら A 類相当とせねばならない所である。敦煌毛詩音を全く考慮に入れずに切韻と上古分部だけを取り上げて議論するなら、職韻において重紐 A、B の対立は失われて、或いは対立する影母 B を欠くが故に音声的に不安定で、本来 A であった「抑」は該当字の無い B 類に変化し、唐代以降になると B、C の合流で今度は B たる痕跡さえも失うことになったと言う風に考えることができるのではないか。

3.韻図の場合
第 6 転脂旨至を例に

脂旨至韻所属の重紐字は他韻の場合に比して、上古分部との対応関係はかなり複雑で(7)、董同龢 1948, pp.13-14 の指摘するところを唇牙喉音について大まかに示すと、以下のようになる。

      上古脂部陰声開口＞脂 A
      上古微部陰声開口/合口＞脂 B
      上古之部陰声合口＞脂 B(8)

例外とされるもののなかには、適応範囲の極めて限定的な音韻変化と見做すべきかも知れないものも含まれることになるが(9)、以下ではそれらを含め、以上の対応通則に沿って見て行く。韻鏡における配置（三等＝B：四等＝A）を見ると、この通則とズレているところがある。なお以下の右端の変化式では重紐の帰類は、現実には必ずしも一致しないが、諧声符の使用情況から見て、上古との対応からすれば、かくあるはずということで、A、B に * を附している。

今、増加小韻を一切無視することにして、具体的に例を示すと以下の通り：

開口
聲	母	等	例字	変化
平聲	明	三等	眉(：武悲)	上古脂陰＞脂 A*
		四等	（缺）	
	見	三等	飢(：居脂；廣韻 居夷)	上古脂陰＞脂 A*
		四等	（缺）	
	羣	三等	耆(：渠脂；切三 渠指)(10)	上古脂陰＞脂 A*
		四等	（缺）	
	疑	三等	狋(：牛肌；王三 生(>牛)肌, 切三 牛飢, 王二、P3696-1 牛肥(>肌))	上古脂陰＞脂 A*
		四等	（缺）	
上聲	明	三等	美(：無鄙)	上古脂陰＞脂 A*
		四等	（缺）	
	見	三等	几(：居履；王一 □履)	上古脂陰＞脂 A*
		四等	（缺）	
去聲	幫	三等	秘(：鄙媚；廣韻 兵媚)	上古脂陰＞脂 A*
			痹(：必至)	上古微陰＞脂 B*
	明	三等	郿(：美秘；廣韻 明秘)	上古脂陰＞脂 A*
		四等	寐(：蜜二；王二 密(>蜜)二、廣韻 彌二)	上古微陰＞脂 B*
	羣	三等	冀(：其器；王一 具器、廣韻 其冀)	上古脂陰＞脂 A*

                 四等   （缺）
         影   三等   懿(：乙利；廣韻　乙冀)   　　　　　上古脂陰＞脂A*
                 四等   （缺）
         曉   三等   鯑(：許器；廣韻　虛器)   　　　　　上古脂陰＞脂A*
                 四等   䏦(：許鼻反)   　　　　　上古脂入＞脂A?　微＞脂B?

    合口
    平聲 曉 四等 倠(：許維)   　　　　　上古微陰＞脂B*

　　何も表示していない反切は上田1975推定の原本切韻反切。反切用字に異同がある場合はその後にテキスト名と反切を挙げているが、誤写の例は全てを取り上げている訳ではない。韻図では周知のとおり、極一部の例外を除き、Aであれば四等に、Bであれば三等に配される。窠字となっているのは概ね小韻代表字であるが、そこに収録される同音字が一律にこれと同じ上古分部になっているとは限らない。

4.原本切韻各小韻所属字の帰類の違い
　　そこで李永富1973推定の該当各小韻を見ると、代表字と韻鏡の配置の間には以下のようなズレが見られる。右端は中古音の類相関を示すもの。

開口（韻鏡第六転開）
平聲（韻図では全て三等に位置する。四等は空欄）
  明 眉 武悲反。九。 湄楣瑂　矉篍黴　麋蘪 1/92/10   C＋B→B
          A*   **B***   **A***
          眉蘪：脂部、微：微部
  見 飢 居脂反。二。 肌 1/81/8   C＋章→?
          A*
          几：脂部
  羣 鬐 渠脂反。六。 鰭者鱔鮨祁 1/86/1   C＋章→?
          A*
          者祁　脂部
  疑 狋 牛肌反。又巨員反。一。 1/99/5   C＋B(肌)→B
          A*
          狋：脂部

上聲（韻図ではどちらも三等に位置する。四等は空欄）
  明 美 無鄙反。二。 𦗖 3/51/14   C＋B→B
          A*   **B***
          美：脂部   敏𦗖：之部合口
  見 几 居履反。四。 机𪒟𠧈 3/53/3   C＋来→?
          A*
          几：脂部

去聲（韻図では以下の対を成すものは上段が三等、下段が四等に配されている。対になっていないものは何れも三等に位置し、四等は空欄）
  幫 秘 鄙媚反。八。 痹閟柴轡秘泌鄪   B＋B(媚)→B
          A*   **B*** **A*** **B***
          必：脂部 轡費：微部

32

```
     痹 必至反。四。畀庇秕                    A+章→A
     B*              A*
     畀：微部  比：脂部
明 郿 美秘反。四。媚魅䭿  5//43/11          B(美)+B(秘)→B
   A*              B*  A*
     眉：脂部  未：微部
   寐 (密>)蜜二反。一。      5/55/8          A+日→A
   B*
     寐：微部                               cf.密 明B  蜜 明A
羣 息 其器反。四。曁垍鐖(11) 5/57/14         C+B→B
   A*      B*  A*  B*
     自：脂部  既：微部                     cf. 器 溪B(<微部)
影 懿 乙利反。四。㙪饐欧(12) 5/60/7          B+來→B
   A*
     壹 脂部  cf.因：真部(>脂A)              cf. 乙 影B(<微部)
曉 齂 許器反。四。屓獯呬    5/65/14          C+B→B
   B*              A*
     隶：微部  壹四[s-]：脂部  "屓"不明(13)(14)  cf. 器 溪B(<微部)
```

合口（韻鏡第七転合）
該当するもの無し。

　切韻テキストとして、広韻ではなく李永富1973推定の原本切韻を使用するのは、後の増加字の要素を極力排して、切韻の初源的状態において、上古分部を同じくする文字群の配列がどうなっているか知りたいからである。
　如上の議論の対象としている小韻（≒韻鏡窠字）は多くが中古音にあっては対立するもう一方を欠いている。このような場合には音韻的に安定し難かったのではないか？複数の所属字を有する小韻の内部について、これまで見てきた重紐韻の合併情況に照らして考えると、例えば平声明母小韻「眉」の場合は、A先B後の順に配列されていながら、全体としてはBとして統一され、その後の増補ではA由来の「麋藨」が、末尾にBとして新たに加えられたと考えることが出来る。何故、小韻代表字（つまり一連の同音字の先頭）の帰属に合わせる形で配列されていないのか、良く分からない(15)。只すべてがそうなっているという訳ではなく、上古の由来の異なる字が小韻代表字に合わせる形になっている場合もある。それについては以下で紹介する。同様に去声明母「郿」の例もAとBがBとして統一され、その後にA由来の「䭿」が新たにBとして加えられたと考えることが出来る。ただこの場合は微部由来で中古Bとなるはずであった下段例の「寐」の方が逆に反切もA+日→Aで、韻図でも四等に置かれていて、「郿」と「寐」とは互いに所属を取り換えたかのようである。去声群母「息」もAとBがBとして統一され、その後にA由来の「垍」とB由来の「鐖」がBとして新たに加えられたと考えることが出来る。去声曉母「齂」の場合はBとAがAとして統一されたものと考えられる。只「屓」の上古の所属は分からない。それ以外は、平声群母「鬐」は所属字が全てAであるのに、そっくりそのままBに鞍替えしている。上声見母「几」も同様に所属字が全てAであるべきところ、そっくりそのままBに鞍替えしていると考えて良いだろう。去声影母「懿」の場合は逆に所属字が全てB由来であるのに、そっくりそのままAになっている。反切はB+来→Bで、韻鏡四等に置かれている。

これらは上古の分部情況から予想される重紐の帰属が、韻図の配置状況とズレているものである。このうち平声については「飢」をAと見做せば、群母の「狋」はC+A→Aとなり、全てAと見做すことに矛盾は生じない。しかしながら去声の場合は「器」は上古でも微部陰＞脂Bで、類相関の観点からすればB類で、韻鏡で三等に配するのも正しい処理であると言える。影母の「懿」も切韻の反切上字「乙」はやはり微部入＞質Bで、B+来→Bと考えざるを得ない。
　繰り返しになるが、注意すべきはここに挙げた例は、去声幫母、明母の例を除き、皆中古音において重紐の対立を成すもう一方を欠き、韻鏡では全て一律三等に配されていて、四等の窠がいずれにおいても空欄になっているということである。

5.小韻代表字の帰属に揃えているケース
　以上、韻鏡の窠字が上古の分部と合わないものに限定して見て来たが、一小韻中にこの様なA、B両類が共存するのは代表字が上古音との対応通則と一致する小韻の中にも同様に見られる可能性がある。韻図には現れない隠れたズレである。そこで上で取り上げなかった重紐小韻についても、韻鏡の等位に即して李永富1973推定の該当各小韻を見てみると、以下のようになっている：

開口
平聲
幫　三等　悲　府眉反。一。　　　1/93/8　　　　　　　C+B(眉)→B
　　　　　　B*
　　　　悲：微部
　　四等　（缺）
滂　三等　丕　普悲反。五。 伾秠頿駓　1/95/10
　　　　　　B*
　　　　丕：之部合口
　　四等　紕　匹夷反。一。　　　1/96/1　　　　　A～B(匹)+羊→A
　　　　　　A*
　　　　比：脂部
並　三等　邳　符悲反。三。岯魾　1/95/4
　　　　　　B*
　　　　丕：之部合口
　　四等　毗　房脂反。十二。比琵枇芘沘魮膍蚍枱仳毧
　　　　　　A*
　　　　比：脂部
溪　三等　（缺）
　　四等　（缺）
影　三等　（缺）
　　四等　伊　於脂反。三。咿㟒　1/86/10　　　　　C+章→?
　　　　　　A*
　　　　伊：脂部
曉　三等　（缺）
　　四等　䃡：虛伊　（増加小韻　広韻小韻代表字、韻鏡窠字は「咦」）

上聲
幫　三等　鄙　方美反。一。　　　3/52/5　　　　　　C+B(美)→B
　　　　　　B*

```
           畀：之部合口
    四等  匕 卑履反。六。 妣秕比秕沘    3/54/14    A+來→B
           匕：脂部

滂  三等  啚 匹鄙反。一。        3/63/6              A~B(匹)+B→B
         B*
           啚：之部合口
    四等  (缺)
並  三等  否 符鄙反。五。 痞圮伾殍   3/62/5     C+B→B
         B*              A*
           不：之部合口  圮←之部開口?  殍←宵部？幽部？
    四等  牝 扶履反。一。       3/58/5              C+來→?
         A*
           匕：脂部
溪  三等  (缺)
    四等  (缺)
羣  三等  跽 暨几反。一。       3/67/5          B+B(几)→B
         B*                                    cf. 暨 微部
           跽：之部合口
    四等  (缺)
疑  三等  (缺)
    四等  (缺)
影  三等  欤 於几反。一。       3/65/1          C+B(几)→B
           不明  cf. 豈 微部開口→微
    四等  (缺)
曉  三等  (缺)
    四等  (缺)

去聲
滂  三等  濞 匹備反。二。 嚊      5/48/9         A~B(匹)+B→B
         B*
           鼻：微部
    四等  屁 匹鼻反(廣韻 匹寐反)。一。  5/54/2    A~B(匹)+B→B
並  三等  備 平秘反。八。 奰臂精犕鼐猰椑  5/49/3  B+B(秘)→B
         B*             A*                B*
           莆：之部合口  奰鼻：微部  鼐 不明 猰 不明
    四等  鼻 毗四反。四。 比枇庳    5/62/11       A+精→A
         B*             A*
           鼻：微部  比庳：脂部
見  三等  冀 几利反。五。 覬概驥洎(16)  5/57/4    B(几)+來→B
         B*             A*
           冀既覬：微部  洎：脂部
    四等  (缺)
溪  三等  器 去冀反。一。       5/62/1          C+B(冀)→B
         B*
           器：微部
```

四等 弃 詰利反。一。　　　5/55/3　　　　　　A+來→A
　　　　A*
　　弃(棄)：脂部

疑　三等　劓 魚器反。一。　　5/53/11　　　　　C+B→B
　　　　　　B*
　　　鼻：微部
　四等　　(缺)

合口
平聲
見　三等　龜 居追反。二。 跻　1/88/12　　　　　C+章→?
　　　　　B*
　　　龜夅：之部合口
　四等　　(缺)
溪　三等　歸 丘追反。一。　　1/98/13
　　　　　B*
　　　歸：微部合口
　四等　　(缺)
羣　三等　逵 渠追反。五。 夔騤頯戣　1/91/14　　C+章→?
　　　　　B*　　　　**A*** 　**A***
　　　逵：之部　夔骙：脂部合口　頯 所屬不明
　四等　葵 渠惟反。三。 郯楑(17)　1/87/12　　C+羊合→A?
　　　　　A*
　　　葵：脂部合口
疑　三等　　(缺)
　四等　　(缺)
影　三等　　(缺)
　四等　　(缺)
曉　三等　　(缺)
　四等　倠 許維反。一。(18)　1/96/59　　　　C+羊合→A?
　　　　　B*
　　　倠：微部合口

上聲
見　三等　軌 居洧反。六。 簋晷屦宄匦　3/55/10　C+B(云)→B
　　　　　B*
　　　軌簋晷屦宄：之部合口
　四等　癸 居誄反。一。　　3/61/12　　　　　C+來→?
　　　　　A*
　　　癸：脂部合口
溪　三等　巋 丘軌反。一。　　3/66/1　　　　　C+B→B
　　　　　B*
　　　巋：微部合口
　四等　　(缺)
羣　三等　郞 暨軌(增加小韻)(19)

36

四等　揆　葵癸反。二。楑　　　3/60/4　　　　　　　A+A→A
　　　　　　A*
　　　　癸：脂部合口
疑　三等　　（缺）
　　四等　　（缺）
影　三等　　（缺）
　　四等　　（缺）
曉　三等　睢　許癸(20)（増加小韻）
　　四等　　（缺）

去聲
見　三等　媿　軌位反。二。聭　　　5/50/3
　　　　　　B*
　　　　鬼：微部合口
　　四等　季　癸悸反(廣韻　居悸切)。一。　5/62/6　　A+A→A
　　　　　　A*
　　　　季：脂部合口
溪　三等　喟　丘愧反。四。樻髖鐀　5/50/13　　C+B(愧)→B
　　　　　　B*
　　　　喟貴：微部合口
　　四等　　（缺）
羣　三等　匱　逵位反。五。饋蕢繢櫃　5/48/2
　　　　　　B*
　　　　貴：微部合口
　　四等　悸　其季反。一。　　　　5/58/5　　　　C+A→A
　　　　季：脂部合口
疑　三等　　（缺）
　　四等　　（缺）
影　三等　　（缺）
　　四等　　（缺）
曉　三等　豷　許位(21)
　　四等　侐　火季反。一。　　　　5/70/2　　　　一+A→A
　　　　侐所屬不明。　Cf. 脂部入聲>術 A，王二、王三、刊、廣韻又職韻。

　このうち（前節 4.原本切韻各小韻所属字の帰類の違いの挙例をここで再度含めて論じることはしない）で、上古の由来の異なるものが同居している小韻は開口上声並母三等「否」、去声並母三等「備」及び四等「鼻」、見母三等「冀」、そして合口平声群母三等「逵」である。
　既に指摘したことだが、大変興味深いことに対立するもう一方を欠く場合の該当小韻の反切は類相関の観点から見て帰類の判然としない用字法のものが多い。そして先に挙げた董同龢 1944 の対応通則の例外となっている重紐韻字を使用している反切は上古分部との対応関係から類相関を見直すと帰類が異なってくるところが少なくない。例えば平声幫母の C+B(眉)→「悲」B、上声幫母の C+B(美)→「鄙」B、羣母の B+B(几)→「跽」B、去声見母の B(几)+來→「冀」B 等。今、現代方言における音価の違いの反映をさて措いてこれを見ると、韻図の三四等の配置と重紐 B、A の対応関係を再考せねばならないのではないかとの疑念を抱かざるを得ない。こうなると韻図における配置は重紐の帰

属を判断する上で安易に鉄壁の根拠と考えて良いのかも再検討しなければならなくなりそうである。実際に例えば流摂の転図では幽韻のB類唇音字が四等に配されている例があるし、牙喉音字にもこれと同様の情況にあるのではないかと思わせるところがあるのだから。

6.蒸職韻重紐問題再検討

　既に2.原本切韻編纂時における合併末尾で語ったことと重複するが、最後にもう一度職韻重紐について、そして平声蒸韻についても併せ検討することにしたい。先に挙げた影母小韻と推定の見母小韻は以下のようであった。

見　C　殛　*紀*力反。二　　　恆
　　B　襋　*居*抑反。二　　　棘

影　C　憶　於力反。九　臆億繶醷澺檍噫薏　　8/422/13
　　B　抑　於棘反。一　　　　　　　　　　　8/433/6

そしてこれには疑母小韻も連なっていた。

疑　B　嶷　魚抑反。一。　　8/433/14　　　　之部入

　「抑」は上古脂部入声＞職A、「襋棘」も本来之部入声であったものが何らかの原因で例外的に佳部入声＞職A若しくは脂部入声＞職Aと変化したのであろうと考えたが、「疑」声には上古音にAと推定する余地は無い。なお上田1975は「憶」小韻をAとするが、それ以外は全てBとしており、牙喉音開口字にC類の存在を認めていない。平山1966,1972ではAは皆無。「襋棘」と同様に、「魚抑反」をC+Aと考えること、つまり例外的に「嶷」が脂部入声（＞職A）となっていたとは想定し難い。そもそも上古之部入声合口には重紐Bとなる例があるが、開口にはA、Bいずれの例も存在していなかった。これまでの推測が正しいならば、原本切韻の段階で「抑」は既にA＞Bと所属を変えており、元々Bの「嶷」も「抑」の所属の変更の結果、これに連なり、「抑」、「襋」と共にBとして系聯するようになり、後にBがCに収斂するような形で増補改訂が行われ、開口韻においては重紐の痕跡さえも失われていったということなのではないか。もし仮に「魚抑反」がC+A→Aであると想定すると、「嶷」はC＞A＞B(＞C)と目まぐるしく帰属を変えたことになる。相対的に見て、やはりC＞B(＞C)という変化を想定する方が無理ないように思われる。（　）内の変化は唐代以降のB、C合流を意味している。
　似たような情況は平声の蒸韻においても見られる。

見　.兢　居陵反。二。　　矜　2/298/4　　見B(>C)　　　　見魚C+來
　　C*　　　　　　　　B*
　　　　兢：蒸部　　　矜：侵部(22)
羣　.殑　其矜反。二。　　琴　2/300/6　　群B(>C)　　　　群之C+見C
　　C*　　　　　　　　B*
　　　　殑：蒸部　　　琴：侵部

　ここに現れる見母の「矜」は異説もあるが、本稿では群母の「琴」と共に侵部由来と見做したい。侵韻は冒頭で指摘したように、影母小韻以外では重紐の対立が見られない。如上の韻図の配置を安易に重紐帰類の根拠とすべきではないという指摘を自ら反故にするかのようであるが、韻図で「矜」同様に、他の唇牙喉音字が一律三等の段に置かれ、

対応する四等の段は全て空白ということ、加えて日本呉音、朝鮮漢字音の牙喉音の反映状況（例：B「音」呉 on、朝 ɯm；「今」呉 kon、朝 kɯm）(23)に基づけば、一先ず「矜」をBと判断してよいのではないか。そうなるとここでもCとBの接合の情況が見られることになる。蒸（-拯-證）韻については過渡的であれ、Aと見做す要素の痕跡は全く見られない。

注：
(1)唐代以降の韻の大規模な合流において、BとCの合併は音価に関してはCがBに一致するような変化であったと考えられる。平山 1967, p.159 参照。
(2) 広韻の欣韻（＝殷韻）「勤：巨斤」小韻中の同音字に「𦮣 矛柄。古作矜」がある。但しこの字は切三、王三の同一小韻中には見えない。
(3) 張日昇 林潔明 1973 は広韻の分類に即して、「鈴」を真部開三→真韻群Bと処理しているが(p.237)、本稿の推測と矛盾する訳ではない。
(4)上田 1986, p.314 は原本系玉篇の笑韻B類反切として以下のようなものを挙げている。幫母 裱：方廟(=廟)、明母 廟：靡召、羣母 轎：奇召、曉母 許廟。見母字未収。もし切韻以前の反切がB類下字を使用したものであったなら、「廟」が候補に挙がる。声母については四声相配する韻に限定する必要はないが、例えば平声宵Bに穚：羈遥、篍：冀姚、上声小韻に撟：几小といった例が見られ、これらが上字候補足り得る。但しこのうち「几」は本稿で上古との対応関係からAであるべきところ、中古Bとなっている例として挙げている。
(5) 集韻には「日 而力切。太陽精也。李舟説。文三。 䵒 昵」(p.219 上左 1)とある。今、言及の必要から、特に「日」の義注も省略せずに記す。ここに現れる「李舟」は李舟切韻を指すのであろう。そうであれば反切、釈文が李舟切韻からの引用の可能性もある。この他、管見の及ぶところでは、法華経釈文にも「人質反。祝尚丘云：大(>太)陽之精也。古音而職反」とある（巻上 24a5, p.49）。「日」ȵiĕc>ȵiĕt のような変化があったということであろうか。
(6) 川合康三 緑川英樹 好川聡 2015 『韓愈詩訳注 第一冊』参照。訳者の緑川英樹氏は「原文：好我衣服，甘我飲食。無念百年，聊樂一日。訓読：我が飲食を甘くせよ、百年を念う無かれ。聊か一日を楽しまん。口語訳：我が服装をできるだけ華美にし、食事をあらん限り豪勢にしよう。人生百年の心配などすることはない。とにかく今日一日を楽しもう。」(pp.43-44)と訳し、訳注(5)で入声五質（日）と二十四職（食）の通押。平水韻、入声四質と十三職。質韻と職韻の通押は通常の挙用範囲からはずれるが、「日」字は『集韻』入声職韻にも収められることから、唐代には別音が存在していたか。」(pp.45-46)と指摘している。緑川氏によれば「この詩は『詩経』に倣った擬古的な形式を用いて、…」(p.42)とあるから、これをもって「日」に職韻相当の口語字音が実在したことの証左とするには、なお慎重であらねばならないだろう。特に注(5)の法華経釈文所引祝尚丘切韻に「古音」とあるのは気になるところである。しかし、緑川氏の御教示によれば、他にも職韻相当字音として用いられている例があり、荀春栄「韓愈的詩歌用韻」，『語言学論叢』第九輯, 商務印書館, 1982.9, pp.207-257 が「潮州祭神文其の二」にも同様の例が見られ、「稷簌育食職極惑福日役辟德潔式殖」が押韻していることを指摘している（p.237 及び p.256）。但し荀春栄氏は -t, -k 韻尾の合流の先駆けと捉えている。注(5)の指摘と合わせて考えれば、archaic な読書音であった可能性もあるが、マイナーであっても協韻のような人工的字音ではない「別音」としての職韻相当字音の存在を認めて良いのではないか。緑川英樹氏には貴重なコメ

ントを下さったことに対し、この場で心よりお礼申し上げる。また当然のことながら、氏の意図とは全く関係なく、ここに展開した臆説については全て筆者に責任がある。
(7) これについては頼 1957, p.8 注(9)イに指摘がある。
(8) p.13 で幽部>脂 B のものもあるとして「遝」を挙げている。これに該当する一連の字は董同龢 1944 では之部合口に置かれ、p.84 で之部から幽部へと例外的に変わったと説明されている。張日昇 林潔明 1973 では幽部合口三というグループにある(p.89)。本稿では董同龢 1944 に従い、之部相当としておく。之部であれ、幽部であれ、中古では B 相当という点に違いは無い。
(9) 例えば脂部唇音は概ね A だが、明母は B となる。本稿では脂部牙喉音と併せて、唇牙喉音>A を正則的変化として、明母も本来 A であるべきものとして扱う。このような明母の特殊な振舞いは音声環境は異なるが、後の中古微母の非軽唇音化ともつながる何らかの他の唇音声母と異なる音声特徴があるのかも知れない。
(10) 辻本 1986 は四等に置く(p.12)。辻本 2008 でも同じ(p.14)。説明は無い。
(11) 王一、王二、王三、廣韻均有「漅」。王一訛作「漅」。「四」當作「五」歟？
(12) 王一、王二、王三、廣韻均有「擅」。「四」當作「五」歟？
(13) 聯綿詞的另一方「贔」，至並 B，在「備：平秘」小韻中。董同龢 1944 亦不收。
(14) 韻鏡、七音略は四等の窠に「咽」を置くが、この字は「獻」小韻中の字。上田 1975 は「曦　許鼻反」を曉母開 A とするが、切韻には遇攝上字に合口介音を担わせる反切もあり、「曦」もそのように見做すべき、つまり曉母合 A と見做すべきと考える。そうなると曉母開 A に該当するものは無いということになる。
(15) 切韻綜合説の立場で、五家韻書をつぎはぎしたことでこのようなことが起こったと説明する余地も有りそうだが、それを解明する手立てが見つからない。
(16) 王一,王二,王三均有「憞」。「五」應改為「六」。
(17) 王一、王二、王三、廣韻均有「鰶」(切二、切三作「鯢」)。「三」應改為「四」。
(18) 韻鏡は三、四等共に空欄。今、七音略に拠る。七音略は等位を誤ることが多いので、此の字を三等に移し、四等を空欄と訂正する余地もある。
(19) 韻鏡、七音略は「郯」を挙げる。王一、王二、王三に見える増加小韻に「跪：暨軌」があるが、別に原本切韻由来の開口小韻「跪：暨几」があり、一部義注も一致しているから、開口が本来で派生義をこれと区別するために、発音をずらしたということではないか。王一、王三ではこの合口小韻の中に「郯」が現れる。広韻はこの字を代表字として、反切はそのままに「跪」を取り除いている。
(20) 増加小韻につき、個別に詳論はしないが、類相関では「癸」は A に属するので、C＋A→A、つまり「癸」は A ということになり、四等に配すべきものである。
(21) 韻鏡三等は空欄。七音略は「獖」とする。
(22) (2)の指摘と一部重複するが、張日昇 林潔明 1973 は真部開三平声*g/g に「鯪₂」(-l-)「矜」、*ng/*ng に「嚚」を挙げている(p.237)。董同龢 1948,p.230 も「鯪」、「嚚」を同様に真部開三平声として挙げているが、「矜」は収録していない。張日昇 林潔明 1973 は「矜」を蒸部開三にも挙げる (p.22)。董同龢 1948 に無し。真部>蒸韻と見做し得る一部の字については、真部>真韻とどのような関係にあったか、これについては脂部入声>質韻とならずに脂部入声>職韻となったのと同様の変化で中古で別音になったのではないかと考えているが、今のところ、まだ考えが纏まらない。
(23) 高本漢(Karlgren, B)1940, p.594（原書のこの部分は 1924 に刊行された。「今」は原書 p.761 に見えるが、使用音声記号が異なるので、今中国語訳の表記を使用する）。河野 1979 資料音韻表 pp.242-243,247 によれば、朝鮮漢字音では唇牙喉音だと一律 ɯm/ɯp となっていて「音」B ɯm 「愔」A(未収)、「邑」B ɯp＝「揖」A ɯp で、対立が見えないが、他声母において-im/-ip が現れるので、A *-im/-ip>ɯm/ɯp となって

合流してしまっているものと見做しておく。なお既に指摘したように侵韻における重紐の対立は平声、入声の影母においてしか見られない。

使用テキスト
『十韻彙編』, 線装4冊 国立北京大学出版組, 1936；学生書局 影印三版 1973
『宋刻集韻』, 中華書局, 1989
『妙法蓮華経釈文』, 古辞書音義集成 4, 汲古書院, 1979

参考文献
日文（著者の読みの五十音順）
上田正 1975 『切韻諸本反切総覧』, 均社, 222p.
上田正 1986 『玉篇反切総覧』, 自家版, 563p.
太田斎 2016 韻書と等韻図 II（完）, 神戸市外国語大学外国学研究所『外国学研究』第92号, 神戸市外国語大学外国学研究所, pp.145-246
太田斎 2017 韻書と等韻図 I / II 補説, 神戸外大論叢第 67 巻 4 号, pp.1-28
川合康三　緑川英樹　好川聡 2015 『韓愈詩訳注　第一冊』, 研文出版, 505p.
河野六郎 1979 『朝鮮漢字音の研究』（河野六郎著作集 2）別冊『資料音韻表』, 322p.
平山久雄 1966 切韻における蒸職韻と之韻の音価,『東洋学報』49-1, pp.42-68
平山久雄 1967 中古漢語の音韻, 牛島徳次等編『中国文化叢書 1 言語』（音韻論第 3 章）, 大修館書店, pp.112-166
平山久雄 1972 切韻における蒸職韻開口牙喉音の音価,『東洋学報』55-2, pp.64-94
頼惟勤 1957 中国における上古の部と中古の重紐,『国語学』28, pp.1-9

中国語（著者の読みの拼音順）
董同龢 1944 《上古音韻表縞》,《六同別錄》: 後 1948《國立中央研究院歷史語言研究所》第 18 本, pp.1-249
董同龢 1948 廣韻重紐試釋,《國立中央研究院歷史語言研究所》第 13 本, pp.1-20
高本漢 (Karlgren, B.) 1940 《中國音韻學研究》, 商務印書館, 731p.+1map
李永富 1973 《切韻輯斠》, 藝文印書館, 線裝 8 冊
張日昇 林潔明 1973 《周法高上古音韻表》, 三民書局, 329p.

「抑」の異体字についての補足説明
p.1, l.9
『十韻彙編』の模写は不鮮明、不正確なところがある。そのため、王二に実際に現れる字（p.301, l.-2）については、今『十韻彙編』ではなく、『故宮歷代書法全集　9』, 国立故宮博物院編輯委員会, 1977(, 1996), p.127 の写真を以てこれに代える。

{抑 x 土} = 　　cf.「抑」= 　　（・は小韻代表字を示す記号）

上右部分が「印」になっているが、「抑」の右側も同様の書き方になっている。「土」の点（いわゆる「補空」）は「土」及びこれを構成要素とする他字においては、有ったり無かったりで、規則性は見られない。

重紐反切における一等上字について[1]

季鈞菲（神戸市外国語大学大学院博士課程）

0 はじめに

　本稿は重紐反切の用字法に関する考察である。先行研究の中ではとりわけ張渭毅氏の一連の『集韻』に関する論考に大いに啓発を受けた。これに対し、些かなりとも新たな見解を付け加えることができれば、という意図のもとに書かれた。

　「例外考験規律。通過例外的分析研究，可以幫助我们进一步掌握規律。」[2]（例外は規則を検証する。例外への分析と研究を通して、規則をより深く掌握することができる。）中古一等上字を重紐反切の上字として用いることは例外的ではあるが、珍しくない現象である。「例外的」というのは、一般的には中古一等字に拗介音がないと考えられており、反切口唱[3]の一般規則からすると頗る不自然だからである。しかし、中古一等字を上字とする重紐反切は中古以来数多くの資料において見られる。特に、『集韻』における重紐反切では 13.42%ほどあり、明らかに多用されている。これについて、李秀芹 2006 は張渭毅 2005 の結論を利用して解釈しているが、十分な説得力を持つには至っていないように思う。そこで、筆者は『集韻』を含む 14 種の中古の主要な資料を考察し、以下の三つの問題点を究明しようとする。第一に、資料の成書年代及び基礎方言との関連性。第二に、重紐反切における一等上字の特徴。第三に、『集韻』における一等上字多用現象の原因。これには、それが用字選択上の制約などの技術的原因によるものか、それとも音声的必然によるものかという問題が含まれる。以下、本稿では中古一等字を上字として用いる重紐反切を「一等上字重紐反切」と呼ぶ。

1 考察編
1.1 考察範囲と資料

　従来の研究においては、重紐韻の範囲に関して数種類の説が存在しているが、本稿では暫く日本で一番認められている説に従って議論を展開する。即ち、『切韻』の支、脂、祭、真（諄）、仙、宵、侵、塩および清-庚三、幽、蒸という 12 韻（平声を挙げ、相配する上去入声を代表させる）の対立があるとされる唇牙喉音声母（云母、以母を除外）小韻所属字を重紐韻の考察範囲とする。

　歴史言語学の方法論の一つとして、異なる時期の文献を順に比べ、資料間の差異を見出し、そ

---

[1] 本稿は日本中国語学会第 67 回全国大会における発表に基づく。発表の際、吉川雅之氏（東京大学）に有益なご指摘をいただいたことに感謝申し上げる。
[2] 李荣 1982 はもともと音韻変化に対する指摘であるが、科学研究におけるどのような課題にも適用できると考える。
[3] 平山 1967 によれば、「切韻系韻書など中古音の主な反切資料では、反切上字は帰字と声母を共通にするだけではなく、介音の直・拗についても、帰字と性質が一致するように選ばれる傾向が強い。」という。これはいわゆる「反切口唱」を容易にするためと考えられる。

こから異なる時期の音韻体系と音韻変化の手がかりを発掘するという方法がある[4]。中国語音韻史の研究においてはよくこの方法が用いられる。そして、当然のことであるが、考察する資料が多ければ多いほど結論の信用性は高まる。そこで、筆者は中古の主要な資料である14種を対象として調査を行う。その資料は成立年代順に1『経典釈文徐邈反切』(343-397)[5]、2『字林』(514)、3『玉篇』(543)、4『経典釈文陸徳明反切』(583-589)、5『博雅音』(605-618)、6『漢書注』(641)、7『文選音義』(658)、8『玄応音義』(661)、9『宋跋本王韻』[6] (706)、10『慧琳音義』(784-807)、11『可洪音義』(940)、12『説文解字系伝』(937-975)、13『広韻』(1008)、14『集韻』(1037)である。[7]

そのうち、5と11以外の資料における反切はすべて先行研究に基づく。また、『経典釈文』については、坂井1975が「しかもこの『釈文』には陸徳明自身の音注[8]に止まらず、魏晋南北朝音義家の音注を引用している点から、その中に含まれる字音の状況は多様、且つ広域的な面を示していると考えられる。」[9]と指摘するように、本稿でも、『経典釈文』に含まれる反切の複雑性と高い資料的価値を考え、陸徳明の反切以外に、一番多く引用されている徐邈の反切も陸徳明反切とは別個に考察対象とする。前者は邵榮芬1995、後者は蔣希文1999から引用する。また、『字林』反切は簡啓賢2003輯佚に拠る。

1.2 考察方法

考察方法として、まず以上の14種の資料における重紐反切[10]を収集し、そこから一等上字重紐反切をピックアップする。その後、上字になる中古一等上字の分布状況と特徴を考察し、重紐反切の上字になる条件を見出す。最後に、『集韻』以前の資料における一等上字重紐反切を『集韻』の対応反切と比較し、当該重紐帰字の上字の等位変化を確認し、『集韻』における一等上字多用現象の原因を検討する。ここで『集韻』を参照基準とする理由は二つある。第一に、考察する資料の中で『集韻』は成立年代が最も遅く、重紐反切の上中古から中古末期にかけての通時的変化の最終段階と位置付けることができること、第二に、『集韻』に収録される字数は上掲資料の中で最も多く、体系的にも完備していて比較に適していることである。

1.3 考察結果

以下、上掲資料からピックアップした一等上字重紐反切およびその出典を提示する。なお、『玉篇』に収録されている「陂：蒲阿」、「陂：普阿」、および『漢書注』に収録されている「陂：普何」、「陂：普河」は、反切下字から見ると、どれも下字が一等の歌韻字であるため、明らかに重紐反切ではない。そのため、本稿ではこの四つの反切を考察対象から除外する。以下の例におい

---

[4] 徐通鏘1991,p.7。
[5] 蔣希文1999。
[6] 『宋跋本王韻』における反切及びその他の内容は全て李榮1952より引用するものである。李榮1952は後に改訂を加え、1956年に科学出版社より再版された。但し、本稿の引用箇所（後文を含む）については、両版本の間でページ数を除き、異同はないため、本稿では全て初版の李榮1952に依拠する。
[7] 以下、1、4、9、12をそれぞれ徐邈反切、陸徳明反切、王三、朱翱反切と略称する。
[8] 厳密には、ここで言う「陸徳明自身の音注」は必ずしも陸氏が作った音注ではない。邵榮芬1995では、それを「陸徳明が標準音と認める音注」と指摘している。それについては議論の余地もあるが、本稿では割愛する。
[9] 坂井1975,p.8。
[10] 本稿で扱う「重紐反切」というのは、帰字が重紐字であるものに付された反切という意味である。

て、使用フォントに無い漢字に関しては、*を付したものはその前後の漢字を上下に組み合わせて一字とするということを意味する。また、冒頭の『徐邈反切』と『字林』反切の例は重紐の帰属の判断を含め、所拠文献に従っている。これらには『切韻』で見られるような類相関を必ずしも反映していないものが見られるので、本稿では参考として挙げるに止め、詳しく論ずることはしない。

『徐邈反切』7 例（蔣希文 1999 より引用）

辟A	補亦	駅A	呼營	麖B	火飲
紕A	補移	坰A	苦營		
比A	補履	憋B	五巾		

『字林』5 例（簡啟賢 2003 より引用）

睢A	火佳	麖B	火欽	子B	古熱
駅A	火營	嚚B	火嬌		

『玉篇』32 例（河野 1979 より引用）

嬰A	烏盈	濱A	補民	麼B	呼為
橘A	古述	鼈A	補滅	秉B	布景
傾A	口營	驗A	午艷	禀B	補錦
匹A	普謐	絣B	補靡	鄙B	補鄙
蔽A	逋制	否B	蒲鄙	甌B	古鮪
瀰A	莫尒	彼B	補靡	湄B	莫軀
臂A	補跛	披B	補寄	溦B	莫悲
襞A	卜赤	眉B	莫飢	簋B	古鮪
謐A	莫橘	彪B	補虯	繁B	補戟
飄A	補遙	別B	補徹	邳B	蒲悲
擘A	普舌	丕B	普坻		

河野 1979 は元は 1937 年の卒業論文であるが、本稿では公刊された年を挙げておく。

『陸德明反切』64 例（邵榮芬 1995 より引用）

瀰A	莫爾	洒A	莫衍	睢A	呼維
窺A	苦規	缺A	苦悅	縈A	烏營
糾A	古黝	跂A	苦賜	芘A	蒲必
頃A	苦穎	頸A	古郢	䫟A	口穎
頃A	苦穎	黽A	莫尹	邳A	蒲必
牝A	步忍	血A	火季	闃A	苦規
勁A	古政	坅A	五錦	駅A	呼營
弭A	莫爾	恤A	呼述	魮A	蒲悲
敝A	步瀰	撃A	苦忍	宛B	烏勉

44

委B	烏偽		陂B	北皮	愊B	普力
披B	普知		龜B	古追	渴B	苦例
披B	普彼		劌B	古衛	威B	呼悅
披B	普皮		乑B	浦悲	臤B	苦刃
披B	普靡		乑B	普悲	薦B	普苗
被B	普義		巇B	五規	藕B	火喬
副B	普逼		眏B	呼悅	邳B	蒲悲
丕B	普悲		罷B	五巾	鈹B	普悲
卷B	苦圓		嚭B	普彼	鈹B	普皮
喟B	苦位		嚭B	普美	應B	蒲表
洫B	呼域		嚭B	普鄙	齮B	五綺
衾B	苦今		塊B	古委		
貴B	補義		堛B	普逼		

『博雅音』47 例（季鈞菲 2017 より引用）

縋A	布兮		邲A	普必	妓B	古彼
嬐A	烏檢		鑴A	乎規	滮B	蒲彪
嬐A	烏縑		鶬B	古彼	玟B	忙巾
翻A	火仙		刜B	普真	砏B	普斤
窺A	苦垂		刜B	布仁	瀿B	古永
甄A	古賢		靡B	莫知	薦B	布苗
紕A	布㝠		狣B	口堯	蜗B	步幸
辟A	浦壁		嚻B	呼嬌	蛻B	古彼
魘A	烏點		擒B	古會	螗B	五綺
咦A	火尸		臤B	阿恞	菕B	古免
嘤A	烏梟		囚B	古丙	𦬇B	古萬
埤A	普計		痾B	補命	颮B	步力
壓A	烏頰		悗B	古彼	駓B	步悲
翩A	呼鞭		併B	普耕	黕B	古闇
褵A	步㝠		搮B	普力	齮B	五綺
訑A	呼諸		妓B	古委		

『博雅音』の場合には「A 類帰字 ←— 等上字＋四等下字」のような反切が 8 例見られる。丁鋒 1995 (p.77-78) によると、「《博雅音》三等重韻混切，三四等韻合流，反映在重紐的兩類間，表現為重紐依等相混；反映在與其他韻混合方面，則重紐三等與非重紐的三等關係密切，重紐四等與純四等關係密切。」『博雅音』における三等重韻の韻の混同が見られる反切および三四等韻の合流は、重紐の両類の間に反映され、重紐韻の同等位間の混同として表されている；他の韻との混同についてどのように反映されているかと言うと、重紐三等と非重紐三等韻が密接な関係を持ち、重紐四等と純四等韻が密接な関係を持っている）。これについて、季鈞菲 2017 (p.68) は、「つまり、C 類下字と中古四等下字はそれぞれ B 類下字的、A 類下字的に取られる傾向が見られるが、

まだ完全に合流しているとは言えない。むしろ、合流の萌芽が見られると考えた方が良い。」と述べている。つまり、ここに一等上字使用の反切に見られる混同例は「帰字A類-下字四等」のみであるが、上字が三等韻の反切に於いても同様の混同が見られるので、本稿ではこの8例を重紐反切と見做す。

『漢書注』25例（王嬋娟2008より引用）

便A	步千	汅A	莫踐	邲B	蒲必
蚍A	步千	辟A	普計	披B	普彼
螕A	步千	詰A	口一	淠B	普備
鄄A	工掾	墮A	火規	濞B	普懿
湎A	莫踐	䀹A	呼季	㴐B	呼鷄
眇A	莫小	黶A	烏黠	威B	呼悅
謾A	莫連	厭A	烏點	邑B	烏合
黽A	莫踐	厭A	烏簟		
黽A	莫善	辨B	步見		

『文選音義』7例（徐之明1990より引用）

彌A	莫尒	糜B	忙皮	髬B	普悲
儇A	呼緣	歊B	呼朝		
湨B	呼域	跬B	空蘂		

『玄応音義』38例（上田1986より引用）

彌A	莫爾	披B	普彼	鄙B	補美
庇A	補寐	勉B	摩辯	靡B	莫悲
匕A	補履	魅B	莫冀	伮B	火延
祂A	補支	啼B	呼冀	呬B	火利
閾A	呼域	喟B	口愧	坰B	公營
㧙A	蒲畢	噪B	普利	堛B	普逼
柫A	補彌	垠B	五巾	孽B	五竭
臭A	呼赤	孑B	古折	愊B	蒲力
翾A	呼全	麾B	呼皮	愊B	普力
革A	補婢	稟B	補錦	柲B	蒲必
蠉A	呼泉	籵B	補尸	瞸B	火涉
邲A	蒲必	糒B	蒲秘	鈹B	普皮
欂A	補赤	禽B	呼及		

『王三』6例（李榮1952より引用）

并A	補盈	兵B	補榮	碧B	逋逆
䀨A	火季	平B	蒲兵	彼B	補靡

46

『慧琳音義』20 例（上田 1987 より引用）

厭 A	烏琰		併 A	蒲定		魅 B	莫祕
鞭 A	補綿		蠡 A	呼詮		喟 B	口愧
奐 A	火娉		蠡 A	呼緣		堛 B	普力
奐 A	呼瑩		闚 A	苦規		愒 B	枯滯
缺 A	苦穴		窺 A	苦規		鈹 B	普皮
牌 A	步彌		旻B	火劣		鈹 B	普碑
髟 A	普彤		披 B	普縻			

『可洪音義』83 例（季鈞菲 2018 より引用）

標 A	補招		牝 A	蒲忍		櫁 A	莫必
鞭 A	布連		滅 A	莫列		甕 A	烏盈
寐 A	忙私		綿 A	莫連		蜱 A	步卑
寐 A	忙至		屛 A	步冥		詺 A	莫政
寐 A	忙利		弭 A	莫爾		蹿 A	布益
寐 A	莫犂		彌 A	莫卑		蹿 A	蒲益
規 A	古隨		泯 A	莫忍		秘 A	蒲必
均 A	古匀		洦 A	莫克		髕 A	步忍
均 A	古旬		甄 A	古延		俾 A	步米
卑 A	補支		翄 A	告支		俾 A	普米
比 A	步夷		脾 A	步支		髀 A	步弭
比 A	步脂		脾 A	蒲支		襟 B	告吟
比 A	步一		脾 A	步卑		隙 B	苦逆
琵 A	步夷		脾 A	蒲卑		披 B	普義
琵 A	步脂		脾 A	步米		披 B	普悲
琵 A	蒲脂		脾 A	步未		疲 B	蒲碑
匹 A	普一		藝 A	五祭		明 B	莫兵
匹 A	普吉		裨 A	補支		丕 B	普悲
匹 A	普必		裨 A	蒲卑		驫 B	補幽
幣 A	蒲世		辟 A	補益		伾 B	普悲
幣 A	蒲袂		辟 A	補歷		岯 B	普悲
蔽 A	博世		辟 A	普義		恔 B	普義
蔽 A	博例		闢 A	旁益		恔 B	普皮
蔽 A	博袂		驫 A	補遙		揭 B	甘列
蔽 A	博袂		仳 A	蒲脂		邠 B	普巾
蔽 A	步祭		埤 A	步卑		邠 B	步悲
蔽 A	步世		擗 A	旁益		鈹 B	普皮
蔽 A	步袂		椑 A	補吉			

『朱翺反切』18 例（張慧美 1988 より引用）

瓢A	部遙	愊B	坡式	邳B	部眉
宓A	忙一	毇B	呼委	郫B	步牌
痞B	博几	威B	火悅	郁B	歐檢
鄙B	博美	秕B	浦宜	鏡B	溝委
伾B	浦宜	舭B	溝委	駓B	浦宜
姽B	五累	疕B	博媚	魾B	部悲

『広韻』6 例（王志成 1984 より引用）

䤬A	火營	瞲A	火癸	砏B	普巾
孈A	呼恚	侐A	火季	麃B	滂表

『集韻』69 例（邵榮芬 2011 より引用）

欼A	呼世	欯A	火一	硼B	蒲應
眳A	母井	孈A	呼恚	皮B	蒲糜
甍A	忙成	邲A	簿必	匯B	空為
泂A	古營	兄B	呼榮	縻B	忙皮
毄A	苦席	兵B	晡明	破B	普靡
瞑A	呼役	平B	蒲兵	美B	母鄙
鶪A	工役	憬B	孔永	鄙B	補美
皫A	滂表	鵖B	北及	惁B	普鄙
翧A	火全	劌B	姑衛	被B	部靡
滅A	莫列	虩B	火彳	俾B	補弭
猣A	蒲瞻	謚B	火禁	毀B	虎委
彪A	步幽	稟B	逋鴆	詭B	古委
䁵A	火幼	瀌B	蒲嬌	靡B	母被
鳩A	呼鄰	孈B	苦紃	頠B	五委
臏A	逋忍	卷B	古轉	悲B	逋眉
匕A	補履	眷B	古倦	歸B	苦軌
䁱A	虎癸	絭B	苦倦	鬿B	苦委
婢A	部弭	宛B	烏勉	拂B	普密
弭A	母婢	㛄B	火占	肸B	黑乙
諀A	普弭	赳B	古幼	洫B	忽域
傕A	呼維	愍B	忙覲	密B	莫筆
洼A	烏雖	稨B	苦磧	否B	部鄙
侐A	火季	冰B	逋孕	彼B	補靡

　以上、総計 427 例となる。また、各資料における一等上字重紐反切が重紐反切全体に占める割合は次の通りである。分析の便宜上、資料の成立年代を共に提示する。

資料	成立年代	比率（%）
徐邈反切	343-397	4.93
字林	514	5.62
玉篇	543	6.96
陸德明反切	583-589	3.69
博雅音	605-618	15.77
漢書注	641	13.97
文選音義	658	4.49
玄応音義	661	7.09
王三	706	1.39
慧琳音義	784-807	1.19
可洪音義	940	11.69
朱翺反切	937-975	2.46
廣韻	1008	1.47
集韻	1037	13.42

2 分析編
2.1 時代及び基礎方言との関連性

　言語変化の特徴は常に空間と時間という両面で現れる。明の陳第が「时有古今，地有南北，字有改革，音有转移，亦势所必至。」[11]（時に古今あり、地に南北あり、字に改革あり、音に転移あり、また勢の必ず至るところなり。）と言うように、異なる時期に、あるいは異なる地域で編まれた資料から、同じ現象についても異なる情報を得ることが可能である。以上の資料は成立時期がそれぞれ異なり、また、『玉篇』、『陸德明反切』、『博雅音』、『文選音義』という江南読書音[12]の資料が含まれるため、少なくとも江南読書音との関連性を議論することが可能である。

　考察した資料には音義書、辞書、韻書と言った違いがあるので、当然収録字数が異なってくる。そのため、厳密に言えば、単純に出現数から一等上字重紐反切の変化の趨勢を判断することはできない。しかし、統計の結果から見ると、一等上字多用現象は『集韻』に限られているわけではなく、『字林』（514）、『玉篇』（543）、『博雅音』（605-618）、『漢書注』（641）、『玄応音義』（661）、『可洪音義』（940）などの資料にも見られる。上に示したパーセンテージを見れば、これらの資料における「一等上字重紐反切」が時間軸に沿って一方的に増加、あるいは減少しているとは言えない。故に、一等上字の数値の推移を音韻変化として説明することは困難であり、時代と関連付けることも困難である。しかも、ほぼ同時期に成立した『可洪音義』と『朱翺反切』のペア、及び『広韻』と『集韻』のペアにはかなりの違いが見られる。また、陆志韦1963（p.371）が指摘

---

[11] 陈第《毛诗古音考自序》。
[12] 徐邈反切について、陆志韦1963（p.367）は「不能拘執説，他的反切所反映的語音是吳音還是北音，只能大致肯定當時的讀書音是南北比較一致的。」（彼の反切が反映している語音が呉音であるのかそれとも北音であるのかということについてははっきりとどちらかであると言うことはできない。ただ当時の読書音が南北でよく一致していることは概ね肯定できる。）と指摘している。本稿では、陆志韦1963の説に従い、徐邈反切を江南読書音の類に入れない。

しているように、反切の構造法は時代を経るにつれ徐々に改良されている。この点から考えると、成立年代が一番遅い『集韻』においてそれ以前の資料より多くの一等上字重紐反切が存在するということは奇妙である。これについては後に触れる。

また、『玉篇』、『陸徳明反切』、『博雅音』、『文選音義』などの江南読書音を代表する資料の中で「一等上字重紐反切」のパーセンテージはかなり異なる。従って、重紐反切における一等上字の使用を江南読書音の特徴と関連付けることはできないであろう。

しかし、なぜ秦音系韻書を引用した『慧琳音義』には「一等上字重紐反切」が非常に少ないのか。これは用字法の要求である。『慧琳音義』の一つの特徴として、反切で帰字と声調だけが異なるような上字、いわゆる「異調同音上字式反切」を用いる傾向がある。つまり、反切口唱により適した字を選ぶという方針が極端化されている。[13] その結果として、重紐反切で等位が合わない一等上字を回避することになっているのである。

以上から、本稿では、重紐反切における一等上字の使用は資料の時代及び基礎方言（江南読書音）とは関連性がないと主張する。

2.2 重紐反切における一等上字の特徴

本節では、重紐反切における一等上字の非音韻論的及び音韻論的特徴を考察する。まず、各資料における一等上字の分布状況を見てみよう。以下の表では、開口牙喉音字、合口牙喉音字、模韻牙喉音字にそれぞれ一重下線、波線、二重下線をつけて表記し、唇音字には何もつけない。

表1 一等上字分布表

資料	一等上字
徐邈	補3, 呼1, 火1, 苦1, 五1
字林	火4, 古1
玉篇	烏1, 蒲2, 古3, 呼1, 午1, 口1, 莫5, 布1, 普3, 補12, 卜1, 逋1
陸徳明	烏3, 浦1, 火2, 蒲5, 苦12, 古6, 呼6, 五4, 口1, 莫4, 普16, 補1, 北1, 歩2
博雅音	阿1, 烏5, 浦1, 火2, 蒲1, 苦8, 乎1, 古12, 呼3, 五2, 口1, 莫1, 布4, 普6, 補1, 忙1, 歩4
漢書注	歩4, 工1, 呼3, 火1, 口1, 莫6, 蒲1, 普4, 烏4
文選	空1, 呼3, 莫1, 普1, 忙1
玄応	火3, 蒲5, 古1, 呼7, 五2, 公1, 口1, 莫3, 普5, 補9, 摩1
王三	火1, 蒲1, 補3, 逋1
慧琳	烏1, 火2, 蒲1, 苦3, 呼3, 枯1, 口1, 莫1, 普5, 補1, 歩1
可洪	烏1, 蒲11, 甘1, 苦1, 古4, 五1, 告2, 博4, 莫10, 布2, 普14, 補8, 忙3, 旁2, 歩19
朱翱	浦3, 火1, 呼1, 五1, 溝2, 博3, 部3, 忙1, 坡1, 欧1, 歩1
広韻	火3, 滂1, 呼1, 普1
集韻	烏2, 火7, 蒲5, 苦6, 空1, 古5, 呼6, 姑1, 虎2, 五1, 孔1, 工1, 忽1, 莫2, 普4, 部3, 補4, 母4, 簿1, 忙3, 北1, 滂1, 逋4, 黒1, 晡1, 歩1

---

[13] 中国語学研究会 1969, p.122, 当該項目は平山久雄氏執筆。

表1から、重紐反切の上字となる一等字の特徴について以下のことがわかる。まず、隠僻字はなく、すべて常用字である。要するに、重紐反切の上字となる一等字には一つの条件として、「易識・易読・易写」が必要とされていると言える。その原因は、そもそも反切というのは、読みにくい字の発音を人に示す一種の表記法なので、反切用字として読みの面で誤解の余地なく、かつ筆画数が少なめで、筆写が容易であると言う点が基本的要求である。平山1964（p.25）は、それを「易識・易読・易写」という上字としての「非音声的適性」と呼んでいる。平山氏によれば、「易識・易読・易写」とは、「その字の字形がはっきりした特徴をもって他と紛れることなく、その字の音を誰でも即座に正しく発音することができ（即ち、その字が常見のものであり而も他に有力な又読がない）、筆画が簡単で書写されやすい、と言うごとき性質を指す。」であり、それを受けて「このようなわけで、たまたまその韻に属する文字に非音声的適性において劣るものが多かった場合には、その韻の字の上字使用は現実には少ない結果となるであろう。」と指摘している。表1に示した「一等上字」は筆画数が多い字も少なくないが、常用字であるため、「易識・易読」の面において問題ないと認められるであろう。また、『字林』における一等上字の「火」、「古」、「口」は、「非音声的適性」を完璧に表しており、これについては、陆志韦1963（p.377）がつとに指摘している。

　以上、非音韻論的条件としての「易識・易読・易写」は明らかだが、では「音韻論的条件」は何であろうか。これについて、まず反切上字の開合から考察を行う。

　太田2013（pp.59-61）によれば、唇音字と遇摂字は開合が往々にして混乱しているという。従って筆者は、一等上字の開合を考察する際に、表1で示されているすべての一等上字を開口牙喉音字（模韻字除外）、合口牙喉音字（模韻字除外）、模韻牙喉音字、唇音字という四つの種類に分ける。開合の判断は平山1967（pp.146-148）、つまり覆永禄本『韻鏡』に従う。そのうち、模韻牙喉音字と唇音字の開合を「開合」とし、開合の区別をしない。結果は以下の通りである。

　開口牙喉音字：阿、口、空、公、甘、告、溝、歐、孔、工、黑；
　合口牙喉音字：忽、火；
　模韻牙喉音字：呼、虎、烏、乎、午、苦、五、姑、枯、古；
　唇音字：莫、布、普、補、卜、逋、浦、北、步、忙、摩、博、旁、部、坡、母、簿、滂、哺。

　字は多岐に亘るが、各資料に出てくる回数から言えば、開口牙喉音字は相対的に少ない。模韻字と唇音字が最も多く、その次に多いのは合口牙喉音字である。音声的特徴から言えば、合口牙喉音字と唇音字は、言うまでもなく「合口的性格」を持っている。模韻字について、潘悟云2001（p.105）は「模韵有时候表现为开口，有时候表现为合口，这种性质说明它们一定带有一个非音位性的合口成分。」（模韻字は時に開口的振る舞いをし、時に合口的振る舞いをする。従って、模韻字は一種の非音素的な合口的成分を持っていることになる。）と指摘している。つまり、模韻字は「開合」を区別しないが、音声的面から言えば一種の曖昧な「合口的成分」があると考えられる。

　では、「合口的性格」を重紐反切の上字となる一等字の音韻論的条件と考えて良いのであろうか。また、残りの開口牙喉音字については、どのように解釈すべきなのであろうか。

　平山1967（pp.146-148）によると、以上の開口牙喉音字の推定音価はそれぞれ阿/ʔɑ/、口/kʰəu/、空/kʰŏuŋ/、公/kŏuŋ /、甘/kɑm/、告/kɑu/、溝/kəu/、歐/ʔəu/、孔/ kʰŏuŋ /、工/ kŏuŋ /、黑/hʌk/である。『博雅音』と『集韻』に見える各一例の例外である「阿/ʔɑ/」と「黑/hʌk/」以外、いずれもu/また

は/m/、/uŋ/のような合口的韻尾を持っている。

　しかしながら、実際のところ、この「阿」と「黒」については個別に議論する余地がある。つまり、音韻以外の原因からその例外性を再検討する手がかりは完全にないわけでもない。

　『博雅音』における「𠹗：阿𡂁」の場合。まず、隋代の資料において一部の一等韻字に拗介音が発生したという解釈は非常に認め難く、口唱性の要求から特にこの字が選ばれたと説明することは頗る困難である。音韻変化以外の可能性を考えると、誤刻の可能性があるのではないかと考えられる。『玉篇』佚文では「𠹗：猗秩」[14]が見られる。これは「B←B＋澄母」という類相関の面において正則的な反切である。また、上字として用いられる頻度から言うと、従来の音韻資料において「阿」にせよ「猗」にせよ頻度の高いものとは言えない。李榮1952（pp.76-80）によると、『王三』において「猗」を上字とする反切は1例もなく、「阿」は一等韻の上字として2例しか現れない。なおかつ、「猗」は僻字とは言えないが、「阿」ほどに「易識・易読・易写」であると言えないことは間違いないであろう。この「阿」が「猗」の誤刻である可能性は十分に考えられる。また、拗介音の有無に拘ることなく、単に「易識・易読・易写」を重視して「阿」を選択した可能性もないわけでもない。

　また「黒」については、李秀芹2006（p.151）も言及しているが、詳しい検討は行っていない。筆者の考察によれば、「黒」の例外性を解消するには以下の二点の解釈の可能性がある。

　第一に、誤刻の可能性である。『集韻』の「肸：黒乙」に対して、原本『玉篇』では「羲秩」[15]、『広韻』では「羲乙」としている。反切の構造から見ると、原本『玉篇』では「B←B＋知組」、『広韻』では「B←B＋B」であるため、類相関の観点から言えば、どちらも上字によって帰字の重紐帰属が決定される、正則的なタイプである。「黒乙」のように一等上字を用いたのは『集韻』だけである。もし、「黒」が「羲」の誤刻であれば例外が解消する。ちなみに、「黒」にせよ「羲」にせよ、これらを上字とする反切例は非常に稀である。李榮1952（pp.76-80）によると、『王三』における上字には「黒」は1例もなく、「羲」は丑類寅類韻の上字として3例のみ、また、冯蒸2001（p.59）によると、『広韻』における反切上字には「黒」は1例もなく、「羲」は1例しかない。両者は字形的に類似しているとは必ずしも言い難く、使用例が無さそうなので説得力はないが、字形の類似だけから見れば、「羲」を「熏」に改めたが、それを「黒」に誤ったという可能性もある。しかしながら、官製韻書としての『集韻』の刊行にあたっては、版木の制作にはかなり厳格な要求があったはずである。そのため、版木を彫る匠人も大きな責任を負っており、誤刻の可能性は非常に低いと考えるべきであるという点で難がある。

　第二に、一等韻字の拗音化の可能性である。張渭毅2005（p.243）によると、『集韻』における「黒」はすでに声母の鴻細がC類（重紐韻ではない三等韻）と同じになっている。その理由としては、『集韻』において「郝、黒各切」「黒、迄得切」「迄、許訖切」があり、これらを反切系聯法で分析すれば、「郝」、「黒」の声母の鴻細はC類の「迄」、「許」と同じである。そうであるならば、「黒」を重紐反切の上字とすることは当然問題がない。しかし、「黒」は現代方言の殆どで拗介音を持っていないという点で難がある。太田2017によれば、唐代の西北方音において牙喉音二等には硬口蓋化が発生しており、これを支持する証拠は同時代の蔵漢対音資料やソグド-漢

---

[14] 上田1986（p.358）を参照。
[15] 「羲」は支韻B類開口字である。

対音資料[16]にある。現代の西北方言において、稀ではあるが、梗摂二等韻には牙喉音声母字以外でも、拗介音が生じている例があり、例えば「白」の発音には拗介音がある。一等字の拗音化に関して、西北方言において曾摂の「徳」、「得」の音節にも拗介音が現れることがあると指摘されているが、やはり大量に見られる現象ではない。[17]『集韻』を調べると、「徳」、「得」の反切はともに「的則切」であり、四等上字を使っている。『集韻』において、四等韻字にすでに拗介音が発生しているのは周知のことであり、ひょっとすると『集韻』は当時の西北方言の特徴を反映しているのであろうか。しかし、官製韻書で方言の特徴を取り入れること自体がかなり想定しにくいことである。これについては、なお慎重を期して論じる必要がある。

第三に、上字改良の結果である。『集韻』は編纂に際して、多くの「上字改良」を行っている。これについて、張渭毅 2002（p.22）は、「《集韵》改良反切，改动反切上字的声调，开合和等第并不是齐头并进的，而是有所侧重，所改良反切的比重由大到小依次为声调＞开合＞等第。」（『集韻』が反切の改良をするにあたり、上字の声調、開合および等の改良は同じペースで進んでいるのではなく、重点に程度差がある。大から小に並べると、声調＞開合＞等である。）と指摘している。「黒」は入声字である以上、「易識・易読・易写」の面においても優れているため、この「肸、黒乙」（入←入入）という反切は恐らく声調を最優先とする順番に従って改良された結果であろう。

実際の発音を反映するという面から言えば、第一説と第二説は同じことを言っていることになる。つまり、一等韻字の「黒」を反切上字としているが、実は「羲」の誤刻またはすでに拗音化しているという原因で、三等韻上字と同じようになっている。しかし、上に述べているように、この二説はそれぞれ難点があるため、むしろ単に声調を重視して上字の改良を行った結果と見做した方がまだ確率が高いであろう。従って、筆者としては第三説を支持したいと考えている。

個別の解釈が可能な「阿」と「黒」を除く、すべての一等上字に「合口的成分」が見られるため、「合口的性格」を重紐反切における一等上字の音韻論的条件としてまとめてもよいであろう。

以上、重紐反切の上字となる一等字の条件を論じた。つまり、「易識・易読・易写」と「合口的性格」である。前者は重紐反切だけでなく、すべての反切用字にわたって求められる特徴である。しかし、反切口唱にあたり、なぜ上字がこのような「合口的性格」を必要とするのであろうか。唇音字、合口牙喉音字、そして模韻字はともかく、数は少ないものの、韻尾で「合口的性格」を表す開口牙喉音字は一番難解である。これについては、まだ満足のいく説明を見出していないが、とりあえず現時点の考えを述べようと思う。その原因は重紐A類とB類の拗介音の違いにある。開口牙喉音一等上字を用いた重紐反切をA類、B類分けて統計すると、以下の結果が得られる。つまり、口（A類3例；B類3例）、空（A類0例；B類2例）、公（A類0例；B類1例）、

---

[16] 太田 2017（pp.40-41）によれば、高田 1988 が扱っている蔵漢対音資料の一つ、『天地八陽神呪経』には「隔 keg」という例があるという。太田 2017 は現代カム・チベット方言でチベット文字の母音符号/e/が常に/je/と発音されるという事実に基づいて、「如果這種現象在當時就有的話，keg 可以看做代表"隔"字 cɹek~kɹek 的讀音。那麼《天地八陽神呪經》亦可看做含有西北方音的成分，"隔"字 keg（藏文轉寫）正是反映西北方音之一例。」（もしこのような現象が当時においてすでに発生しているならば、keg が「隔」の cɹek~kɹek という発音を代表していると見做せる。そうであるなら、『天地八陽神呪経』は西北方言を含む資料と見做すことができ、「隔」の keg（チベット語転写）はまさに西北方言を反映する例の一つである。）としている。また、ソグド-漢対音の例について、吉田 1994 では「TⅡT」における牙喉音二等字の「界 ky'y」（p.340）および「更 xy'nk」（p.327）を提示し、太田 2017 は当時の音韻対応関係に基づいて、「ky'y」と「xy'nk」をそれぞれ「ciæŋ~cieŋ~cieŋ」と「ciæi~ciei」と推定している。

[17] 西北方言における「徳」と「得」の情報は太田斎氏からご教示いただいた。

甘（A類0例；B類1例）、告（A類1例；B類1例）、溝（A類0例；B類2例）、歐（A類0例；B類1例）、孔（A類0例；B類1例）、工（A類例2；B類0例）である。「易識・易読・易写」の面で非常に優れており、A類とB類帰字のどちらにも適用されると理解できる「口」と「工」以外、殆どの開口牙喉音一等上字はB類帰字専用になっている。（例外は「翅：告支」1例しかないため、とりあえず無視する。）有坂・河野説によると、A類拗介音は口蓋的なiであり、B類拗介音は非口蓋的なɨである。音声の面から言うと、合口的韻尾は口蓋化を阻止することができる。従って、B類拗介音の特徴に合わせるために、開口牙喉音字でも「合口的性格」を必要としたのであろう。

2.3 なぜ一等字なのか？（遇摂の場合）

では、なぜ重紐反切に一等上字を用いるのか。『字林』で出てくる「火」、「口」、「古」のように、明らかに筆画数が少なく、弁別しやすい上字に関しては、非音声的適性が優れていると解釈できるが、筆画数が多い字に関しては、何故頻用されるのか、説得力のある答えは見出し難い。『字林』以外、どの資料においても、遇摂字が一番多く使用されているため、まずそこから解釈を加えてみる。[18]

遇摂字多用の原因について、太田2013（p.59）によると、遇摂字はゼロ韻尾である上に、主母音が内転系əの系統に属し、前後の要素の影響を受け易く、様々な音色に変わるという特徴を持つため、反切を口唱するにあたって、声母を残してそれ以外の自らの音声的特徴を容易に消し去って下字とくっつけることができ、そのため『切韻』では上字として多用されているという。

遇摂には模韻一等、魚韻三等、虞韻三等及びこれらと四声相配する上去声韻がある。『韻鏡』[19]内転第十一開及び内転第十二開合をみると、唇音の場合には、魚韻には該当する唇音字がないため、利用できない。また、虞韻の唇音字は後に「軽唇音化」が発生したため、重紐反切の上字には適さない。そこで残るのは模韻字しかない。従って、止むを得ず模韻字を多用していると考えられる。牙喉音字の場合には、魚韻に属する「居」、「魚」、「巨」、「許」、「語」、「去」及び虞韻に属する「区」などがよく使用されているが、「御」、「據」、「齲」、「驅」、「懼」、「絝」のような筆画数が多い、あるいは誤読されやすい字はあまり多く使用されていない。それよりも、筆画数が少なく、判読する上で誤解を招きにくい「枯」、「吾」、「烏」[20]、「古」、「苦」、「五」などが多用されている。

2.4 類相関的考察

拙稿2017及び2018の考察結果によると、『博雅音』と『可洪音義』では、一等上字はA類帰字、B類帰字のいずれかを決定する性質は持たず、重紐反切においてはC類上字と同じ働きを持

---

[18] 陆志韦1963（p.378）は、『字林』における上字の一特徴として、遇摂字使用が稀であると指摘する。
[19] 龍宇純1960, 318p.
[20] 「烏」は筆画数が少ない字ではないが、判読の面、つまり「易識・易読」の面では優れているとは言えるであろう。もちろん、字形上端母の「鳥」と混同されやすいと言う恐れもある。しかし、「鳥」は鳥の意味以外、また男性生殖器官の意味もある。この現象がいつ頃から始まったのかは不明である。中古音の段階で既にあったとしたら、反切用字としては使用を避けることになるであろう。「鳥」を反切用字として使用する例が皆無であるのはこのような理由があったかもしれない。何れにせよ、「鳥」の使用例が皆無であるので、「鳥」と「烏」の混同は考慮するに及ばない。

っている。つまり、A←C+A、B←C+B のパターンである。[21]注意すべきは、下字の A 類、B 類とは、重紐 A 類字、B 類字に限らず、音声的に A 類、若しくは B 類の性質を持つ声母の字をも指すことである。本節では、以上の類相関のパターンによって、『博雅音』と『可洪音義』以外の 12 種の資料における一等上字重紐反切を全面的に考察し、一等上字の類相関的働きを検証する。舌歯音字の重紐帰属は平山 1977 に従い、精組、章組、日母、以母は A 類、荘組、云母は B 類とする。来母、知組は「中間的」とする。また、C 類と中古四等下字について、前者を B 類的、後者を A 類的とする。

結果は表 2 と表 3 の通りである。紙面サイズの制約上、「一+X」[22]のパターンは下字の類のみ表記する。

表2 「A← 一+X」分布表

資料＼下字	A	B	C	四	精	章	荘	知	日	以	云	来
徐邈	0	0	0	0	0	0	0	0	0	4	0	1
字林	0	0	0	0	0	1	0	0	0	1	0	0
玉篇	4	0	1	0	0	4	0	0	1	3	0	0
陸徳明	8	2	0	0	1	2	0	0	4	10	0	0
漢書注	3	0	0	5	7	0	0	0	0	1	0	1
文選	0	0	0	0	0	0	0	0	1	1	0	0
玄応	5	0	0	0	2	3	0	0	1	0	1	1
王三	1	0	0	0	0	0	0	0	0	1	0	0
慧琳	5	0	0	3	1	0	0	0	0	2	1	0
朱翱	1	0	0	0	0	0	0	0	0	1	0	0
広韻	3	0	0	0	0	0	0	0	0	1	0	0
集韻	10	1	0	0	4	3	0	0	1	4	0	3

表3 「B← 一+X」分布表

資料＼下字	A	B	C	四	精	章	荘	知	日	以	云	来
徐邈	0	2	0	0	0	0	0	0	0	0	0	0
字林	0	2	1	0	0	0	0	0	0	0	0	0
玉篇	2	10	0	0	0	0	0	2	0	1	4	0
陸徳明	1	26	1	0	0	0	0	2	1	2	4	0
漢書注	1	3	0	2	0	0	0	0	0	0	0	0
文選	0	2	0	0	0	0	0	1	1	0	1	0
玄応	1	14	3	0	0	3	0	0	0	2	0	2
王三	0	3	0	0	0	0	0	0	0	0	1	0

---

[21] 平山 1977 ではこのようなパターンを取る重紐反切を第一式反切と呼ぶ。
[22] X とは、下字の重紐帰属未詳の意味である。

慧琳	1	4	1	0	0	0	0	1	0	0	0	1
朱翱	2	11	0	0	0	1	0	0	0	1	0	1
広韻	0	2	0	0	0	0	0	0	0	0	0	0
集韻	2	29	1	0	0	1	0	3	0	1	6	0

表2と表3が示しているように、『徐邈反切』から『集韻』までの各資料における一等上字重紐反切において、多少の例外は存在するものの、下字によって帰字の重紐帰属が決定されるという趨勢は変わらない。

3 単字音考察

1.3で示したように、『集韻』における重紐反切には一等上字が多用され、13.42％を占めている。これについて、本稿では音韻変化の結果ではなく、『集韻』自身が大量の古音、異音、方音などの「異質成分」を吸収した結果だと主張する。本節では、重紐反切の上字における等位の変化の面から論証を試みる。

3.1 張渭毅2005の研究

まず張渭毅2005について、簡単に紹介する。

結論として、張渭毅2005（p.249）は「總之，《集韻》牙喉音開口一等韻裏出現的反切上字，大多數是普通開口三等字和跟普通開口三等字同類的開口一等字，祇有少數合口一等上字和匣母一二等上字。這根牙喉音開口二等字裏反切上字的分佈情形一致。開口二等韻牙喉音有介音j，那麼，開口一等韻牙喉音也應該有介音j。」（総じて、『集韻』における牙喉音開口一等韻で出現する反切上字の多くは普通の三等韻及びそれと同類の開口一等字であり、合口一等上字と匣母一、二等上字は少ししかない。これは牙喉音開口二等字における反切上字の分布情況と一致する。開口二等韻牙喉音には拗介音jがある。そうであるならば、開口一等韻牙喉音にも拗介音jがあるはずである。）と主張している。また、同じページで張氏は補足的に「反切上字是合口一等字的少数開口一等牙喉音反切仍然讀洪音，沒有介音j。具體來說，那些用谷，沽，姑，枯，呼，虎等作反切上字的開口一等牙喉音反切不讀介音為j的細音。」（反切上字が合口一等字である少数の開口一等牙喉音反切は依然として洪音として読まれる。具体的に言えば、それらの「谷」、「沽」、「姑」、「呼」、「虎」を反切上字とする開口一等牙喉音反切は介音がjである細音には読まれない。）と述べている。

その論拠として、張氏は『集韻』における開口牙喉音一等韻の反切上字には、普通の開口三等字が一番多く用いられ、58.4％を占めているという点を挙げる。また、32.8％を占めている一等上字についても、張氏は以下のように論じている。

見母一等上字には、「柯」、「剛」、「姑」、「葛」、「沽」、「谷」があるが、「谷：古祿」、「(沽、姑)：攻乎」、「攻：古宗」、「柯：居何」、「剛：居郎」、「葛：居曷」という反切から分かるように、開口一等韻見母一等反切上字のうち、「柯」、「剛」、「葛」はそれぞれ三等韻の「居」と系聯するため、三等上字と同類と見做してもよい。単純な一等上字は、実際には三等上字と系聯できない「谷」、「沽」、「姑」という3例しかなくなる。同じ方法により、張氏は渓母一等には枯1例しかなく、疑母、影母一等は皆無、そして暁母一等には虎と呼2例しかないと主張している。

以上のように、張氏はユニークな視点から『集韻』における一等字の拗音化を論じている。これについて筆者は、専ら反切系聯法で上字を系聯して同類であるか否かを判断し、音韻論以外の可能性を考慮していない点には問題があるのではないかと考える。つまり、遇摂に属し、かつ「易識・易読・易写」で、非音声的適性が非常に高い「居」、「去」、「於」のような上字は、一旦等韻学上、見母、渓母、影母に属すると認識されると、鴻細を無視して一等帰字の上字としても用いられるという可能性がないわけではない。従って、必ずしも一等帰字と同じ拗介音を持っているとは限らないのである。

3.2 李秀芹 2006 の研究

　李秀芹 2006（pp.149-151）は第 8.1.3 節において『経典釈文』、『王三』、『慧琳反切』、『朱翱反切』、『広韻』、『集韻』という6種の資料における一等上字を集め、最初に『集韻』における一等上字多用現象を考察している。
　考察の結果として、李氏は以下の二点を提示している。
　一、「一等上字在重紐韻中所佔的比例，祇有《集韻》超過10%，其他都不到4%。數量少和沒有傾向性說明，在《集韻》以前，一等與三等差別較大。三等有介音，一等沒有介音，所以重紐韻中較少出現一等上字。」（一等上字が重紐韻の中で占めている比率は、『集韻』だけ10%を超えており、その他は4%にも至っていない。数が少ないことと、一定の傾向がないことが『集韻』以前において一等字と三等字との違いがかなり大きいことを含意している。三等には介音があり、一等には介音がない、故に重紐韻には一等上字がかなり少ないのである。）
　この点に関しては議論の余地がある。李氏の結論は考察された6種の資料に対しては適用できるが、資料の量を増やして、一等上字重紐反切の全体的研究から見るとズレが生じる。筆者の考察によれば、『集韻』以前の資料において、一等上字の比率が10%を超えている資料も少なくない。例えば『博雅音』、『漢書注』、『可洪音義』のいずれにおいても一等上字の比率は10%以上である。もし介音の有無で一等上字の多寡を解釈するならば、かなり早い時期の『博雅音』ではすでに一等字が拗音化しているということになってしまう。従って本稿では、一等上字重紐反切の数量の変遷は時代と関連性がないと改めて主張したい。
　二、「無論在哪個系統中，模韻系字都是最常用的一等切上字，在《釋文》和慧琳《音義》中佔90%以上，同時一等合口也較一等開口字常用。《集韻》也並沒有表現出與其他材料的不同之處。」（どの系統においても、模韻字は最も常用される一等上字であり、『経典釈文』と『慧琳音義』では90%以上を占めている。そして、一等合口字も一等開口字よりよく用いられる。この点で『集韻』も他の資料と異なる所はない。）
　この結果は筆者の考察と合致している。表1に示すように、『字林』以外、どの資料においても、模韻字が一番多く用いられている。そして、2.2 で述べたように、「黒」以外のすべての一等上字は「合口的性格」を持っているからである。
　『集韻』における一等上字多用現象について、李氏は張渭毅 2005 の「拗介音発生説」で説明を試みている。しかし、『集韻』の重紐反切における一等上字は、開口牙喉音字では「黒」の1例しかない。張渭毅 2005 の結論によれば、一等牙喉音字で拗音化するのは開口字のみである。張渭毅 2005 の所説に合致して、拗介音が発生したと見做せる字はこの「黒」1例しかない。この様な状況に鑑み、李氏は「拗介音発生説」では依然として『集韻』における一等上字多用現象を

説明できないと結論づけている。

3.3 本稿の主張

　以上の論述を通して、単純に一等上字が拗音化しているという観点で『集韻』における一等上字多用現象を解釈するのは困難であると言える。上で述べたように、本稿の解釈としては、『集韻』における一等上字多用現象の原因は『集韻』自身が大量の古音、異音、方音などの「異質成分」を吸収した結果としている。本節では、この解釈を裏付ける一つの考察結果を取り上げる。

　本稿の考察によれば、『集韻』以前の資料における、もともと一等上字を取った重紐反切の大部分は後に上字が三等字になっている。(『王三』以外）つまり、大部分の一等上字重紐反切はさらに口唱性をよくするために改良され、反切上字を拗介音のある三等字に改めている。もし一等字が拗音化しているのであれば、その必要はないであろう。この点から言えば、重紐反切に一等上字を用いることを一等韻の口蓋化と関連づけて考えることは困難である。

　以下、表 4 で各資料における一等上字重紐反切と『集韻』の反切の対照表を挙げる。『集韻』でも同様に一等字を使用している場合は、一等の欄に、三等字に改めている場合は三等の欄にその数を挙げる。一等欄には火→呼のように用字を改めた例も含まれている。この数値を見ると、やはり上字を三等韻字に改めた例が圧倒的に多く見える。

表4 上字集計表

上字　資料	一等	三等
徐邈	1	6
字林	1	4
玉篇	6	24
陸徳明	13	40
博雅音	6	29
漢書注	3	22
文選	3	4
玄応	10	26
王三	4	2
慧琳	0	12
可洪	6	66
朱翱	8	11
広韻	3	3

　以下、各資料における一等上字重紐反切帰字の『集韻』での反切を列挙する。(枠で囲んだのは、『集韻』においても上字が一等字の例である。)

『徐邈反切』

辟A	必益	駍A	翩營，許營	愁B	魚巾
紕A	賓彌	坰A	窺營		
比A	補履	厱B	羲錦		

『字林』

眭A	呼維	廞B	虛金	孑B	吉列
駍A	翩營	嘵B	虛嬌		

『玉篇』

嬰A	伊盈	擎A	匹滅	丕B	攀悲
橘A	訣律	瀕A	卑民	麾B	吁為
傾A	窺營	驗A	魚窆	秉B	補永
匹A	僻吉	綍B	補麛	鄙B	補美
蔽A	必袂	否B	部鄙	匭B	矩鮪
彌A 母媿，母婢		彼B	補麛	湄B	旻悲
臂A	卑義	披B	被義，彼義	溦B	旻悲
褻A	必益	眉B	旻悲	簋B	矩鮪
謐A	彌畢	彪B	甫烋	鬢B	毗亦
飄A	卑遙	別B	筆別	邳B	貧悲

『陸德明反切』

彌A 母媿，母婢		眭A	呼維	喟B	丘愧
窺A	缺規	縈A	娟營	洫B	忽域
糾A	吉酉	苾A	簿必	衾B 去金，祛音	
頃A	犬穎	瑱A	犬穎	貢B 被義，彼義	
頃A	犬穎	邲A	簿必，薄宓	陂B	班糜
牝A	婢忍	闃A	缺規	龜B	居逵
勁A	堅正	駍A	翩營，許營	劓B	姑衛
弭A 母婢，母婢		魮A	頻脂	巇B 魚羈，虞為	
敝A	毗祭	宛B	烏勉	映B	翻劣
瀰A	彌兗	委B	於偽	嚚B	魚巾
缺A	傾雪	披B	攀麛	誩B	普鄙
跂A	去智	披B	普麛	誩B	普鄙
頸A 經郢，九領		披B	攀麛	堛B	芳逼
黽A	弭盡	披B	普麛	威B 許劣，翻劣	
侐A	火季	被B	披義	臤B	去刃
坅A	牛錦	丕B	攀悲	繭B	虛嬌
怴A	休必	卷B	驅圓	邳B	貧悲

鈹B	攀糜	齮B	語綺		

『博雅音』

縋A	邊迷	詗A	虛政	跂B	古委
媣A	於鹽	鑴A	翾規	澼B	皮刅
翻A	虛鹽	鵤B	五委	玟B	眉貧
窺A	缺規	刐B	披巾	臩B	俱永
甄A	稽延	刐B	披巾	蘸B	悲嬌
紕A	必至	靡B	忙皮	蛫B	古委
厴A	於琰	獝B	牽幺	螘B	語綺
咦A	馨夷	嚻B	許嬌	觜B	古轉
嘪A	伊消	亄B	億姞	飈B	弼力
壓A	益涉	囧B	俱永	駓B	貧悲
翾A	驍緣	疕B	陂病	齮B	語綺
襧A	毗至	悗B	古委		

『漢書注』

便A	毗連	谩B	免員	邲B	壁吉
蚍A	頻脂	黽A	彌兗	披B	普羅
郫A	規掾	黽A	彌兗	濞B	匹備
睢A	香萃	沔A	彌兗	濞B	匹備
墮A	翾規	辟A	匹計	邑B	乙及
詰A	喫吉	黶A	於琰	洫B	呼昊
潣A	彌兗	黶A	於琰	洫B	況壁
眇A	弭沼	威B	翾劣		
谩A	彌延	邲B	簿必, 薄宓		

『韻鏡』に従うと、「谩」は仙韻A類と見做すべきであるが、『漢書注』では「莫連」となり、重紐の帰属が判断できない。『集韻』に「彌延」、「免員」という二つの反切があり、前者はA類で、後者はB類である。本稿では両方採用するが、集計する際には1例として加算する。

『文選音義』

彌A	母媿, 母婢	麋B	忙皮	髻B	攀悲
儇A	驍緣	歊B	虛嬌		
洫B	呼域	跬B	犬縈		

『玄応音義』

彌A	母媿, 母婢	裨A	賓彌	椑A	賓彌
庀A	兵媚, 必至	閾A	忽域	昊A	呼役
匕A	補履	拟A	簿必	翾A	驍緣

60

萆A	補弭		嚊B	匹備		麋B	旻悲
蠵A	驫緣		垠B	魚巾		仚B	許延
邲A	簿必, 薄宓		孑B	吉列		呬B	虛器
瓣A	必益		麼B	吁為		坰B	窺營
披B	普縻		稟B	筆錦		孽B	魚列
勉B	美辨		秕B	頻脂		愊B	弼力
魅B	明祕		粃B	平祕		柲B	簿必
啼B 虛器,	許位		僉B	迄及		瞸B	虛涉
喟B	丘媿		鄙B	補美		鈹B	攀縻

			『王三』				
幷A	卑盈		兵B	晡明		碧B	筆戟, 兵彳
侐A	火季		平B	蒲兵		彼B	補靡

『慧琳音義』

厭A	於琰		闃A	缺規		喟B	丘媿
鞭A	卑連		窺A	缺規		鈹B	攀縻
脾A	頻彌		敁B	翾劣		鈹B	攀縻
蠵A	驫緣		披B	攀縻			
蠵A	驫緣		魅B	明祕			

『可洪音義』

標A	卑遙		幣A	毗祭		脾A	頻彌
鞭A	卑連		蔽A	必袂		脾A	頻彌
寐A	蜜二		蔽A	必袂		脾A	頻彌
規A	均窺		蔽A	必袂		脾A	頻彌
均A	規倫		蔽A	必袂		藝A	倪祭
均A	規倫		蔽A	毗祭		禆A	賓彌
卑A	賓彌		蔽A	毗祭		禆A	頻彌
比A	頻脂		蔽A	毗祭		辟A	必益
比A	頻脂		牝A	婢忍		辟A	匹智
比A	簿必		滅A	莫列		闢A	毗亦
琵A	頻脂		綿A	彌延		驫A	卑遙
琵A	頻脂		屛A	旁經		仳A	頻脂
琵A	頻脂		弭A	母媿, 母婢		埤A	頻彌
匹A	僻吉		彌A	民卑		擗A	毗亦
匹A	僻吉		泯A	弭盡		檠A	覓畢
匹A	僻吉		洱A	彌充		蘡A	伊盈
幣A	毗祭		甄A	稽延		蜱A	頻彌

詾A	彌正	披B	披義		驫B	甫烋
蹕A	必益	披B	攀麋		䏋B	部弭
蹕A	毗亦	疲B	蒲麋		伾B	攀悲
祕A	簿必	明B	眉兵		揭B	塞列
髕A	毗忍	伾B	攀悲		邳B	悲巾
襟B	居吟	俾B	毗至		邳B	貧悲
隙B	乞逆	俾B	普米		鈹B	攀麋

『朱翱反切』

瓢A	毗宵	毇B	虎委		䣱B	頻彌
宓A	莫筆	威B	翾劣		䣱B	衣廉
宓A	覓筆	秠B	攀悲		錍B	古委
痞B	補美	鮑B	古委		駓B	攀悲
鄙B	補美	貱B	兵媚		魾B 頻脂,貧悲
伾B	攀悲	邳B	貧悲			
媿B	五委	郫B	蒲麋			

『広韻』

赨A	許營	侐A	火季		麃B	滂表
媐A	呼恚	砏B	披巾		麃B 匹沼,匹紹

『集韻』においても同様に一等上字を用いた重紐反切は総計64例である。そのうち、唇音、模韻牙喉音、開口牙喉音、合口牙喉音上字はそれぞれ42例、17例、0例、5例である。音韻論的観点から言うと、すべて「合口的性格」を有する例である。

多くの先行研究から明らかになっているように、中古以降の牙喉音二等字は開口字に限って口蓋化が発生している。張渭毅2005はこの説をさらに拡張し、『集韻』における一等開口牙喉音字においても口蓋化が発生していると主張する。もし張説が正しいのであれば、二等字において口蓋化が開口字に限られるという状況と相反し、一等字では合口字に限って起きていることになり、矛盾が生じる。従って、『集韻』における「一等上字多用」現象の原因を一等開口牙喉音字の音韻変化の結果とする説はやはり認め難い。

では、『集韻』の重紐反切に一等上字が多用される原因は一体何であろうか。この問題を解決するためには、『集韻』の性質を考えなければならない。『集韻』の韻例から、その手がかりが窺える。

『集韻』の韻例には、「凡經典字有數讀，先儒傳授，各欲名家，今並論著，以粹群說。」(凡そ経典の字に数読あり、先儒伝授し、各おの名家を欲す、今論著を並べ、以って群説を萃（あつ）む。)という編纂の方針が書いてある。つまり、経学典籍にある数種の読み方、および先行の儒学士から伝えられる読み方を出典問わず一緒に収録するということである。その結果、『集韻』には系統の異なる反切がかなり入ってくると予想される。このような「広汎に蒐集する」という性格について論じている先行研究も少なくない。

平田 1996；2016によれば、「《集韵》所参考的不止许，陆二家，只要仔细对勘可以发现它汇总

《方言》《汉书》颜师古注等的唐以前字书，音义的痕迹。收字"新增二万七千三百三十字"，其中还包括许多不能确认典据的俗字，俗语。」（『集韻』が参考にしたのは許、陸の二家に止まらない。仔細に比較すれば、『集韻』は『方言』、『漢書』の顔師古注など唐以前の字書、音義書を集めた痕跡が見られる。収録字は「新増二万七千三百三十字」であり、中には依拠した典籍が確認できない俗字、俗語も含まれている。）であり、また平田 2007；2016 では「宝元二年丁度等奉敕修定的《集韵》，正是经学干涉官韵的典型例子，陆德明《经典释文》的大量音读倾泻而入。」（宝元二年に、丁度らが勅を奉じて修訂した『集韻』はまさに経学が官韻に干渉した典型的な例であり、陸徳明の『経典釈文』の音読が大量に入ってきている。）と指摘している。

白涤洲 1931（pp.159-160）は「而切韻又是"捃選精切，除削疎緩"的，多少還有些剪裁的工夫，到了集韻，"務從該廣"，"以粹羣說"，完全採取兼蓄并包的態度，於是聲音也就愈加繁雜了。」（『切韻』は「精切を捃選し，疎緩を除削す」の韻書であるため、多少工夫があったが、『集韻』になると、「務めて該廣に従う」、「以って群説を萃む」となり、完全にすべてを包容する態度を取っており、そこで声音がさらに繁雑になっている。）と指摘している。

張渭毅 1999（p.342）によれば、「誠然，有一部分反切上字的改動既無音理上的根據，又不能反映時音的變化，而是為了遷就《集韻》以前韻書，字書和音義書中的反切來源而照録舊切。」（確かに、一部の反切上字の改良は音韻上の根拠もなければ、当時の音韻変化も反映しておらず、『集韻』以前の韻書、字書および音義書の反切の来源を反映させるために、古い反切をそのまま抄録している。）であるという。

『集韻』という韻書は『王三』、『広韻』と異なり、大量の古音、異音、俗音を収録している。つまり、「集」というところに力を注ぎ、「務從該廣」（務めて該廣に従う）を目的としている。これこそが一等上字多用現象の原因なのである。これを裏付ける根拠は二つある。筆者の調査によれば、『集韻』における一等上字重紐反切帰字の多くは一字のみからなる、増加小韻のようなものである（表 5 を参照）。また、同音字が一字ないし一字以上ある一等上字重紐反切帰字の中には、人名、地名、鳥名などの隠僻なもの及び出典を明記しているものが少なくない（表 6 を参照）。

表 5 収録字一字のみの小韻

歸字	上字	下字
雓	火	全
滙	空	爲
惷	忙	覭
兄	呼	榮
懹	孔	永
薨	忙	成
猌	火	一
冰	逋	孕
肿	黑	乙
虢	火	彳

螟	火	幼
鵙	工	役
拂	普	密
稟	逋	鳩
嬺	苦	糺
欨	呼	世
泂	古	營
洼	烏	雖
娝	簿	必
蠱	步	幽

表6 僻字及び出典明記の字例

歸字	上字	下字	出典	意味
鳩	呼	鄰		鳥名
宛	烏	勉		人名
鶪	北	及		鳥名
赳	古	幼		龍申頸行
䳖	滂	表		鳥毛變色
狎	蒲	瞻		人名
砯	蒲	應		水激石聲
稇	苦	磧	博雅	
頍	苦	軌	爾雅	
尯	苦	委	博雅	
噽	普	鄙	說文	引春秋傳，吳有宰相
諀	普	弭	博雅	

4 まとめ

　本稿では14種の中古音資料における一等上字重紐反切を対象として考察を行い、重紐反切の上字となる一等字に二つの特徴を見出した。即ち、「易識・易読・易写」と「合口的性格」である。また、『集韻』以前の資料における一等上字重紐反切を『集韻』と比較し、『集韻』における一等上字多用現象は一等韻の音韻変化の結果ではないと主張した。最後に、『集韻』の性質及び一等上字重紐反切帰字の分布と義注の特徴を分析することによって、「一等上字多用」現象の原因を『集韻』自身が大量の古音、異音、方音などの「異質成分」を吸収した結果とした。『集韻』における「火」、「古」のような筆画数がきわめて少ない字については今のところ引用の明らかな証拠が見出せないが、『字林』反切を利用したと推測できる可能性がある。なお、他の資料における「簿」、「補」のような筆画数の多い字が何故用いられているかについては、今回よりもさらに説得力のある解釈が求められ、これについては今後の研究に譲りたい。

参考文献（和文文献は著者アイウエオ順、漢語文献は著者ピンイン順）
Ⅰ類資料（反切の依拠資料）
和文
上田　正 1986『玄応反切総覧』，私家版，280pp.
上田　正 1987『慧琳反切總覽』，汲古書院，254pp.
季鈞菲 2017「『博雅音』における重紐の対立について」，『神戸市外国語大学研究科論集』第 20 号, pp. 55-88
季鈞菲 2018「『新集蔵経音義随函録』における重紐の対立について」，『神戸外大論叢』第 68 巻第 1 号, pp. 153-182
河野六郎 1979『河野六郎著作集：2 中国音韻学論文集　別冊　資料音韻表』，平凡社，322pp.
佐々木猛 2000『集韻切韻譜』，中国書店，97pp.

漢語
簡啟賢 2003《<字林>音注研究》，巴蜀書社，374pp.
蔣希文 1999《徐邈音切研究》，貴州教育出版社，315pp.
李榮 1952《切韻音系》，中國科學院，182pp.
邵榮芬 1995《<經典釋文>音系》，學海出版，541pp.
王嬋娟 2008 顏師古《汉书注》反切研究，复旦大学硕士论文，84pp.
王志成 1984《廣韻作業》，文史哲出版社，307pp.
徐之明 1990《文选》李善音切考，贵州大学硕士毕业论文，109pp.
張慧美 1988 朱翱反切中的重紐問題，《大陸雜誌》第 76 卷第 4 期, pp. 152-169

Ⅱ類資料（論文と著書）
和文
太田　斎 2012『韻書と等韻図』神戸市外国語大学外国学研究所，258pp.
季　鈞菲 2017「重紐反切における一等上字について」『日本中国語学会　第 67 回全国大会　予稿集』, pp. 116-119
坂井健一 1975『魏晋南北朝字音研究』，汲古書院，299pp.
中国語学研究会 1969『中国語学新辞典』，光生館，339pp.
平山久雄 1964「陸志韋教授「古反切是怎樣構造的」を読む」，『中国語学』第 140 号, pp. 20-33
平山久雄 1967「中古漢語の音韻」『中国文化叢書 1　言語』，大修館書店, pp. 122-166
平山久雄 1977「中古音重紐の音声的表現と声調との関係」，『東洋文化研究所紀要』73, pp. 1-42

漢語
白滌洲 1931《集韻》聲類考，《中央研究院史語所集刊》3 本 2 分, pp. 159-236
冯蒸 2001 汉语音韵学应记诵基础内容总览，《汉字文化》2001 年第二期, pp. 57-64
龍宇純 1960《韻鏡校注》，藝文印書館，318pp.
李荣 1982 语言演变规律的例外，原载于《中国语文》1965 第 2 期, pp. 116-126；后收录于《音韵存稿》，商务印书馆，264pp.

李秀芹 2006 中古重纽类型分析，浙江大学博士论文, 223pp.

陆志韦 1963 古反切是怎样构造的,《中国语文》第 5 期, pp. 349-385

潘悟云 2001 反切行为与反切原则,《中国语文》第 2 期, pp. 99-111

平田昌司 1996《廣韻》與《集韻》——科舉制度與漢語史第五,《語文，情性，義理——中國文學的多層面探討國際學術會議論文集》;后收录于《文化制度与汉语史》, 北京大学出版社, pp. 36-54

平田昌司 2007 "中原雅音" 与宋元明江南儒学——"土中" 观念, 文化正统意识对中国正音理论的影响,《近代官话语音研究》, 语文出版社, pp. 51-74;后收录于《文化制度与汉语史》, 北京大学出版社, pp. 110-130

太田齋 2017 反映西北方音的<王三>反切,《漢藉與漢學》總第一期, pp. 38-46

徐通锵 1991《历史语言学》, 商务印书馆, 482pp.

張渭毅 1999《集韻》的介音問題,《中國語文學》第 34 輯, 韓國嶺南中國語文學會, pp. 341-352

張渭毅 2002《集韵》的反切上字所透露的语音信息（上）,《南阳师范学院学报（社会科学版）第 1 卷第 1 期, pp. 22-36

张渭毅 2005 再论集韵的洪细,《汉语史学报》第 5 辑, 上海教育出版社, pp. 230-254

キーワード：反切口唱、重紐反切、一等上字、拗音化、集韻

対音資料から見た初唐期の匣母の音価について*
―義浄の音訳漢字を中心に―

橋本　貴子

1. はじめに

　水谷1957は7世紀に次濁鼻音の非鼻音化が開始したとの考えを示し[1]、この変化に関連する現象として全濁声母の無声化、特に匣母と常母（＝禅母）が7世紀に無声化を始めていたと考えられることを指摘した（水谷1957：341-342）。

　水谷1957が匣母無声化の根拠としたのは、玄奘（602-664）『大唐西域記』および玄応『一切経音義』（661年成立）の音訳漢字において匣母字がSanskrit（以下Skt）のhに対応している点である（水谷1957：344、注2）。常母無声化については、8世紀初頭の菩提流志訳において常母の音訳漢字に対して日母の反切注が付してある点に注目しているが（水谷1957：342；同論文：351）、7世紀の資料からは常母無声化の明確な根拠は示されていない。水谷1957：350に「梵語音転写に注意すべきものがある」として地婆訶羅訳から「跋繕那」vacana等の幾つかの音訳例が挙げられている。それらの音訳例はあまりに少数かつ断片的であるため、常母無声化の根拠たりうるかどうかは検討を要するけれども[2]、水谷氏はこれらの音訳例を意識して常母も匣母と同時期に無声化していたと考えたのではないかと思われる。

---

* 本稿は日本中国語学会第68回全国大会（神戸市外国語大学；2018年11月3～4日）における口頭発表をもとに加筆・修正を加えたものである。発表の際、有益なご助言をくださった司会の宮本徹先生、太田斎先生にこの場を借りて感謝申しあげる。

[1] 橋本2007で指摘したように、水谷1957が用いた音訳の幾つかは資料上の問題が多く、それらを7世紀に次濁鼻音の非鼻音化が起きていたことの根拠とすべきではない。

[2] これに関連して、Coblin 1991が扱った常母字の音訳例の問題について触れておきたい。Coblin 1991は義浄訳『金光明最勝王経』から「僧慎爾耶」Skt sañjaya (sañciñjaya)、「慎若那末底」Skt śiñjanamati を挙げ、常母字「慎」がSktのc, śに対応するとした。しかしながら李建強2017a：249、脚注3に指摘されるように、『大正新脩大蔵経』（以下『大正蔵』）の脚注に見える sañjaya (sañciñjaya)（『大正蔵』16：441、脚注9および脚注10）という語形は明らかに問題である。「僧慎爾耶」はsamjñeya（経文中の「正了知」に相当する）の音訳であり、「慎」はcではなくj(ñ)に対応していると見るべきである。また śiñjanamati（『大正蔵』16：443、脚注2）にはjñānprati（原文ママ）と他本のものと思われる語形が添えられており、「慎若那末底」の「慎」もまたśではなくj(ñ)に対応している可能性がある。『大正蔵』所収『金光明最勝王経』の脚注に見えるSkt語形には他にも時折奇妙な表記が見られるため、音訳漢字との対応については慎重に吟味する必要がある。

但し、水谷氏がその後、水谷 1957 で匣母無声化の根拠とした玄奘の音訳漢字についての考えを大きく改めていることに注意する必要がある。

水谷 1958 は玄奘『大唐西域記』の音訳漢字における暁母字と匣母字が Skt およびイラン語のどのような音声に対応しているかを整理し、暁母と匣母の対応状況が異なることを示した。以下の表は水谷 1958 の示した対応状況をまとめたものである。

	Skt	イラン語
暁	h	kh
匣	h（主に語中） 子音ゼロ r の入り渡り	gh [ɣ] 子音ゼロ

以上の対応状況に基づいて、水谷 1958 は玄奘当時の匣母の音価を[ɦ]と推定している。

ちなみに、Skt の h の音価について、水谷氏は、古代インドの音声学書の記述から h が有声と考えられることや現代インド諸方言でも地域によっては h が有声であることを考慮した上で、玄奘の音訳方法に観察される h の強い摩擦、『悉曇蔵』巻五に見える宝月三蔵の ha「訶」に対する「喉鳴」という音注、円仁『在唐記』に記述される ha の調音方法に基づいて、h が強い摩擦を伴いつつも弱い有声性を持っていたと推測している（水谷 1958：43-45；同論文：74-77）

水谷 1957 を含む多くの梵漢対音研究では、特に検討することなく Skt の h を無声と見なしている。これに対し、水谷 1958 が Skt の h が有声であった可能性を示した上で、玄奘の音訳漢字における匣母字の対応状況によって、匣母の有声性を認めた点は重要である。

2. 義浄の音訳漢字
2.1. 先行研究

水谷 1958 が玄奘の音訳漢字について指摘したのと同じような匣母字の使用状況が、初唐末期の義浄（635～713）の音訳漢字にも見られることは注意を要する。

義浄は斉州（現在の山東済南一帯）山荘の人で、671 年に海路でインドに向かい 685 年まで主にナーランダー（Nālandā）にて修学した。帰途、シュリーヴィジャヤ（Śrīvijaya）に 687～693 年の間滞在する。695 年に洛陽に入り、以後は洛陽と長安で訳経活動に従事した（王邦維 1995：1-26）。

Coblin 1991 は義浄訳『仏説大孔雀呪王経』、同訳『金光明最勝王経』および義

浄撰『南海寄帰内法伝』³の音訳状況について整理を行っている。それによると匣母は次のような対応を示す（Coblin 1991：74）

(1) 直後に来母字を伴って r および ṛ の入り渡りを表す
(2) h に対応する
(3) g に対応する⁴
(4) 合口は声母部分が v や二重母音 au の -u に対応する

Coblin 氏は以上の整理結果について音韻史的解釈を行っていないが、(1)と(2)は玄奘の音訳漢字について水谷 1958 が指摘した点と一致しており、匣母の有声性を反映している可能性がある。(4)も匣母の有声性を示していると見られる。

また王思齊 2015：262 も、義浄訳『仏説大孔雀呪王経』において匣母が語頭 r の入り渡りに対応することから、義浄当時の匣母は有声であったと考えている。

なお、義浄の音訳漢字が依拠した方言音については、中原北部方言の一種（Coblin 1991：69）、洛陽音（劉廣和 1994：408）、北方東部地区の方言（王思齊 2015：258）と考えられている。義浄は洛陽と長安とで訳経を行ったが、洛陽訳と長安訳との間で音訳システムの違いは見られない⁵。玄奘を初めとする初唐期の音訳システムと基本的に同じ⁶である点から見て、義浄の訳場では当時の洛陽および長安の仏教界において主流とされた北方音の一種が用いられていたと考えられる。

以上の研究状況を受けて、本稿では義浄の音訳漢字における匣母字の使用状況について更なる検討を行うことにする。また同時期に成立した別種の言語の対音資料や 8 世紀の対音資料の状況も参照する。そして、初唐期の匣母はまだ有声性を保っており、全体的には暁母とは合流していなかったことを示したいと思う。

2.2. 資料

今回用いる資料は、(1) 義浄撰『南海寄帰内法伝』、(2) 同撰『大唐西域求法高

---

³ Coblin 1991 には『南海寄帰内法伝』からの挙例が無く、当該資料における音訳漢字の具体的な状況は不明である。
⁴ Coblin 1991 が g に対応する唯一の例として『金光明最勝王経』より挙げる griliga「頡力」には問題がある。griliga は『大正新脩大蔵経』第 16 巻：441 の脚注に示された「蕃本」の表記に見えるものだが、音訳「頡力」と完全には対応していない。よってこの音訳例を匣母の音価に関する議論において参考にするのは控えたほうがよいと思われる。
⁵ 義浄とほぼ同時期に訳経を行った菩提流志の場合、7 世紀末の洛陽訳と 8 世紀初頭の長安訳との間で音訳システムが大きく異なる点が注目される（橋本 2007：131-133；李建強 2017b）。
⁶ Skt の k や g など軟口蓋子音に対する義浄の音訳方法はやや特異である。漢訳仏典の音訳漢字では一般に見組 3 等の字が用いられるが、義浄の音訳漢字では見組 1 等の字を用いる傾向がある（Coblin 1991：73）。

僧伝』、(3) 義浄訳『仏説仏頂尊勝陀羅尼経』の三点である。

(1)(2)について、音訳漢字の表記および対応する Skt 語形は王邦維 1995（略称『南海』）と王邦維 1988（略称『高僧』）の校注テキストおよび注釈に拠る。但し、王邦維氏が原語について判断を保留している音訳は取り上げない。なお『南海』と『高僧』の出典における数字は校注部分の頁数を表す。

(3)は 710 年に長安の大薦福寺にて訳出されたものである（王邦維 1995：29）。陀羅尼部分の音訳漢字のみを取り上げる。テキストは『大正新脩大蔵経』第 19 冊所収本（No. 971。略称『尊勝』）を用い、音訳が対応する Skt の語形については畝部 2015：120-121 を参照した。

2.3. 分析

以下では義浄訳における暁母と匣母の音訳状況を見ていく。但し既存の音訳を踏襲したことが明らかなもの、例えば「索訶」saha、「毗訶羅」vihāra「僧訶」siṃha、「莎訶」svāhā 等は議論の対象としない。

2.3.1. 暁母

暁母は h にのみ対応する（9 例）。語頭、語中、語末（最終音節）のいずれの場合もありうる。

訶利雞羅 Harikela（『高僧』：142）
呬度 Hindu（『南海』：143）
娑多婆漢那 Sātavāhana（『南海』：181-182）
揭底嘘喝娜 gati gahana（『尊勝』：362c3）
伐撦呵利 Bhartṛhari[7]（『南海』：202）
痾(引下同)喝囉痾喝囉 āhara āhara（『尊勝』：362c5）
跋折囉(引)迦也僧喝旦那戍睇 vajra-kāya-saṃhatana-śuddhe[8]（『尊勝』：362c10）
盧呵 loha（『高僧』：163-164）

2.3.2. 匣母

(1) r の入り渡り

古代インドの音声学書の多くは Skt の r を歯茎部で調音するよう規定している（Allen 1953：53-55）。調音方法について、Whitney 1896：§52 は反舌音であった

---

[7] Brough 1973：258 によれば、実際には "Bhaṭṭihari" のようなプラークリット語形を音訳したものと考えられる。
[8] 仏陀波利訳「跋折囉–迦耶–僧訶多那–秫提」から復元された形式（畝部 2015：120）に依った。ちなみに、チベット訳も vajrakāyasaṃhatana（畝部 2015：121）となっている。梵本は vajrakāyasaṃghātaśuddhe（畝部 2015：120）となっており、「喝」との対応に問題があるため採らない。

として、rをふるえ音とする見方には否定的であるが、Chatterji 1960：75は舌端によるふるえを伴っていたと見る。いずれにせよ、舌端の動きによって調音が行われたと考える点は両者の間で一致している[9]。

義浄の音訳漢字では、rが匣母字「曷」と来母字とによって音訳される（3例）。「曷」はrの入り渡りを表していると考えられる。

  曷羅戸羅蜜呾囉　Rāhulamitra（『南海』：86）
  曷羅社跋吒　Rājabhaṭa（『高僧』：172）
  索訶薩囉曷喇濕弭珊珠地帝　sahasrakaraśmisaṃcodite[10]（『尊勝』：362c8）

(2) 語中 h に対応

Sktのhは古代インドにおいては有声音であったと考えられており（Allen 1953：35）、現代インドにおいても有声音[ɦ]と発音されているという（Chatterji 1960：77）。また水谷1958：43-45は現代インド諸方言におけるhの音価を整理し、地域によってはhが有声であることを示している。従って音訳が基づいたSktのhを無声と予め想定するのは得策ではない。

水谷1958：76-78は、玄奘の音訳漢字において匣母字が主に語中hに対応する点に注目している（但し語頭のhに対応する例も一部あり）。そして、玄奘の頃は暁母と匣母の清濁対立がなお明瞭であり、強い摩擦+弱い有声性という特性を有するSktのhは主に暁母によって音訳されたが、語中では十分に有声であったため匣母字による音訳も行われたと考えた。

義浄の音訳漢字でも匣母字がhに対応する例は語中に限定される（3例）。

  鐸曷攞　dahara（『南海』：131）
  曷羅戸羅蜜呾囉　Rāhulamitra（『南海』：86）
  蘇頡里離佉　Suhṛllekha（『南海』：181）

これらは語中でhの有声性が顕著になるのを反映している可能性がある。

(3) 語中の母音に対応

以下の例では匣母字が母音に対応している（2例）。

  毗何羯喇拏　Vyākaraṇa（『南海』：189）
  阿離野那伽曷樹那　Āryanāgārjuna（Ārya-nāga-arjuna）（『高僧』：138-139）

---

[9] 紀元前1世紀には方言的な発音として[ʀ]（口蓋垂ふるえ音）のような音も行われたことが古代インドの音声学書の記述によって分かるが、この種の発音は現在のインドには見られないという（Chatterji 1960：75）。義浄の音訳漢字における「曷」は[ʀ]のような発音を意図したものではないだろう。「曷」の入声韻尾-tと直後の来母字によって、rの舌端による調音が表されているからである。

[10] チベット訳では sahasraraśmisaṃcodite となっている（畝部 2015：121）。

(4) 子音に後続する v に対応

　義浄の音訳漢字では、Skt の v は一般に並母および奉母で音訳される[11]。ところが、v が子音に後続する場合に限っては、匣母合口字「和」で音訳されることがある（4例）。

　　杜和羅鉢底　Dvārapati（『高僧』: 90）

　　杜和鉢底　Dvārapati（『南海』: 15）

　　杜和羅　Dvārapati（『南海』: 154）

　　三摩戍和娑阿地瑟恥帝　samāśvāsādhiṣṭhite（『尊勝』: 362c19）

　Chatterji 1960 : 75-76 によると、現代インドの多くの地域では v が語頭または単独で発音される時は[β]となり、子音に後続する時は一般に[w]になるという[12]。

　義浄の音訳漢字において子音に後続する v が「和」で音訳されるのは、v が現代インドでの発音と同じく[w]と発音されるのを、当時まだ有声であった匣母の声母部分と介音とによって表したものであろう。

　つまり、日本漢字音の呉音で「和」が「ワ」と読まれるのと同じような現象が初唐期の北方音においても見られたということである。この点はすでに水谷 1958 : 85-88 が指摘しているが、水谷氏が参考にしたのは玄奘および玄応の音訳漢字において匣母がイラン語と Skt のゼロ子音に対応する点であった。今回、義浄の音訳漢字における v の音訳によっても確かめることができた。

　ちなみに、子音に後続する v は合口介音で音訳されることもある[13]。これも v が[w]と発音されるのを表したものと考えられる。

　　俱俱吒瞖説羅　Kukkuṭeśvara（『高僧』: 41-42 ;『南海』: 24）

　　毗訶羅莎弭　vihārasvāmin（『高僧』: 125）

　　莎揭哆　svāgata（『南海』: 149）

---

[11] 劉廣和 1994 : 409、王思齊 2015 : 260。劉廣和 1994 は並母と奉母がまだ分化していなかったとするが、王思齊 2015 は次のように両声母はすでに分化していたとする。「從對音材料看，並母對 b、bh、v，奉母對 b、v，且數量上沒有明顯差別。由上文可知，義淨譯音所據方言全濁聲母不送氣，並母對 bh 是近音替代。奉母讀 b 的字佛、梵是佛經中常用字，出現較早，因此保留古音 b。伐嚧縛乏吠對 v 顯示奉母讀為[v]。可是，在實際讀音中並奉分而不混。至於並母字既對 b，又對 v 的現象，我們認為，可能由於梵文版本不同，或者傳抄中出現錯誤，悉曇字 va、ba 字形近似。否則不能解釋革卑跋毘婆苾菩薩槃同一個字既對 b，又對 v 的原因，這些字並沒有明顯的條件或規律。」（王思齊 2015 : 261）。この問題については、Skt の v の音価、Skt の b や bh の音訳状況も考慮した上で検討する必要があるが、本稿で扱う匣母の音価の問題には直接関係しないため、ここでは論じない。

[12] Western and Eastern Uttar Pradesh、Bihar、Bengal、Assam、Orissa などのインド東部地域では、語中の位置に関係なく v を一律[b]と発音するという（Chatterji 1960 : 75-76）。

[13] 肥爪 1993 : 47-48 は、この種の音訳が義浄訳『仏説大孔雀呪王経』に見られることを指摘している。

瑣婆(引)婆毘戍(商聿下同)睇 sv̱abhāvav̱iśuddhe (『尊勝』: 362c3)

薩婆薩埵難(引) sarv̱asattv̱ānām̐ (『尊勝』: 362c18)

更に虞韻の韻母全体で v を音訳する例も見られる。

毗輸安呾囉太子 Viśv̱āntara (『南海』: 184)

3. 霞浦文書中のマニ教の音訳讃歌

「霞浦文書」とは、近年、福建省で発見された漢文マニ教文献の資料群のことである。その中にはマニ教の讃歌を漢字で音訳した部分が含まれており、以下に挙げる 3 つの音訳讃歌は吉田豊氏が中世イラン語への復元を行っている。

『四寂讃』…吉田 2014

『下部讃』…吉田 2016

『摩尼光佛』天王讃…Ma & Wang 2018：35-36（Appendix A. By Y. Yoshida）

後述するようにマニ教の音訳讃歌は敦煌資料中にも見られるが、それと比較すると霞浦文書中の音訳讃歌は次濁鼻音が非鼻音化する前の古い発音を反映し、音訳方法には厳密性や工夫が見られない（吉田 2014：117-118；吉田 2016：33-35）。史料によると武后期、すなわち初唐末期にマニ教経典の漢訳が行われていたと考えられ、霞浦文書の音訳讃歌の原本もその頃に成立した可能性がある（吉田 2016：35）。

この霞浦文書中のマニ教の音訳讃歌は義浄の音訳漢字と同時期の資料であり、初唐末期の漢語音を考察する上で参考になる[14]。今、吉田 2014：119-121 より『四寂讃』の音訳例を挙げる。暁母が中世イラン語の[h]に対応する（代醯潭摩 dhydwm' [dah̲ēdum-ā]）のに対し、匣母は以下のような対応を示す。

(1) 匣母開口字「賀」が [ɣ] に対応（1例）

匐賀 bg' [baɣ̲-ā]

(2) 匣母合口字「鶻渾和緩」が [w] に対応（7例）

嵯鶻囉 z'wr' [zāw̲ar-ā]

渾湛摩和 wynd'm''w' [w̲endām-ā ō-w̲-ā]

羅緩 rw'n [ruw̲ān]

羅緩那 rw'n' [ruw̲ān-ā]

奧和 'w' [ō-w̲-ā]

菩和 bw' [baw̲ā]

(3) 匣母模韻字「乎」が母音[o]に対応（1例）

門乎弥特 mnwhmyd mr' [man̲ōhmēdmār-ā]

---

[14] この資料では中世イラン語の有声閉鎖音を表すのに専ら全濁音字が使われている（吉田 2016：34）。この点は玄奘や義浄の音訳漢字において Skt の有声無気音、有声有気音が全濁音字で音訳されるのとよく似ている。

『下部讚』と『摩尼光佛』天王讚の音訳例については、煩瑣になるのを避けるため挙例を省略するが、吉田2016：31-32およびMa & Wang 2018：35-36に見える匣母字と中世イラン語との対応状況は以下のように整理することができる。

『下部讚』では、暁母字「醯」、「訶」、「呼」が中世イラン語の[h]に対応し、匣母は合口字「渾」、「和」が専ら[w]に対応する。また匣母開口字「核」が[h]に対応する例（「布核囉」pwhr' [puhr][15]）が見える。

『摩尼光佛』天王讚では、暁母字「訶」、「忽」が[h]、[x]に対応し、匣母は合口字「和」、「渾」、「緩」が[w]に対応する。匣母開口の例は無い。

4. 8世紀の長安音における匣母の状況

8世紀以降の西北方言音を外国語の文字で表記した資料では、匣母は暁母と同様に外国語の無声音を表す文字で表記されることが多い。それらの表記は匣母の無声化を反映していると考えられている。

例えば、8～10世紀頃のチベット対音資料では、暁母と匣母は共にhまたは'hと表記される[16]（高田 1988a：79-81）。ソグド文字で表記された漢文仏典（8～10世紀）では匣母は暁母と同じく、1・2等がx、3・4等がkと表記される（吉田 1994：343；廣瀬 2010：191）。ウイグル文字で表記された漢文資料（唐末以降）でも暁母と匣母は1・2等がq、3・4等がkと表記される（庄垣内 1986：39-40；庄垣内 2003：66-67）。コータンのブラーフミー文字資料（10世紀頃）では匣母は暁母と共にh（合口はhv）と表記される[17]（高田 1988b：101-102；武内 2008：181）。8～9世紀頃に長安から導入された日本漢音でも、「賀カ」（沼本 1997：322）のように匣母は暁母と同様にカ行で現れる。

しかしながら、8世紀の長安音を反映すると思われる音訳漢字に目を向けると、匣母が外国語の接近音や有声摩擦音に対応する例が少なくない。この時期の匣母はまだ完全な無声化を遂げていなかったことが分かる。

敦煌で発見された漢訳マニ教文献（8世紀頃成立）の音訳漢字[18]では、匣母開

---

[15] [ ]内の推定音価については吉田1986の音訳語リストを参照した。
[16] 一部のチベット対音資料において平声の匣母字が'h-と表記される点について、Coblin 1994：70-71は匣母のかつての有声性を痕跡的に示している可能性を考えている。
[17] 匣母に対するhおよびhvの表記には下方に鉤形の附加記号が見られることが多い。この附加記号は有声音を示すものと考えられているが、漢語の清音声母に対する表記にも見えることから、高田 1988bは日母の表記に見られる分を除き、この記号が有声音を示すという考えには懐疑的である。
[18] 敦煌出土の漢訳マニ教文献3点に含まれる、漢字で音訳された中世イラン語の単語および少数のアラム語の単語が、吉田 1986によって収集・整理されている。うち『摩尼光佛教法儀略』は開元19年（731年）に訳されたもので、他の2点も唐代の写本である（吉田 2016：26）。また、これら資料の音訳漢字は次濁鼻音の非鼻音化を

口は「默奚悉德」mhystg [mahistag]、「所紇耶嚩」šhry'r'n [šahriyārān]のように暁母とともに中世イラン語の[h]を音訳することが多く[19]、無声化が進行しつつあったと推察される。しかし、匣母合口は[w]および[u]に対応しており、なお有声性を保っていたことが確認できる。吉田 1986 のリストから幾つか例を挙げる。

　　阿羅緩　'rd'w'n [ardāwān]
　　遏換健　'rw'ng'n [arwānagān]
　　呼咊無娑矣弗哆　hw'bs'gyft [huabsāgīft]
　　活　w'd [wād]
　　咊于里弗哆　w'wryft [wāwarīft]

また敦煌発見の景教文献『尊経』（8世紀）に見える固有名詞の音訳[20]（Takahashi 2014：337）にも、シリア語との対応から匣母の有声性が確認できる。この資料では、暁母が「瑜罕難」Syr. Jōhannān、「憲難耶」Syr. Hannanyā のようにシリア語の ḥ [ḥ]（無声咽頭摩擦音）に対応するのに対して、匣母は以下のように開口字「賀」が ʿ [ʕ]（有声咽頭摩擦音）に、匣母合口字「恵」、「和」が w [w]に対応している[21]。

　　賀薩耶　Syr. ʿAzaryā
　　多恵　Syr. Dāwīd
　　亘和吉思　Syr. Gīwargīs

ところで 8 世紀の梵漢対音の状況を見ると、不空[22]（705-774）の音訳漢字では Skt の h に対して匣母字が多用される。水谷 1958 は、この匣母字多用の傾向について、半ば無声化していた匣母が弱い有声性を持つ Skt の h を表すのに適していたためであると解釈している（水谷 1958：76-77）。つまり、h が専ら匣母字で音訳されるのには、漢語側における匣母無声化と、Skt の h の弱い有声性の両方が関係していたと考えたのである。他方、不空の音訳漢字について専門的に研究した劉廣和氏は、匣母が暁母と共に Skt の h に対応するとして、匣母が無声化して暁母と合流していたと考えている（劉廣和 1984：49；劉廣和 2002：47）。

反映している（吉田 2016：34）。
[19] 匣母開口の字が[ɣ]に対応する例もある。「嘚哩啊哞你拂哆」drgmnyft [darɣmanīft]
[20] 上記『尊経』を含む、Takahashi 2014 で扱われた資料の音訳漢字には、次濁鼻音の非鼻音化、入声韻尾-t の弱化（-r/-l への変化）、鼻音韻尾-ŋ の脱落といった西北方言的な特徴の反映が見られることが指摘されている（Takahashi 2014：332-333）
[21] シリア文字の転字と音価の関係については、Daniels・Bright 編 2013：529 の表 47.1「シリア子音字母」（Richard L. Goerwitz 氏原著、熊切拓氏訳「古典シリア文字」の項）を参照した。
[22] 唐代に活躍した密教僧で、正式には不空金剛（Amoghavajra）と称する。金剛智（Vajrabodhi。671-741）に師事し、経典の訳出に協力した。金剛智が没した後、師子国（セイロン）・インド南部に渡って修行した。天宝五載（746）に長安に戻った後は、数多くの経典儀軌類を漢訳した（鎌田 1999：408-418）。

上で見た敦煌発見の漢訳マニ教文献および景教文献『尊経』における匣母字の音訳状況からは、8世紀の長安音における匣母が開口では無声化しつつあったが、特に合口ではまだ有声性を保っており、全体としてはまだ完全な無声化には至っていなかったことが分かる。そうであるならば、同時期の不空の音訳漢字におけるSktのhに対する匣母字多用の傾向は、必ずしも匣母無声化の反映であるとは言えないのではないだろうか。水谷1958が考えたように、弱い有声性を持つSktのhを表すのに、完全な無声化を遂げる前の半有声的な状態にあった匣母がより適切であるとして選ばれたと考えたほうがよいと思われる。

　ちなみに、不空の音訳漢字ではSktのrは来母字（口偏が付くことが多い）で、語中の母音は影母字で音訳される。vは語中の位置に関係なく奉母字または微母字で音訳され、匣母合口および合口介音による音訳は見られない。義浄の音訳漢字とは異なり、不空の依拠したSkt音では子音に後続する場合でもvは[w]にならず、[v]や[β]のような摩擦を有する音で読まれていたのかもしれない[23]。ちなみに、ソグド文字で表記されたNīlakaṇṭhā-dhāraṇīではSktのvは一律βで表記されており、子音に後続する場合もpwtystβ'y（Skt. bodhisattvāya）のようにβと書かれる（de la Vallée Poussin et Gauthiot 1912）。

　以上の8世紀の資料における音訳状況は、義浄の音訳漢字や霞浦文書の音訳讃歌が反映する漢語音よりわずか数十年ほど遅い時期の北方音を反映するものとして、非常に参考になる。

5. 考察

　義浄の音訳漢字と霞浦文書中のマニ教の音訳讃歌では、外国語の有声子音や半母音、母音に対して匣母字を使用する例が多数存在する。これらの例から初唐末期の匣母は基本的にはまだ有声性を保っており、暁母とは合流していなかった可能性が高いと考えられる。

　では義浄の音訳漢字においてSktのhが時に暁母で時に匣母で音訳されることについては、どのように考えればよいであろうか。

　すでに見たように、Sktのhは時に匣母字で音訳されるが、どちらかというと暁母字で音訳されることの方が多い（暁母9例：匣母3例）。しかも暁母は語頭、語中、語末いずれの位置のhにも対応しうる。これらの点から、暁母がSktのhに最も近いと感じられたと推察される（但しSktのhが無声であったとは必ずしも言えない）。注意すべきは、この状況において匣母字による音訳が語中に集中している点である。この傾向が義浄の音訳漢字全般に見られるかどうかは今後引

---

[23] 肥爪1993：49において「不空訳の音写法は概して逐字的に梵語を漢字に置き換えてゆく傾向があり」と指摘されるように、不空訳におけるvに対する奉母字と微母字による音訳が機械的に行われた可能性は否定できない。

き続き検討する必要があるけれども、水谷 1958 が玄奘の音訳漢字について考えたように、h が語中で十分有声になっていたのを当時まだ有声であった匣母の字で音訳したと解釈できるのではないだろうか。そうすることで全体を無理なく説明することができる。

従来の義浄の音訳漢字に関する研究では、Skt の h が無声であることを前提として匣母の音価に関する議論が行われてきた。

劉廣和 1994：410 は義浄訳『仏説大孔雀呪王経』で暁母と匣母が共に h に対応することから、これら両声母がすでに合流していたと考えた。だが仮にそうだとすれば匣母が Skt の v や r の入り渡り、語中の母音にも対応することを説明できない。実際、劉廣和 2011：64 では『尊勝』に見える「戍和」śvā という音訳について疑問視し、結論を控えている。

一方、王思齊 2015 は義浄訳『仏説大孔雀呪王経』において暁母と匣母の混用は見られないとし、また匣母が語頭 r の入り渡りに対応することから、匣母の音価を[ɣ]と推定する。但し、Skt の h については無声であると考え、これに匣母字「頡」が対応する点を問題として、誤写あるいは個別の字における無声化の可能性を挙げている（王思齊 2015：262）。部分的な無声化が当時起きていた可能性は否定できないが、すでに見たように匣母が Skt の h に対応する例は他にも複数存在しており、それら全てを例外として処理するのは困難である。

このように Skt の h が無声であることを前提とする議論には限界がある。

6. まとめ

本稿での分析と考察によって、以下の二点が明らかとなった。

(1) 義浄当時の匣母は全体的にはまだ有声性を保っており、暁母とは合流していなかった。
(2) 義浄の音訳漢字が依拠した Skt の h は、特に語中では有声性が顕著であった可能性がある。

従って、義浄の音訳漢字において匣母が Skt の h に対応する点を根拠に、義浄当時の匣母が全面的に無声化していたと考えるのは適切ではない。

このことは必ずしも匣母の部分的な無声化が初唐期に起きていた可能性を否定するものではない。有声摩擦音であった匣母は有声閉鎖音や有声破擦音であった他の全濁声母に比べて無声化の進行が早かった可能性がある。初唐期の対音資料に見られる少数の音訳例をその根拠にすることは可能かもしれないが、あまりに少数であるため慎重を要する。この問題については初唐期のデータを更に増やして検討する必要があろう。

いずれにせよ、本稿で示したように、初唐期の対音資料における暁母と匣母の対応状況は大きく異なっており、匣母については大半の音訳に有声性の反映が見

られる。従って、仮に初唐期に匣母無声化が開始していたとしても、まだほんの一部に過ぎず、暁母との完全な合流には程遠い状態であったに違いない。

参考文献一覧
日本語文献

畝部俊也 2015．「梵文『仏頂尊勝陀羅尼経』と諸訳の対照研究」，『名古屋大学文学部研究論集』61：97-146 頁。

鎌田茂雄 1999．『中国仏教史 第 6 巻（隋唐の仏教 下）』，東京：東京大学出版会。

庄垣内正弘 1986．「ウイグル文献に導入された漢語に関する研究」，『内陸アジア言語の研究』Ⅱ：17-156 頁。

───── 2003．『ロシア所蔵ウイグル語の研究─ウイグル文字表記漢文とウイグル語仏典テキスト─』，京都：京都大学大学院文学研究科。

高田時雄 1988a．『敦煌資料による中国語史の研究：九・十世紀の河西方言』，東京：創文社。

───── 1988b．「コータン文書中の漢語語彙」，『漢語史の諸問題』：71-128 頁。

武内康則 2008．「ブラーフミー文字で音注を附した漢文経典について：北大 D020『金剛般若波羅蜜経』」，『京都大学言語学研究』27：169-188 頁。

沼本克明 1997．『日本漢字音の歴史的研究─体系と表記をめぐって』，東京：汲古書院。

橋本貴子 2007．「陀羅尼の音写字から見た次濁鼻音の非鼻音化について」，『中国語学』254：124-142 頁。

肥爪周二 1993．「悉曇学とワ行」，『国語と国文学』70（2）：42-57 頁。

廣瀬史年 2010．「ベルリン・トルファン・コレクション So 20218 の原典比定」，『イラン研究』6：178-193 頁。

水谷真成 1957．「唐代における中国語語頭鼻音の Denasalization 進行過程」．『東洋学報』39 (4)：337-367 頁。

───── 1958．「暁・匣両声母の対音─大唐西域記夷語音訳稿（その二）─」，『東洋学報』40(4)：41-90 頁。

吉田豊 1986．「漢訳マニ教文献における漢字音写された中世イラン語について（上）」，『内陸アジア言語の研究』Ⅱ：1-15 頁。

───── 1994．「ソグド文字で表記された漢字音」，『東方学報』：271-380 頁。

───── 2016．「唐代におけるマニ教信仰─新出の霞浦資料から見えてくること─」，『唐代史研究』19：22-41 頁。

Daniels, Peter T., Bright, William（編）2013．『世界の文字大事典』（矢島文夫総監

訳），東京：朝倉書店。

中国語文献

大正一切經刊行會 1924-1932.《大正新脩大藏經》全88卷，東京：大藏出版。

吉田豐 2014.《霞浦摩尼教文書《四寂讚》及其安息語原本》，《國際漢學研究通訊》9：103-121頁。

李建強 2017a.《敦煌·對音·初探—基於敦煌文獻的梵、藏漢對音研究》，北京：中國社會科學出版社。

李建強 2017b.《菩提流志主譯《不空羂索》咒語聲母對音比較研究》，《語言科學》16(1)：89-99頁。

劉廣和 1984.《唐代八世紀長安音聲紐》，《語文研究》1984(3)：45-50頁。

——— 1994.《大孔雀明王經咒語義淨跟不空譯音的比較研究—唐代中國北部方音分歧初探》，《語言研究》1994年增刊：408-414頁。

——— 2002.《音韻比較研究》，北京：中國廣播電視出版社。

——— 2011.《《佛頂尊勝陀羅尼》大正藏九種對音本比較研究—唐朝中國北部方音分歧再探》，《中國語言學》5：57-70頁。

王邦維校注 1988.《大唐西域求法高僧傳校注》，北京：中華書局。

——— 校注 1995.《南海寄歸內法傳校注》，北京：中華書局。

王思齊 2015.《義淨譯《佛說大孔雀明王經》中的唐代北方方言聲母系統》，《西域歷史語言研究集刊》8：257-264頁。

欧文文献

Allen, William Sidney. 1953. *Phonetics in ancient India*, London: Oxford University Press.

Brough, John. 1973. I-ching on the Sanskrit Grammarians, *Bulletin of the School of Oriental and African Studies, University of London*, 36(2): 248-260.

Chatterji, Suniti Kumar. 1960. The Pronunciation of Sanskrit. *Indian Linguistics* 21: 61-82.

Coblin, W. South. 1991. A Survey of Yijing's Transcriptional Corpus（義淨梵漢對音探討）.《語言研究》1991(1)：68-92頁。

———. 1994. *A Compendium of Phonetics in Northwest Chinese*, Journal of Chinese linguistics Monograph Series 7, Berkeley, Calif.: Project on Linguistic Analysis, University of California.

Ma, Xiaohe, and Wang, Chuan. 2018. On the Xiapu Ritual Manual Mani the Buddha of Light. *Religions* 9.7 (2018), 212. https://www.mdpi.com/2077-1444/9/7/212/pdf (accessed 2019/1/29)

Takahashi, Hidemi. 2014. Transcription of Syriac in Chinese and Chinese in Syriac Script in the Tang Period, Johannes den Heijer, Andrea Schmidt, Tamara

Pataridze (eds.) *Scripts beyond Borders. A Survey of Allographic Traditions in the Euro-Mediterranean World*: 329-349, Louvain: Peeters.

de la Vallée Poussin, Louis, et Gauthiot, Robert. 1912. Fragment final de la Nīlakaṇṭhādhāraṇī en brāhmī et en transcription sogdienne, *Journal of the Royal Asiatic Society* (New Series) 44: 629-645.

Whitney, William Dwight. 1896. *Sanskrit Grammar*, 3rd edition reprinted in 2003, New York: Dover Publications.

「趋」の異体字について

髙山亮太

1．はじめに

　古屋 2014 に、王仁昫が『切韻』を増補した際に顧野王『玉篇』の反切を見誤った結果生じたと思われる幻の字音の例がいくつか挙げられている。筆者はそのうち「趋」（116 頁）の注 13 に「正確には旁の部分が「店」のような字體である」（126 頁）とあるのが気になり、王仁昫『刊謬補缺切韻』の「趋」を調べたところ、このような字形であった。

　　　　　　　　趋（王一）　趋趋（王三）

「店」の「广」が「厂」になった字形にも見えるが、違うようにも見える字形である。さらに後の字書における記述と比較すると、この字形の影響を受けたように見える異体字（「趋」、「趋」、「趋」）が複数見かけられた。本稿は『刊謬補缺切韻』の前後の字書の記述と比較して、これらの異体字が王仁昫の誤りによって生まれた可能性について述べる。また、匣母候韻の「」字は「趋」ではない可能性についても述べる。

2．各字書の記述

　まず、古屋 2014：116 の「趋」についての記述を引用する（字体を新字体に改めた）。

2．2　趋

| 徳韻　菔　蒲北反　趋[1]　僵、又平豆反　　（王一：[　]　切三：[　]　S6013 なし） |
| 候韻　候　胡遘反　趋　甕行、又蒲北反　　（王一同　切三[　]　P3694 なし） |

　説文所収字である。大徐本の反切は「朋北切」のみ。原本玉篇にこの字は残っていないが、『名義』には「孚豆反」（三 55b）とあり、原本にもその音があったことはほぼ確実である。王仁昫は玉篇の「孚豆反」を「平豆反」に見誤り、候韻の滂母の小韻ではなく匣母「平豆」と同音の胡遘反の小韻に補ったのではないか。声符から見ても、この音は王氏の失誤に由来する可能性が高い。

そこで、王一（P.2011）の「趋」（匣母候韻）を見てみよう。

左上の旁部分は「店」の「广」が「厂」になった字形に見える。しかし、必ずしもそうとも言い切れないような曖昧な字形ともいえる。そこで、『刊謬補缺切韻』の前後の字書で「趙」に相当すると考えられる字を滂母候韻、匣母候韻、滂母徳韻、滂母遇韻に分けて比較した。

	滂母候韻		滂母徳韻		滂母遇韻		匣母候韻	
説文解字			趙	僵也, 从走, 音聲, 讀若匐（朋北切）				
篆隷万象名義	趙	孚豆反, 僵也, 弊也, 陪, 踣也						
王一（P.2011）								蹇行, 又蒲北反（候・胡遘反）
王三（完本王韻）			趙	僵, 又乎豆反（蒩・傍北反）			趙	蹇行, 又蒲北反（候・胡遘反）
五代本切韻（P.2014）			趙	僵□又□豆反（蒩・傍北反）				
広韻			趙	僵也, 又孚豆切（蒩・蒲北切）	趙	僵也, 説文音匐（赴・芳遇切）	趍	蹇行, 又蒲北切（候・胡遘切）
大広益会玉篇	趙	蒲北、匹豆二切, 僵也, 或作踣			趙	孚句切, 到也	趍	胡遘切, 蹇行也
集韻	仆踣趙 匹候切, 僵也, 或作踣、趙, 文八		踣趙仆捂踣趴 説文僵也, 引春秋傳晉人踣之, 或从走、亦作仆、捂、踣、趴（蒩・鼻墨切）		仆趙趍捂踣 説文頓也, 一曰僵也, 或作趙、趍、捂、踣（赴・芳遇切）		趍	蹇也（候・下遘切）
龍龕手鏡	趍趍 二俗 趙趙趍 或作 趙 今芳遇、疋候、蒲北三反, 一僵也, 六							
龍龕手鏡（朝鮮本）	趍 今芳遇、疋候、蒲北三反, 一僵也○與踣同 趍趙趙 三或作 趙 趍 二俗				趍		趍	胡遘切, 蹇行也
新修玉篇					趍	芳遇切, 倒也,	趍	胡遘切, 蹇

						韻曰僵也（『玉篇』）		行也,韻蒲北切亡（『玉篇』）
					趛	音趍 義同（『龍龕』）	越	胡鈎切,□褕、小衫[2]（『奚韻』）
	趂	蒲北切, 僵趂也, 或作踣〇又孚豆切, 僵也, 去聲〇韻又芳遇切, 僵也（『玉篇』）						
	趍	芳遇、疋候、蒲北三切, 僵也（『龍龕』）						
	趛	芳遇切、又疋候切、蒲北切, 趂僵也（『龍龕』）						
	赴	芳遇、疋候、蒲北三切, 僵也（『龍龕』）						
四声篇海						孚句切, 到也（『玉篇』）	趛	胡遘切, 蹇行也（『玉篇』）
					趛	音趍 義同（『龍龕』）	越	胡鈎切, 蹇行也（『奚韻』）
	趂	芳遇、孚豆、蒲北三切, 僵也（『玉篇』）						
	趍	芳遇、疋候、蒲北三切, 僵也（『龍龕』）						
	趛	芳遇、疋候、蒲北三切, 趂僵也（『龍龕』）						
	赴	芳遇、疋候、蒲北三切（『龍龕』）						
重訂直音篇			趂	音訃, 踣同, 僵也	趂	音付, 到也	趛	音候, 蹇行
					赴			
字彙			趂	步墨切、音匐, 僵也	趂	芳遇切、音赴, 到也, 又僵也	趛	胡茂切、音后, 蹇行
字彙補	趂	疋候切, 剖去聲, 僵也	赴	蒲北切、音不, 見海篇	趂	趂字之譌	越	何鈎切, 音侯, 蹇行
					趛	篇韻與趂同〇疑有誤		
海篇直音					赴	音赴、音伯	趛	音后, 蹇行也
					趂	音赴, 到也	越	音候, 蹇行也
					趛	音趂, 義同		

[2] 張涌泉2000:964は「越」、「越」を「趛」の俗字としており、『四声篇海』や『字彙補』の記述も「趛」と一致している。ただし、『新修玉篇』の「越」は「裸」（『広韻』：「裸褕、小衫」）を誤って引用した可能性がある。

							趎	音負，一僵也		
				趚	負、部二音，僵也					
				趡	赴、仆二音，一僵也					
篇海類篇				趚	並濁，步墨切，音匐，僵也，亦作踣，或芳遇切，音仆，義同	趡	芳遇切、音赴，到也，又僵也	趎	匣濁，胡茂切、音后，蹇行皃

こうやって見ていくと、「趚」からさまざまな異体字が分化しているが、王一の「趛」の影響があるように感じる。「趛」は「趚」や「趡」と形が明らかに類似している。また、「趚」は右上の部分が王三のように「店」となった後に元の字形を意識して「占」を「音」に改めたと考えられる。その根拠といえるのは「趚」の右上部分（「啇」）が単独の字として存在しないことである。そうなると、これらの異体字（特に「趚」）は王仁昫の誤りによって生まれた異体字ということができるかもしれない。

3．匣母候韻の「趛」は「趚」なのか

しかし、ここで一つの疑念が浮かぶ。それは『刊謬補缺切韻』匣母候韻の「趛」は本当に「趚」なのだろうかということである。古屋2014で幻の字音の例として挙げられている例ではほとんど字義が一致しているが、「趚」は異なっている[3]。まず、「趚」に「蹇行」（足を引きずって歩く）の字義があったのかが問題となる。「趚」は『説文解字』では「僵也」（たおれる）とある。この字義については、段注が「此與足部之踣音義並同。未審孰爲本字。孰爲後增」と、「踣」と同義同音であるとしていて、さらに「踣」の注では「踣與仆音義皆同」と「仆」とも同義同音であるとする。同様に、藤堂1965：154 は「踣」「匐」「伏」を同系とし、王力1982/1992：339·340 は「踣」「仆」「偾」「伏」「覆」を同系としている。しかし、「僵也」から「蹇行」の義が派生するとは考えにくい。むしろより近いと考えられるものに、「後」[4]がある。藤堂1965：305 は「後」について「夊印は足を引きずるさまを表わす。おくれてすこしずつ歩くことを示す会意文字」とする。本稿に関連するのは「後」の字源解釈ではなく、「後」（おくれる）と「蹇行」との関連性である。すなわち、「蹇行」の義は「後」から派生したのではないだろうか。しかし、これは匣母候韻の「趛」が王仁昫の誤りによるものであることを否定するものではない。むしろ「二重の誤り」の可能

---

[3] 異なる例は「趚」のほかに「撑」（心母蕭韻：「擇」、心母侯韻：「推」）がある。「幻の字音」は心母侯韻で、この音は『広韻』には残らなかったが、『集韻』に「撑，推也。擇也」（涑・先侯切）とある。ただ、後の字書には音義がともに引き継がれていない。ちなみに心母侯韻には「擇」と近義の「擻」（『広韻』：「捜擻，取也。出陸氏字林」）がある。
[4] 「後」は基本的に上声であるが、去声の音もある（）。

性を示すのではないだろうか。「趌」は「趉」と「赿」を混同した結果として生まれた可能性がある。ただ、この説が成り立つには「赿」、または「赿」に相当する語が王仁昫以前に存在した例が必要となるだろう。

4．結論
以上の考察から、『刊謬補缺切韻』匣母候韻の「趌」について二つの可能性が考えられる。

①王仁昫が原本玉篇の「趉」の反切「孚豆反」を「乎豆反」と見誤り、匣母候韻に置いた（古屋2014）。

②さらに王仁昫は「趉」を匣母候韻の「赿」と混同し、両者が混ざったような字形の「趌」となった[5]（本稿の説）。

王一では滂母徳韻の「趉」の部分が欠けているため、これが一時的な字形の誤りかどうかがわからない。王三ではどちらも右上が「店」のようになっていることから滂母徳韻でもこのような字形になっていた可能性もある。本稿では「赿」が「後」から派生した可能性について述べたが、より説得力を高めるためには、「赿」に相当する語の古い用例を見つける必要があるだろう。

引用文献
(漢) 許慎撰、(宋) 徐鉉校定『説文解字』。清同治十二年陳昌治刻本影印（1963．中華書局)。

(梁) 顧野王著、(宋) 陳彭年等重修『大廣益會玉篇』。張氏澤存堂刻本影印（1987．中華書局)。

(宋) 陳彭年等重修『校正宋本廣韻』。張氏重刊澤存堂藏版本影印（2007．藝文印書館)。

(宋) 丁度等編『宋刻集韻』北京図書館蔵宋刻本（1989．中華書局)。

(遼) 釋行均編『龍龕手鏡（高麗本)』高麗版遼刻本影印（1985．中華書局)。

(遼) 釋行均編『龍龕手鏡』(朝鮮本) 内閣文庫蔵明成化八年刻本影印（1973．杉本つとむ編『異体字研究資料集成』一期別巻二、東京：雄山閣)。

(金) 邢準撰『新修累音引證群籍玉篇』。北京図書館蔵金刻本影印（『續修四庫全書』第229冊、上海古籍出版社)。

(金) 韓孝彦・韓道昭撰、(明) 釋文儒・釋思遠・釋文通刪補『成化丁亥重刊改併五音類聚四聲篇海』、北京大学図書館蔵明成化三年至七年明釋文儒摸刻本影印（『續修四庫全書』第229冊、上海古籍出版社)。

(明) 宋濂撰、(明) 屠隆校、(明) 張嘉和輯『篇海類篇』国家図書館蔵明刻本影印（『續修四庫全書』第229·230冊、上海古籍出版社)。

(明) 章黼撰、(明) 吳道長重訂『重訂直音篇』北京図書館蔵明萬暦三十四年明徳書院刻本

---
[5] もちろん抄写のうちに生じた誤りという可能性もある。

影印（『續修四庫全書』第 230 冊、上海古籍出版社）。
（明）闕名撰『新校經史海篇直音』復旦大学図書館蔵明嘉靖二十三年金邑勉勤堂刻本影印（『續修四庫全書』第 231 冊、上海古籍出版社）。
（漢）許慎撰、（清）段玉裁注『說文解字注』經韻樓原刻本影印（2006．浙江古籍出版社）。
（清）吳任臣撰『字彙補』清康熙五年彙賢齋刻本影印（『續修四庫全書』第 233 冊、上海古籍出版社）。

周祖謨編 1983.『唐五代韻書集存』。北京：中華書局。

今回、王一（P.2011）や五代本『切韻』（P.2014）はフランス国立図書館（Bibliothèque Nationale de France）の電子図書館「Gallica」のものを引用した。
  P.2011：http://gallica.bnf.fr/ark:/12148/btv1b52503710f
  P.2014：http://gallica.bnf.fr/ark:/12148/btv1b8300175w

参考文献
古屋昭弘 2014.「『切韻』増補作業における王仁昫失誤の可能性 ——曹氏論文への批評を兼ねて——」、『中国文学研究』第 40 期：114-127 頁。
王力 1982/1992.『同源字典』、『王力文集』第八卷：山東教育出版社。
藤堂明保 1965.『漢字語源辞典』。東京：學燈社。
張涌泉 2000.『漢語俗字叢考』。北京：中華書局。

『新撰字鏡』切韻群に見える「唐韻」系の義注

藤田 拓海

1 はじめに

隋の陸法言切韻（601年）以後，唐代を通じて多数の切韻系韻書が生まれているが，そのほとんどは散逸している。完本としては，王仁昫切韻（706年頃）の伝本である王三[1]と，北宋に刊行された廣韻（1008年）があるのみであり，そのほか多くの残巻があるものの，撰者不明のものばかりである。

一方，切韻系韻書の姿を窺う上で重要な位置を占める資料として逸文がある。特に日本には豊富な逸文資料が残されているが，その中で大きな価値をもつものに平安時代の古辞書新撰字鏡に引かれた逸文がある[2]。この新撰字鏡に含まれる切韻の性格を究明することは，新撰字鏡そのものの研究にとって必要なことは無論であるが，陸法言切韻を復元[3]する上でも，また切韻系韻書を含めた韻書史・字書史の展開[4]などを探る上でも意義が大きい。

新撰字鏡所引の切韻については，上田[1981]や貞苅[1989]を承けて，藤田[2019]では切韻の第2巻いわゆる下平声部分が「唐韻」[5]に近いものであると結論付けた。ただし藤田[2019]では，音韻の面からの考察にとどまっており，訓義の面からの検討はおこなっていない。本稿では，新撰字鏡所引切韻の下平声字について，その訓義が「唐韻」的特徴をもつということを示すことで，先行の論を補ってみたいと思う。

2 新撰字鏡所引の切韻

新撰字鏡は，部首160から成る平安時代の古辞書である。序文によれば，寛平4年（892年）に玄應音義を主資料とする3巻本として編まれた後，昌泰年間（898-901年）に玉篇・切韻などによって増補され12巻本となった。12巻本として今日存するのは，天治元年(1124

---

[1] 「宋跋本」「完本王韻」「全本王韻」などと呼ばれる（本稿では切韻残巻に含める）。以下，切韻残巻の名称は主に鈴木[2012]に拠る。
[2] 切韻の逸文を収集・整理した研究として上田[1984]がある。また，上田[1984]所収の逸文は，データ化され公開されている（鈴木慎吾，切韻佚文検索，http://suzukish.s252.xrea.com/search/qieyun_yiwen/search_top.php）。本稿もこれらに負うところが大きい。
[3] 陸法言切韻の復元をおこなった研究として，古くは李永富[1973]が，近年では鈴木慎吾『陸法言切韻の復元と唐五代切韻の研究』（2007，博士論文）がある。
[4] 唐代における韻書と字書の交流については，王仁昫切韻に玉篇が用いられていることを実証した古屋[1979, 1983, 1984]の研究が特筆すべきものとして挙げられる。
[5] 上田[1973:63, 1989:72-3]における9分類のうちの一つ。以下，「唐韻」としたものは，ここに属する残巻の特徴をもつもの指す。「唐韻」の性格については中村[1991]に詳しいが，その後の日本の論文で「唐韻」を扱ったものに田中[2007]がある。中国の著書としては，周祖謨[1983:912-6]に考察があり，近年のものに徐朝東[2012]がある。

年）書写の天治本のみである。

　新撰字鏡における切韻引用数については，上田[1981:13, 1984:479]が 3434 字（条）としており，上田[1984:479]は「恐らく所拠切韻の四分の一以上に当たるであろう。」と述べている。この条数は，ほかの逸文資料に比して膨大なものであるが，新撰字鏡に関しては，切韻の配列に従いほぼそのまま引用されているという点にも価値がある。

　新撰字鏡所引の切韻[6]については，上田[1981]が「長孫訥言の系統」としており，学界ではこの認識が一般的であった。一方，貞苅[1989/1998:281]は「採録された文字の範囲、反切用字、分韻、訓釈などから見て、切韻五冊のうち、平声下一冊と他の四冊とは異種の成作年代を異にする系統の本であるらしいこと、切韻の沿革の中にあって四冊は後期の撰にかかるものであり、平声下一冊は更に年代の降る二〇六韻の廣韻に接近した切韻の残冊と推定している。」と述べていた。

　これらを承けて，藤田[2019]では，新撰字鏡切韻群の下平声部分が「唐韻」に近いものであると結論付けた[7]。これは，下平声部分における反切用字・韻目順・分韻[8]が「唐韻」系の特徴をもつということに基づいたものである。

　「唐韻」については孫愐との関連を含めて問題が少なくないが，中村[1991]は，「唐韻」残巻・廣韻・倭名類聚抄所引唐韻の三つにおいて反切や訓義の一致度が高いこと、一方でそれらと東宮切韻所引の孫愐とでは一致度が低いことを指摘している[9]。また，工藤[1991]は十巻本説文解字篆韻譜の反切に「唐韻」的要素が見られると述べている[10]。

　以上によれば，切韻群の下平声字についても「唐韻」系の義注が現れることが期待され，また実際にその傾向があるのであるが，藤田[2019]では用例を示していない。これには紙幅の都合もあるが，何より切韻群が複雑な構造をもつことによる。次節では，それを踏まえたうえで，「唐韻」系義注の一端を示すこととする。

3　新撰字鏡中の「唐韻」系義注

3.1　検討にあたって

　切韻群下平声字の義注について，それが「唐韻」系のものであることを立証するには，廣韻と切韻群下平声字における義注に共通性があり，かつそれが他の切韻残巻に見られない例を示すことがまず必要となるであろう[11]。しかし，それはなかなかに困難なのである。

---

[6] 以下，上田[1984]所収部分に基づき「切韻群」と呼称する。
[7] 下平声部分以外については，上田[1981]をほぼ踏襲し「長孫訥言」に近いものとした。
[8] 歌韻（および戈韻）字の正文配列順序による。
[9] なお，上田正[1989:67-9]においても一致度の統計が示されており，「孫愐の逸文よりは唐韻の逸文のほうが廣韻に近い」と述べられている。
[10] 説文解字篆韻譜（説文解字韻譜）は以下特に断らない限り十巻本を指す。五巻本と共に上田[1984:429-54]に整理されているので，本稿が示すものはこれに拠る。
[11] 下平声部分を残す「唐韻」残巻は存在しないため，「唐韻」の代用としては廣韻が最も

新撰字鏡には，玄應音義・玉篇・切韻が主資料として用いられており，それらは各部首内で，それぞれかたまって引用されている。しかし，切韻群にはところどころに玉篇の文が混じっており，特に義注については，切韻のものか，それとも玉篇のものか判断の難しいものも少なくない[12]。上田[1984]では，玉篇と確認し得る部分，玉篇と推定する部分に下線を引くことで，切韻群との区別をはかり参考に供しているが，これについても検討の余地は大きい。

　また，切韻のみに拠っている項目についても，別韻の字を併合したもの，類義字や類似形字を併合したものなどがある（上田[1981:17-8]）。そのほか，切韻・玉篇以外の文が混じていると見られる例もある（上田[1981:16]）。それ以外にも，小異や誤写，比較可能な残巻の量も考慮する必要がある。

　以上を踏まえ本節では，上述の問題が比較的少ないと考えられる12例を示すこととした。分量・方法からすれば，あくまで参考に留まるものではあるが，倭名類聚抄所引唐韻との一致が見られることもあり，新撰字鏡に「唐韻」系の切韻が用いられているということを，多少は示し得るのではないかと思う。

3.2　切韻群下平声字における廣韻との義注共通例

　以下，12例を挙げる。各項の見出しに正文を掲げ[13]，その下段に切韻諸本[14]の注文を示す[15]。なお，新撰字鏡と廣韻に共通し，他本に見られない字には網掛けを施す。

　諸本の注文を示した後に，反切用字などについて若干の補足をする。

3.2.1　「鷔」{平32豪；13敖}　p.106　08-10a3

新撰字鏡	五交反平。不祥鳥白身赤口。《諸本豪韻存疑》
廣韻	不祥鳥白首赤口也。
P2014(4v)	亡國鳥白身赤口昕至國亡。
王二	鳥名。

無難である。なお，逆の視点に立ち，廣韻以外の切韻残巻と切韻群下平声字における義注に共通性があり，それが廣韻と相違する例についての検討も必要であるが，今回は触れずにおく。

[12] 古屋[1979, 1984]でも，反切の一致例を優先して採り上げることで，玉篇と王仁昫切韻の継承関係を実証している。

[13] 各見出しでは，正文に続いて，まず各字が所属する位置を示す（{}内は上田[1975]推定陸法言切韻に基づく位置であり，；の左に四声および韻目序数・韻目名を，右に小韻序数・小韻首字を示す）。その後に，上田[1984]の頁，天治本の所在（巻・丁・表裏・行）を示す。

[14] 以下，「切韻諸本」には十巻本説文解字篆韻譜の反切や切韻逸文を含める場合がある。

[15] 切韻諸本については，まず新撰字鏡・倭名類聚抄（逸文がある場合）・廣韻を掲げ，その後に各残巻を掲げる。新撰字鏡・倭名類聚抄は上田[1984]によるが，新撰字鏡の注文に現れる「三同」などは省略し，倭名類聚抄の割書き部分は小字で示す。なお，各注文には参考として句読を施し，注文を省略する場合には「～」を用いる。

王三	鳥身ヒ白赤口。
王一	鳥白身赤口集所國亡。
切三	鳥白身赤口。

　切韻諸本の反切は，P2014(4v)が「五刀」，他本は「五勞」である。切韻諸本では豪韻に置かれているが，新撰字鏡では肴韻音である「五交」が付されているため，上田[1984]は「諸本豪韻存疑」と注している。これについては，藤田[2019]（5.2.6）で，「鷔」に近接して置かれている「聲」あるいは「謷」に付された又音反切を採録したものであることを指摘した。

3.2.2 「蘿」{平33歌；19羅} 　p.111　07-22a7

新撰字鏡	魯何反。女蘿也。
倭名類聚抄	唐韻云：蘿魯何反………女蘿也。
廣韻	女蘿。
王二	ヒ葛。
王三	ヒ葛。
王一	ヒ葛。
切三	ヒ葛。

　切韻諸本の反切は，新撰字鏡・倭名類聚抄・廣韻が「魯何」，他本が「盧何」であり，義注の相違と対応している。

3.2.3 「䫴」{平34麻；14遐} 　p.118　02-03b8

新撰字鏡	胡加反平。儩也，言語无度。
廣韻	儩䫴，言語無度。
王二	儩ヒ，言語不節。
王三	儩䫴，言語不節。
王一	ヒ儩，言語不節。
切三	儩䫴，言語不節。

　切韻諸本の反切は，篆韻譜が「乎加」，他本は「胡加」となっている[16]。

3.2.4 「楊」{平37陽；1陽} 　p.128　07-05a5

新撰字鏡	与章反。赤莖柳。
倭名類聚抄	唐韻云：楊音陽……赤莖柳也。
廣韻	赤莖柳。爾雅曰〜。又姓〜。
王二	木名。又姓。
王三	木名。一曰姓。

---

[16] 「胡」が避けられることについては工藤[1991, 1994]参照。

切三	木。
S11383	木名。

切韻諸本の反切は，共通して「与章」である[17]。

3.2.5 「鵁」{平37陽；14方} p.122 08-10a4

新撰字鏡	方音。鴨[こ]人面鳥（原作青）身。
廣韻	鴨鵁，鳥名，人面鳥身。
王二	鴨鵁，鳥名。
王三	鴨鵁，鳥。
王一	鴨鵁，鳥。
切三	鴨鵁，鳥。

切韻諸本の反切は，篆韻譜が「俯良」，王三が「府長」，他本は「府良」となっている。

3.2.6 「枋」{平37陽；14方} p.122 07-05b6

新撰字鏡	府良反。木可作車。
廣韻	木名可以作車。又蜀以木偃魚爲枋。
王二	蔴枋木。又偃臰木名。
王三	木名。又蜀以木偃魚爲枋。
王一	木名。又蜀以木偃爲枋。
切三	木名。又屬以木偃魚為枋。

反切については前項に同じ。

3.2.7 「粧」{平37陽；21莊} p.124 04-18a1

新撰字鏡	士莊反（当作側羊反，切韻崇母与莊母連続，誤記崇母反切）平。粉飾也。
廣韻	粉飾也。
王二	と粉。
王三	と粉。
王一	と粉。
切三	と粉。

新撰字鏡の反切は，上田[1984]が注する通り，別小韻から採られたものである。

3.2.8 「贓」{平38唐；18臧} p.130 10-18b5

新撰字鏡	則郎（原作良）反平。納賄也。
廣韻	納賄曰贓。

---

[17] 廣韻の上字は「與」。なお，S11383の反切部分は欠損している。

王二	と賄。
王三	と賄。
王一	と賄。
切三	と貨。

　新撰字鏡の反切上字「良」は「郎」の省略形である[18]。切韻諸本の反切は，共通して「則郎」となっている。

　なお，五行大義背記標記にある東宮切韻の逸文として「武玄之曰：以罪徵財。麻杲云：納賄受財曰贓。」がある。

3.2.9 「鉤」{平44侯；1侯}　p.153　06-26b3

新撰字鏡	胡鈎反。鏂鉤，鐙鍜。
廣韻	鏂鉤，鐙鍜。
王二	鏂と，所以鉗頭。
王三	鏂鉤，所以鉗頸。
王一	鏂鉤，所以鉗頸。
切三	鏂鉤，所以鉗頭。

　切韻諸本の反切は，篆韻譜が「胡勾」[19]，廣韻が「戸鉤」，他本は「胡溝」となっている。

3.2.10 「鍮」{平44侯；9偸}　p.151　06-26b4

新撰字鏡	託侯反。鍮石似金。
廣韻	鍮石似金陶之則分。
王二	と石。
王三	と石。亦作鋀。
王一	と石。亦作鋀。
切三	と石。

　切韻諸本の反切は，共通して「託侯」である。

3.2.11 「駸」{平46侵；1侵}　p.154　05-02b8

新撰字鏡	七林反平。馬行疾。
廣韻	馬行疾也。
王二	馬行。
王三	馬行。
切三	馬行。

---

[18] 新撰字鏡切韻群には，反切の省略形がある（上田[1981:19]）。
[19] 五巻本篆韻譜は「胡鈎」。

| S6187 | 馬行。 |

切韻諸本の反切は，共通して「七林」である。

3.2.12　「枚」{平53嚴；2嚴}　p.166　07-05a5

新撰字鏡	虛嚴反。鍬屬也。
倭名類聚抄	唐韻云：枚虛嚴反………鍬屬也。
廣韻	鍬屬。古作櫼。或作欯。方言云～。
王二	𠃮钁。古櫼。
王三	𠃮钁。古作櫼。
王一	𠃮钁。古作櫼。
切三	𠃮钁。古作櫼。

切韻諸本の反切は，共通して「虛嚴」である[20]。

4　おわりに

　以上，新撰字鏡切韻群の下平声字に見られる義注について，切韻諸本との比較をおこない，「唐韻」系の義注が用いられていることを示した。この検証は廣韻との共通性を前提としたものであったが，同時に倭名類聚抄との共通性も確認することができた。日本で撰述された新撰字鏡と倭名類聚抄それぞれに引かれた「唐韻」にどの程度の近似性があるのか。またそれらが，中国で撰述された「唐韻」残巻や十巻本説文解字篆韻譜，さらには廣韻とどのような関係にあるのか。こうした点についても，今後検討してみたいと思う。

参考文献

上田正[1973]『切韻残巻諸本補正』東京大学東洋文化研究所附属東洋学文献センター刊行委員会

上田正[1975]『切韻諸本反切総覧』均社

上田正[1981]「新撰字鏡の切韻部分について」『国語学』127

上田正[1984]『切韻逸文の研究』汲古書院

上田正[1989]「〔書評〕周祖謨著『唐五代韻書集存』」『均社論叢』16

工藤早恵[1991]「十巻本『説文解字篆韵譜』所據の切韻系韻書について」『中國文學研究』17

工藤早恵[1994]「「胡」字小稿」『中国語学』241

貞苅伊徳[1989/1998]「日本の字典――『篆隷万象名義』『新撰字鏡』『類聚名義抄』――」『漢字講座 第2巻（漢字研究の歩み）』明治書院

---

[20] 篆韻譜には記載なし。

貞苅伊徳[1998]『新撰字鏡の研究』汲古書院
鈴木慎吾[2012]「切韻諸本残存状況一覧図　——切韻諸本研究資料之一——」『中國語學研究開篇』31
田中郁也[2007]「元明代の文獻資料に残る『唐韻』佚文の調査」『漢字文化研究年報』2
中村雅之[1991/2007]「孫愐『唐韻』について」『富山大学人文学部紀要』17
中村雅之[2007]『中古音のはなし——概説と論考』古代文字資料館
藤田拓海[2019]「『新撰字鏡』中の『切韻』について」『日本語の研究』15(1)
古屋昭弘[1979]「王仁昫切韻に見える原本系玉篇の反切　——又音反切を中心に——」『中國文學研究』5
古屋昭弘[1983]「『王仁昫切韻』新加部分に見える引用書名等について」『中國文學研究』9
古屋昭弘[1984]「王仁昫切韻と顧野王玉篇」『東洋学報』65(3,4)
李永富[1973]『切韻輯斠』藝文印書館
徐朝东[2012]『蒋藏本《唐韵》研究』商务印书馆
周祖謨[1983]『唐五代韻書集存』中華書局

参照テクスト
「龍宇純英倫藏敦煌切韻殘卷校記拾遺」『華岡文科學報』15，潘重規，1983
『天治本新撰字鏡（増訂版）』臨川書店，1967
『唐寫全本王仁昫刊謬補缺切韻校箋』龍宇純，香港中文大學，1968
『校正宋本廣韻　附索引』藝文印書館，1967
Gallica　http://gallica.bnf.fr/accueil/?mode=desktop
国際敦煌プロジェクト　http://archive.fo/M9Hh

音韻変化と連綿詞

山内雅幸

『四聲通解』、『洪武正韻譯訓』[1]を通じて近世音にいたる音韻の変化について眺める機会があって、様々な検討材料が含まれていることがわかった。本稿では畳韻語の変化について考えてみたい。なお、畳韻の本来の条件は、IMVE/T のうち MVE/T、すなわち韻類と調類が一致することが求められるが、本稿では調類の一致を絶対的な条件とはせず、(M) VE を共通に持つ二音節を畳韻と名付けて検討したい。

1．「呀」の音韻変化について
中古音・麻韻二等・開口の「呀」の音韻変化について調べてみた。結果は以下のような表にまとめられる。

	廣韻 集韻	韻會	中原音韻[2]	洪武正韻	洪武正韻譯訓	四聲通解
呀	許加切[*1] 虛加切[*2]	嘉字母韻・曉母・虛加切		虛加切	hia	hia
			家麻韻 平聲陰 ia		ŋia＞Øia[*4]	—
牙	五加切 牛加切[*3]	牙字母韻・疑母・牛加切		牛加切	ŋia	—
						ŋia
		蒙音 Øia[3]	家麻韻 平聲陽 ia		ŋia＞Øia	ŋia＞Øia
呷	呼甲切 迄甲切	戛字母韻・曉母・迄甲切		呼甲切	hiap＞hia?	hia

＊1「匣母」「胡加切」にも記載される。　＊2「匣母」「何加切」にも記載される。＊3『集韻』には「牛加切」に「呀」は記載されない。＊4「俗音」は「喩母」であり、陽平聲に相当するため『中原音韻』とは調類が一致しない。

『廣韻』には「吧呀」（「吧」「普巴切」には「吧呀大口皃」とある。また「伯加切」には「吧呀小兒忿爭」とある。）とあって、「張口」を表す畳韻語として現れる。$*p^ha_平 xa^4_平$ あるいは$*pa_平 ŋa_平$と再構される畳韻語である。

---

[1]『四聲通解』ソウル大学校、1972 年（影印）『洪武正韻譯訓』高麗大学校、1973 年（影印）『四聲通解』の呼称には「」をつけ区別している。「今俗音」は『四聲通解』の呼称であるが、「正音」、「俗音」は『洪武正韻譯訓』にも共通する呼称である。また、ハングル転写は河野式を採用、応用している。田中健夫『海東諸国記　朝鮮人の見た中世の日本と琉球』（岩波文庫 1991 年）に一覧表がある。応用とは、河野式の一覧表ではㅎ＝hと記載されるが、ㅎㅎなど漢語の全濁音を転写するハングル表記については記載されていない。本論文ではハングルの原表記を想起しやすくするためㅎㅎ＝hhなどと転写している。
[2]『中原音韻』の再構音は楊耐思『中原音韻研究』の再構音を採用している。
[3]『蒙古韻略』は『四聲通解』では「蒙韻」との略称で引用される。『蒙古字韻』（朱宗文・校正本、1308 年）とは異なる読音が記載される場合もあり、また、『古今韻會擧要』とも異なる体系となっている場合もある。
[4] 邵榮芬『切韻研究』校訂本 2008　中華書局の再構音による。

ところが、『集韻』には「呀」「張口皃」、「吧」「大口皃」と個別の記載はあるものの「吧呀」という畳韻語は記載されない。

さらに、『韻會』に至っては「吧」は記載されず、「張口」を表す語は「呀呀」（嘉字母韻・曉母の畳韻語）となって、『合併字學集韻』[5]平聲・十四・他「曉」「希招切」へ継承されていく。

この背景には「呀」の読音、中古音・麻韻二等・開口が口蓋化し、「吧」と畳韻語を構成できなくなったという事情がありそうである。

『四聲通解』には「哈―、張口貌。又―呷」とあって、「哈呀」は hham>han 陽平[6] hia 陰平 となり双声語、「呀呷」は hia 陰平 hia 入 となり畳韻語となっている。

「吧呀」は擬態語、擬声語とも判定が困難な語ではあるが、『廣韻』以外には『合併字學集韻』に記載されるにとどまっている。音韻変化によって擬態語、擬声語としての適切な要素を喪失、消滅していったものとも解釈される。

2．「東韻」の直音化による畳韻語の変化

『四聲通解』「東韻」には中古音・通攝三等が一等韻と合流する直音化の記載が現れる。この直音化によって畳韻語がどのように変化したのかみていきたい。

2．1 「心母」平声「鬆」siuŋ の場合

先ず、「心母」平声「鬆」siuŋ を見ていきたい。『四聲通解』の註に「蒙韻 suŋ」とあって、直音が記載されている。また、『韻會』には、公字母韻「蘇宗切」、弓字母韻「思融切」の二音、記載されている。『洪武正韻』は表面的には拗音と受け取られる反切を採用しているが、直拗の対立には不自然さがある。半舌音の場合と同様に、対立する文字群との比較してみよう。中古音資料、近世音資料との比較を表にすると、以下のようになる。中古音・通攝三等・合口・邪母・平声「松」も合流しているので合わせて観察したい。

例字	廣韻 集韻	韻會 蒙韻	中原音韻	洪武正韻	洪武正韻 譯訓	四聲通解
嵩*1	息弓切 思融切	弓字母韻・心母・思融切	東鍾韻 平聲陰 siuŋ	息中切	*siuŋ> *suŋ	siuŋ>suŋ
鬆	息恭切*2 思恭切*3	弓字母韻・心母・思恭切*2				
	私宗切 蘇宗切	公字母韻・心母・蘇宗切 蒙韻 suŋ	東鍾韻 平聲陰 suŋ			
憁	蘇公切 蘇叢切	公字母韻・心母・蘇叢切 蒙韻 suŋ				
松*4	祥容切 祥容切	弓字母韻・邪母・祥容切 蒙韻 ssiuŋ	東鍾韻 平聲陰 siuŋ			

*1「崧」「菘」「娀」を含む。 *2『廣韻』では鍾韻・七恭切にも記載される。 *3「蜙」「漎」「松」を含む。 *4

---

[5] 『合併字學集韻』（1606年）徐孝、罕見韻書叢編、長城文化出版公司 1995年。「古籍網」版を併用。
[6] 『四聲通解』による。近世音資料に関しては『四聲通解』の調類を付した。

『四聲通解』には「集韻 suŋ—木。關內語。又音 ssiuŋ」とある。「集韻」は『五音集韻』「蘇公切」を指すものと解釈される。

「鬆」について見ると、『廣韻』「私宗切」には「鬔鬆髮亂貌」（「鬔」は東韻・並母・薄紅切）とあるが、「息恭切」には「髮亂貌」とあって、疊韻語は記載されない。これに対して、『集韻』では直音「蘇宗切」には「鬔鬆髮亂」、拗音「思恭切」には「髸鬆髮亂」（「髸」は鍾韻・群母・渠容切）とあって、直音＋直音、拗音＋拗音となっている。直音、拗音の並行する状態は『韻會』に継承されている。

ところが、『蒙古字韻』では『韻會』公字母韻・心母に相当する読音のみ記載され、「蒙韻 suŋ」との註にも合致する。中古音・東韻一、三等、冬韻、鍾韻の４グループが、近世音の直音化という大きな変化を受けて、合流していく過程が見渡せる。

一方、『洪武正韻』（七十六韻本、八十韻本）には「鬆」に「髸鬆、髮亂貌。本韻思容切。音雖微異而義不殊、又通韻不可雙押、故去之」とあって、「息中切」のほかに『禮部韻略』に記載される「思容切」が意識されていたようであるが、音声上の差異は「微異」であり、語義も変わらないこと、さらに「通韻不可雙押」のため採用されていない。

『洪武正韻』の註に記載される変化は、現代語「鬅松」[pʰəŋ³⁵ soŋ⁵⁵]（「头发散乱的样子」）に相当する「髸鬆」、「鬔鬆」、「髸鬆」、「鬗鬆」などの『廣韻』、『集韻』に記載される疊韻語の変化にも現れる。

「窮」などの中古音・通攝三等・群母平声は、『四聲通解』に至っても拗音を保存していたが、「髸」は記載されない。中古音では拗音＋拗音となる「髸鬆」、「髸鬆」（「髸」＝『廣韻』「渠容切」、「鬆」＝『廣韻』「七恭切」）などは「鬆」、「鬆」の直音化によって疊韻が成立しない結果となっていったため失われていったのであろうか。

文学作品のなかでは、『西遊記』[7]には「蓬陽平鬆陰平」の用例が11例あるが、「髮亂貌」として「鬆」と疊韻語を構成する文字は「蓬」に限られている。

獠牙撐劍刃，紅髮亂蓬鬆。（8回）

また、『金瓶梅』[8]には「蓬鬆」の用例が４例あり、こちらも「鬆」と疊韻語を構成する文字は「蓬」に限られている。

滾的寶髻蓬鬆，烏雲散亂（59回）

明末の韻書である『合併字學集韻』でも「鬆」は平声・二・東に記載され「心」「蘇空切」となっていて、直音である。註には「鬃鬆髮亂」とあり、直音「鬃」（如聲・二・同「滂」「蒲紅切」）と疊韻語を形成している。また、去聲・二・動「心」「蘇痛切」「鬆」には「鬗鬆髮貌」、平聲・二・東「端」「都宗切」「鬗」には「鬗鬆白髮」とあり、直音＋直音の疊韻語が記載される。

ところが、「髸」は如聲・二・同「溪」「渠雄切」に記載され、中古音・通摂三等・群母の性質を持っている。註には「髸鬆髮亂也」とあって、『廣韻』の註が継承されている。

一方、「鬔鬆」（「鬔」＝『廣韻』「薄紅切」、「鬆」＝『廣韻』「私宗切」）は直音＋直音となるため、『洪武正韻』、『四聲通解』にも記載され、現代語「鬅松」[pʰəŋ³⁵ soŋ⁵⁵]へと継承されていくことになる。

2．2 「群母」去声「共」kkiuŋ の場合

---

[7] 「中國哲學書電子化計劃」の檢索による。
[8] 「中國哲學書電子化計劃」の檢索による。

次に「群母」去声「共」kkiuŋ には、「俗音 kkuŋ」という註があり、直音化している。『中原音韻』も東鍾韻・去声では「貢」、「共」、「供」が」小韻を形成し、楊耐思『中原音韻音系研究』では再構音 kuŋ 去声となっていて、直音化している。

例字	廣韻 集韻	韻會	中原音韻	洪武正韻		洪武正韻譯訓	四聲通解
				七十六	八十		
共	渠用切 渠用切	弓字母韻・見母・丘弓切 ＊1		渠用切	古送切	kkiuŋ	kkiuŋ
			東鍾韻 去聲 kuŋ			kkiuŋ＞kkuŋ	kkiuŋ＞kkuŋ
貢	古送切 古送切	公字母韻・見母・古送切		古送切		kuŋ	kuŋ

＊1『韻會』の字母韻は、平聲の呼称による。

「共」は『韻會』、『洪武正韻・七十六韻本』では拗音となっているが、『中原音韻』、『洪武正韻・八十韻本』では直音となっている。『洪武正韻譯訓』、『四聲通解』では「正音」は拗音、「俗音」は直音となっていて、直音化した読音が現れる。

『老乞大諺解』[9]には現代語の「一共」の語義を持つ「共通」という用例がある。『原本老乞大』と比較してみたい。

　　俺通是十一箇馬（『原本老乞大』[10]）
　　我共通十一箇馬（『老乞大諺解』）

『老乞大諺解』では kkuŋ（左側）＞kuŋ（右側）というハングル表記となっていて、直音化音と認識されている。『朴通事諺解』も同様なハングル表記となっている。

ここで注目したいことは、「一共」は『原本老乞大』では「通」（『廣韻』・東韻・透母・他紅切）となっているが、『老乞大諺解』では「共去通平」という畳韻語となっているという点である。「共」の直音化によって中古音・通摂一等「通」との畳韻語が生まれたものと解釈される。

また、『醒世姻縁傳』[11]には「通共」という用例が現れる。
連你應分的這五百卷觀音經、通共三千卷。（三十回）

他の近世音資料では、「共」は中古音・通摂一等「統」（『廣韻』・宋韻・透母・他綜切）、「總」（『廣韻』「總」＝「縂」薫韻・精母・作孔切）などと畳韻語を作っている。

「統去共去」の場合は、以下のような用例がある。『紅樓夢』[12]には9例現れる。
鳳姐一一瞧了、統共只有男僕二十一人、女僕只有十九人。（『紅楼夢』110回）

「共去總上」の場合は、以下のような用例がある。
怪他生得醜麼，原來是說大話折作的這般嘴臉。我這裡連方丈，佛殿，鐘鼓樓，兩廊，共總也不上三百間，他卻要一千間睡覺，卻打那裡來（『西遊記』36回）
西門慶取出來看，共總八封，也不拆看，都交與月娘（『金瓶梅』1回）

9　『老乞大諺解』奎章閣叢書第八、京城帝國大学、聯經出版事業公司 1978年（影印）
10　『原本老乞大』外語教学与研究出版社　2002年
11　「中國哲學書電子化計劃」の検索による。
12　「中國哲學書電子化計劃」の検索による。

幾歲了、名字叫什麽、你父母在那行上、在寶叔屋裡幾年了、一個月多少錢、共總寶叔屋內有幾個女孩子。(『紅楼夢』17回) 『紅楼夢』には6例現れる。

「總共」の場合は、以下のような用例がある。

我前只見師伯左右門人，總共十二代弟子，俱是道德之士 (『封神演義』21回[13])

「統共」、「共總」ともに畳韻語であり、「共」の直音化とともに生まれたとは解釈できないだろうか。

3．まとめ

「鬏鬆」、「鬏毵」などの失われた畳韻語を通じて「東韻」の直音化の影響を考えてみた。また、「共」の直音化によって新たな畳韻語が発生した可能性についても触れてみた。最後に畳韻語を形成するための変化を示す例を挙げておきたい。

畳韻語「窘窘」、[tɕʰyŋ³⁵ tɕyŋ²¹⁴] としても現れる「窘」は、『四聲通解』では「文韻」「群母」上声に記載される。中古音から『四聲通解』に至るまで/-n/韻尾を持つ読音が記載され、『普通话基础方言基本词汇集』の記載される読音も/-ŋ/韻尾を持つ読音は一般的ではない。

「窘」と同じく「群母」上声に記載される「菌」と比較してみたい。

分布点	北京官話									
	幽燕片			黑吉片					哈肇片	
	北京	承德	赤峰	黑河	齊齊哈尔	佳木斯	白城	長春	海拉爾	哈爾濱
窘	tɕyŋ tɕyn	tɕyŋ	tɕyŋ	tɕyŋ	tɕyŋ	tɕyŋ	tɕyn	tɕyn	tɕyn	tɕyn
菌	tɕyn	tɕyn	tɕyɔ̃	tɕyn	tɕyn	tɕyn	tɕyn	tɕyn	tɕyn	tɕyn

分布点	北京			
	遼瀋片		營通片	錦興片
	通化	瀋陽	丹東	錦州
窘	tɕyn tɕyŋ	tɕyŋ	tɕyŋ	tɕyŋ
菌	tɕyn	tɕyn	tɕyn	tɕyn

北京官話では、黑吉片・白城、長春、哈肇片・海拉爾、遼瀋片・通化、瀋陽、錦興片・錦州では『四聲通解』、『洪武正韻譯訓』などに対応する/-n/が観察され、通化では/-n/、/-ŋ/が並行している。

膠遼官話ではすべての分布点で/-n/＞/-ŋ/の変化が観察されるが、冀魯官話では一部の分布点で/-n/が観察される。

分布点	冀魯官話					
	保唐片		滄惠片	石濟片		章利片
	唐山	保定	滄州	石家莊	濟南	利津
窘	tɕyn	tɕyn	tɕyŋ	tɕyn tɕyŋ	tɕyn	tɕyŋ

---

13 「中國哲學書電子化計劃」の検索による。

| 菌 | tɕyn | tɕyn | tɕyn | tɕyn | tɕyẽ | tɕyẽ |

冀魯官話・保唐片・唐山、保定、石済片・石家莊では『四聲通解』、『洪武正韻譯訓』などに対応する/-n/が観察され、石家莊では/-n/、/-ŋ/が並行している。

中原官話でも/-n/＞/-ŋ/の変化が観察されるが、一部の分布点では『四聲通解』、『洪武正韻譯訓』などに対応する/-n/が保存されている。

分布点	中原官話								
	汾河片	蔡魯片	鄭曹片				信蚌片	洛徐片	
	臨汾	霊宝	済寧	商丘	原陽	鄭州	阜陽	信陽	徐州
窘	tɕyn	tɕyŋ	tɕyẽ	tɕyn	cioŋ	tɕyn	tɕiuŋ	tɕyn	tɕyŋ / tɕyẽ 又
菌	tɕyn	tɕyn	tɕyẽ	tɕyn	cyn	tɕyn	tɕyẽ	tɕyn	tɕyẽ

汾河片・臨汾、蔡魯片・済寧、鄭曹片・商丘、信蚌片・信陽、洛徐片・徐州では『四聲通解』、『洪武正韻譯訓』などに対応する/-n/（/-n/に対応する読音）が観察され、洛徐片・徐州では/-n/に対応する読音、/-ŋ/が並行している。

晋語では邯鄲で/-n/＞/-ŋ/の変化が観察されるが、他の分布点では/-n/、/-ŋ/の対立がなく、/-ŋ/となっている。

「窘」に現れる/-n/＞/-ŋ/の変化は「東韻」「群母」平声「窮」kkiuŋ＞kʰiuŋによる同化とも解釈されるが、他の畳韻語とも比較してどのような条件下で発生するものか、引き続き検討してみたい。

参考文献

『四聲通解』ソウル大学校　1972年（影印）
『洪武正韻譯訓』高麗大学校　1973年（影印）
『洪武正韻』中華書局　2016年（影印）
『黄侃手批廣韻』中華書局　2006年
『集韻校本』趙振鐸校　上海世紀出版股份公司　上海辭書出版社　2012年
『中原音韻』（1324年）周德清、再構音は楊耐思『中原音韻研究』による。
『合併字學集韻』（1606年）徐孝、罕見韻書叢編、長城文化出版公司1995年。「古籍網」版
『普通话基础方言基本词汇集』陳章太、李行健、語文出版社1996年。

『御製増訂清文鑑』における漢字音

鋤田智彦

はじめに

『御製増訂清文鑑』(1771年) は満洲語のみより成る『御製清文鑑』(1708年) に対し、それぞれの語彙には漢字による注音および漢語による対訳が付せられており、対訳には満洲文字による注音が加えられている。最初に収められている語彙abka[1]を例に取ると、以下のようである。

abka（満洲語語彙）
阿補{喀阿}[2]（漢字による満洲語に対する注音）
天（漢語対訳）
tiyan（満洲字による漢語に対する注音）
umesi den tumen jaka be elbehengge be. abka sembi..（満洲語による語釈：大変高く万物をおおいかぶせたものを abka という。）

『御製増訂清文鑑』は18000を超える語彙を収録し、辞典であるという性質から、用いられる漢字も多岐にわたり、部、類名を合わせると注音の加えられた漢字は4500字を超える。『御製増訂清文鑑』は様々な角度から重要な満洲語辞典として珍重されてきたが、これまで漢字音資料として利用されることは多くなかった。しかしながらその注音をつぶさに見てみると、同一漢字に異なる注音がなされる場合があるなど、その表記は単純ではない。本稿ではそれぞれの漢字に付された注音のうち、中国北方語音史上から見て特に注目すべき点をいくつか取り上げ見てみたい。なお、本稿では四庫全書本（欽定四庫全書薈要）に基づいた。

1. 声母
1.1 尖団音字

ここでは声母のうち尖団音字に注目してみてみたい。竹越(2011)では漢字に注音が施された『清文啓蒙』(1761年刊行)における注音表記から尖団の区別が混乱した状態にあったことを指摘している。このようなことから、『御製増訂清文鑑』が編纂された時期も同様な状況であったことが想定される。しかしながら、『御製増訂清文鑑』においては「御製」であるという立場から規範意識が強かったのか、『清文啓蒙』と異なり歯音字については ji-、ci-、si-と、牙喉

---

[1] 本稿ではMöllendorffによる転写法に若干の変更を加えた方法でローマ字転写を行う。変更点は以下の通り。1. 漢語音節表記用の附加記号を'から'とし、2. 独立した音節をなす dz を dzy、ts' を tsy とし、3. 子音字 ts' の'を取り去り、4. 日本語の「〜の」に当たる i を -i とする。
[2] { } は割り注の形であることを表す。

音字については gi-、ki-、hi-とほぼ規則的に記録されている。しかしながら各字について詳細に見てみると例外が全くないわけではない。そのうちいくつかを挙げると、以下のようである。

祭（尖）…祭祀器用類　gi sy ki yung lui　　　　ji は 33 箇所
戚（尖）…異姓親戚　i sing cin ki　　　　　　 ci は 3 箇所
鶏（団）…鶺鶏　he ji　　　　　　　　　　　　gi は 43 箇所
旗（団）…八旗現審處　ba ci hiyan šen cu　　　 ki は 85 箇所
稀（団）…枝杈稀疏　jy ca si su　　　　　　　 hi は 21 箇所

全体から言うとごく僅かの比率であり、また、尖団音字共に起こっていることから、これらは本来その由来に基づいて表記すべきところを実際の発音に基づいて記してしまったもの、いわば「確認漏れ」によるものとみるのが妥当であろう。なお、『御製増訂清文鑑』では康熙帝の諱である「玄燁」を避けるために、本来 hiowan という表記が想定される「玄」字を yuwan と、それ以外の同音字（声調を除く[3]）「懸」「軒」「銷」「眩」を siowan と表記している[4]。

1.2 荘組字

現代北京語においては、荘組字は多くの場合章組字と同様に[tʂ]、[tʂʰ]、[ʂ]と発音されるが、一方で精組字と同様に「鄒」[tsou][5]、「策」[tsʰɤ]、「森」[sen]などと[ts]、[tsʰ]、[s]と発音されるものもいくらか見られる。『御製増訂清文鑑』でも同じく荘組字の多くは章組字と同様に j、c、š と記されるが、一部は精組字と同様に dz、ts、s と記される。ここでは荘組字のうち『御製増訂清文鑑』あるいは現代北京語で精組字と同様に表記あるいは発音される字を取り上げ、その他の満洲資料もあわせ対照して見てみたい[6]。

表1 荘組字に対する表記（中古入声字）

	側	仄	責	幘	窄	策	冊	測惻	嗇	澁	色	瑟稿
御製増訂清文鑑	tse	dze	dze	dze	jai3 dze8	ce1 tse1	ce6 tse1	tse	se	še1 se4	še55 se2	še

---

[3] 本稿で取り上げる満洲資料のうち、『音韻逢源』を除いては声調に対する記述がない。そのため本稿では、同音あるいは同音節という言葉を、声調を除き声母と韻母が同一であるという意味で用いる。
[4] 「燁」については、同一韻母の諸字が例えば「貼」tiyei など、ほとんど -iyei と表記しているのに対し、零声母の場合に yei とせず、ye とすることにより避けるという形を取っていると考えられる。なお、『満文三国志』（1650）では、いずれの字であるかに関わらず、ye と yei、-iye と -iyei が単に同一音韻の表記の揺れとして現れる。
[5] 本稿においては現代北京語についての声調表記を省略する。
[6] 本稿では『御製増訂清文鑑』以前の満洲資料として『清書切音・清書対音』（17世紀後半）を、以降の満洲資料として『音韻逢源』（1840）を取り上げた。これらはともに字音書として収録字数も多いためである。

	側	仄	責	幘	窄	策	冊	測	惻	嗇	渋	色	瑟穡
清書対音		je			ce		ce						še
清書切音	dze											se	
音韻逢源			jai, je					še	še	še, šai		še	
	dze	dze	dze	dze		tse	tse	tse				se	
現代北京音					tʂai		tʂhai[8]					ʂai[9]	
	tsʰɤ	tsɤ	tsɤ	tsɤ	tsɤ[7]	tsʰɤ	tsʰɤ	tsʰɤ	ɤ	ɤ	ɤ	ɤ	ɤ

(『御製増訂清文鑑』字音の数字は出現回数を示す。同一字に複数の表記がある時のみ表記する。以下同様。)

　以上のような荘組字のうち、これら中古入声由来字については、張世方(2010)によると、北京語の白読では韻母が[ai]、声母は[tʂ]組([tʂ]、[tʂʰ]、[ʂ])となり、文読では韻母が[ɤ]、声母は[ts]組([ts]、[tsʰ]、[s])に対応し、北京官話地区では、韻母は複数の地域で共通するものの、声母は地点によりいくつかの類型に分かれるという。さらに高暁虹(2009)では、明末の北京語音を代表する資料『合併字学集韻』では文白いずれも[tʂ]組であり、それと近い時期の官話音を代表する『西儒耳目資』は[ts]組であった。北京語音においてやはり文読音が[ts]組となったのはそれら他の地域の音に影響を受けたためである。また、その後の北京語音資料『李氏音鑑』(1805)では文読は[ts]組であり、『合併字学集韻』と『李氏音鑑』の間に文読音声母の競争、共存の段階があったと説明している。なお、『御製増訂清文鑑』では知二組字である「沢」なども同様に je、dze が共に現れる。

表2　荘組字に対する表記(中古入声字以外)

	讒巉獑	浐緇鯔	崽	縐皺	驟	灑	搜	餿	蒐	瘦	縮	所
御製増訂清文鑑				jeo2		ša8						šo23
	tsan	dzy	dzai	dzeo7	dzeo	sa5	seo	seo	seo	seo	so	so3
清書対音												šo
清書切音				dzeo		suwai	seo			seo		
音韻逢源	can[10]			jeo					šeo		šo	
		dzy[11]	dzai		dzeo	sa	seo	seo	seo		su	
合併字学集韻	tʂʰan	tʂʅ		tʂou	tʂou	ʂa, ʂai	ʂou	ʂou	ʂou	ʂou	ʂuo	ʂuo
			tsai						seo	sou		
現代北京音	tʂʰan			tʂou					ʂou			
		tsʅ	tsai		tsou	sa	sou	sou	sou		suo	suo

　これらの字については、字ごとのばらつきが大きい。『合併字学集韻』ではほとんどの字が[tʂ]

7　『北平音系十三轍』には旧読として tsɤ を載せる。
8　『北平音系十三轍』には「様冊子」の読音として tsʰai を載せる。
9　『北平音系十三轍』には「提色 上色」、また「顔色」の読音として ʂai を載せる。
10　『音韻逢源』には「讒巉」の二字のみ収める。
11　『音韻逢源』には「浐緇」の二字のみ収める。

組で収められているが、このうち「崽」のみはその他の資料もあわせ[tʂ]組に相当する音はなく、『集韻』に「子亥切」とあることから古い段階から精組字として読まれていたと考えられる。また、「搜」「餿」にも[s]が見られる状況は、満洲資料でいずれも s と表記されることに合致する。『御製増訂清文鑑』およびその他の満洲資料の表す混用された状況は、これらの字が北京音として他の荘組字と同様な声母であった字音と、精組字と同様であった他の方言の字音が混ざり合っている状況を反映するものであると言えよう。

1.3 于以母字および「瑞」

現代北京語においては、一部の于以母字は[ʐ]と発音される。また、常母字である「瑞」も同様に[ʐ]と発音される。ここではあわせてこれらの字について見てみたい[12]。

表3 于以母字及び「瑞」に対する表記

	瑩于	栄于	容以	蓉以	融以	鎔以	瑞常
御製増訂清文鑑	žung	žung	yung1 žung24	yung1 žung2	yung3 žung3	yung	šui7 žui1
清書対音 清書切音	ing	žung	žung				šui
合併字学集韻	yŋ, iŋ	yŋ zuŋ	yŋ zuŋ	yŋ	yŋ	yŋ	ʂuəi
現代北京音	iŋ	zuŋ	zuŋ	zuŋ	zuŋ	zuŋ	zuəi

『御製増訂清文鑑』における表記は以上の通りである。現代北京語で[yŋ]と発音されながら、『御製増訂清文鑑』で žung と表記される字は見られない。yung、žung どちらの表記がなされるかは字によるばらつきが比較的大きく、同一の字において二種類の表記があることも珍しくない。これらの字のうち「栄」「瑩」は梗摂字であり、他が通摂字であるのとは異なるが、「栄」については『中原音韻』では庚青韻のほかに、東鍾韻にも「容」などと同音字として収められていることから、その段階にはすでに通摂字と合流していたことがわかる。そしてさらにその後に通摂字と共に声母が変化したとみれば良いだろう。一方、「瑩」については状況が異なる。『広韻』には永兵切および烏定切として収められ、前者は「栄」と同音である。しかしながら『中原音韻』には「容」などと同音としては収められておらず、また、平声字としては庚青韻にも見られない。去声字の東鍾韻「用」、庚青韻「詠」と同音として見られるのみである。『合併字音集韻』に見られる yŋ はこれに対応する。『御製増訂清文鑑』に見られる žung がこの音が変化したものである可能性もあるが、他に去声字でこの変化を起こした字がないことから断定は難しい。『清書切音・清書対音』に ing とあり、また現代北京語で[iŋ]陽平と発音されること

---

[12] 同様な現象は蟹摂合口字「鋭」「睿」などにも見られるが、これらの字の変化はより早い段階に起こっており、いずれの資料にも違いが現れないないため本稿では取り上げない。

に対しては同じく判断に悩むが、この点については、『西儒耳目資』で「瑩」を iŋ 陽平と収めていることから、このような字音の影響であることも考えられる[13]。現代北京語においてここに挙げた諸字が[ʐuŋ]と発音されることについて、王力（1980）では"這是非常晩起的現象（略）～明清的著作沒有提到這種音變"と述べている。満洲資料にはこの変化が比較的詳細に記されておりその過程を示す貴重な存在であるといえる。

そして常母字である「瑞」は、他の常母字と同様にšと表記される割合が多いが、一方で現代北京語に対応するžという表記も見られる。なお、この「瑞」について『満文三国志』を見ると順治本（1650年序）では4箇所全てでsuiと表記され、雍正本（18世紀前半）ではžuiと書き直されている。

2. 韻母
2.1 果摂字

韻母については、まずは果摂字について見てみたい。現代北京語において果摂字は、一部の字で開口字と合口字の中古音との対応にばらつきが見られる。ここでは果摂字のうち、牙喉音字について『御製増訂清文鑑』の中から注目すべき字を取り上げて見てみたい。

表4 果摂牙音字に対する表記（その1）

	哥開	歌個箇開	戈合	果合	過合	裹合	鍋合	菓合
御製増訂清文鑑	ge	ge	ge	g'o17, guwe26	g'o56, guwe9	g'o15, guwe3	g'o	guwe
清書対音清書切音		g'o	g'o	g'o	g'o		g'o	g'o
音韻逢源	ge	ge		go, g'o, guwe	go, g'o, guwe	go, g'o, guwe	go, g'o guwe	go, g'o, guwe
現代北京音	kɤ	kɤ	kɤ	kuo	kuo	kuo	kuo	kuo

『御製増訂清文鑑』では声母がgと表記される諸字については、開口をge と、合口をg'o あるいは guwe と表記しわけていることがわかる。そのうちでも「戈」は中古合口字であり、対応から考えると ge と表記されるのは例外と言えるが、『御製増訂清文鑑』に見られる表記は現代北京語と同じ様相を示していると言える。合口に見える g'o と guwe という二種類の表記については、次の通りである。この二つの表記は、17世紀以前の満洲資料では区別して用いられるのがほとんどであり、例えば、上に挙げた資料のうち『清書対音・切音』では、果摂字は開合の区別なく g'o のみで記され、guwe という表記は「国」「虢」など、曽梗摂一二等合口字に対

---

[13] 『西儒耳目資』の iŋ 陽平の由来については、さらなる検討を要する。なお、『西儒耳目資』では「栄」も iŋ 陽平に収め、他に「栄」「瑩」は iuŋ 陽平にも、さらに「瑩」は iŋ 去声としても収める。

応する。これらの音は現在では合流していることから、『御製増訂清文鑑』での混用はその合流の過程を示していると考えることができる。また、果摂字である「菓」が guwe のみで表記されることからこの二つの表記は実際の発音の違いを表しているわけではないのであろう[14]。その他の声母についても見てみたい。

表5 果摂牙音字に対する表記（その2）

	可開	苛開	柯[15]開	稞合	課科合	蝌合
御製増訂清文鑑	ke	ke	ke	ke	k'o	k'o
清書対音 清書切音	k'o	k'o		k'o		
音韻逢源	ke		ge	k'o	k'o	k'o
現代北京音	kʰɤ	kʰɤ	kʰɤ	kʰɤ	kʰɤ	kʰɤ

現代北京音では上に挙げた字はいずれも[kʰɤ]と発音され、その他の果摂渓母字を含めても[kʰuo]と発音されるそのほとんどは果摂字ではなく、「拡」「括」など入声由来字である。一方、『御製増訂清文鑑』では、中古合口字を k'o と表記している例が多い。また、kuwe という綴りは見られながら、これは guwe と表記された「国」などが常用されたことと比べて kuwe と表記される入声字があまり使われず、そのような綴りそのものになじみがなかったことによる可能性が考えられる。また、『音韻逢源』においては開合は中古音と対応しており、また他にも中古見組字である「柯」を ge と記すなど、一種の正音意識の強い資料であるということがうかがい知れる。

表6 果摂喉音字に対する表記

	何開	荷開	河開	和合	火合	夥合
御製増訂清文鑑	he1 ho15	he6 ho2	he1 ho57	he1 ho44	ho76, huwe1	ho6, h'o2
清書対音 清書切音	ho	ho	ho	ho		
音韻逢源	he	he	he	he ho, h'o	ho, h'o	ho, h'o
現代北京音	xɤ	xɤ	xɤ	xɤ xuo	xuo	xuo

---

[14] 牙喉音以外にも同一の韻母である「説」においても同様に šo、šuwe という二種類の表記が見られる。

[15] 『広韻』古俄切、見組字。『中原音韻』においても「歌」などと同音として収める。

最後にh声母で記される字について見てみたい。これらの字について『御製増訂清文鑑』では、これまで見てきたg、kに比べ、開口で記される字はあるものの、合口として記される割合が明らかに高く、異なる傾向があると言うことができる。例えば、「何」「河」ではheという表記はそれぞれ一箇所に限られており、その反対に『音韻逢源』ではhoという表記はなく、現代北京語と対応しているのとは対照的である。そのような中で「荷」のみ異なった傾向があるが、これについて明確な理由を見いだすのは難しい[16]。果摂字に対するhuweという表記は上に挙げた「火」に対する1箇所のみである。一方で『清書切音・清書対音』でhūweと記されていた曽梗摂入声字「獲」「或」「惑」は『御製増訂清文鑑』ではほとんどの箇所でhoと表記され、hūweという表記は「或」に対する1箇所のみである。

2.2 文白異読

　続けて曽梗宕江摂入声字に見える文白異読字について見てみたい。文白異読については、異なる方言層が重なりあった結果であり、現代北京語においても同様である。『御製増訂清文鑑』においては「白」「百」（共にbe）、「薬」（yo）、「血」（hiowei）など多くは現代北京語における文語音に対応する音のみ収めるが、その他に現代北京語の白話音に対応する以下のような例も見られる。

表7 文白異読表記

	北曽	黒曽	賊曽	麦梗	剝江	学江	雀宕
御製増訂清文鑑	be6 bei2	he43 hei3	ze9 zei2	me2 mai12	bo16 bao1	hiyo43 hiyao1	ciyo60 ciyao8
清書対音 清書切音	be	he	dzei	me	bo	hiyo	ciyo
音韻逢源	be bei	he hei	dze dzei	me mai	bo bao	hiyo hiyao	ciyo ciyao
合併字学 集韻	puə pei	xə xei	tsə tsei	mə	bo	hio hiau	tsʰio tsʰiau
現代 北京音	pei	xei	tsei	mai	bo bau	ɕye ɕiau	tɕʰye tɕʰiau

　上表には『御製増訂清文鑑』において文白異読が現れる字に限り挙げた。上段が文語音、下段が口語音である。ほとんどの字で文語音での表記が多数を占めているものの、「麦」のみ他と傾向が異なり、白話音が多い。これらの字に対する他の資料での様子を見てみると、『清書対音・

---

[16] 巻23、巻24ではheと、巻27、巻29ではhoと表記が分かれていることから、あるいは編纂者の違いによる可能性も考えられる。しかしながら巻23では「河」をhoと記していることなどからも、一概に断定はできない。他にも常用字、非常用字の差によることも考えられる。例えば「荷」と比べると他の字は出現回数も多く、常用される傾向にある。このような常用字は非常用字と比べると保守性が高いことから、実際の発音にかかわらずhoが多用されたのかもしれない。

清書切音』では「賊」を除きいずれも文語音のみを収めており、ここに挙げなかった字についても同様である。一方、『音韻逢源』ではいずれも文白両音を載せており、これまで見てきた「規範的」という特徴からいうと、この点においては文語音・白話音のうちどちらが規範的であるかという意識はないようである。

2.3 唇音字におけるoとeの混用

『御製増訂清文鑑』以前の満洲資料においては、果摂字及び山宕江摂唇音入声字をoと、曽梗摂唇音入声字をeと表記し、はっきりとした区別が見られる。『御製増訂清文鑑』においても同様な傾向は見られるが、その区別はそれ以前の資料ほど厳密ではない。以下に混用が見られる字のみを取り上げ見てみたい。

表8 唇音字におけるoとeの混用

	薄宕	破果	婆果	磨果	抹山	末山	脈梗
御製増訂清文鑑	bo17 be1	po46 pe1	po9 pe1	mo38 me1	mo3 me8	mo2 me5	mo1 me5
清書対音清書切音	bo	po	po	mo		mo	me
音韻逢源	bo	po	po	mo	mo	mo	me
現代北京音	po, pao	pʰo	pʰo	mo	mo	mo	mo

他に混用の起こっていない字も多く見られる。ここに挙げた字については『清書対音・清書切音』『音韻逢源』ともにその由来に合致する表記であるが、前者が実際の発音に基づく表記であるのに対し、後者は意識的にその由来に基づいて分別したということが考えられる。現代北京語ではいずれも合流しており、『御製増訂清文鑑』における表記は、先に1.1で見た尖団音字と同様にその合流の過程を表していると言えよう。

3. その他

これまで述べた他にも、個別的に以下のような表記が『御製増訂清文鑑』に見られる。

表9 その他

	a.賜心母	b.嗣邪母	c.謬明母	d.任真韻	e.累合	f.杉咸韻
御製増訂清文鑑	tsy2 sy1	tsy	nio	žin3 žen3	lui7 lei6	šan2 ša2
清書対音清書切音	sy	tsy	mio	žin	lei	
音韻逢源	sy	sy	mio	žen	lui	šan

	a.賜心母	b.嗣邪母	c.謬明母	d.任真韻	e.累合	f.杉咸韻
現代北京音	tsʰɿ	sɿ	miou niou[17]		lei	ʂan ʂa

以上の諸字については、ここでは簡単な説明に止める。

　a.「賜」および b.「嗣」は中古心母あるいは邪母でありながら、他の資料や現代北京語においても資料によるばらつきが大きい。『御製増訂清文鑑』ではいずれにも tsy という表記が見られる。

　c.「謬」は中古明母字であるが、『御製増訂清文鑑』では nio と表記される。「繆」も同様である。これについては『満文三国志』にも同様な表記が見られることから、満洲資料としては、『御製増訂清文鑑』独自のものではない。この nio に対応する音は、钱曾怡（2010）によると、北京官話区のみならず、膠遼、冀魯、中原官話区に渡り広く見られる。

　d.「任」など真韻日母字の韻母に対する表記は、満洲資料でも in から en へと変わってきた。その様子は『清書対音・清書切音』の žin から、『御製増訂清文鑑』では žin と žen の併用、そして『音韻逢源』の žen へとたどることができる。『御製増訂清文鑑』に見える他の同音字について言うと、「認」は出現する 8 箇所全てで žen と表記されるのに対し、「人」は 330 箇所以上全てで žin と表記される。後者は常用字であるため、古い時代の表記の固定化が起こったためだろう。「人」も『音韻逢源』では žen と表記される。

　e.ここでは「累」を代表として止摂合口三等来母字に対する表記を見てみたい。この字は中古合口字であるが、現代北京語では-ei という開口韻母で発音される。『御製増訂清文鑑』では、合口の lui と、開口の lei が共に現れる。より古い『清書対音・清書切音』では lei と、新しい『音韻逢源』では lui と表記され、それぞれ表記が逆転しているようである。まさに音の不安定な時期であった様子が捉えられている。『御製増訂清文鑑』ではその他の止摂合口三等来母字についても二種類の表記が混在している。

　f. 最後に挙げるのは「杉」である。「杉」には現代北京語で[ʂan]のほか、「杉木」などの限られた語彙に対して[ʂa]と読まれることがある。『現代漢語詞典』（第 6 版）では、[ʂa]と読む語彙ににには「杉木」の他、「杉篙」を挙げている。『御製増訂清文鑑』を見てみると「杉木」「杉槁」のみが ša と注音される。前者は『御製増訂清文鑑』「杉木（watahai šartan）」に gargan akū golmin moo be. watahai šartan sembi.「枝がなく長い木を watahai šartan という」とあり、『現代漢語詞典』「杉木」に"杉树的木材"とあることから、共に木材としての杉を指しているということがわかる。そして後者については漢字表記は異なるが、『御製増訂清文鑑』「杉槁（šartan）」には nirahūn wantahai šartan moo be. šartan sembi.「細い杉の材木を šartan という」とあり、『現代漢語詞典』「杉篙」には"杉树一类的树干砍去枝叶后造成的细而长的杆子，通常用来搭脚手架或撑船"とあるため、いずれも同一の語彙であると判断することができる。共にもっぱら口語として用いられる語彙である。

---

[17] 『北平音系十三轍』には、「謬」に対し[miou]、[niou]という二音を載せる。

おわりに

　これまで『御製増訂清文鑑』に見える漢字に対する注音について見てきたが、尖団音字や入声唇音字におけるo、e韻母などは、一部の例外は見られるものの、その由来に基づいて記されており、実際の字音ではなく規範意識が強く働いている様子が見られた。一方で果摂の開口、合口に対する表記や、文白異読、あるいは一部の韻母に対する表記の揺れは実際の言語状況を反映するものであると考えられる。『御製増訂清文鑑』について字音資料としてはこれまでほとんど利用されてこなかったが、以上で見たようにその膨大な記録を詳細に観察することにより、字音資料としても有効に活用できると言えるだろう。

参考文献

竹越孝（2011）『兼満漢語満洲套話清文啓蒙―翻字・翻訳・索引―』、神戸市外国語大学外国語学研究所、神戸。
高暁虹（2009）《北京话入声字的历史层次》、北京语言大学出版社、北京。
钱曾怡主编（2010）《汉语官话方言研究》、齐鲁书社、济南。
王力（1980）《漢語史稿》、中華書局、北京。
张世方（2010）《北京官话语音研究》、北京语言大学出版社、北京。
張洵如（1937）《北平音系十三轍》、國語推行委員會中國大辭典編纂處、北平
中国社会科学院语言研究所词典编辑室编（2012）《现代汉语词典（第6版）》、商务印书馆、北京

『御製増訂清文鑑』、吉林出版集團有限責任公司、2005
『清書対音・切音』、東洋文庫蔵本
『音韻逢源』:『續修四庫全書』258、上海古籍出版社、2002
『合併字音集韻』:『四庫全書存目叢書』經部193、莊嚴文化事業有限公司、1997
『広韻』、藝文印書館、臺北、2002
『集韻』:『宋刻集韻』、中華書局、北京、2005
『中原音韻』、東京大学東洋文化研究所蔵本
『西儒耳目資』、文字改革出版社、北京、1957
『満文三国志』（ilan gurun -i bithe）、パリ国立図書館蔵本

古典中国語のテクストをいかに切り分けるか

山崎直樹（関西大学）

1. この文章の背景と目的

筆者は、現在、「古典中国語の文法解析の自動化」という趣旨のプロジェクトに参加している[1]。これは簡単にいうと、古典中国語の形態素〜文法解析を計算機で行うという試みである。

このプロジェクトは、言語に依存しない形態素解析器であるMecab[2]を利用して古典中国語を形態素解析することで成果を挙げ（守岡2008, 2009を参照）、Mecabで使える形式で階層化した品詞分類を試作し（山崎他2012を参照）、これらを利用して、現在は、Universal Dependencies[3]という枠組（いわゆる「依存文法」を言語普遍的で機械可読な形に形式化したもの）により依存構造解析に取り組んでいる（詳細は、安岡他2018, 安岡2018を参照していただきたい）。

古典中国語解析用に学習をしたMecabとUDPipe[4]（Universal Dependenciesのための解析器）を用いて《孟子》の一節を解析し、安岡孝一（京都大学）の開発による可視化ツール[5]で表示した例を図1に示す。

図1:解析と可視化の例

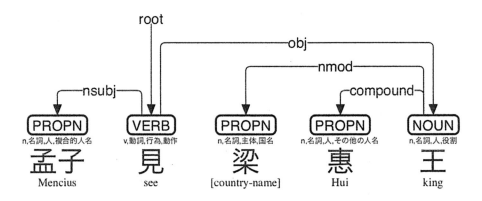

---

[1] この研究は、科研基盤研究(B)「古典漢文形態素コーパスにもとづく動詞の作用域の自動抽出」(17H01835)の援助を受けている。
[2] http://taku910.github.io/mecab/ （2019.2.10 確認）
[3] https://universaldependencies.org/ （2019.2.10 確認）
[4] https://ufal.mff.cuni.cz/udpipe/models （2019.2.10 確認）
[5] http://kanji.zinbun.kyoto-u.ac.jp/~yasuoka/kyodokenkyu/2018-10-26/UDPipeSVG.html （2019.2.10 確認）

この文章では、このプロジェクトの研究に資するために、本来「文」という単位に区切られていない古典中国語のテクストはどのように分割されうるかという可能性を、伝統的な「文」の定義から外れたところで考えてみたい。なぜテクストをより小さな単位に分割する方法を考えないといけないかは、次節で説明する。

2. 問題点

§1で言及したUniversal Dependenciesによる解析は有望であるが、まだ問題点がある。その1つは、文に区切られていない白文のテクストを入力とした場合、それをさらに細かい単位（例えば「文」という単位）に分割する処理に関しては、現時点ではまだ十分ではないことである[6]。

周知のとおり、古典中国語のテクストは、本来、句読点などを付されておらず、文の区切りも示されていない。しかし、依存文法は、「文」という単位の中で、依存関係の最上位にある要素に向かって全てを依存させるという形式化をおこなう（Universal Dependenciesではrootという節点でこれを示す。図1参照）。よって、与えられたテクストを「文」に区切ることが必要なのだが、その処理がまだ十分ではないということである。

3. 「文」の定義

「文」の定義は、意味的な統合性によるものと形式的な特徴によるものがある。現在の自然言語処理では、前者は形式化が困難である。後者は言語によっては比較的簡単である。

例えば、英語の場合、定形節（述語動詞が時制を持つ）は動詞の形態によって明瞭にそれが示され、必ず文法的な主語を伴い、接続詞なしに連続することがない。日本語であれば、文末には述語が現れ、述語を構成する動詞とその接辞はそこで終わるか次に接続するかを派生形で明示する。しかし、古典中国語の場合、これらの特徴を一切持たない。文末にモダリティを表す助詞が現れることもあるが義務的ではないし、それらの助詞には、文中に現れるものもある（主題の提示など）。現に、古典中国語（SVOを基本語順とする）の解析では、動詞の取る目的語がどこで終わるか（≒文がどこで終わるか）を判断することが大きな技術上の難点になっている。

4. 人手による分割

古典の注釈を人手で行なっている場合、どのように「文」に分割しているのか。次の1aは、『列子集釋』（楊伯峻撰, 中華書局, 1979）「巻第五湯問篇」の有名な「愚公移山」の部分である。1bは、『列子』（小林信明, 明治書院, 1967）の相当する箇所である。

---

[6] いっぽうで、「文」に区切った形で入力を与えられれば解析はかなりの精度を示す（安岡 2019a, 2019b）。

1a. 北山愚公者，年且九十，面山而居。懲山北之塞，出入之迂也，聚室而謀，曰：「吾與汝畢力平險，指通豫南，達于漢陰，可乎？」

1b. 北山愚公者、年且九十。面山而居、懲山北之塞、出入之迂也。聚室而謀曰、吾與汝畢力平險、指通豫南、達于漢陰。可乎。

　句レベルの区切りはほぼ一致しているが、どこに「。」を打つか（≒どこまでを一文とするか）は恣意的であるように見える。ほんとうは恣意的なのではなく、形式化しにくいノウハウ、経験的な感覚などによった判断に基づいているのであろうが、この部分の判断を計算機におこなわせるのは難しかろう。

　前節で述べたとおり、古典中国語のテクストを近代言語学の定義による「文」に分割するのは、現時点では計算機にとってはなかなか難しい。計算機が判定可能にするためには、これまでの「文」の定義とは構造的な性質が（多少）異なっても、もっと形式的に明確な指標を用いたわかりやすいテクストの分割の方法を考えるのも1つの方向であろうと思う。

5. 主題連鎖による分割

　（以下に述べることは、「古典中国語の文法解析の自動化」プロジェクトの総意ではなく、自然言語処理の技術的な側面には疎い筆者個人の素人考えであることをお断りしておく）

　私見によれば、「形式的に明確な指標を用いた、わかりやすい」方法は、主題が作る連鎖 (Topic Chain) による分割である。

　古典中国語は、ある節の主語が後続する節と同一指示である場合、後続する節の主語は省略されることがふつうである。この「主語が省略された節」は先行する節の主語に連鎖上にぶらさがっていると考え、これが終わるところ（次の主題が出現する直前）までを、1つの単位とみなす方法である。

　次は、前節で見た「愚公移山」を主題連鎖で分割した例である[7]。一見すると分かるが、現代の代表的な標点本（中華書局本など）の分割のしかたと大差はない。この切りかたは人の感覚とも合致するのである。太字で示した部分が主題と目される項目で、「。」があるところが連鎖の終わりである。「φ」は主語があるのであればそこに現れるであろうという位置である。「，」は読みやすさを考慮して筆者が挿入した。

2. **北山**愚公者年且九十，φ面山，而φ居，φ懲山北之塞，φ出入之迂也，φ聚室而φ謀，φ曰。

---

[7] 以下で使用する古典中国語のテクストは、『列子集釋』（中華書局, 1979）、『史記』（中華書局, 2013）、『十八史略』（新釈漢文大系, 明治書院, 1967）所載のものから、標点などを取り去って使用した。

　　　　吾與汝畢力平險，φ指通豫南，φ達于漢陰，φ可乎。

以下、いくつか主題連鎖で切った例を見てみる。

3. **孔子**生魯昌平乡陬邑。
   先宋人也，φ曰孔防叔。
   防叔生伯夏。
   伯夏生叔梁紇。
   紇与顏氏女野合，而φ生孔子，φ祷于尼丘φ得孔子。（史記・孔子世家）
4. **秦始皇帝**者秦莊襄王子也。
   莊襄王為秦質子於趙，φ見呂不韋姬，φ悅而φ取之，φ生始皇，φ以秦昭王四十八年正月生於邯鄲。（史記・始皇本紀）
5. **蘇秦**者東周雒陽人也，東事師於齊，而φ習之於鬼谷先生，φ出遊數歲，φ大困而歸。
   兄弟嫂妹妻妾竊皆笑之，φ曰
   周人之俗，φ治産業，φ力工商，φ逐什二以為務。
   今**子**釋本，而φ事口舌，φ困，φ不亦宜乎。
   蘇秦聞之，而φ慚，φ自傷，φ乃閉室，φ不出，φ出其書，φ徧觀之，φ曰。
   夫**士**業已屈首，φ受書，而φ不能以取尊榮，φ雖多，亦φ奚以為。於是φ得周書陰符，φ伏，而φ讀之，期年φ以出揣摩，φ曰。
   此可以說當世之君矣，φ求說周顯王。
   顯王左右素習知蘇秦，φ皆少之，φ弗信。（史記・蘇秦列伝）
6. **孝文王**立，三日而φ薨。
   楚立。
   是為莊襄王，φ四年薨。
   政生十三歲矣，φ遂立，φ為王。
   母為太后。
   不韋在莊襄王時，φ已為秦相國，至是φ封文信侯。
   太后復與不韋通。（十八史略・秦）
7. **王**既長。
   不韋事覺自殺。
   太后廢，φ處別宮。
   茅焦諫。
   母子乃復如初。（十八史略・秦）

上の例は、筆者が、主題連鎖と見なしてよいと思われる構造に、人手で切り分けたもので

114

ある。ただし、この切り分けはあくまで形式から判断したものであって、上の例の中では、（ここが重要なのであるが）「文頭」にある主題とφを仮定した項が必ずしも同一指示でない連鎖も存在する。よって、この主題連鎖による切り分けを機械的に行えるようになった場合でも、それをそのままテクストの意味解釈に用いることはできない。しかし、形式的な特徴によりテクストをより細かい単位に分割するということと主題連鎖を意味解釈に使うことを別の過程だと考えれば問題はない（その場合、個々の連鎖の内部での意味解釈は別の処理でおこなう必要がある）。

6. 主題の見つけかた

　主題連鎖による分割が有効であるとして、機械的にこれをおこなうためには、「主題」を形式的に見つける処理過程が必要になる。

　人の事績を記したようなテクストでは、最も主題になりやすいのは「人」であろうから、人を指す名詞（人名を含む）を見つけられるかが1つのポイントである。上述の図1で見たように、我々の解析システムでは、人を表すような形態素を含んでいれば、その名詞句が人を示すものであることを、あるていど判断できる。「人を指す名詞（句）」が動詞性を持つ形態素に支配されていなければ（＝他動詞や前置詞の目的語になっていなければ）主題と見なす」という処理により、主題は多くの場合、発見可能であると思われる。

　また、安岡他(2014)で示したように、Mecabを使った形態素解析は、辞書の充実により、地名に関してはあるていど正確に切り出せるようになっている。問題は固有名詞のみからなっている（地名、役職名、尊称、親族呼称などを含まない）人名だが、これは辞書の拡充を待つしかない。

　もちろん、このような簡単な処理で全ての課題が解決するわけではない。以下では、問題となりそうな点をいくつかピックアップする。

7. 主題と見紛う項目

　人の事績を記したテクストでは「人」が主題になりやすいが、「人」を示す語を正確に切り出すのは、現時点の我々のシステムでは難しい。そうなると、動詞に支配されていない位置（つまり主題が現れうる位置）に「人でない名詞」が現れたときが問題となる。それが主題と見なしてよい名詞句であればかまわないのだが、必ずしもそうとばかりは限らないであろう。また、さらに、人を表す主題よりも前に（＝さらに卓立性の高い位置に）人を指すのではない名詞句が現れたときも問題になる。一般的にいって、主題が複数現れると、それら相互の関係や、後続する述語との関係の判断が難しいからである。

　　8.　**今**，**子**釋本，而φ事口舌，φ困，φ不亦宜乎。（史記・蘇秦列伝）
　　9.　**昔**，**穆公**取由餘於戎，φ得百里奚於宛，φ迎蹇叔於宋，φ求丕豹公孫枝於晉，φ并

國二十，φ遂覇西戎（十八史略・秦）
10. **是歳**，季武子卒。（史記・孔子世家）
11. **昭襄王時**，孝文王柱爲太子，φ有庶子楚，φ爲質于趙。（十八史略・秦）

　8の例では、動詞に束縛されていない主題位置の要素は"今"と"子"である。意味的に考えれば、人を表す"子"が連鎖を作っていることは明らかなのであるが、より卓立性の高い位置にあるのは"今"である。9の"昔"と"穆公"、10の"是歳"と"季武子"、11の"昭襄王時"と"孝文王柱"も同じである。
　ただ幸いなことに、これらはみな「時」と関係ある表現であり、なおかつそれを示す形態素を内に含む。機械的な判定は難しくない。

12. **由是**，孔子疑其父墓處。（史記・孔子世家）
13. **然後**，φ往合葬於防焉。（史記・孔子世家）
14. **於是**，φ大索逐客。（十八史略・秦）

　12の例は、人を表す主題よりも卓立性の高い位置に他の語句がある例であり、他の例は、人を表す主題がなくて、別の語句が主題の位置にある例である。一瞥してわかるとおり、これらはいわゆる「接続詞」的なフレーズであり、このように用いられる表現は限定されている。機械的な判定は難しくない。

8. 典型的な連鎖を作らない文型

　主題連鎖を作りやすいのは、ある主題に関してその属性の描写を連続させるような構造か、ある動作者を主題にして、「××が…を～して、…を～して」のように、典型的な他動詞句が続くような構造である。
　形式的な特徴によりテキストをより細かい単位に分割するということと、主題連鎖を意味解釈に使うことを別のものだと考えるのであれば、他動詞文の連鎖を主題連鎖で処理することに問題はないが、ここでは、参考のため、後続する動詞句の主語位置の名詞句と主題とを同一指示と解釈することが誤った解釈を引き起こす例を見てみたい。

15. **鄰人京城氏之孀妻**有遺男，φ始齔跳往助之。（列子・湯問）
16. **不韋**因納邯鄲美姫，$φ_1$有娠而獻于楚，$φ_2$生政，$φ_3$實呂氏。（十八史略・秦）
17. **莊襄王**為秦質子於趙，$φ_1$見呂不韋姫，$φ_2$悦，而$φ_3$取之，$φ_4$生始皇，$φ_5$以秦昭王四十八年正月，$φ_6$生於邯鄲。（史記・始皇本紀）

　15の例は、後続するφを支配するのは主題位置にある"鄰人京城氏之孀妻"ではなく、動詞"有"の目的語の"遺男"である。16の例で、$φ_1$と$φ_2$を支配するのは"邯鄲美姫"

で、最後の$φ_3$は"政"が支配する。つまり、どれも主題位置にある「不韋」の支配ではない。17の例では、$φ_1$から$φ_3$までが主題位置の"莊襄王"の支配で、$φ_4$は"呂不韋姫"の支配、$φ_5$と$φ_6$は"始皇"の支配であるが、"始皇"はこの一連の連鎖の中では主題位置に現れていない。

実は、このように、談話の中に新しく導入された項目が、主題位置ではなく目的語位置にあるにも関わらず焦点を担い、その後の空所をコントロールするという現象は、存在や出現を表す文のような非典型的な他動詞文の場合（上の例はみな存在や出現と関連する表現である）、珍しくはない。現代中国語でも頻繁に観察される（山崎1995を参照）。

9. 主題の「入れ子」

主題の位置に現れる動詞に支配されていない項目が、複数、現れうることは上述した。ここでは、主題が作る連鎖が「入れ子」になっている現象を見てみたい。

表1: 主題連鎖が入れ子になっている例（史記・孔子世家）

	接続詞的要素	主題$_1$	主題$_2$	述部
01		孔子		貧
02		φ		且賤
03		φ		及長
04		φ		嘗為季氏史
05			料量	平
06		φ		嘗為司職吏
07	而		畜	蕃息
08	由是	φ		為司空
09		φ		已而去魯
10		φ		斥乎齊
11		φ		逐乎宋衛
12		φ		困於陳蔡之間
13	於是	φ		反魯
14		孔子		長九尺有六寸
15		φ	人	皆謂之長人而異之
16		φ	魯	復善待
17	由是	φ		反魯

表1に示したテクストでは、05の"料量"、07の"畜"、15の"人"、16の"魯"などの

主題（動詞性の語に支配されていない項目）を跳び越え、"孔子"が連鎖を成していることが見て取れる。

このテクストの内容を熟知する「人」であれば、意味的に見て、"孔子"の卓立性が他の主題より高いことを違和感なく理解できるであろうが、これを機械処理で判定するためには、まだまだ解決しなければならない課題が多そうである。

10. まとめ

主題連鎖によるテクストの分割も実現までにはまだ課題が多いと思われるが、実現すれば、解析の精度も上がることが期待される。次は、『十八史略』「秦」の任意の一部である。18a は区切りの無い白文、18b はそれを入力として、我々のシステムで解析した場合、どこで文を区切り（「 / 」で示した）、どの項目を root と判断したか（太字で示した）である。18c は手作業で主題連鎖を切り出し、その連鎖ごとに入力を分けて解析した場合である。

- 18a. 孝文王立三日而薨楚立是爲莊襄王四年薨政生十三歲矣遂立爲王母爲太后不韋在莊襄王時已爲秦相國至是封文信侯太后復與不韋通王既長不韋事覺自殺太后廢處別宮茅焦諫母子乃復如初
- 18b. 孝文王立三日而薨楚立是爲**莊**襄王 / 四年**薨**政 / 生十三**歲**矣 / 遂**立**爲 / 王母**爲**太后不韋在莊襄王 / 時已**爲** / 秦相國**至** / 是**封**文 / 信侯太后**復**與不韋通 / 王既**長**不韋事覺自殺 / 太后**廢**處別宮 / 茅焦**諫**母子 / 乃復**如**初
- 18c. 01: 孝文王**立**三日而薨
    - 02: 楚**立**
    - 03: 是**爲**莊襄王 / 四年**薨**
    - 04: 政**生**十三**歲**矣 / 遂立爲**王**
    - 05: 母爲**太后**
    - 06: 不韋**在**莊襄王 / 時已**爲** / 秦相國**至** / 是**封**文信侯
    - 07: 太后**復**與不韋通
    - 08: 王既**長**
    - 09: 不韋事**覺**自殺
    - 10: 太后**廢**處別宮
    - 11: 茅焦**諫**
    - 12: 母子乃**復**如初

主題連鎖で切り分けてからのほうが、より細かい単位への分割において、root の決定においても精度が高くなっている印象を受ける。

なお、04 の後半と 05 で動詞の後の名詞が root になっているのは、「コピュラ（繋辞）を使った文では root はコピュラの後の名詞とする」という Universal Dependencies の規則

に拠っている。03 で"爲"を root とするのがむしろ規則に沿っていない。このあたりはまだ安定していないところである。

参考文献

守岡知彦(2008).「MeCab を用いた古典中国語の形態素解析の試み」『情報処理学会研究報告』Vol.2008-CH-79, pp.17–22.

守岡知彦(2009).「MeCab を用いた古典中国語形態素解析器の改良」『情報処理学会研究報告』Vol.2009-CH-84, No.3, pp.1–5.

安岡孝一(2018).「古典中国語（漢文）の依存文法解析と直接構成素解析」『漢字文献情報処理研究』Vol.18, pp.55-61.

安岡孝一(2019a).『古典中国語 Universal Dependencies で読む『孟子』』（センター研究年報 2018 別冊），京都大学人文科学研究所漢字情報研究センター.

安岡孝一(2019b).「四書を学んだ MeCab + UDPipe はセンター試験の漢文を読めるのか」『東洋学へのコンピュータ利用』第 30 回研究セミナー, 京都大学, 2019/3/8.

安岡孝一, 守岡知彦, ウィッテルン・クリスティアン, 山崎直樹, 二階堂善弘, 鈴木慎吾(2014).「古典中国語形態素解析による地名の自動抽出」『人文科学とコンピュータシンポジウム（じんもんこん）2014 論文集』pp.63-68.

安岡孝一, ウィッテルン・クリスティアン, 守岡知彦, 池田巧, 山崎直樹, 二階堂善弘, 鈴木慎吾, 師茂樹(2018).「古典中国語（漢文）の形態素解析とその応用」『情報処理学会論文誌』Vol.59, No.2, pp.323-331.

山崎直樹(1995).「物語における新規項目の導入と文型の選択」『中国語学』242, pp.115-122.

山崎直樹, 守岡知彦, 安岡孝一(2012).「古典中国語形態素解析ための品詞体系再構築」『人文科学とコンピュータシンポジウム（じんもんこん）2012 論文集』pp.39-46.

中国語の引用標識について

劉淼

1. はじめに

　上古漢語から現代漢語に至るまで、その特徴のひとつとして地の文における会話文の引用がしばしば見受けられる。また、こうした会話文の前には"曰"、"云"、"言"、"道"、"說（说）"などの引用語句を置き、その上でコトバが引用されている場合が多い。以下、具体例を示す。

(1) 子曰："学而時習之。不亦說乎。人不知而不慍，不亦君子乎。"（『論語』）[1]
(2) 王且笑且言："那得獨飲？"（『世説新語』）
(3) 一寺僧徒，盡皆合掌道："此和尚果有德行。"（『大唐三藏取經詩話』）
(4) 武松看時，上面寫道："景陽崗上，（中略）各宜知悉。"（『金瓶梅詞話』）
(5) 祖師說："也罷，你要學那一般？有一般天罡數，該三十六般變化。有一般地煞數，該七十二般變化。"（『西遊記』）
(6) 随行人员说："程代表是真的为你好，你自己看到了，已经有三个证人签字了，你签不签又有多大意义。叶文洁，你别一时糊涂啊。"（『三体』）[2]

　藤田（2000）によると、引用構文は、引用されたコトバの部分とそれを含む「地の文」とからなる。本稿では、上記の例(1)～例(6)が示す通り、地の文に置かれ、引用するコトバを提起する"曰"、"云"、"道"、"說（说）"などの語句を「引用標識」と呼ぶこととする。なお、本稿では上古漢語、中古漢語、近代漢語及び現代漢語の四つの時代の作品を選び、調査範囲の作品における引用標識に対して全数調査を行い、以下の問題を明らかにしたい。

一、上古漢語、中古漢語、近代漢語と現代漢語の各時代における引用標識の概観
二、引用標識の使い分け
三、各引用標識の初出時期

2. 先行研究

　引用標識に特化した先行研究は、管見の限り多くは目にしないが、本研究に関連する先行研究として、以下の三点が挙げられる。

2.1 王学勤（1981）

---

[1] 下線と黒字は筆者によるもの。以下同。
[2] 引用した文が簡体字の場合、簡体字で表記している。

王学勤（1981）は、『論語』、『孟子』に見られる"対曰"を分析し、"対曰"は単なる「答えた」の意味のみならず、目下から目上に対する尊敬の意味合いも含まれると指摘している。[3]

2.2 汪維輝（2003）

汪維輝（2003）は「言う、話す」の意味を表す動詞を「説类词」と命名している。本稿でいう引用標識の用法は「説类词」の役割の一つとされる。汪維輝（2003）が挙げている各時代の引用標識を以下の表1にまとめる。

表1　引用標識のまとめ

時代	引用標識						
上古	曰	云	言				
中古	曰	云	言	説（說）	道	謂（謂）	語（語）
近代	曰	云	説（說）	道			

汪維輝（2003）に基づき作成した

後述のように、上記の表1に見られる引用標識はあくまで一部であり、網羅的にまとめたものではない。

2.3 張猛（2003）

張猛（2003）は、『左傳』の"曰"、"云"を取り上げ、両者の意味・用法はほぼ同様であるとしている。両者ともに「『……』と言って」に当たり、相違点としては、"云"は経典（『詩経』など）を引用する時にのみ使われているとしている。

3. 調査の方法

3.1 対象とする語句

本稿で取り上げる文献資料と各電子資料に対する全数調査の結果、引用標識と見られる語句は以下の16種類あった。
"曰"、"云"、"言"、"說"、"道"、"聞"、"語"、"謂"、"稱"、"問"、"答"、"想"、"啓"、"叫"、"呼"、"指出"、"φ"[4]

3.2 調査資料

---

[3] 「"対曰"不仅有"回答说"的意思，而且有以卑对尊的语体色彩。」筆者が調べたところ、『論語』、『孟子』以外にも北京大学中国語言学研究中心語料庫（以下「CCL語料庫」と略する）に拠れば"対曰"の用例は10543例あった。この10543例を分析すると、すべて発話者が「〜王」、「〜公」などであり、彼等に対する答えであった。つまり、"対曰"は多くの作品において相手に尊敬の意を表す役割を持っていると言えよう。

[4] 無標の場合。

引用標識の使用法には、文体や基礎方言などが影響すると考えられるため、調査対象には、可能な限り異なるジャンルの作品を選んだ。調査資料とした作品名は以下の通りである。[5]

上古漢語：『詩経』、『春秋』、『左傳』、『論語』、『戰國策』、『韓非子』
中古漢語：『世説新語』、『洛陽伽藍記』、『搜神記』
近代漢語：『祖堂集』、『敦煌變文集』、『大唐三藏取經詩話』、『新刊全相平話三国志』、『金瓶梅詞話』、『紅楼夢』

4 各時代における引用標識の使用実態
4.1 時代別に見られる引用標識の種類

本研究の調査資料と電子資料を用いて全数調査を行い、上古から現代にかけて、引用標識を網羅的に以下表2のようにまとめてみた。

表2　時代別にみられる引用標識のまとめ

時代	引用標識の種類
上古	曰、云、言、問、φ
中古	曰、云、言、說、道、語、謂、稱、問、答、叫、呼、φ
唐五代～元	曰、云、言、說、道、聞、語、謂、稱、問、答、啓、叫、呼、喝、φ
明清	曰、云、言、說、道、聞、謂、稱、問、答、叫、呼、喝、想、φ
清末民初	曰、云、言、說、道、聞、謂、稱、問、答、叫、呼、喝、想、φ
現代	云、言、說、道、聞、謂、稱、問、答、叫、呼、喝、想、指出、φなど

表2から以下のことがわかる。
i　上古には引用標識の種類が少ない。
ii　中古には引用標識の種類が多くなり、唐五代にはさらに増えている。唐五代においてはすでに現代の体系とあまり変わらない。
iii　明清に入ると、心理活動を引用する場合、引用標識として"想"などが使い始められている。
iv　現代では、引用標識の種類が最も多い。また、一部の従来からある引用標識がほとんど使われなくなっている。
v　上古から現代まで全ての段階において、無標の場合がある。

4.2 各時代に見られる引用標識の使用頻度

---

[5] 以下作品名を頭文字で略する。

4.1節で述べたように、同じ引用標識が各時代に用いられているものの、使用頻度の内訳は大きく異なっている。以下、本研究で取り上げる調査資料を基に、各時代、各引用標識の用例数をまとめた。

4.2.1 上古漢語に見られる引用標識の使用実態と分析

上古漢語資料に見られる引用標識は以下の表3のようにまとめられる。

表3　上古漢語資料に見られる引用標識の種類と用例数

資料	曰	云	言	問	謂	φ	合計	全字数
詩	13	0	6	0	2	用例あり[6]	54	約3万
春	0	0	0	0	0	0	0	約1万8千
左	3570	29	0	0	0	0	3599	約25万
論	747	5	0	14	0	0	766	約1万5千
戦	2233	9	3	3	0	0	2248	約12万
韓	1358	2	0	0	0	0	1360	約10万

表3から以下のことがわかる。

ⅰ　上古漢語においては、作品により、引用標識使用の多寡が異なるが、『春秋』を除き、引用標識の数と全字数の分量と比例しているように思える。引用標識としての"曰"の用例数が圧倒的に多い。一方、"云"、"問"、"言"の用例数は比較的少数に留まっている。

ⅱ　上古漢語において無標の例は確認できるものの、『詩経』（33例）を除くと、比較的少ない。

ⅲ　引用標識の種類と用例数は作品の性質と関わりがあると考えられる。例えば『左傳』には引用文が多いため、引用標識の用例もおのずと多く見られる。また、『論語』には問答が多く、"問"の用例が見られる。

『左傳』、『論語』、『戰國策』、『韓非子』に見られる引用標識の用例を見てみよう。

(7) 子曰："学而時習之。不亦說乎。人不知而不慍，不亦君子乎。"（『論語』）

(8) 靳黈曰："人有言：挈瓶之知，不失守器。王則有令，而臣太守，雖王與子，亦其猜焉。臣請悉發守以應秦，若不能卒，則死之。"（『戰國策』）

(9) 從者曰公子彭生也。公怒曰，"彭生敢見。"射之。（『左傳』）

(10) 詩曰："愷悌君子，神所勞矣。"（『左傳』）

(11) 詩云："行百里者半於九十。"此言末路之難。（『左傳』）

(12) 詩云："如切如磋，如琢如磨。"（『論語』）

(13) 書云："去邪無疑，任賢勿貳。"（『戰國策』）

---

[6] 具体的な用例数はカウントしていない。以下同様である。

(14) 詩云："普天之下，莫非王土，率土之濱，莫非王臣。"（『韓非子』）

例（7）～例（10）は"曰"の用例であり、例（11）～例（14）は"云"の用例である。例（10）～例（14）は経典を引用する用例である。"云"の用例はすべて経典を引用する時に使われ、四作品において共通している。それに対して、"曰"にはそのような制限はなく、会話文を引用する場合と、経典を引用する場合の両方に用いられている。上古漢語における引用標識として、"曰"は絶対的な位置を占めていると言えるだろう。調査した資料には、"曰"、"云"以外の引用標識として"言"、"問"も確認できた。また、"問"、"答"の場合、必ずセットで現れるとは限らない。さらに、作品の内容から見ると、『左傳』は『春秋』に対する解釈であり、『左傳』には"～曰""～云"という引用表現が多く見られる。また、『詩経』には"子曰～"、"詩云～"が見られる。

4.2.2 中古漢語に見られる引用標識の使用実態と分析

中古漢語資料に見られる引用標識は以下の表4－1と表4－2にまとめられる。[7]

表4－1 中古漢語資料に見られる引用標識の種類と用例数

資料	曰	云	言	說	道	語	謂	問
世	1199	301	8	1	4	1	11	46
洛	134	46	2	0	0	0	0	3
搜	660	110	36	5	0	1	3	20

表4－2 中古漢語資料に見られる引用標識の種類と用例数

資料	稱	答	叫	呼	φ	合計	全字数
世	7	1	1	1	用例あり	1581	約8万
洛	1	0	0	0	0	186	約4万
搜	1	0	0	2	用例あり	838	/

表4－1と4－2から以下のことがわかる。

ⅰ　"曰"の用例は上古と同様に多く見られ、特に"云"の用例は大幅に増えている。また、"問"、"謂"、"稱"、"言"の用例もある程度用いられている。

ⅱ　上古と比較すると、中古資料に見られる引用標識のバリエーションが増えており、特に現代でも使用されている"說"、"道"の用例も見られることがわかる。発話時の状態を表す"叫"、"呼"も見られるが、わずか1、2例に留まっている。

ⅲ　無標の用例も確認できている。

魏晋南北朝時代の用例を見てみよう。

---

[7] 中古以降は引用標識が多数見られるため、紙幅の関係で、表を分けて示す。

(15) 劉尹<u>曰</u>："使伊去，必能克定西楚，然恐不可復制。"（『世説新語』）

(16) 王且笑且<u>言</u>："那得獨飲？"（『世説新語』）

(17) 答<u>云</u>："一生不曾見此人。"（『世説新語』）

(18) 丞相不答。又<u>問</u>："可為尚書令不？"又不應。（『世説新語』）

(19) 趙逸<u>云</u>："此臺是中朝旗亭也。"（『洛陽伽藍記』）

(20) 阮籍詩<u>曰</u>："步出上東門"是也。（『洛陽伽藍記』）

(21) 世隆侍宴，帝每<u>言</u>："太原王貪天之功以為己力，罪亦合死。"世隆等愕然。（『洛陽伽藍記』）

　中古漢語（魏晋南北朝時代）には、引用標識のバリエーションが増えている。例（17）、(19)からわかるように、"云"の用例は経典を引用する場合に限られず、"曰"、"云"の役割の違いがほとんどなくなっている。また、引用標識"說"、"道"の初出例は全て『世説新語』にて確認している。

(22) 子敬与子猷書<u>道</u>："兄伯蕭索寡会，遇酒則酣暢忘反，乃自可矜。"（『世説新語』）

(23) 有一客<u>道</u>："譙王丞致禍，非大将軍意，正是平南所為耳。"（『世説新語』）

(24) 王子猷<u>說</u>："世目士少為朗我家亦以為徹朗。"（『世説新語』）

4.2.3　近代（唐五代から元まで）に見られる引用標識の使用実態と分析

　唐五代から元までの資料に見られる引用標識は以下の表5のようにまとめられる。

表5-1　唐五代から元代まで資料に見られる引用標識の種類と用例数

資料	曰	云	言	説	道	問	答
祖	2555	4547	59	15	113	1229	8
敦	1105	234	91	6	123	45	46
大	162	15	3	1	3	3	1
三	557	22	204	21	21	36	0

表5-2　唐五代から元代まで資料に見られる引用標識の種類と用例数

資料	問	答	啓	叫	呼	喝	φ	合計	全字数
祖	1229	8	0	0	0	0	用例あり	8529	約20万
敦	45	46	0	0	0	2	用例あり	1663	約20万
大	3	1	1	3	0	1	用例あり	193	約1.3万
三	36	0	0	34	1	1	用例あり	898	約30万

表5-1と5-2から以下のことがわかる。

i　唐五代から元代まで引用標識の種類には、中古漢語との違いがほとんど見られないが、作品によって、上古漢語と中古漢語に見られる"曰"の絶対的な優勢状況が変化し、"云"、"言"、"道"、"問"、"答"の使用が多くなっている。『祖堂集』においては、"云"の用例数は"曰"をはるかに超えている。

ii 当然、引用標識の種類と用例数は作品の性質とも深く関わり、『祖堂集』のような禅宗語録には"問"、"答"の多用が推測できる。

『大唐三藏取經詩話』における"叫"の多用は作品の内容によるものと考えられる。
唐五代から元代の用例を一部取り上げる。[8]

(25) 偈<u>曰</u>："身從無相中受生，喻如幻出諸形像。"（『祖堂集』）
(26) 山海經<u>云</u>："身毒之國，軒轅氏居之。"（『祖堂集』）
(27) 元帥<u>言</u>："大小眾官，黃巾賊生受！"（『新刊全相平話三国志』）
(28) 所以古人<u>道</u>："願得今身償，不入惡道受。"（『祖堂集』）
(29) 大眾<u>說</u>："若有眾生，始已來，不悟性地，輪迴三界，緣受報。忽遇智者，演說真教。頓悟性地，便成正覺，不依漸次，故名為頓證實際。是故經云：雪山有草，名曰忍辱。牛若食者，即出醍醐。是其意也。"（『祖堂集』）
(30) 駕<u>問</u>大臣："此花園虧王莽之修？"（『新刊全相平話三国志』）
(31) 師<u>云</u>："大王位崇名重。"（『祖堂集』）

4.2.4 近代（明清）に見られる引用標識の使用実態と分析

明清資料に見られる引用標識は以下の表6にまとめられる。

表6-1 明清漢語資料に見られる引用標識の種類と用例数

資料	曰	云	言	說	道	問	叫	聞	語	謂
金	47	23	16	792	11124	391	77	0	0	0
紅	26	72	0	1291	9933	267	57	1	0	2

表6-2 明清漢語資料に見られる引用標識の種類と用例数

資料	稱	答	呼	喝	φ	合計	全字数
金	7	0	1	0	用例あり	12478	約100万
紅	9	1	0	2	用例あり	11661	約96万

表6-1と6-2から以下のことがわかる。
i 明清時代になると、"曰"のかわりに"道"、"說"などの使用が優勢になっている。
ii 明代に入ると、"想"の用例も見られ、清代になると、さらに増えていると思われる。

明清時代の用例を見てみよう。[9]

(32) 金蓮<u>道</u>："俺不如春梅賊小肉兒，他倒聽得伶俐。"（『金瓶梅詞話』）
(33) 不妨他娘站在黑影處叫他，問<u>道</u>："小肉兒，那去？"（『金瓶梅詞話』）

---

[8] 電子資料中国古籍全文検索叢書によれば、唐代の伝奇小説『游仙窟』は約90例の引用標識"曰"の用例に対して、"道"の用例は1例もなかった。

[9] 電子資料中国古籍全文検索叢書「雕龍」によれば、元末明初の白話資料『清平山堂話本』では、"曰"と"道"の用例はともに数百以上を超え、両者の使用はほぼ拮抗している。また、清代の文言資料『聊齋志異』の"曰"の用例は1000例を超えるのに対して、"道"の用例はわずか2例である。

(34) 月娘罵道："怪奴才！隨你怎麼回去！"（『金瓶梅詞話』）

(35) 夫人哭曰："陛下萬歲後，妾母子何所托？"（『金瓶梅詞話』）

(36) 晉人云："情之所鍾，正在我輩。"（『金瓶梅詞話』）

(37) 雨村一面打恭，謝不釋口，一面又問："不知令親大人現居何職？只怕晚生草率，不敢驟然入都干瀆。"（『紅楼夢』）

(38) 太爺說："不妨，我自使番役務必探訪回來。"（『紅楼夢』）

(39) 常言"月滿則虧，水滿則溢"。又道是"登高必跌重"。（『紅楼夢』）

(40) 鳳姐兒道："太太只管請回去，我須得先理出一個頭緒來，才回去得呢。"（『紅楼夢』）

明清白話小説において、"道"は従来の"曰"に取って代わったと言える。また、"說"の用例も増えている。明清時代の"道"の用例もバリエーションに富み、"（人名）道"だけではなく、"笑道"、"叫道"、"問道"、"便道"、"罵道"、"嚷道"などが見られる。

4.2.5 明清以降に見られる引用標識の使用実態と分析

以下、清末民初の白話小説における"曰"、"說"、"道"の使用は表7のようにまとめられる。[10]

表7 清末民初漢語資料に見られる"曰"、"說"、"道"の用例数

資料	曰	說	道	全字数
小	0	663	38	約7万
春	3	299	1875	約5.8万

表7から以下のことがわかる。

i "曰"の用例数は以前と比較すると、大幅に減少していると言える。

ii 作品により、引用標識の"說"の用例数は"道"を上回る場合がある。

(41) 又醉漁有詩曰：天地何心播老蚌，造物有意弄滄桑。（略）阿母不情兄太狠，忍教鸞鳳逐樓鴉。（『春阿氏』）

(42) 鬼谷子曰：抱薪趣火，燥者先燃。此言内符之應外摩也。（『春阿氏』）

(43) 孔子曰：視其所以，觀其所由，察其所安，相人之術，体用兼賅，千古不易之法也。（『春阿氏』）

(44) 額大奶奶含着眼淚兒說道："我是見事則迷一點兒主意沒有我已然叫小榮打聽去啦。等着他回來。聽聽怎麼回事情再說吧。"（『小額』）

(45) 小額說："不用啦。"（『小額』）

(46) 那位說啦："你這個小說上小額長小額短怎麼臨完啦又稱起額少峰額君來了。"（『小額』）

---

[10]CCL語料庫の調査によると、現代漢語における引用標識"說"の用例は"道"の用例をはるかに上回る。明清には圧倒的に多く見られる"道"の使用は、明清以降現代より前の時期は"說"に次第に超えられていると考えられる。

(47) 就聽一個老婆子在二門裡頭直叫，**說**："李爺，李爺太太叫你有話哪。"（『小額』）

　国民期には、引用標識"道"、"說"が最も多く用いられており、"道"と"說"のどちらの方が多いかについては、作品により異なる。例えば、清末民初の社会小説『少額』には"說"が、『春阿氏』には"道"が最も多く見られる。"道"と"說"では文体に差異が生じており、『小額』で"說"が多用されているのは、『小額』で表わされる言葉が、相当に砕けていることが理由と考えられる。また、"說"が多く用いられるようになったのは民国期からだと思われる。民国期における"道"の用例のバリエーションは明清時代と同様であるが"云"と"曰"はほとんど使われなくなっている。

4.3 "曰"から"道"、"說"への変化

　4.2節の分析を通して、最も多く使われている引用標識は"曰"、"道"、"說"であることがわかる。それぞれが使われている時期と位置づけについては、以下の表8にまとめられる。

表8 "曰"、"道"、"說"の通時的変化と交代

	曰	道	說
上古	●	×	×
中古	●	○	×
唐五代～元代	●	○	○
明清	△	●	○／◎[11]
清末民初	△	◎／○	◎
現代	×[12]	◎	●
初出例	上古	中古	中古

●：その時代に最も多く見られる
◎：用例が多く見られる
○：用例は散見されている
△：用例が少ないか、特定場面に使われている
×：用例はほとんど見られない

表8から以下のことがわかる。

i 引用標識としての"曰"は上古から唐五代・元代までが最も多く使われている。明清時代に入ると、白話小説においては、"曰"はあまり使われなくなる。ただし、明清時代においても文言の要素が強い資料では"曰"の使用が依然として多く見られる（『聊齋志異』）。

ii "曰"、"道"、"說"の中では、"曰"が最も古く、次が"道"、"說"である。"道"、"說"

---

[11] 作品の違いにより、差異が見られる。
[12] 擬古文などまれに見る場合がある。

の初出例はともに中古漢語に見られる。明清においては、"道"が"曰"に取って代わり、最も多く使われている。また、現代においては、"說"、"道"が使われ、"說"の例が最も多い。最も多く使用されている引用標識は、"曰"から"道"、さらに"說"へと移り変わっている。明清白話小説における引用標識のほとんどは"道"である。一方、白話資料においては、"曰"の使用例は大幅に減少している。それらの用例のほとんどが"詩曰"などで、要するに、"曰"は韻文引用用法と経典引用専用になっていると考えられる。

4.4 引用標識の用法の通時的変遷

引用標識の用法の通時的変化を以下の表9のようにまとめた。

表9 引用標識の用法の通時的変化

表現	上古	中古	近代（唐〜元）	近代（明清・民国）	現代
曰	経可	経可	経可	経専・韻専	経専・韻専
云	経専	経可	経可	経専・韻専	経専・韻専
言	一般引用	経可	経可	経可	経可
問	一般引用	一般引用	一般引用	一般引用	一般引用
道	×	一般引用	経可	経可	経可
說	×	一般引用	経可	経可	経可

経可：経典引用も含めて、用例が見られる
経専：経典引用の用例
韻専：韻文引用の用例
一般引用：経典引用としての用例が見られない
×：用例はほとんど見られない

表9から以下のことがわかる。

i 上古から近代にかけて、最も多く使われている"曰"は明清以降から白話資料においては、経典・韻文引用専用になっている。

ii "云"は上古漢語にすでに見られ、最初は経典専用の引用標識として使われ、中古以降は経典引用以外の場合も使われるようになった。さらに、明清以降はまた経典引用専用として使われている。

iii "言"は上古漢語にはすでに使われている。また、経典引用専用など特別として使用されていない。

iv "問"は上古漢語にはすでに使われている。4.2節で述べたように問答禅宗など資料の性質により、多用される場合もある。

v "道"は上古漢語に見られず、中古以降から現代まで使われ続けている。

vi "說"は上古漢語に見られず、中古以降から現代まで使われ続けている。

4.5 各引用標識の相違

これまでの分析をまとめ、各引用標識の類義点と相違点について、見ていきたい。ともに上古漢語からすでに使用されている引用標識の"曰"と"云"の相違点については以下の表10にまとめられる。

表10 "曰"と"云"の類似点と相違点

	用例数	経典引用専用	韻文引用専用
曰	多	明清以降	明清以降
云	少	上古と明清以降	明清以降

使用例の多寡と経典引用専用としての時期の一部がずれている。

一方、現代でも使用され続けている"道"と"説"の相違については以下の表11のようにまとめられる。

表11 "道"と"説"の相違

	明清	現代	性質（清末以降）	状態を伴う場合
道	最も多い	多い	文言要素	状態＋道
説	多い	最も多い	北京語、口語要素	状態＋着＋説

"道"と"説"は現代語においても、多く使用されている。相違点として、"道"には文言の要素が含まれるのに対し、"説"には文言の要素をあまり感じないことが挙げられる。また、状態を伴う場合、"笑道""哭道"などが多く見られるが、"説"の場合は、"笑着説"、"哭着説"となっている。

4.6 各引用標識の出現位置

各引用標識の文における位置については、以下の表12のようにまとめられる。

表12 各引用標識の文における位置

	曰	云	言	問	説	道	語	謂	称	答	叫	呼	聞	喝
会話文の前	○	○	○	○	○	○	○	○	○	○	○	○	○	○
会話文の後	×	×	△	△	△	△	△	×	×	△	×	×	×	×

○：用例が多数見られる
△：用例が少ない
×：用例が見られない

"曰"、"云"は会話文の前にのみ現れる。一方、"言"は会話文の前後いずれかに置かれ、"已言"、"言訖"などが見られる。中古漢語の資料で確認したところ上古漢語の引用標識と同様、基本的には会話文の前に置かれる。"説"に関しては、"説尤未了"、"説畢"として会話文に後置している。

4.7 固定表現としての引用標識

明清時代から多く使われている"說"と"道"は現代にも受け継がれている。両者は置き換えても差し支えない場合がほとんどであるが、一部の固定表現については、どちらか一方しか使用できない場合もある。

(48)　　常言道："……"
(49)　　常言說的好："……"

　明清白話小説から現代漢語まで上記の例（48）と例（49）の文型が多く見られる。しかし、それぞれの"說"と"道"は置き換えることができない。この点については、先述した"說"と"道"の文体の差に関わっていると考えられる。

5. 結論と今後の課題

　本稿は引用標識の通時的変化を概観したものであり、冒頭に挙げた問題は以下のようにまとめられる。

Ⅰ 上古から現代にかけて引用標識が多く存在している。そのうち、最も多く使用されているのが"曰"、"道"、"說"である。"曰"は上古から中古まで広く使われ、その後、白話文では"曰"より"道"が使われるようになり、明代以降は"道"の用例が最も多くなる。さらに、清末以降、一部の北京語小説に見られる引用標識では"說"の用例が"道"を上回っている。また現代漢語においては、"說"が最も多く使用されている。"曰"から"道"、または"道"から"說"への交代は口語的要素と文言的要素が関係していると考えられる。三者のうち、"曰"は文語的要素が最も強く、次が"道"であり、"說"は口語的要素が最も強い。また、"道"と"說"は現代でも使用され続けている。"曰"、"道"、"說"三者以外にもいくつかの引用標識が見られるが、いずれも用例数はそれほど多くない。

Ⅱ 本稿で取り上げる引用標識には、（多く）使われている時期、（特殊）用法などが類似しているものもある。通時的に見ると、"曰"、"道"、"說"は口語と文語で相違があり、"說"が口語で"曰"が文語である。"道"は口語・文語どちらでも使用されている。共時的に見ると、"曰"と"云"は使用例の多寡と経典引用専用としての時期の一部がずれている。従来"曰"と"云"には使い分けがあったが、唐五代以降、その違いは徐々に少なくなり、ほとんどの場合置き換え可能となった。"道"と"說"は先述した文語・口語の区別以外に、"〜道"と"〜着說"の形も異なっている。また、"道"は基本的には会話文の前にしか現れないのに対して、"說"は会話文の前にも後にも現れることがある。

Ⅲ 本研究の調査によると、"道"、"說"の用例は南北朝時代（『世説新語』）まで遡れる。したがって、"道"、"說"の初出は南北朝時代、あるいはその直前であると推定できる。

主な参考文献

藤田保幸（2000）『国語引用構文の研究』和泉書院
张猛（2003）『《左传》谓语动词研究』语文出版社
王学勤（1981）「《论语》《孟子》中的"对曰"」『中国语文』商务印书馆

汪维辉（2003）「汉语"说类词"的历时演变与共时分布」『中国语文』商务印书馆

関連 URL

中央研究院古漢語語料庫

㈠　中央研究院上古漢語標記語料庫

http://lingcorpus.iis.sinica.edu.tw/cgi-bin/kiwi/akiwi/kiwi.sh?ukey=-585662464&qtype=-1

㈡　中央研究院中古漢語標記語料庫

http://lingcorpus.iis.sinica.edu.tw/cgi-bin/kiwi/dkiwi/kiwi.sh?ukey=-434110462&qtype=-1

㈢　中央研究院近代漢語標記語料庫

http://lingcorpus.iis.sinica.edu.tw/cgi-bin/kiwi/pkiwi/kiwi.sh?ukey=-1326989305&qtype=-1

北京大学中国语言学研究中心

http://ccl.pku.edu.cn:8080/ccl_corpus/index.jsp?dir=gudai

電子資料中国古籍全文検索叢書「雕龍」（有料版）

武蔵大学蔵『有圖満漢西廂記』の錯簡について[1]

荒木典子

1.『満漢西廂記』の諸版本

　清朝を統治していた満洲民族が、数多くの漢語の文芸作品を満洲語に繙訳[2]していたことはよく知られている。代表的な繙訳作品の一つに『満漢西廂記』がある。底本は明刊本ではなく清初に刊行された金聖嘆批評本(第六才子書本)であることは漢文部分を読めば明らかである。全文が満漢対訳になっているため語彙の対応関係を調べやすい。この点を活かし、寺村(2008:205-291)では近世漢語の独特な語彙をどのように満洲語に訳すかという観点から、彼らの漢文化の理解度を検討している。本作品について筆者は、当時の漢文版『西廂記』の版本の流通を研究するのにも役に立つのではないかと考えている。『満漢西廂記』と題するものにも複数の版本が存在する。最もよく見られるのは京都大学人文科学研究所をはじめ複数の機関で所蔵されている康煕49年序刊本全四巻十六章である(仮に京大本とする)。一方、ドイツ・バイエルン州立図書館には、全五巻二十章の抄本が存在する(仮にバイエルン本とする)。孫(2014)でその存在と書誌がはじめて報告された。現在、バイエルン州立図書館のウェブサイトにて全文を閲覧することができる。孫氏に拠れば、訳者は斉嗗[3]、字は曙初、号は半嶺閣主人なる人物で、雍正四年(1727)から繙訳作業を開始し、雍正六年(1729)に完成、二年後に門下生の黄煩が清書し、門下生の錫金、子の清海天池が校正したものだという[4]。『西廂記』の満文訳本の中で唯一「続四章」と呼ばれる第十七～二十章を繙訳しており、満文の世界に完全な『西廂記』を紹介した点でも極めて意義がある[5]。

　京大本の繙訳者とバイエルン本の繙訳者である斉嗗が手に入れた金聖嘆批評本『西廂記』は違うものだった—前者は十六章本、後者は二十章本であった—、または前者の繙訳者は最後の四章を収録した巻が手に入らなかった、という可能性は考えられないだろうか。つまり満文訳本が、当時の金聖嘆批評『西廂記』の流通を考察する手がかりになる可能性を筆者は想定している。仮に、京大本の繙訳者が手に入れた版本が二十章まで

---

[1] 本研究はJSPS科研費JP16K21261の助成を受けたものです。
[2] 豊田(1964:264)に拠れば「繙清訳漢」という言葉があった。他の言語から満洲語に翻訳することを「繙」、満洲語を漢語に翻訳することを「訳」とする。これに倣い、本稿では漢語から満洲語への翻訳を「繙訳」と表記する。
[3] 孫(2014:82)およびウェブ上で確認した原典に拠れば実際には口篇ではなく日篇の字である。
[4] 孫(2014:84)。
[5] 孫(2014:86)。

あったのに敢えて最後の四章を訳さなかったのだとしたら、それは当時の人々の『西廂記』の物語に対する考え方を反映していると言える[6]。

これとは別に章数は京大本と同じ十六であるものの体裁がユニークな『満漢西廂記』が存在する。武蔵大学蔵『有圖満漢西廂記』全二巻十六章の刻本である。詳しい書誌については荒木(2018)で述べているが、上満下漢の配置で、漢文に合わせて右から左に進行する。「有圖」とあるが図がない。京大本とほぼ同じ序を持つが、末尾の年月日の部分が削られている。出版の経緯や情報は不明である。さらに目を引くのは、山折りにして綴じられた一枚の紙に半葉分しか刷られていないことである。つまり、以下の図で示すように、版木の幅が紙の倍あるのだ。

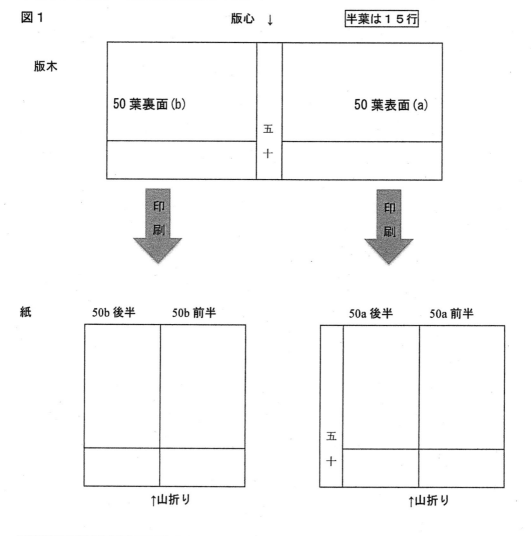

---

[6] 金聖嘆自身が、四章を収録した巻八冒頭で"此《續西廂記》四篇，不知何人之手。聖嘆本不欲更錄"（この『続西廂記』四篇は誰の手によるのかわからない。私は本当は収録したくなかった）（黄霖他(2016:327)）と述べている。

山折りの線は8行目と9行目の間の界線に当たることが多いが7行目と8行目の間のこともある。また、この版本は刷りが美しく、文字が大きく、高級な雰囲気をまとった端正な外見をしている。序文を京大本と比べると、末尾の年月日が削除されている以外にも満漢文にいくつか異同があるが、満文訳『西廂記』をよりすばらしく価値のあるものとみなすような言い回しになっている[7]。

2.『有圖満漢西廂記』に見られる錯簡

しかし内容をよく見てみると、第九章（第二冊収録）、第十章（第三冊収録）において錯簡が散見される[8]。この二章における錯簡には以下の二つのタイプがある。

（1）葉の綴じ間違い、抜け落ち
（2）葉の途中での乱れ

上記二つのタイプについてそれぞれ実例を挙げて検証してみたい。

（1）葉の綴じ間違い、抜け落ち

上述したように、版木の幅が紙の幅の二倍あるため、版心は一枚おきにしか現れない。内容はひとまず措き、第九章において、版心に書かれた数字を追っていくと以下のようになっている。

46a（前）、46a（後）、46b（前）、46b（後）、（この間番号通り）、49a（前）、49a（後）、[欠]、50b（前）、50b（後）

⇨ 50aを印刷した紙一枚分が抜けている。

第十章は以下の通り。

51a（前）、51a（後）、51b（前）、51b（後）、（この間番号通り）、55a（前）、55a（後）、50a（前）、50a（後）、[欠]、55b（前）、55b（後）、（この間番号通り）58b（前）

⇨ 55aと55bの間に50aを印刷した一枚が挟まり、50bは抜けている。

第九章、第十章を合わせてみれば、46aから58bまで全ての葉が揃う。しかし、番号を正しく並べ替えればいいというわけではない。番号が合っているかどうかに関わらず次の問題が生じているからだ。

（2）葉の途中での乱れ

ストーリー進行を京大本と対照する[9]と、葉の途中で突然異質な部分が挟まり、話が断絶する。本来そこにあるべきものとは別の文章が出てくることに気づく。例えば、第

---

[7] 荒木(2018:18-21)。
[8] 十五章でも次の（1）のパターンが見られる。
[9] 武蔵大本と京大本は前述の序のみならず本文にも満漢文ともに異同が散見されるが詳しくは別稿に譲り、本稿では大まかな内容のみを対照する。

九章の49bは表1のようになっている。

表1

		満文	漢文
49b 前	49b-1	【heo ting hūwa】bi ainci ilganga hooŠan be sarafi 【後庭花】私が思うに花をあしらった紙を広げて[10] … （中略）	【後庭花】我只道拂花箋
	49b-6	……si jaci sure あなたはなんと	……你忒
	49b7	ganggiyen, jaci hafu ulhisu, jaci nemeyen nesuken 聡明でなんと悟っていてなんと柔和で	聰明忒煞思忒風流忒
	49b8	jaci goho goiman, udu fiyanaracibe, arsaringge なんと粋でおしゃれでたとえ嘘であっても普通の	浪子雖是些假意兒小 ☆
49b 後	49b9	foskiyara anggala, šusai be ume kidure, イライラするよりはむしろ秀才を決して思わないで （中略）	把似你使性子休思量
	49b15	……bi dalbai duka be umai akdulame 私は脇門を全く固く	將角門兒更不牢擤願
50a 前	50a1	bici, bi hing seme inenggi dobori akū kiceki, ainu seci, ならば私は心を込めて夜も昼もなく努力しましょう。仮にも	☆我中心日夜圖之怎因

49b-8と49b-9、49b-15と50a-1はそれぞれ文章が繋がらない。上図の太枠で囲った49b-9行目から49b-15行目、つまり49b後半の4分の1葉は、本来第十章にあるべき文章である。49b-8と50a-1も直接繋がらない。つまり、☆から☆までの間が抜け、そこへ十章の一部が混入している。京大本を参照し、☆から☆までの間はどのような内容だったかを確かめ、それぞれA、B、Cとしたのが次頁の表2である（このように3分割した根拠は後述）。例えば、Aの部分を表1「49b-8」の後に続けて読んでみると"…雖是些假意兒小//可的難到此…"（たとえ嘘だったとしても並のものにはここに至ることは難しい）となり、文がつながる。同様にCの後に表1「50a-1」を続けて読めば"若是眉眼傳情未了時//我中心日夜圖之, …"（もし眉や目で気持ちを伝えられないならば私が心をこめて昼も夜もなく努力しましょう）とつながる。

---

[10] 満文に対する日本語訳。直訳のため生硬である。以下同。

表2

8a-5 ~ 8b-4[11]	可的難到此【青哥兒】又顛倒寫鴛鴦二字, ~昨夜彈琴, 那人兒教傳示	A
8b5 ~9a-5	這簡帖兒我與你將去, 只是先生當以功名為念 ~三學士	B
9a-5 ~9b-6	【賺煞尾】弄得沈約病 ~若是眉眼傳情未了時	C

※満文は省略。

A~C 三つの部分を第十章で探すと、A、B はそれぞれ 53b の後半、54a の前半に位置している。

表3

53b前	...	...	【脱布衫】小孩兒口沒遮
	53b-6	【to bu šan】ajige jui ofi, angga biyadar seme,【脱布衫】小さな子供なら口がとめどなく	攔一味的將言語摧殘
	53b-7	damu gisun hese i nimebumbi, si uttu jilidara ただの言いがかりだといってたいていお仕置きする。あなたがこのように怒って	
53b後	53b-8 ~ 53b-15	A	
54a前	54a-1 ~ 54a-8	B	
54a後	54a-9	seshun akū fudasihūlaha gese hahai jalin wakao, いとわしからぬ気が狂ったようになった男のためではないか	胡顏為他不酸不醋風（魔漢...）
	...	...	

---

11 京大本における引用箇所。以下同。

京大本で確かめると、表1の太枠部分は本来 A の部分にあったはずである。C は 55a の後に綴じられている 50a の後半に位置している。

表4

50a 前	50a-1	...suwembe eigen sargan okini, tuksicuke manggasikan akū あなたたちを夫婦にしたい。恐ろしく困難なことがないと...	你做夫妻無為難...
	...	（中略）	
	50a-8	tere nergin de dere felehengge, tere usun akū （先生に酔わされそうになった）その機会にしゃにむにやった、あの憎からぬ	被先生饌那其間豈不
50b 後	50a-9 ～ 50a-15	C	
55b 前	55b-1	giranggi yali koro bahanambi, I damu gala de mukšan 肉親の恨みを買う。彼はただ賢いので棍棒を	肉摧殘他只少手搭棍

第九章にあるはずだった4分の3葉分の文章はすべて十章に入っていることが確認できる。第十章からも同量が失われているのだが、一部は上述の通り第九章と入れ替わり、一部は欠葉のため見ることができない。

　以上は、第九章と第十章をまたいで起こった現象であるが、第十章内部にも乱れが見られる。表4にある 50a 前半も話の流れから考えるとここにあるのはおかしい。本来は表3・54a 後半の"胡顔..."の前になくてはならない。

3.小結

　いずれの場合も見逃してはならないのは、例えば第九章 49b の前半は正しく第九章の内容なのに、後半で突然第十章の内容に切り替わっているように、同じ葉の中で乱れが生じていることである。なぜ、一枚の紙の中で、つまり一枚の版木の中で内容がねじれるのか。切り替わるポイントは常に、綴じるときに山折りになる、7行目と8行目、あるいは8行目と9行目の間の界線である。混入は4分の1葉単位で起きているのだ。第九章から第十章に混入した A、B、C はそれぞれ4分の1葉分である。このことから以下のようなプロセスが推定できる。

・今回調査した武蔵大学蔵『有圖満漢西廂記』には、元になった版本が存在した。
・その版本は版木の幅が武蔵大学蔵本の半分だった。

・保管場所で何らかの理由により版木の順番が入れ替わった。
・幅が二倍ある版木に彫り直す際に入れ替わったままで彫られた。

以上のイメージを図2に表した。

図2

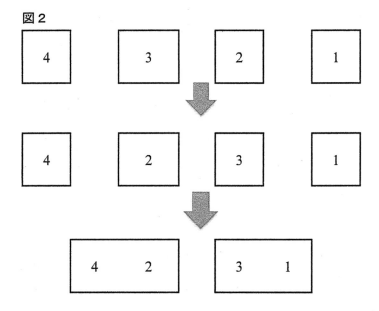

先に述べたように、この版本は出自が明らかではない。先行する版本が想定できたことはごくささやかではあるが今後の調査のための手がかりとなるだろう。

参考文献

[日本語]

荒木典子(2018)「武蔵大学蔵《有圖満漢西廂記》について」、『中国語研究』第60号:13-23。

寺村政男(2008)『東アジアにおける言語接触の研究』、竹林舎。

豊田国男(1964)『民族と言語の問題』錦正社。

[中国語]

黃霖 陳維昭 周興陸 主編，韋樂 輯著(2016)《第六才子書西廂記彙評》,鳳凰出版社（繁体字）

孙书磊(2014) <巴伐利亚国家图书馆藏《合璧西厢》考述>,《文化遗产》4,中国社会科学院文学研究所：81-86。

謝辞

文献の調査にあたり武蔵大学図書館の職員の方々に大変お世話になった。この場を借りて御礼申し上げます。

近代汉语"物品"义词的历时演变与共时分布*

汤传扬

(清华大学中文系,北京 100084)

摘要: 表示"物品"义的词属于口语常用词。近代汉语时期,主要有"物事""物件""东西"。"物事"产生于中古汉语时期,"东西""物件"出现在近代汉语时期。宋代,"物事"是语义场主导词。元代,"物件"在直译体白话文献中常用。明代,"东西"成为语义场主导词。在现代汉语方言中,"东西"遍及南北;"物事"主要分布在吴语及徽语区;"物件"南北均有。方言的现实分布有助于理清新旧词的更替。

关键词: 近代汉语;"物品"义词;历时演变;共时分布

表示"物品"义的词是日常生活中的常用词。近代汉语阶段,据笔者初步调查,表"物品"义的主导词有"物事""东西"和"物件"[①]。徐时仪认为"物""事"同义并列组成复合词"物事"可指"物品、东西"[②]。"物事"是"事物"的同素异序词,汉代已出现此词。如《论衡》卷三《偶会篇》:"若夫物事相遭,吉凶同时,偶适相遇,非气感也。"又卷十四《状留篇》:"占大以小,明物事之喻,足以审天。"[③]又如何休注《公羊传·隐公元年》"渐进也"云:"渐者物事之端,先见之辞。"[1]我们认为徐文的观点值得商榷。其所举的前两个例子还不是词,"物"与"事"是相对而言的;而第三个例子中的"物事"实乃"事情"义。据笔者考查,表"物品"义的"物事"在中古佛典中已见,如后秦·弗若多罗译《十诵律》第三十七卷:"尔时浴竟弃浴室去,后火烧浴室。佛言:'最后比丘应收诸物事。'"

徐时仪对"东西"的成词及词义演变进行了考察,指出:"东""西"由方位名词连用而可泛指四方,又由"四方"义引申可指四方的物产,进而成为各种具体事物或抽象事物的通称。与此同时,他还考察了"物品、东西"这一概念场中的一些成员,梳理了"事物""物事"等词的形成及与"东西"词义的异同,并得出以下结论:元代"东西"成为南北的通用词,明清时"东西"的使用频率渐渐超过"物事"发展到现代汉语而与"事物"并用成为"物品、东西"的常用词,"物事"一词则在吴方言等方言中沿用[1]。

徐时仪指出唐代"东西"已可以指具体的事物。如唐道世《法苑珠林·俗女部·奸伪》:"又善为人子,不惟养恩,治生制财,不以养亲,但以东西,广求淫路,怀持宝物,招人妇女。"[1]杨琳对泛指物品的"东西"一词进行了考索辨析,认为上例中的"东西"不是"物

---

* 论文修改过程中,承蒙董志翘、汪维辉先生提供中肯的意见,在此谨致谢忱!文中谬误,概由本人负责。
作者简介:汤传扬(1993—),河南开封人,清华大学中文系博士研究生,主要从事汉语词汇史、语法史研究。
① "物品"一词至晚在宋辽时期已见,如北宋·文莹《玉壶清话》卷七:"丁文果,司天监丞无他学,惟善射覆,太宗时以为娱。一日,置一物器中,令射之。"《全辽文》卷四:"右文刻于志盖边缘,应系皇室所赐赙赠物品,或殉葬物品单。""品"有"物品,物件"义,如《礼记·郊特牲》:"笾豆之荐,水土之品也……"唐·慧净《杂言》诗:"扰扰三界溺邪津,浑浑万品忘真匠。""物"与"品"同义并列成词。表示"物品"义的"品"作为构词语素保留至今,如商品、产品、赝品、奖品等。《现代汉语词典》(第6版)"物品"条:东西(多指日常生活中应用的)。毫无疑问,"物品"一词是"物品"义词的一个成员。但笔者在运用"汉籍全文检索系统(四)"对"物品"检索后发现,其使用频次较低,不是该语义场的主导词。因此,在探讨"物品"义词的历时演变时,笔者未将其计入。事实上,在近代汉语阶段,汉语词汇系统中表示"物品"义的名词"物事、东西、物件、物品"形成了一个同义聚合。语言经济原则决定这些同义词会相互竞争,而竞争的结果则是有的出现功能分化,如"物品"主要用于书面语,尤其是正式语体。
② "事"有"物件,东西"义,如《百喻经·水火喻》:"昔有一人,事须火用,及以冷水。即便宿火,以澡盥盛水,置于火上。后欲取火,而火都灭;欲取冷水,而水复热。火及冷水,二事俱失。"
③ 徐文的引文出处有误,《状留篇》当为《谴告篇》。

品"义。杨琳认为这句话来自西晋法炬译《佛说优填王经》："又为人子不惟养恩，治生致财不以养亲，但以东西广求淫路，怀持宝物招人妇女。"从西晋至唐代，找不到"东西"用作物品义的其他用例，所以此例的"东西"理解为物品义是有问题的。这里的"东西"应该是"到处"的意思。杨琳指出：根据目前查找到的资料，"东西"一词在五代两宋时期有了泛指事物的用法，并举了8个例子为证[2]。汪维辉则认为前7例都可商榷，最后1例的确切时代尚需存疑。真正可靠的用例要到元代才见到[3]。王云路认为："东西"由"方位"演化出"近旁"，由"近旁"（放物的位置）演化出"物品"[4]。

向熹在《简明汉语史·中编》第三章第二节"近代汉语复音词的发展"中举了"物件"这一名量式复合词。所举例证是：明兰陵笑笑生《金瓶梅》四十回："只是用着一件物件儿难寻。"[5]

前修时贤或考察"物品"义词的成词过程、机制，或考辨"物品"义词的始见文献用例，或探讨"物品"义词的词义演变路径。这些都为我们从近代汉语、方言角度探讨"物品"义词语的历时演变问题打下了坚实的基础。

一、40篇宋元小说话本中"物品"义词的使用情况

王力在谈到"汉语史的根据"时指出："唐代的变文、宋元的话本、明清的小说，都是汉语史的极端宝贵的材料。"[6]蒋绍愚进一步指出："说话有不同的内容，因而口语化的程度也有所不同，比如，讲历史故事的口语化程度就相对差一些。"[7]李来兴根据前辈学者以及时人的研究认为目前问题比较少，证据比较确切，能为大多数人所接受，并能看到的宋元小说话本有以下四十篇：

表1 四十篇宋元小说话本

序号	篇章	出处	序号	篇章	出处
1	柳耆卿诗酒玩江楼记	清平山堂话本	21	宋四公大闹禁魂张	古今小说
2	简帖和尚	清平山堂话本	22	任孝子烈性为神	古今小说
3	西湖三塔记	清平山堂话本	23	陈可常端阳仙化	警世通言
4	合同文字记	清平山堂话本	24	崔待诏生死冤家	警世通言
5	风月瑞仙亭	清平山堂话本	25	钱舍人题诗燕子楼	警世通言
6	快嘴李翠莲记	清平山堂话本	26	三现身包龙图断案	警世通言
7	洛阳三怪记	清平山堂话本	27	一窟鬼癞道人除妖	警世通言
8	张子房慕道记	清平山堂话本	28	小夫人金钱赠年少	警世通言
9	阴骘积善	清平山堂话本	29	崔衙内白鹞招妖	警世通言
10	陈巡检梅岭失妻记	清平山堂话本	30	计押番金鳗产祸	警世通言
11	五戒禅师私红莲记	清平山堂话本	31	金明池吴清逢爱爱	警世通言
12	刎颈鸳鸯会	清平山堂话本	32	皂角林大王假形	警世通言
13	杨温拦路虎传	清平山堂话本	33	万秀娘仇报山亭儿	警世通言
14	苏长公章台柳传	熊龙峰四种小说	34	福禄寿三星度世	警世通言
15	张生彩鸾灯传	熊龙峰四种小说	35	小水湾天狐诒书	醒世恒言
16	新桥市韩五卖春情	古今小说	36	勘皮靴单证二郎神	醒世恒言
17	赵伯升茶肆遇仁宗	古今小说	37	闹樊楼多情周胜仙	醒世恒言
18	史弘肇龙虎君臣会	古今小说	38	张孝基陈留认舅	醒世恒言
19	杨思温燕山逢故人	古今小说	39	郑节使立功神臂弓	醒世恒言
20	张古老种瓜娶文女	古今小说	40	十五贯戏言成巧祸	醒世恒言

诚如李来兴所说："这四十篇宋元话本的取舍虽不一定正确，但却是较为稳妥的。"[8]笔者即以上述40篇宋元小说话本作为基本研究材料。

据笔者调查，40篇宋元小说话本中"物品"义词主要有"物事""东西""物件"等。三者的使用次数分别是72，24，6。各篇话本中"物品"义词的使用情况如下①：

表2 四十篇宋元小说话本中"物品"义词的使用情况

	物事		东西		物件	
	叙述	对话	叙述	对话	叙述	对话
简帖和尚	4	8	0	1	0	0
刎颈鸳鸯会	1	0	0	0	0	0
阴骘积善	0	2	0	0	0	0
杨温拦路虎传	0	1	0	0	0	0
史弘肇龙虎君臣会	0	3	0	0	0	0
张古老种瓜娶文女	2	2	0	0	0	0
宋四公大闹禁魂张	3	3	0	1	0	0
崔待诏生死冤家	0	1	0	0	0	1
三现身包龙图断案	4	4	0	0	0	0
一窟鬼懒道人除妖	0	1	0	0	0	0
小夫人金钱赠年少	1	3	1	0	0	1
计押番金鳗产祸	2	0	0	1	0	0
皂角林大王假形	2	2	0	0	0	1
万秀娘仇报山亭儿	5	3	0	0	0	0
勘皮靴单证二郎神	3	0	3	3	0	0
闹樊楼多情周胜仙	5	0	0	0	1	0
郑节使立功神臂弓	5	2	0	0	0	0
新桥市韩五卖春情	0	0	0	0	0	0
小水湾天狐诒书	0	0	4	0	1	0
张孝基陈留认舅	0	0	3	4	0	0
十五贯戏言成巧祸	0	0	1	2	0	0
五戒禅师私红莲记	0	0	0	0	1	0

从表2可以看出，"物事""东西""物件"这三个词均既用于叙述语体，又用于对话语体。

酌举部分用例以作分析：

（1）殿直从里面叫出二十四岁花枝也似浑家出来，道："你且看这件<u>物事</u>！"（《简帖和尚》）

（2）宋四公多样时苏醒起来，思量道："那丞局是阿谁？捉我包儿去。店二哥与我买的燋肉里面有作怪<u>物事</u>！"（《宋四公大闹禁魂张》）

（3）众人打开看时，却是八宝嵌花金杯一对，金镶玳瑁杯十只，北珠念珠一串。张员外认得是土库中<u>东西</u>，还痛起来，放声大哭。（《宋四公大闹禁魂张》）

（4）儿为此辞了本官，把许多<u>东西</u>都弃下了，轻装兼程趱来，才访至旧居，邻家指引至此……（《小水湾天狐诒书》）

（5）房中有口大衣厨，长老开了锁，将厨内<u>物件</u>，都收拾了，却交红莲坐在厨中，分付道："饭食，我自将来与你吃，可放心宁耐则个。"（《五戒禅师私红莲记》）

（6）王臣谢了众人，遂买了一所房屋，制备日用家伙<u>物件</u>，将田园逐一经理停妥。（《小水湾天狐诒书》）

以上用例中"物事"与"东西"可相互替换，均指的是具体事物。其中，例（1）、（3）

---

① 未出现"物事""东西""物件"的话本小说不计入表中。

指的是可以具体量化的事物；例（2）、（4）所指的事物虽然具体，但已经难以具体以数目量化。"物件"一般用于成件的"东西"。从组合关系来看，由于"物件"本身是名量式复合词，所以不与量词"件"共现。在40篇宋元小说话本中"物事""东西""物件"与量词"件"的共现率则分别为44%、8%、0%。

二、近代汉语"物品"义词的历时演变

据笔者所调查的语料，"物件"一词较早出现在金·董解元《西厢记诸宫调》卷七中，如"寄来的<u>物件</u>、斑管、瑶琴、簪是玉，窍包儿里一套衣服，怎不教人痛苦？"由此可见，表"物品"义词除"物事"产生于中古时期外，"东西"、"物件"的确立均是近代汉语阶段的事情。以下分宋、元、明、清四个时段来论述"物品"义词的演变情况。

宋代，"物事"是表示"物品"义的主导词，《朱子语类》中"物事"凡799见，"东西""物件"未见，如：

（7）且如天地间人物草木禽兽，其生也，莫不有种，定不会无种子白地生出一个<u>物事</u>，这个都是气。（《朱子语类》卷一）

（8）某看天上日月星不曾右转，只是随天转，天行健，这个<u>物事</u>极是转得速。（又卷二）

（9）仁是个温和柔软底<u>物事</u>。（又卷六）

例（7）、（8）中的"物事"指的是具体事物，而例（9）中的"物事"则指抽象的事物"仁"。

《朱子语类》卷第一百四中有1例"东东西西"："若先未有安着身己处，虽然经营，毕竟不济事。为学者不先存此心，虽说要去理会，东东西西，都自无安着处。"杨琳认为该例中"东东西西"说法的存在表明当时口语中已有泛指事物义的"东西"一词[2]。汪维辉认为该说值得商榷[3]。

"物件"在该期有一定的用例，但其使用数量还远远不能与"物事"相比。笔者运用陕师大历史系袁林的检索软件"汉籍检索系统（四）"对"宋辽金"时期的文献进行了检索，"物件"仅28例，如：

（10）不倾时万事俱休，倾下葫芦中物，不知是甚<u>物件</u>，只见就那汴河岸上，起一阵狂风，俄顷中间，云生四野，雾长八方，轰雷闪电，雨若倾盆，则见汴河水厌厌地长上岸来。（《大宋宣和遗事·亨集》）

（11）不晚降到册文，见得事体轻重便索镌造，合先取红罗一十段，红绢一十匹，玉简一匣，金箔贯索应用事数全，并用册宝匣、床异应干合用<u>物件</u>并全，请在京官寮疾早准备应副。（《大金吊伐录》卷三）

（12）仍令太医局差产科大小方脉医官宿直，供画产图方位，饮食禁忌，合用药材，催生<u>物件</u>，合本位踏逐老娘伴人，乳妇抱女，洗泽人等……（《武林旧事》卷八"宫中诞育仪例略"）

根据上文的分析，不难得出：在宋代，"物事"占据绝对的主导地位；"物件"有一定的使用量；"东西"一词还未见真正可靠的用例。

元代，"物品"义词的使用情况又怎样呢？以下是笔者所调查的其在该期几部代表性口语文献中的使用情况：

表3[①] 元代几部口语文献中"物品"义词的使用情况

	物事	东西	物件
元刊杂剧三十种	0	3	2
元典章	0	2	38
通制条格	0	0	4

---

① 笔者对《元典章》中"物事"使用频次的统计原有误，承蒙汪维辉教授见告，谨致谢忱！

| 原本老乞大 | | 2 | 2 | 0 |

从表中可以看出在直译体白话《元典章》、《通制条格》中,"物件"的使用频率最高,是语义场主导词。在汉语教科书《原本老乞大》中,"物事""东西"并用,如:

(13) 日头正晌午也,有些热,早来,吃了干<u>物事</u>,有些干渴。

(14) 但是咱每行李,收拾到者,主人家的<u>东西</u>,休错将去。

明代,语义场格局发生较大的变动:"东西"异军突起,一跃成为语义场主导词;"物事"在吴语作品中尚有相当的用例,但在官话作品中则呈衰退态势;"物件"总体用例不多,但使用较为平稳。以下是"物品"义词在明代几部代表性口语文献中的使用情况:

表4 明代几部口语文献中"物品"义词的使用情况①

	方言背景	物事		东西	物件
		叙述体	对话体		
水浒传	江淮	4	5	34	15
西游记	江淮	1	0	50	26
三宝太监西洋记	——	0	3	28	29
二拍	吴语	33	28	257	31
金瓶梅词话	山东	6	7	112	19
型世言	吴语	3	6	11	20
三遂平妖传(20回本)	——	8	1	6	4
训世评话	江淮	0		12	3
朴通事谚解	北方	0		10	5
明民歌	吴语	4		14	1

从表中不难看出,无论是在吴语作品"二拍"中,还是在官话作品《水浒传》、《西游记》、《训世评话》、《朴通事谚解》中,抑或是在山东方言作品《金瓶梅词话》中,"东西"都占据主导地位。

"物事"在吴语作品"二拍"中有一定的使用量,但在官话作品中使用较少,在《朴通事谚解》、《训世评话》等朝鲜人编写的汉语口语教科书中更是不见踪迹。"物事"大有从通语词降格为方言词之趋势。

清代,"物品"义词的使用情况又怎样呢?以下是笔者所调查的清代几部代表性口语文献中的使用情况:

表5 清代几部口语文献中"物品"义词的使用情况②

	方言背景	物事	东西	物件
醒世姻缘传	山东	11	225	39
李渔小说	吴语	2	108	4
聊斋俚曲集	山东	0	86	5
朴通事新释谚解	北方	0	13	3
红楼梦(前80回)	北京	2	357	7
歧路灯	河南	3	177	20
儒林外史	江淮	0	71	4
儿女英雄传	北京	1	266	0
海上花列传	吴语	118	12	9
何典	吴语	3	5	0
老残游记	江淮	4	11	18

---

① "二拍"指的是《初刻拍案惊奇》、《二刻拍案惊奇》;"明民歌"指的是《山歌》、《挂枝儿》、《夹竹桃》。

② "李渔小说"指的是《无声戏》、《十二楼》。

春阿氏	北京	0	19	7
跻春台	四川	0	13	1
三侠五义	天津	0	59	7
华音启蒙谚解	东北	0	16	1

从表中可以看出：在清代，"东西"仍旧是"物品"义语义场的主导词。无论是在山东方言作品《醒世姻缘传》、《聊斋俚曲集》中，还是在北京官话作品《红楼梦》、《儿女英雄传》、中原官话作品《歧路灯》、江淮官话作品《儒林外史》、西南官话作品《跻春台》等中，抑或是朝鲜人编写的汉语口语教科书《朴通事新释谚解》、《华音启蒙谚解》中，"东西"都占据主导地位。

值得注意的是，同样是吴语作品，其中"物品"义词的表现却不同："李渔小说"中"东西"占绝对优势；《何典》中"东西"略占优势；《海上花列传》中"物事"占绝对优势。"东西"在"李渔小说"和《何典》中均既用于叙述，又用于人物对话。《海上花列传》中"物事"共118例，其中有5例用于叙述语，113例用于人物对话。例如：

（15）男子与妇人，亲手递一件<u>东西</u>，或是相见一面，他自他，我自我，有何窒碍，这等防得森严？（《十二楼·合影楼》第一回）

（16）妓妇道："不但慷慨，又且温存，赠我们的<u>东西</u>，不一而足。如今看了一件，就想念他一番，故此丢撇不下。"（《十二楼·归正楼》第二回）

（17）雌鬼只得揩干眼泪，与形容鬼把尸灵扛来，躺在板门上，脚板头上煨起帛纸。一面又请六事鬼过来二相帮，就托他买办<u>东西</u>。（《何典》第三回）

（18）三不知六事鬼走来，看见雌鬼绷开两只软腿，只管低着头看，心中疑惑，轻轻走到跟前一看，不觉失惊道："怎的活大嫂也生起这件<u>东西</u>来？"（又第四回）

（19）等至上灯以后，独有庄荔甫未到。问陆秀林，说是往抛球场买<u>物事</u>去的。外场罩圆台，排高椅，把挂的湘竹绢片方灯都点上了。（《海上花列传》第三回）

（20）庄荔甫随后追上，叫住善卿道："耐碰着仔陈小云，搭我问声看，黎篆鸿搭<u>物事</u>阿曾拿得去。"（又第三回）

（21）洪善卿道："阿晓得第号<u>物事</u>陆里来个嗄？"（又第四回）

诚如汪维辉所说："这种现象可能主要应归因于文献的复杂性，即使是像明清白话小说那样的资料也未必都用方言中的口语词，这是汉语词汇史研究中普遍存在的一个棘手问题，需要作细致的分析。"[9]"李渔小说"的方言背景虽是"吴语"，但更多地是用通语写就，因此，作品中"东西"占有相当的比重。而《海上花列传》中的对话则皆用吴语（苏州话）写就。因此，我们有理由相信：在清末吴语中，"物事"是表"物品"义词中的主导词。

三、现代方言中"物品"义词的分布情况

根据曹志耘主编的《汉语方言地图集》（词汇卷）"119 东西"条，可以把现代汉语方言中"东西""物事""物件"的分布概况归纳如下[10]：

表6①："物品"义词在现代方言中的分布情况

	官话								晋语
	东北	北京	冀鲁	胶辽	中原	兰银	西南	江淮	
东西	100%	100%	89%	100%	90%	72%	94%	76%	98%
物事	——								
物件			3%		2%				2%
	吴语	徽语	湘语	赣语	客家话	粤语	闽语	平话	
东西	65%	——	58%	93%	77%	3%	5%	47%	

①表中的百分比指的是方言区及次方言区说"东西"、"物事"、"物件"的方言点/区域总调查点。

| 物事 | 30% | 42% | —— | | | 4% | 3% |
| 物件 | | 8% | | 3% | 39% | | 14% |

从表 6 可以看出,"东西"的分布区域很广泛,遍及大江南北,在北方方言区更是占据主导地位;"物事"主要分布在吴语及徽语区,是一个方言词;"物件"南北均有[①],集中分布在福建、广东、台湾境内的闽语区。这一分布现状与上文我们所调查的明清时"物品"义词的分布一脉相承。值得注意的是,"物件"一词虽说在方言中的分布并不算广泛[②],但它却是一个比较常用的书面语词,如:

(22)玉河镇的乡村博物馆内,一件件散落农家<u>物件</u>把人带回农耕的社会。(蒋琳琳《春风化雨润心田——游仙区精神家园建设综述》,《绵阳日报》2016 年 7 月 7 日第 3 版)

(23)桦南林业局的<u>小物件</u>富裕了林场职工的腰包,苇河林业局联宇乐器有限公司生产的"塞巴斯蒂安·巴赫"系列钢琴,则代表着森工林产品的"文艺"派。(马一梅 赵辉《借力会展经济 "助跑"转型发展》,《黑龙江日报》2016 年 7 月 11 日第 7 版)

造成这一现象的原因是什么?我们知道"东西"除了可泛指"各种具体或抽象的事物"外,还可特指"人或动物(含爱、憎感情)",如:

(24)但犯着吃黄齑者,不是<u>好东西</u>!(元·马致远《青衫泪》第三折)

(25)王夫人哼道:"<u>糊涂东西</u>!有要紧事你到底说啊!"(《红楼梦》第一〇三回)

(26)看那个<u>老东西</u>的脸,老像叫人给打肿了似的!(老舍《二马》第三段一)

(27)天呵!叫我怎么养活呵——这个可怜的<u>小东西</u>?(贺敬之《放声歌唱》)

例(23)之所以用"小物件"而不用"小东西"正是为了避免歧义。因此,"物件"之所以能在书面语中占有一席之地,大抵是应"表义明晰"和"丰富表达"的需要。

在调查中我们发现,有些地点说"物(儿)",如安徽石台、黟县、歙县等徽语区;广东电白、遂溪、湛江、雷州、徐闻等闽语区及湛江等粤语区;海南海口、琼海、文昌、定安、东方、三亚等闽语区。上古、中古汉语时期,表示"物品"义主要用"物"。上古、中古时期的常用词在今方言中既在徽语有分布区域,又在广东、海南的若干点出现,呈现出"远隔分布"。但随着词的双音化这一趋势,"物"基本被淘汰。在近代汉语阶段,"东西""物事""物件"是表"物品"义的主导词。因此,上述方言使用的"物"不会是当地老百姓近世的创造,而应是古老特征的保留。据此也能进一步推测,"物"在上古、中古时期曾遍及南北。

John I. Saeed(2000:65-66)认为:"真正意义上的同义关系实际上是不存在的……同义词可能属于不同的方言,如 press 和 cupboard;或者属于不同的语体风格,口语的、正式的、适用于文学作品的等。如 wife、spouse 比 old lady、missus 更正式。同义词还可能是为表达说话者积极或消极的态度,如 naive、gullible 比 ingenuous 更具批评意味。有的受搭配上的限制。试比较 a big house:a large house 与 my big sister:my large sister。"[11]我们同意 John I. Saeed 的观点。以本节所探讨的"物品"义词为例,"东西"与"物事"用于不同的方言;"东西"与"物品"适用于不同的语体风格。

四、相关问题讨论

(一)冯梦龙的语言特征再探

蒋绍愚提到佐藤晴彦从比较《平妖传》二十回本和四十回本入手来归纳冯梦龙的语言特征,然后以此为标准,来检查《三言》中哪些篇是冯梦龙所作(或作了较大的修改)[7]。在佐藤晴彦所归纳的十三项语言特征中,有一项是表示物件用"东西"不用"物事"。然而,事实究竟如何?笔者对比了《平妖传》二十回本和四十回本中"东西""物事"的使用情况:

[①] 检李荣主编《现代汉语方言大词典》,广州、柳州、娄底、洛阳、厦门、银川等地说"物件(儿)"。
[②] "东西"的扩散及强势地位使得"物件"在方言口语中使用得不太广泛。

在《平妖传》二十回本中,"东西"凡见 6 例;而在《平妖传》四十回本中,"东西"则有 32 例,在增补部分出现 27 例。其中,有 1 例将"东西"改成了"物事"。在《平妖传》二十回本中,"物事"凡见 9 例,而在四十回本中也是 9 例。其中,有 1 例将"物事"改成了"物"。从增补部分表示"物品"义词的使用情况来看,冯梦龙的确更常用"东西"而不是"物事"。但是在冯梦龙的修订中,的确也存在将"东西"改为"物事"的情况,对于这一现象还有待进一步解释,如:

(28)众人不要动!这件<u>东西</u>是本州之神交与知州的,直到知州面前开看。(《三遂平妖传》第七回)

(29)众人不要动!这件<u>物事</u>是本州之神交与知州的,直到知州面前开看。(《三遂平妖传》第二十五回)

(二)从方言分布看词汇更替

汪维辉认为:"对词汇史研究来说,方言的现实分布有助于理清词汇演变的脉络和新旧词更替的线索,因为文献资料有限而且情况极其复杂,依靠'文献考证法'只能部分复原语言的历史,难以看清全貌。"[9]汪说甚是。就"物事""东西"这组词的更替来说,即是如此。"物事"的产生时代要早于"东西",在宋代应是南北通行。"东西"的可靠文献用例始见于元代,但在元代已经发生了词义引申,可特指人。不难推测,"东西"在元代以前就已经活跃在人们的口语中。但"东西"一词起源于何地?又是如何扩散的?这些问题单靠文献资料难以解决,需要另辟蹊径。盛益民指出"物品"义词在吴徽语中呈现"周圈分布"①,认为"东西"是随着宋室南渡进入吴语的[12]。汪维辉则进一步指出:"这可以反证北宋后期的汴洛方言中'东西'已经取代了'物事'""我们推测'东西'是南系官话②(具体可能是中原地区)起源的词,在元代已经向北系官话扩散,明代继续这一趋势并很快在官话区全面取代了'物事'。"[3]由此不难看出,方言的现实分布的确有助于更好地理清新旧词的更替。

参考文献:

[1]徐时仪."东西"成词及词义演变考[J].汉语学报,2010(2):47-52.

[2]杨琳.物品称"东西"探源[J].长江学术,2012(1):99-109.

[3]汪维辉.南北融合:近代官话词汇系统的形成——以〈训世评话〉与〈老乞大〉〈朴通事〉的比较为出发点[J].未刊稿,2017.

[4]王云路."南北""东西"新论[J].华东师范大学学报,2012(2):129-132.

[5]向熹.简明汉语史·上(修订本)[M].北京:商务印书馆,2010:643.

[6]王力.汉语史稿(第三版)[M].北京:中华书局,2015:24.

[7]蒋绍愚.近代汉语研究概要(修订本)[M].北京:北京大学出版社,2017:22,418.

[8]李来兴.宋元话本动词语法研究[D].复旦大学博士论文,2010:4-6.

[9]汪维辉、秋谷裕幸.汉语"站立"义词的现状与历史[J].中国语文,2010(4):299-310.

[10]曹志耘主编.汉语方言地图集·词汇卷[M].北京:商务印书馆,2008:119.

[11](英)特拉斯克(Trask,R.L.)著;周流溪导读.历史语言学[M].北京:外语教学与研究出版社,2000:65-66.

[12]盛益民.宋室南渡和临安官话对吴语的影响——若干词汇、语法例证[J].Language and

---

①岩田礼认为:"周圈分布"即词形(特征)A 中间包含着另外一个词形(特征)B。造成周圈分布的原因主要有:1.A 原是连续分布,B 为创新形式;2.A 原是连续分布,B 由移民从别处带来;3.远隔的两地平行产生 A。可参看:岩田礼编《汉语方言解释地图》,日本白帝社 2009 年第 20 页。

②宋金以降,官话方言分南北两系。吕叔湘、罗杰瑞等均已论及。汪维辉(2017)进一步指出:"北系以北京话为代表,南系以开封话(宋金元)和南京话(明清民国)"为代表。可参看:吕叔湘著;江蓝生补《近代汉语指代词》,学林出版社 1985 年第 58 页;罗杰瑞《关于官话方言早期发展的一些想法》,《方言》2004 年第 4 期 295-300 页;汪维辉《南北融合:近代官话词汇系统的形成——以〈训世评话〉与〈老乞大〉〈朴通事〉的比较为出发点》(未刊稿)。

Linguistics（待刊），2015.

Diachronic evolution and synchronic distribution of the words with the meaning "thing" in pre-modern Chinese

Abstract: Words with the meaning "thing" are common colloquialisms.There are mainly "Wushi""Wujian""Dongxi" in pre-modern Chinese."Wushi" come into being in medieval Chinese."Dongxi""Wujian" come into being in pre-modern Chinese.In Song Dynasty,"Wushi" is dominant word in semantic field.In Yuan Dynasty,"Wujian" is commonly used in vernacular literature of literal translation.In Ming Dynasty,"Dongxi" is dominant word in semantic field.In Chinese dialects,"Dongxi" throughout the north and south."Wushi" is mainly distributed in the area of Hui dialect and Wu dialect.Both north and south have "Wujian". The realistic distribution of dialects is conducive to clarify the replacement of old and new words.

Key words： pre-modern Chinese；words with the meaning "thing" ；diachronic evolution；synchronic distribution

通讯地址：北京市海淀区清华大学紫荆公寓 14 号楼 1314B
邮编：100084
邮箱：1090014537@qq.com
电话：15611638662

「箇」の個別化機能と定指"量名"構造

木津祐子（京都大学・文学研究科）

一、はじめに

　言うまでもなく、現代中国語普通話における個体量詞として最も汎用性が高い量詞は「个」である。方言に目を向けても、「个」或いは「个」と来源を共有すると考えられる量詞は、広く中心的な量詞としての地位を有している。特に「ヒト」を計量する量詞としては、中国全土で広く「个」が用いられており[1]、「个」の量詞としての機能に疑いをもつ人はいないであろう。また、量詞としての機能以外にも、「个」（及びそれと来歴を共有すると思われる語）が他の量詞とは異なる振る舞いを見せる場合も数多い。例えば、構造助詞に準ずる用法や、指示代詞「这」「那」に通ずる定指用法は、多くの方言で報告例が存在する。そして後者の場合、しばしば数詞「一」を伴わずに「个」単独で名詞を修飾するため、"数詞「一」の省略"という説明が行われることも注目される。その意味においては、陈玉洁2007で、「个」が単独で名詞に前置して定指を担う構造に対して、「一」が省略された形式か、指示詞が省略された形式であるかを、各方言の地域分布や内部構造の点から区別して考察しようとするのは示唆に富むが（陈玉洁2007:518-）、やはり、量詞は本来前に立つべき数詞「一」ないし指示詞の省略によって"类冠词"的機能を獲得するという方向を指摘するに止まる。

　本稿は、「个」自体がそもそもの成り立ちの上で指示詞と共起して定指用法を補強する機能が量詞機能に先行したことを確認し、現代諸方言において数詞「一」を持たない定指用法は、量詞が有するはずの数詞「一」が省略されたのではなく、量詞以前に有した個別化機能の残留形と見なしうる可能性について述べてみたい。

　尚、以下の議論の中で、「敦煌変文」や『祖堂集』『朱子語類』などを取り上げるが、それらの文献では、現代語「个」の前身と見なしうる文法的要素は「箇」「個」「个」等と表記されるが、それら文字表記によって用法や機能が異なる現象は観察できない。よって、以下の行論では、原文を引用する場合以外は、三者を区別せず、近代漢語の場合は「箇」を主に用い、現代諸方言に関しては「个」の表記も同時に用いることとする。

二、唐宋期口語資料に見る「箇」

　筆者はかつて、不定指称を示す「一箇」の成立前史として、『朱子語類』『祖堂集』を取り上げ、「箇」の主たる機能は量詞ではなく、後続名詞の個別化と、文脈が要求するその名詞の属性を際立たせることにあると論じた（木津祐子2014）。また、「者」由来の「這」、「若」由来の「那」などが指示詞として成熟する過程においても、「箇」が有する後続名詞の個別化機能が重要であったことも指摘した（木津祐子2017）。確かに、唐

---

[1] 曹志耘主编《汉语方言地图集：词汇卷》（商务印书馆、2008）第194図参照。

宋期の口語的資料に目を向けてみると、現代とはいささか異なる様相が存在することに気づく。以下、議論の前提として、拙論の議論をかいつまんで紹介しておくこととする。

(1) 量詞「个」の未成熟

拙論（木津祐子2014）にて論じたように、『祖堂集』・『朱子語類』において、「箇」は「ヒト」の計量機能を有していない。下に挙げる表は『朱子語類』の用例をまとめたものであるが、ここからもわかるとおり、"数＋箇＋人"の組合せで出現する数は、「一」または「両」に限られ、「三」以上の数はすべて「三人、四人、五人…」の形で現れる。「箇」を伴う「一」「両」であっても、あくまでも「一人、二人（両人）」がデフォルトの形式である。

表1 人数の数え方

数詞	～人	～箇人
一	227	52
二	70／兩人39	0／兩箇人2
三	34	0
四	20	0
五	14	0

（木津祐子2014：54より転載。表内のアラビア数字はこの形式が出現する条数であり、用例数ではない）

さらに、「人」以外のヒト名詞に関しても、「一箇」よりも「箇」が単独で名詞に前置する形式の出現数が優勢で、さらに、そのヒト名詞には、固有名詞や修飾成分を伴った形式が多く出現した。これらの用例から、「箇」が用いられるのは、後続名詞に対して文脈が要求する属性を際立たせるためであり、本来、唯一の存在を示す固有名詞に「箇」が前置するのも、「箇」に後続する名詞の多くが修飾成分をともなうのも、「箇」が直接働きかけたのは後続名詞に期待される属性であったからだと論じた（木津祐子2014：53-62）。これは、大河内1985にいう「個体化」機能に通ずるものと考えて良い。同時に、敦煌変文においても、"数＋量＋名"の構造の多くが、名詞の属性記述を要求される文脈に出現することとも（松江崇2014）、相連続する現象と見なし得る。

つまり、『朱子語類』における「箇」は、ヒトを数える量詞としては未成熟であり、その主たる機能は、後続名詞を個別化しその属性を際立たせるものであった。そして重要なのは、その際に数詞「一」は必須のものではなかったという点である。

(2) 「這」「那」の指示詞化と「箇」の個別化機能

木津祐子2017は、リスト指示要求の疑問詞「哪箇」の成立過程に果たした「箇」の機能を論じたものだが、同時に、"指示代名詞＋名詞"の組み合わせに「箇」がどのように関与したかについても分析を行った。いま、その際の資料を再整理して下に掲げる。

統計の為の検索には、中央研究院「瀚典」（http://hanji.sinica.edu.tw/）を用い、検索結果は、柳田聖山編『祖堂集索引』上・中・下(京都大学人文科学研究所、1984年)所載

影印本（花園大学図書館蔵本）、潘重規著『敦煌変文集新書』上下（中國文化大學中文研究所敦煌學研究會、1983-1984）、賀瑞麟校刻本『朱子語類』（中華書局、全8冊）により校勘した。また『祖堂集』は、先行史伝を資料とする巻1・2、朝鮮で増補或いは新羅・朝鮮の僧伝に相当する部分を除いた巻3～19が主要部分とする衣川賢次2013の説に基づき、巻3～19の用例に絞って資料とした。

表2　「ヒト」を指す指示代名詞

	祖堂集		敦煌変文集新書		朱子語類	
	近称	遠称	近称	遠称	近称	遠称
指示詞+人	此人(45)	其人(9)	此人(28)	其人(26)	此人(多)	其人(多)
	這人(0)	那人(1)	這人(0)	那人(0)	這人(39)	那人(54)
指示詞+箇+人	這个人(5)	那个人(3)	這個人(1)	那個人(0)	這箇人(11)	那箇人(1)
	這一个人(0)	那一个人(0)	這一個人(0)	那一個人(0)	這一箇人(3)	那一箇人(0)

　指示代名詞が名詞「人」に前置する場合、近称・遠称ともに「此」「其」が「箇」を介さずに直接「人」に接続するの、『祖堂集』『敦煌変文集新書』『朱子語類』全てに共通して最も優勢である。そして、指示代名詞「這」「那」を用いられる際には、『祖堂集』では「人」との間に「箇」の介在が求められる。しかし「一」は不要で、「一」を伴う例は皆無であった（『敦煌変文集新書』では「這個人」が一例のみ）。一方、『朱子語類』になると、「這」「那」が「此」「其」と同様に、直接名詞を修飾することができるが、両者の間には相違があり、「箇」を用いて"指示詞＋箇"の構造で用いられる指示詞は「這」「那」に限られる。そして『朱子語類』でも、「箇」の前に「一」が立つのは、「這一箇人」に3例見えるのみで「那一箇人」は皆無であるなど、必須要件とは見なし難い。つまり、「箇」は「一」と共起せずに単独で「人」を修飾しうるのである。
　このことは、「這」「那」が名詞を伴わずに単独で用いられる場合でも、同様に観察される。表3を見てみよう。

表3　這箇・這一箇

	這箇	那箇	這一箇	那一箇	這(単独)	那(単独)
祖堂集	195	6	0	0	0	0
敦煌変文集新書	17	3	0	0	0	2
朱子語類	801	163	84	11	165*	7*

（注：「這(単独)」及び「那(単独)」は、単独で文頭に立つ形式を指すが、『朱子語類』では用例が多数に上るため、便宜的に「這是・那是」で検索を行い、他の検索結果と区別するため「*」を付した。）

　名詞を修飾しない場合でも、「這」「那」は、『祖堂集』「敦煌変文」の段階では、「箇」とは結合しても「一箇」とは結びつかない。『朱子語類』に至ると相当数の「這一箇」は登場するものの、「一」を有さない形式の方が約10倍もの用例数を有し、優勢であることに変わりはない。

「這」は上古の「者」、「那」は「若」から発展したとされる（呂叔湘 1984：186）。「此」「其」ではなく、「者」由来の「這」や「若 or 如（魏培泉 2004）」由来の「那」にのみ「箇」との共存例が現れることは、これら新興の語が指示代名詞としての機能を獲得する過程に、「箇」がもつ個別化機能の助けが必要であったことを示すと思われる（木津祐子 2017:44）。その際、「箇」の前に数詞「一」が要求されていないのは、繰り返すまでも無い。「一」が「箇」に常態として先行するようになるのは、『朱子語類』より後の時代、「箇」が量詞として機能拡張を完了して以降のことであろう。呂叔湘は、「箇」が量詞として認識されるようになるのは、「箇」以外の量詞前に「一」が立つ形式が存在していたことの影響を受け、「箇」も「一」と共起するようになることを通してであったとする（呂叔湘 1984/1992:199）[2]。

　一方、『朱子語類』に「此・其」と同様に「這人・那人」の形式が見られるのは（表2参照）、「這箇・那箇」が指示詞として名詞に前置する機能を獲得するに付随して、「此・其」からの類推も手伝い、「箇」を伴わない単独の形態で指示詞として認識されるようになった結果であろう。「這」が「人」以外の名詞を直接修飾する形式を見ると、『祖堂集』には「這屠兒」という例が一例見られるのみであったが、「敦煌変文」では、「這日」「這事」「這賊」「這丈夫」「這夫人」など全45の用例が見え、「這箇」と同調して「這」の指示詞化が進行していたことが窺える。但し、「那」については、『祖堂集』はもちろん「敦煌変文」でも直接名詞を修飾する例は存在しない。このように、「這」「那」の指示詞化の過程に相違が見られるのだが、この問題については、さらに詳細な分析が待たれる[3]。

三、現代諸方言"量名"構造における「箇」

　以上、論じた通り、『祖堂集』から『朱子語類』にかけて、「箇」の量詞機能は未成熟であり、後続名詞を個別化して文脈の要求する属性に焦点を当てるのがその主たる機能であった。数詞「一」は必須の要素ではなく、「一箇」の形態が普遍的に見られるようになるのは量詞「箇」の機能拡張が進行するのに伴ってのことを考えられる。指示詞と結合する場合も同様で、「這＋箇」の形式は「這＋一箇」の形式に先行して登場し、指示詞としてはより優勢な形式であった。この事実をもとに、現代中国語諸方言における、量詞「箇」の定指機能・指示詞的機能に目を向けてみよう。

---

[2] ただし、呂叔湘は指示詞に後続する「个」を接尾辞と解釈する（1984/1992：198）が、本稿では単なる接尾辞ではなく、名詞の固体化と属性を焦点化する働きを有する独立した語素であったと考える。

[3] 明代以降、三人以上の人数を計量するときにも「箇」が用いられるようになり、同時に、「這一箇」「那一箇」の形式も現れる。しかし、依然として「這」については「這箇」の形式が優勢で、「這一箇」が数詞「一」を強調する計量用法の形式であったことを示唆する。一方、「那」については、「那箇」「那一箇」の間に、「這」ほどの用例数の隔たりはなく、「一箇」との親和性は「那」の方が勝るように見える。これは、「那」の表記にリスト選択疑問詞「哪」を含むことが影響するのはもちろんであるが、「這」と「那」の指示詞としての発展過程或いは意味領域に、何らかの相違があった可能性も考慮せねばならない。これら「這」「那」相互の問題についての会明は、今後の課題としたい。

方言調査報告の多くは簡体字"个"を用いていることを考慮し、本章では「个」の表記も併せ使用することとするが、「箇」と「个」が指す内容は同じである。

1：安徽省宿松方言
　まず、下に引用するのは、安徽省宿松方言の例である。下線は引用者による（以下同じ）。

　　普通话中，"一+量"结构中量词前的"一"常常可以省略，如"唱支山歌、喝口水、来杯啤酒、写封信"等。宿松方言，一般量词前的"一"不能省略，只有"个"前的"一"可以。"个"单用时主要充当定语或宾语，与之搭配的名词语义更加宽泛。

　　（普通話の中では、"一+量詞"フレーズにおける量詞前の"一"はしばしば省略することができる。例えば"唱支山歌、喝口水、来杯啤酒、写封信"等。しかし、宿松方言では、一般量詞の前の"一"は省略できないが、"个"の前の"一"だけは省略することができる。"个"を単独で使用する時には定語或いは目的語の位置に立ち、それと組み合わされる名詞の語義はより広くなる。）

　　　　　　　　　　　　　　　　　　　　　　　　　　　　（唐爱华2005：220-221）

　上記引用箇所には次のような用例が例示される。
・个雨落脱七日七夜还不歇。（一场雨下了七天夜还不停。）
・我家个猫不见啰。（我家一只猫不见了）

　これらの例からは「个」に定・不定など指称上の制約はないように見える。注意すべきは、他の専用量詞であれば量詞前の「一」は省略できないが、「个」の前の「一」は省略可能という点である。 現代諸方言の"量名"構造は、「个」であるか他の個体量詞であるかに関わらずに成立するものが多いが[4]、宿松方言では、「个」にのみこの構造が出現することに注意したい。宿松方言の現象からは、「个」が他の量詞とは異なる性格を有することは明らかである。

2：貴州省遵義方言
　次に挙げるのは、貴州遵義方言の例である。遵義方言の量名構造は、"名+量"の語順で定指となるのだが、その場合、数詞「一」は出現しない。例えば、「纸张、书本、笔支」は「这张纸、这本书、这支笔」の意となる。但し、一部の名詞（下記引用のB組）では、この"名+量"形式で「定指」を示し得るのは量詞「个」の場合に限られ、当該名詞固有の専用量詞を用いた場合には、その機能を担うことができないという。逆に、すべての名詞において（A組・B組）、たとえ固有の専用量詞が存在しても「个」は定指機能を担うことができる。一方、数を数える場合では、「数量+名」「名+数量」の語順どちらも可であるが、その際、「个」を専用量詞の代用として用いることはできないとも言う。以下に、当該部分を引用する。

---

[4] 呉語、粤語、湘語など数多い。黄伯荣1996は、「貳　数词和量词」に「§2.2.2量词的定指表示法」という一節を立て、代表的な"量名"構造を列挙する。体系的な整理は盛益民2017を参照のこと。

普通话量词可以作为语素用于名素之后，构成表事物同城的"名+量"式复合词，如"车辆、马匹、纸张"之类。但在遵义话中，量词用于名词之后不构成复合词，整个"名+量"也不表事物的通称，而表示个体的、定指的事物。……
能用于"名+量"框架中的名词，一般限于表具体事物的名词。如：
A. 纸张、书本、笔支、……人个、碗个、茶杯个……
B. 水个、饭个、糖个、墨水个、虫个、马个、脚个、头发个
C. 胸口个（痛）、肚皮个（痛）、心子个（痒）

A组中，名词后加的是表该事物的专用量词。计算数量时，这量词须与数词组合置于名词之前，置于名词之后是变式，如"一张纸""纸一张"。

B组中的名词，有的也有专用量词，有的只有借用量词，但直接用于名词之后，只能用"个"[ke¹³]，计算数量时，必须专用量词或借用量词与数词组合置于名词之前或之后，却又不能用"个"：可以说"一双脚、脚一双"，不能说"一个脚"。无专用量词（度量衡单位除外）的事物名词，表动物或动物、人体一部分而不能用"个"计量的名词都属B组。C组一般不能计算数量，没有"数量·名"或"名·数量"格式，却可以构成"名+量（'个'）"格式；其中偶尔还可以是抽象名词，如"记性个着狗吃啦？""魂个都吓落了。""量"有"个"化倾向，A组中专用量词不是"个"的，在"名+量"格式中都可以换成"个"，如"纸个、书个"。

（胡光斌 1989：124）

このような遵義方言の状況は、"名＋量"の語序が当該方言では原初的であったことを示唆するが、「个」が名詞に前置するか後置するかという違いはあるものの、以下の点は、「个」の来源を考える上で興味深い。（1）「个」が「一」不在で定指の機能を有すること、（2）一部の名詞（B組）では、たとえ専用量詞を有する名詞であっても、定指の場合は「个」のみが用いられること、（3）しかし、B組の名詞を計量する時には「个」を用いることができないこと。これらの事象からは、遵義方言の「个」が原初有した機能が計量ではなかったことが推測される。その「个」が定指用法を見せることからは、唐宋期口語資料中の「箇」が有していた被修飾名詞の個別化機能との関連が想起される。

3：湖南省常徳方言
常徳方言では、易亜新2007に次のような記述が見える。

7.5.1……常德方言里，"一个"常常省略"一"。如……。相对而言，当数词为"一"以上的数目时，常常用专有两量词不用"个"。如……。
(本来専用量詞を有する多くの名詞に「个」が用いられるのだが)、「一个」の「一」は、しばしば省略される。（例省略）ところが、「一」以上の数字の時には、必ず専用量詞を用い「个」を用いることはできない。（例省略）
7.5.2. "个"前的数词"一"出现省略后，"个"表示量的意义出现弱化，逐渐跳出了原有的"数量+名"格式，突破了"个"原有的意义和用法。

1. "个"出现在句首或句中，表示泛指或定指意义。……以上句子中的"个"出现在句中，似乎可以换成"的"，但也可以在"个"前加上"这""那"，应该是"这个""那个"的省略形式。
　（「一」が省略される場合、「个」の量概念は弱化し、「个」が本来有していた意義と用法を越えた働きを見せるようになる。1．「个」が文頭または文中に現れる時には、泛指（総称）または定指を示す。…例省略…以上の文中の「个」は、「的」に置き換えることが可能なように見えるが、「个」の前に「这」「那」を加える事も可能であり、「这个」「那个」の省略形式と見なすべきである。）

（易亚新2007:146-147）

　ここで「"个"前的数词"一"出现省略后，"个"表示亮的意义出现弱化」と記述される部分は、恐らく逆の方向の記述がより相応しい。つまり、計量概念が希薄である場合、即ち定指或いは総称指示の場合に「个」が脱落するとするべきであろう。但し、本論の立場は、このような定指或いは総称指示用法こそ、「一」を伴わずとも「个」が本来有していた個別化機能の拡張形態と見なすものである。数詞が「一」以上の場合は「个」が用いられないという現象も、『朱子語類』の例を想起させ、示唆的である。なお、上引箇所で「"个"原有的意义和用法」と記される「个が本来有していた意義と用法」は本文中には明確には定義されていないが、文脈から計量機能のことを指すものと理解して良いであろう。易2007の記述は、量詞機能と定指"量名"構造を些か混乱しているように見えるが、この両機能を峻別すべきことは、第四章に紹介する陈玉洁2007や盛益名2017の議論に詳しい。

4：蘇州方言

　蘇州方言では、指示詞・数詞を伴わない"量詞＋名詞"構造が文頭の位置に立って定の指称を表し、北京語における「这・那」に準ずる働きをもつ。これを、石汝杰・刘丹青1985では、蘇州方言の量詞は体系として定冠詞に類する機能を有すると論ずる。さらに刘丹青2002は、量詞共通の「定冠詞」機能以外に「个」のみが有する以下の2機能を指摘する。（1）話題として文に導入される固有名詞の前に立つ。（2）話題として導入される類指（定ではない）のNP前に立つ。「定」の場合は、専用量詞を用いねばならない（刘丹青2002:416-417）。この2機能は、北京語では共に「这」によって担われるものである。刘丹青2002:4176-417に挙げられる用例から2例を引用する。
　（1）の例：（27）个长沙，现在变仔样子哉。～这长沙，现在变了样子了。
　（2）の例：（29）a. 个蛇是蛮怕人葛。　'这蛇是挺让人害怕的'
　　　　　　（29）b. 条蛇咬仔俚一口。　'这（条）蛇咬了他一口'

刘丹青2002はさらに次のように議論を進める。

　　以上情况显示，苏州话的"个"，真的已进一步虚化为专用的定冠词。其搭配的范围不但超过其他量词，而且超过表示有定或计量时的"个"--有定或计量的"个"仍然与名词有选择限制，而定冠词"个"可以与一切NP相配，包括专有名词。……

（以上の状況は、蘇州語の「个」が確かに一歩文法化を進めて専用の定冠詞となっていることを示している。組み合わされる（名詞の）範囲は他の量詞をはるかに凌駕しているのみならず、定の指称或いは計量時の「个」の組み合わせ範囲をも越えている。定または計量時の「个」は依然として名詞との組み合わせ上で制限が有るが、定冠詞「个」は、固有名詞を含め、あらゆるNPと組み合わせることができるのだ）

北京語の「这」との比較については、次のように述べる。

換言之，完整的指量短语（指示词+量词）在北京话、苏州话里都只能有定标记，非要省去其中之一，才能用于作话题的类指NP，成为更像定冠词的标记。这是大的共同点。区别只在于北京话省"量"留"指"，吴语、粤语则省"指"留"量"。北京话类型可以叫"指示词优先型"，吴语粤语类型可以叫"量词优先型"。
（換言すると、指量フレーズ"指示词+量词"の完全な形は、北京語でも蘇州語でもともに定のマーカーでしかない。その中のどれか一つを省略することによって始めて、話題を導く類指のNPに用いられ、より定冠詞らしいマーカーとなることができる。これは両方言の最大の共通点である。違いはただ、北京語は量詞を省略し指示詞を遺留し、呉語・粤語は指示詞を省略し量詞を遺留する点のみである。北京語タイプを「指示詞優先型」と呼び、呉語粤語タイプを「量詞優先型」と呼ぶことができる。）

(刘丹青 2002: 417)

このように、蘇州方言においても、「个」と他の量詞との間では文法機能上に相異が存在することが見て取れる。なお、ここで提起される「指示詞優先型」「量詞優先型」という２類型は重要であり、次章で見るとおり、後続の研究において繰り返し参照される概念である。

以上、1〜4の方言例をまとめると、次のような特徴が窺える。
（1）定指"量名"構造の「个」には計量機能が無い。
（2）「个」のみが定指"量名"構造に用いることができる方言が有る。
（3）専用量詞で定指"量名"構造を形成する名詞であっても、「个」を用いて同構造を形成することができる。
この特徴を説明するのに、前提条件として「个」を量詞と見なし、定指機能は数詞「一」の省略により成立すると説明するのは、果たして必要なことなのであろうか。
次章では、これら"量名"構造を巡る、近年の諸研究を概観し、本問題に関する卑見を述べることとする。

四、定指"量名"構造に関する先行研究と「箇」の個別化機能
"量名"構造の成立と機能分布を巡っては、近年多くの研究が陸続と発表されている。本稿と関連性の高いものに絞っても、総括的内容を含むものでは、游汝杰 1982、前述の刘丹青 2002、王健・顾劲松 2006、陈玉洁 2007、盛益民・陶寰・金春华 2016、盛益民 2017 など

を挙げることができ、さらに各方言報告に至っては枚挙に暇が無い。以下に、主要な成果を幾つか紹介することとしたい。

　劉丹青2002が、話題を導くレファレンスマーカーとして機能する文頭の「这」（北京語タイプ）・「个」（呉語タイプ）を分析し、漢語方言には北京語タイプの「指示詞優先型」と呉語・粤語タイプの「量詞優先型」が有ると述べるのは、第三章で紹介した通りである。

　王健・顾劲松2006は"量名"構造の成立を、（1）"指示詞＋量詞"の省略に由来するとする「省略説」、（2）南方諸方言"量名"構造の定指機能は台語の基層の遺留したものとする「底層説」、（3）量詞は本来定指機能は持たず文の上下構造により後から付加されたとする「結構説」に分類し、当該論文が対象とする漣水（南禄）方言のそれは、"一・量・名"構造の「一」が省略されたものとする（王健・顾劲松2006：240）。

　陈玉洁2007は、劉丹青2002の分類を手がかりに、"量名"構造が独立して連体修飾語となる事象を各方言毎に精密に分析し、南方方言に特徴的な量詞優先型（陈論文は「量詞発達型」と呼ぶ）では、指示詞が中性化して脱落することにより、その機能を獲得するのだが、その場合には、連体修飾語としての機能獲得に先行して、まず量詞が「定」指称のマーカーとして冠詞に類する性質（"類冠詞"）を獲得しているはずであると述べる（陈玉洁2007：524）。しかしながら、陈論文も、慎重な態度は保持しつつも「个」を量詞として見なすことから議論を進めており、量詞優先型・指示詞優先型のいずれであっても、指示詞の脱落（量詞優先型）と量詞の脱落（指示詞優先型）に先行して数詞「一」の脱落が発生したというモデルを示す（同：527）。

　盛益民等2016では、紹興方言の詳細な分析に基づき、"量名"構造を遠近の概念を表さない「准冠詞型」と遠近表現に対応する「准指示詞型」とに分類する。さらに盛益民2017では、37方言サンプルの2類型（「准冠詞型」「准指示詞型」）への帰属を分析した上で、定指"量名"構造が苏沪浙皖地区と两广湖南地区に集中すると指摘する（盛益民2017：187）。さらに定指"量名"構造が独立して用いられる場合と修飾成分を受ける場合との相関関係を類型学的に分析し、「准冠詞型」「准指示詞型」とでは現れ方が異なることも指摘する。定指"量名"構造の来源に関して従来提示されている複数の考え方[5]は、この2類型に分けて整理すべきだとする態度には説得力がある。その上で、准指示詞型の場合は"指量名"構造の指示詞が省略されたものだとする先行研究（上記王健・顾劲松2006や陈玉洁2007など）を支持する一方で、准冠詞型の"量名"構造に関しては、まだ議論が尽くされていないとの問題提起を行う（同：201）。

　繰り返し述べているように、唐宋期近代漢語における「箇」は、量詞として成熟する以前に、後続名詞を個別化し文脈が要求する属性に焦点を当てる機能を有していた。そのことを考えるなら、"量詞→「一」の省略"という過程を経ずに、「箇」の個別化機能から直接定指"量名"構造へと発展した道筋も想定できるのではないかというのが本論の立場である。ただ、劉丹青が述べる「指示詞の省略」類型については、「箇」が本来果たしたもう

---

[5] 指示指省略説、結構賦義説、量詞提昇説、など。詳細は盛益民2017：201を参照のこと。

一つの役割——本来指示詞ではなかった「這・那」が指示詞の機能を獲得する上での補助的役割——との関連において首肯される見解であり、更に検討していく価値があるとも考える。

　漢語史研究の立場からこの問題を取り上げた成果として、梁銀峰2018がある。そこでは、「箇」が漢語史上、単独で名詞を修飾する機能を有していたことを認めながらも、現代方言の"量名"構造における「箇」は量詞から機能転換したものであり、その転換の契機は数詞「一」の脱落にあるという結論を導く[6]。そして、現代諸方言の指示詞に通ずる「箇」の用法は、中古近代漢語の指示詞「箇」のとは直接の継承関係は無く、各方言内の指示詞系統の中で発展し、各方言内部で語義調整を行った結果である、とも結論づける[7]。
　しかし、中古近代漢語と現代諸方言にみる"量名"構造の「箇」に継承関係が無いと断言することは果たして可能であろうか。梁論文も、かつて拙論2014で言及した呉福祥2004の『朱子語類』量詞に関する研究も、ともに「箇」が単独で名詞に先行する現象を「一」の省略と見なすことから分析を始めるのだが[8]、何度も繰り返した通り、「箇」の量詞機能は個別化機能より遅れて賦与された後発の機能であり、"量詞→「一」の省略"という過程を"個別化機能→定指用法"の過程、特にその前段階に想定する必然性は全く無いのである。

　従って、今後考えねばならないのは、次の２点であると本稿は考える。
　１）"個別化機能→定指"の中間段階に"量詞→「一」の省略"を想定すべきか。
　２）「這・那」の「箇」による指示詞化と、指示詞の省略によって成立した（量詞優先型方言における）"量名"構造との間に如何なる相関関係が有るか。
　１）に関しては、「一」と「箇」が互いに排除し合う方言例（宿松方言や遵義方言）が存在することから、そもそも"量名"構造において「一」は不要であったと本稿は考えるが、蘇州方言では定指の「个」が入声で発音されるなど（表記では「葛 kəʔ55」）、「一」との関連についてはまだ解決すべき問題が有る。
　２）に関しても、「箇」の量詞化に先行して「這箇」が成立していたことに鑑み、数詞「一」の省略は前提条件とはならないと考えるが、それを論証するためには、「个」を用いる指示詞が遠近概念を代表しうるのか、それとも現場依存の直指用法か、或いは冠詞に類する用法等等、より厳密な分析が必要となる。また、呉語の近称指示詞の来源を、近代漢語の「箇」と見なしうる音形もあれば、それでは説明できない音形も存在するという

---

[6] 該当箇所は、「"箇＋名词"结构中的"箇"由量词发展为指示词，是"箇＋名词"结构重新分析的结果，而"箇"的功能转化的诱因则来自前面的数词"一"省略以后的语境推理。」（梁銀峰 2018：114）
[7] 同じく該当箇所は、「不过现代汉语方言中的指示词"箇"在语义属性上并非对中古近代汉语指示词"箇"的直接继承，而是在各自的指示词系统中有了进一步的发展，这是方言自身的指示词系统语义调整的结果。」（梁銀峰 2018：114）
[8] 例えば、呉福祥 2004:87 は「"个"前数词的省略，意味着"个"的量词功能已开始弱化；而当"个"用在专用名词和一些不可数的事物名词、谓词性成分之前时，我们已经很难看出它的量词功能了。换句说，这时"个"已经虚化。」のように述べる。

（潘悟云・陶寰 1999：53-56）。今後の検討では、指示詞用法の峻別に加えて、音声的な整合性も考慮せねばならないであろう。

　最後に、現代諸方言の指示詞と定指"量名"構造の間に、何らかの相関関係があることを、言語地理的方言分布の側面から触れておくこととしたい。
　末尾に掲げる地図は、曹志耘等 2008「語法篇」の第 13 図・第 14 図である。第 13 図〈这是我的（指示代词作主语）〉は、「这」が単独で主語に立つ地点（黒圏点）、「这个是我的」など主語が"指示語＋量詞"の形式になる地点（白圏点）の分布を示し、第 14 図〈只鸡死了（量词定指）〉は、量詞単独で連体修飾語、つまり本論で"量名"構造と呼ぶ形式が成立するか（黒圏点）否か（白圏点）の分布を示したものである。この両図を比較すると、ほぼ綺麗に相補分布を示すのが見て取れる。つまり、"指示詞＋量詞"構造で量詞を省略できない地点と、"量名"構造が定指を担う地点が重なり合うのである。この分布状況は、刘丹青の「量詞優先型」方言の"量名"構造は指示詞を省略し量詞を残すことで成立したとする分析結果を支持するものである（刘丹青 2002：417）。
　もちろん、この両図における量詞は、必ずしも「个」が対象となる訳ではない。しかし、前述の現代諸方言の状況（第三章末尾の（１）～（３）参照）から判断するに、定指"量名"構造を有する方言であれば、他の専用量詞では不成立のケースは有っても、「个」では必ず定指"量名"構造が成立する。そのことを踏まえ、さらに第 13 図が扱う文頭の指示詞が、直指なのか、または遠近概念を含む指示代名詞なのかという、地図上では判断不能の点を一旦擱くならば、この両図が示す相補分布は、指示詞には「个」が必須であり、その「个」は単独で定指用法を有するという相関関係を我々に示唆してくれる。また、これだけ広い範囲に当該言語状況が相補的に分布している現象は、この相関関係が、一朝一夕に、また梁銀峰 2018 が言うように、各方言個別に語義調整が行われた結果、とも見なし難いのである。

五、まとめ

　本論の内容は下の２点にまとめることができる。
（１）　現代方言の定指"量名"構造における量詞「个」の単独使用は、唐宋期近代漢語における「箇」が、量詞機能を獲得する以前に有していた個別化機能を来源とする可能性が有る。従って、前提条件として数詞「一」の省略を想定する必要は必ずしも無い。
（２）　定指"量名"構造が成立する場合、指示詞には後続する「个」が必須であった。このことは、唐宋期近代漢語において、本来指示詞ではなかった「這・那」が指示機能を獲得するために「箇」の個別化機能が必要とされた事例との関連を想起させる。この場合も、数詞「一」の省略を前提に考える必要は必ずしもない。

　これは、現時点では一つの問題提起に過ぎず、唐宋期近代漢語の「箇」が有した個別化機能と、定指"量名"構造における「个」或いは「个」の指示機能との間の継承関係については、引き続き詳細な分析が必要となる。

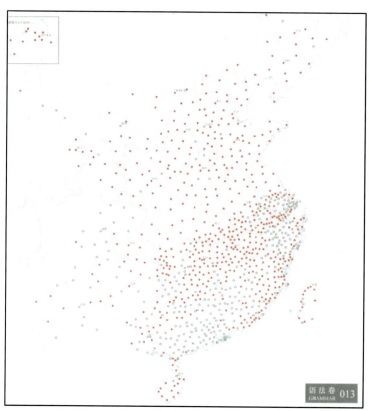

这是我的 指示代词作主语
Demonstratives as Sentence Subject

语法卷 013
GRAMMAR

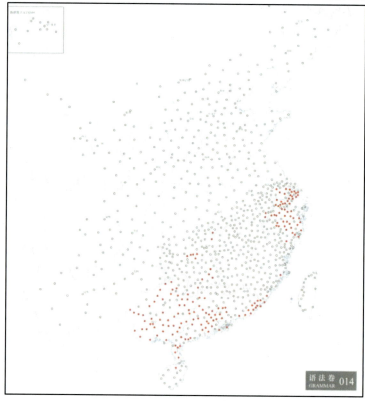

只鸡死了（方）量词定指
Measure Words as Demonstratives

语法卷 014
GRAMMAR

【参考文献】

大河内康憲 1985/1997，量詞の個体化，いま『中国語の諸相』（白帝社，1997，53-74）による

木津祐子 2014 不定指称としての"一箇"成立前史―『朱子語類』の場合―，『中国語学』261，46-63

衣川賢次 2013 『祖堂集』の基礎方言，『東洋文化研究所紀要』164，165-230

木村英樹・大西克也・松江崇・木津祐子 2017 中国語史における疑問詞の指示特性―〈人〉を解とする疑問詞を中心に―，『楊凱栄教授還暦記念論文集 中日言語研究論叢』，朝日出版社，7-53

（木津祐子 2017 とするのは、中国語史における疑問詞の指示特性―〈人〉を解とする疑問詞を中心に―：第5章, 34-45）

松江崇 2014 唐五代における不定名詞目的語の数量表現による有標化―敦煌変文を主資料として―，『中国語学』261，26-45

曹志耘等 2008《汉语方言地图集：词汇卷》（商务印书馆、2008）

陈玉洁 2007 量名结构与量词的定语标记功能，《中国语文》2007-6，516-530

胡光斌 1989 遵义话中的"名+量"，《中国语文》1989-2，124-125

黄伯荣主编 1996 《汉语方言语法类编》，青岛出版社

梁银峰 2018 "箇（个、个）"的语义属性及其在现代汉语方言中的流变，《汉语史指示词的功能和语法化》第六章，95-116，上海教育出版社

刘丹青 2002 汉语类指成分的语义属性和句法属性，《中国语文》2002-5，411-422

吕叔湘 1984/1992 《近代汉语之代词》，今据《吕叔湘文集》3（商务印书馆，1992）

王健・顾劲松 2006 涟水（南禄）话量词的特殊用法，《中国语文》2006-3，237-241

盛益民・陶寰・金春华 2016，准冠词型"量名"结构和准指示词型"量名"结构――从吴语绍兴方言看汉语方言定指"量名"结构的两种类型，《语言学论丛》53，30-51，商务印书馆

盛益民 2017 汉语方言定指"量名"结构的类型差异与共性表现.《当代语言学》19，181-206，

石汝杰・刘丹青 1985 苏州方言量词的定指用法及其变调，《语言研究》1985-1，160-166

唐爱华 2005 《宿松方言研究》，中国社会科学出版社、文化艺术出版社

潘悟云・陶寰 1999 吴语的指代词，李如龙・张双庆主编《代词》，中国东南部方言比较研究丛书（第四辑），暨南大学出版社，25-67

魏培泉 2004 《漢魏六朝稱代詞研究》，中央研究院語言學研究所

吴福祥 2004 《朱子语类辑略》语法研究，河南大学出版社

易亚新 2007，《常德方言语法研究》，学苑出版社

游汝杰 1982 论台语量词在汉语南方方言中的底层遗存，《民族语文》1982-2，33-45+48

【付記】

本稿は、平成30年度―34年度科学研究費補助金基盤研究（B）「中国語における文法的意味の史的変遷とその要因についての総合的研究（課題番号18H00662）」（代表・東京大学大西克也）の研究成果の一部である。

一百多年来吴语"没有（无）"类否定词的类型及演变*

林素娥

（上海大学文学院）

提要 吴语"没有（无）"类否定词一百多年前类型丰富，近代西儒文献不仅为我们展示了不同类型并存共用的局面，也提供了考察类型间的历时演变关系的线索。吴语"没有（无）"类否定词实际上只有"m、m-teh、n-nau"三种，而"没有（无）"类在宁波、上海、台州等方言中功能向"没有（未）类"扩散，这种扩散遵循着某种蕴含共性。

关键词 否定词；吴语；"没有（无）"；演变

0 缘起

游汝杰（2005）将现代吴语否定词按语法功能分为"不"类、"没有（无）"类和"没有（未）"类三类，其中"不"类否定动词和形容词、"没有（无）"类否定存在，后接名词或动词，而"没有（未）"类用于动词的未然体，后接动词。这三大类中"没有（无）"类的小类最丰富、可分为五小类：（1）自成音节鼻音 m̩、n̩、[1]（2）自成音节鼻音 m+"没"məʔ⁸（如上海话）、（3）自成音节鼻音 m+"不"pəʔ⁷（如苏州话）、（4）自成音节鼻音 m+"得"təʔ⁷（如常州话）、（5）自成音节鼻音 n+"有"nau³（如温州话）等。这五个小类实际代表了该类否定词在吴语中的五个不同历史层次，其中（1）最古老，而（2）~（5）产生的时代孰先孰后难以判定，且其中（2）、（3）、（5）皆为叠床架屋式否定词，即前后两个语素都是表示否定的。可见，基于共时的现代吴语语料可知，吴语"没有（无）"类否定词较之"不"类、"没有（未）"经历的变迁更为显著。因此，本文拟尝试以西儒文献为语料，展示自19世纪以来吴语上海话、苏州话、宁波话、金华话、台州话、温州话等方言"没有（无）"类否定词的种类和演变历程，并尝试解释其演变的动因。

语料来自近代西儒文献，文献目录见参考文献。文献引用说明：若原书用汉字、罗马字和英/法文对照编写，为保留原貌，全部引用；若原书仅用罗马字，除引用原罗马字外，转写为汉字，转写不出的用"口"表示，并列出对应的官话表达。

一 一百多年前吴语"没有（无）"类否定词的种类

一百多年前西儒文献中"没有（无）"类否定词主要有七种，分别为（1）自成音节鼻音 m，记作"呒"，一百多年前在吴语各方言中大多只用做否定性构词语素，除金华方言以外；（2）"呒不"，苏州话否定动词，不做否定副词，也偶见于19世纪

---

* 该研究获得国家社科基金项目"域外吴语文献的调查与研究"（项目编号：15BYY042）赞助。

[1] 下文统一用罗马字 m、n 表示自成音节鼻音形式，不再用 m̩ 和 n̩。

上海话文献;(3)"呒得",19世纪上海话文献只用做否定动词,不过,19世纪宁波话、金华话中仍保留了否定副词用法;(4)"m-neh",记作"呒嘞",宁波话否定动词和副词;(5)"m-meh",记作"呒没",见于上海话,用做否定动词,偶见于金华话;(6)"m-yiu",记作"呒有",台州话否定动词,未见用做否定副词;(7)"n-nao",记作"唔冇",温州话否定动词和副词。具体见表1:

[表1] 19世纪吴语"没有(无)"类否定词的种类

没有(无)	苏州话	上海话	宁波话	金华话	台州话	温州话
动词	嘸 呒不	嘸 m 呒得 m-tuh 无拨 m-pé 嘸末 m-meh	m	m 嘸末 m-meh	m 呒有 m-yiu	n
动词/副词			呒得 m-teh 呒訥 m-neh	呒得 m-teh		唔冇 n-nao

下面我们逐一介绍这七个否定词在文献中的使用情况。

1.1 呒

一百多年前苏州话、上海话、台州话、宁波话、温州话等方言中,"呒"已经从句法组合中退出,在具有半能产的词法词阶段中,它正由词发展为构词语素,构成述宾结构的词汇词。只有金华方言中,"呒"用作动词带名词宾语组合自由。

(1) 苏州话:

a. 耶稣个道理是完完全全,像一件无毛病个新衣裳。(《马太》1879:9章)
b. 耶稣吩咐学生子,拍脱脚上个灰尘,使勿肯接受俚道理个人晓得,耶稣搭子俚笃无啥相干。俚笃顶小个顶无用个物事,学生子勿可以拿去,个个恶人,勿能得着耶稣道理个好处(同上,第10章)
c. 耶稣说:"学生子无罪个,因为人日日肚里饿,所以一定要日日吃物事。"(同上,第12章)

(2) 上海话:

a. 大生意嘸本錢咾做勿起,只得做做小生意。
   Too sang-e m pung de lau tsoo veh che, tseh tuh tsoo tsoo sēau sang-e.
   When one cannot do a large business from want of capital, he must do a small trade.(《集锦》1862:122)
b. 唔头唔脑。m deu m 'nau. without order.(《语法》1868:80)
c. 呒忧呒虑。m yeu m lü'. Having no grief or care.(同上,143)
d. 呒形呒踪。m yung m tsóng. There is no trace of him.(同上)
e. 呒啥事体。m sá' zz' 't'i. It is nothing.(同上)

(3) 台州话:

a. m-ze-keh nying ng fe ding ge ze.
   无罪个人你弗定其罪就不将无罪的当作有罪的了。(《马太》1880,12:7)
b. tsing-ziang m-nying kwön-keh yiang.

正像无人管个羊如同羊没有牧人一般。（同上，9:36）

    c. dæn-z sing-li m-keng, peh-ku z dzæn-z.
       但是心里无根，不过是暂时只因心里没有根，不过是暂时的。（同上，13:21）

    d. ngô ah feh iao peh ge-he k'ong-du k'e,kyüong-p'ô lu-zông m-lih.
       我也弗拨渠许空肚去，恐怕路上无力我不愿意叫他们饿着回去，恐怕在路上困乏。
       （《马太》1880，15:32）

    e. 'Nying ziah-z ts-tin tsi-dænvæh-tsiu,z m-iao-kying.
       你若是指点祭坛罚咒，是勿要紧凡指着坛起誓的，这算不得什么。（同上，23:18）

（4）宁波话：

    a. Keh z m-yüong. 该是呒用。《初学》1868:24）

    b. m-deo-m-jü. 呒头呒绪（同上，21）

    c. Keh z m-fah. 该是呒法（同上，24）

    d. Keh z m-tso. 该是呒做（同上）

（5）温州话：

    a. kaih n-ch'i^2 tsu^2. 个呒处做. this can't be done.（《入门》1893:286）

    b. He^1-kai^2-n-foh. 许个呒法. that can't be helped.（同上，287）

    c. n-ch'i^2-koa^1. 呒处讲. remark, beyond（同上）

    d. N-pang^2. not able to.（同上）

（6）金华话：

    a. Kyü,Ng m diao shü kwor-kwor. 主，你呒吊水家伙。（《约翰》1866，4:11）

    b. 'A m-djông-fu. 我呒丈夫。（同上，4:17）

    c. Jioh-z ng-da feh c'eh nyin-geh Ng-geh nyüoh,feh c'eh Geo-geh hyüeh,
       ng-nong-da sin-deo ziu m wör-ming.
       若是你搭弗吃人个儿子血，弗吃渠个肉，你侬搭心头就呒活命。
       （同上，6:53）

例（1）～（5）"呒"在各方言文献中大多与单音节名词组合，这些组合也大都表现出习语性，即一般不能拆分，也很少能插入别的成分，具有词汇化的倾向，只不过，从组合面来看，"呒"构成的词汇词仍较能产。只有金华话"呒"较自由地用来否定双音节名词，仍是该方言中否定存在或领有的基本形式。

"呒"做动词，否定存在，用做谓词，只见于台州话和金华话，其他方言未见谓词用法。

（7）台州话：

    a. ziu-z leh-kyih ze-teh k'oh ge n, feh k'eng t'ing ky'ün, ing- yü ge n m-gao.
       就是拉结在得哭渠儿，勿肯听劝，因为其儿呒告是拉结哭他儿女，不肯受安慰，
       因为他们都不在了。（《马太》1880，2:18）

    b. Teng tao t'in-di tu m-gao, keh leh-fæh ih-tin ih-wah, ah feh neng-keo fi-gao.
       等到天地都呒告，个律法一点一画，也弗能够废告。就是到天地都废去了，律法的一
       点一画也不能废去。（同上 5:18）

（8）金华话：

Tsiu m-boh,Yæ-su-geh nyiang'ông Geo kông,Geo-geh tsiu m-boh.

酒呒罢,耶稣个娘哼其讲,其个酒呒罢。酒用尽了,耶稣的母亲对他说:"他们没有酒了。"

(《约翰》1866,2:3)

例(7)~(8)中台州话、金华话"呒"皆可以用做谓词,带上表完结的体助词,这种用法在其他方言中皆已经消失了。

从"呒"在吴方言中否定名词不受音节形式限制到否定单音节名词,且出现词汇化倾向,体现了"呒"在吴语中的演变历程,即从句法词到词法词再到构词语素;而在方言内部其功能上的差异也反映了演变的不平衡性。一百多年前"呒"在金华话中仍为句法层面的否定动词,其次是台州话,而在吴语其他各方言中基本上已经进入词法词阶段,成为具有较强能产性的构词语素。

1.2 呒不

"呒不"主要见于苏州话,一百多年前西儒文献中最常用作否定动词,极少见到副词用法。"呒不"也偶见于早期上海话文献中。如,

(9)苏州话:

神就是创造管理万物个真主,是纯灵呒不形象。是三位一体个、三位就是神父、神子、圣灵。是独一无二,呒不起头、呒不着末、呒不更改。是无所不知、无所不能,无所不理。俚个圣义、仁爱、恩德、呒不限量个。

(《马太》1879:序言)

从例(9)可见,早期苏州话文献中"呒不"是一个高频使用的否定动词。

(10)上海话:

铜钱有末?弗曾/无得/无没/一眼无拨。

Dong-dié yeu-mé?—Vé zeng.—M-te, m-mé.—I-ngè m-pé.

Avez-vous des sapèques (vos sapèques)?—Pas encore.—Je n'en ai point.—Je n'en ai point du tout.(《松江话》1883,DIXIÈME LEÇON)

上海话中仅仅见到《松江话词汇集》(1883)中记录了"无拨",据宫田一郎、石汝杰(2005)"无拨"主要用于《海上花列传》,该小说为旅居上海的苏州人韩邦庆以苏州话写成,可见,早期上海话中偶见的"无拨"应该来自苏州话,且这一外来成员受到上海话内部对应成员的抵制,并未使用开来,所以在其他多达 30 本文献中都未见使用。

1.3 无得

"无得"用做否定词,可见于上海话、宁波话和金华话。如,

(11)上海话:

a. 中國盆盌上個山水咾花卉嘸得英國能個細膩。

Tsúng kōh pung way long kuh san sz lau hwō hway m tuh ying-kōh nung kuh se nie.

The landscapes and flowering on the Chinese plates and basins are not so fine as the English.(《集锦》1862:99)

b. 第個人嘸得啥好吃局。

Te kuh niung m tuh sa hau ch'uh jōh.

This man has not good food.(同上,10)

c. 再好末，无得。

　　Tsai h'ao mé, m-te.

　　Il n'y a pas meilleur.（《松江话》1883，SIXIEM LEÇON）

（12）宁波话：

a. Væn-pah feh tsiao-jing gyi Ng-ts cü-kwu, z m-teh gyi Ah-tia.

　　万百弗召认渠儿子主顾，是呒得渠阿爷。凡不认子的，就没有父。

　　（《约翰一书》2:23，1856）

b. Wa-yiu m-teh? 还有呒得？（《初学》1868）

c. Væn ky'üoh-ko ma? Wa m-teh ky'üoh-go. 饭吃过吗？还呒得吃个。（同上）

d. Væn-veh tu z Gyi zao-c'ih-læ-go; z zao-c'ih-læ-go tong-si, yia m-teh ih-yiang feh-z Gyi zao-go.

　　万物都是渠造出来个，是造出来个东西，也呒得一样弗是渠造个。万物是藉着他造的，凡被造的，没有一样不是藉着他造的。（《约翰一书》1868，1:1-3）

e. Væn-pah væn-ze-go cü-kwu z m-teh k'en-kyin Gyi, yia feh sih-teh Gyi.

　　万百犯罪个主顾是呒得看见渠，也弗晓得渠。凡犯罪的，是未曾看见他，也未曾认识他。

　　（《约翰一书》1856，3:6）

f. Ing-we ngô m-teh tseo k'ong-deo lu, m-teh tso k'ong-deo kong-fu.

　　因为我呒得走空头路，呒得做空头工夫。我没有空跑、也没有徒劳。

　　（《腓立比书》1856，2:16）

（13）金华话：

a. Ng-da m-teh t'ong-t'ong tsih-ling.

　　你搭呒得通通洁净。你们不都是干净的。（《约翰》1866, 13:11）

b. Ng-nong sör s-teh'a-geh nyin,'A m-teh shih-diao k'eo.

　　你侬所赐给我个人，我呒有失掉去。你所赐给我的人，我没有失落一个。（同上，18:9）

c. Ziu k'eo tseo-teh jüa-jông, keh yia m-teh kw'or-djoh.

　　去走到船上，个夜呒有获着。上了船，那一夜并没有打着什么。（同上，21:3）

从例（11）~（13）来看，"呒得"在早期上海话中只见到用作否定动词的，副词用法未见，而宁波话"呒得"则既可以做动词，也可见副词用法，金华话"呒得"则保留了副词用法。可见，"呒得"在早期吴语中也存在句法功能上的不平衡性。

1.4 呒嘞

一百多年前宁波话中最常用的"没有（无）"类否定词，可用做动词和副词。如，

（14）宁波话：

a. Dæn-z Ang-sing m-neh kwông. 但是恒星呒嘞光。（《地球图》1853:3）

b. Ing-we tso ze-nying-go kiu-chü, pih-ding zi m-neh ze.

　　因为做罪人个救主，必定自呒嘞罪。（Ih-peng-shü, 1851:26）

c. Dzong m-neh k'en-kyin. 从呒嘞看见。（《初学》1868）

d. Di-gyiu ih-pun z nyih-eo sa-djôh-go, ih-pun m-neh sa-djôh-go, pun-pin en-en-go z yia-tao.

　　地球一半是日头晒着个，一半呒嘞晒着个，半天暗暗个是夜到。（同上）

一百多年前宁波话"呒嘞"为最常见的"没有（无）"类否定词，其次就是"呒得"。

1.5 呒没

"呒没"在一百多年前上海话中已十分常见，不过，19世纪只用做否定动词。如，

（15）上海话：

a. 无没啥比伊好个者。(《油拉八国》1834:32)

b. 第块有个修道堂，办得第塔，亚爱伦无末。(同上, 30)

c. 低之头，故口气就唔末哉。(同上, 80)

d. 唔没道末，一样物事勿有拉。(同上, 1)

e. 書要比第個板子再好嘸末買處。

Su yau pe te kuh pan tz tsay hau, m meh ma t'su.

You cannot buy a book with better type than this. (《集锦》1862:113)

"呒没"也偶见于金华方言圣经译本。如，

（16）金华话：

Ng-da yiu c'eh-geh tong-siæ ma? Geo-da ing Geo, m-meh.

"你搭有吃个东西吗？"渠搭应渠，呒没。"你们有吃的没有？"他们回答说："没有！"
(《约翰》1866, 21:5)

例（16）中金华方言"呒没"用做否定答句，不过，从问句来看，它仍应看做否定动词。

1.6 呒有

见于台州话和宁波话，主要用做否定动词。如，

（17）台州话：

a. M-yiu ih-ke nying neng-keo voh-z liang-ke cü-nying-kô.

呒有一个人能够服事两个主人家一个人不能侍奉两个主。(《马太》1880, 6:24)

b. dæn-z Nying-keh N m-yiu su-ze hao djü.

但是人个儿呒有所在好住人子却没有枕头的地方。(同上, 8:20)

c. tse m-yiu zah-m dziao-deo peh ge mông.

再呒有什么兆头拨其望。再没有神迹给他们看。(同上, 12:39)

d. keh-t'ih do siang-sing-keh sing ze Yi-seh-lih pah-sing cong-yiang Ngô wæ m-yiu p'ong-djôh-ku.

个替大相信个心在以色列百姓中央我还未有碰着过这么大的信心，就是在以色列中，我也没有遇见过。(同上, 8:10)

（18）宁波话：

a. Jing-ming z m-yiu ih-yiang feh neng-keo. Nying tso-feh-læ z-ken, Jing-ming z we tso-go.

神明是呒有一样弗能够。人做弗来事干，神明是会做个。

(《路加》1868, Lu-kyüô 1:37. 18:27)

b. M-yiu bih-go lih-fah do-jü keh-liang yiang.
呒有别个律法大于葛两样。(《马可》1868, 12:29-31)

c. Keh z næn-teh-go, Tsæ m-yiu ka hao. 葛是难得个, 再呒有介好。(《初学》1868)

d. Dzong m-yiu nying k'en-kyin Jing-ming ko.
从呒有人看见神明过。(《约翰》1868, 1:18)

以上"m-yiu"主要做动词, 例(17)台州话 d 句则表明, 用做副词的功能在发展。

1.7 唔冇"n-nao"

只见于温州话, 可做否定动词和副词。如,

(19)温州话：

a. Dà-ż n-naó k'oà gì dong-voa, dzih-töë gi sæ diu ih-kaì N-tsź.
但是唔冇佹渠同房, 直到渠生头一个儿子。只是没有和她同房, 等她生了儿子。
(《马太》1892, 1:25)

b. Iang-'ǜ n-tsź n-náo-goa. 因为儿子唔冇爻 因为他们(即儿子)都不在了。(同上, 2:18)

c. Keh-nang-ge sie-sàng, ziù-ź Yí-seh-lieh pah-sìng toa-chung, Ng ah n-naó ts'ź-djah-kù.
格人个相信, 就是以色列百姓当中, 我也唔冇眙着过。
这么大的信心, 就是在以色列中, 我也没有遇见过。(同上, 8:10)

从以上 7 种否定词的功能来看, 早期"没有(无)"类否定词的特点有：

(1) 大多只用做动词, 如各方言中"呒"、苏州话"呒不"、上海话"呒得、呒没"、宁波话、台州话"呒有"等, 其否定副词的功能由"勿曾""弗曾""未曾"或其合音词充当; 仅宁波话"m-teh""m-neh"、温州话"n-nao"可用做否定副词, 即便如此, 其副词功能也不尽同, 如宁波话"m-teh""m-neh"可以否定曾然、已然和未然, 而温州话"n-nao"则只能否定已然。具体见表 2：

[表2] 否定词"没有(无)"的句法功能

	否定动词	否定已然	否定未然
上海话、苏州话、台州话	+	勿曾	勿曾
宁波话	+	+	+
温州话	+	+	未
金华话	+	未曾	未

(2) 各方言中并存共用多个"没有(无)"类否定词, 如, 苏州话"呒""呒不", 上海话"呒得""呒没""呒不", 宁波话"呒得""呒嘞", 台州话"呒""呒有", 金华话"呒""呒没"等, 但各方言中只有一个为最常用形式。如, 苏州话"呒不"、上海话"呒没"等, 不过这种并存共用, 可为探讨"没有(无)"类否定词的历史关系提供重要线索。

二 一百多年前吴语"没有(无)"类否定词的历时关系

游汝杰(2004, 2005)在对比闽粤方言否定词之后得出吴语"没有(无)"类否

定词最古老的层次是自成音节鼻音 m、n，次古老的层次是"nau³"，即"n（否定词）+jao（有）"的合音词。而其中自成音节的鼻音类否定词即来自"无"（潘悟云2002），这为学界共识，不过，对于同一方言中共存的多个否定词，它们之间的历史关系，如，上海话"呒没""呒得"、宁波话"呒嘞""呒得"等的来源，讨论甚少。仅刘丹青（2005）指出苏州话"呒拨"是由"呒得"后字声母顺同化为双唇音而来，上海话"呒没"也由"呒得"后字声母整个同化为双唇鼻音而来。其提出的文献依据是近代文献和老上海话中出现过"无得"，不过，并未详细讨论。下面我们将结合早期吴语文献讨论"呒得"与其他双音节"没有（无）"类否定词的历时关系。

从西儒文献来看，除温州话、台州话之外，"呒得"在上海、宁波和金华等方言中皆见使用。也就是说，只有在使用"呒＋有"类的否定动词类方言中，不使用"呒得"，而在使用"呒得"类方言中，皆存在声母双唇化或鼻音化类的否定词，即分别为"m-peh""m-meh""m-neh"等。"呒得"与"呒有"对立，且与这三类否定词之间的并存共用应反映了它们之间的历时关系。

在使用"呒得"的方言中，19世纪文献中与之共存的双唇音和鼻音形式往往使用频率更高，且进入20世纪，"呒得"更为少见。以宁波话"呒得"与"呒嘞"为例，具体见表3：

[表3] 19至20世纪初宁波话"呒得"、"呒嘞"和"呒有"的分布

	《约翰一书和腓立比书》1856	《初学》1868	《便览》1910
呒得 m-teh	10（58.8%）	11（45.8%）	1（2.8%）
呒呐 m-neh	6（35.3%）	8（33.3%）	32（91.4%）
呒有 m-yiu	1（5.8%）	5（20.8%）	2（5.7%）

19世纪至20世纪上半叶，宁波话中"没有（无）"类否定词有"呒得""呒纳""呒有"等，从文献来看，宁波话"m-teh"与"m-neh"句法功能一致，既做否定动词，也做否定副词，两者只是读音、使用频率有别。从使用频率来看，19世纪文献中"m-teh"的使用频率高于"m-neh"，不过，进入20世纪，很显然，"m-teh"几近消失，仅仅残留个别，主要用"m-neh"来否定，同时，"m-yiu"也进入宁波话，特别是在《圣经》土白译本中"m-yiu"使用较常见，如《创世纪》（1923）中最常见的"没有（无）"类否定词为"m-yiu"，"m-neh"少见，可能是译本受到官话影响的结果。

从宁波话"m-teh"与"m-neh"的兴替来看，我们相信两者实为同一词，即"m-neh"由"m-teh"音变而来，由舌尖塞音因 m 同化为鼻音 n，所以"呒訥"是"呒得"在宁波话中的后起形式。而在今宁波话中"m-neh"进一步演变为"m-meh"，因 n 完全顺同化为 m，今读为 m⁴⁴mɐʔ¹²，甚至合音为[mɪʔ⁵]。可见，宁波话"没有（无）"类否定词应来自"无得"，尽管经历了不同的音变阶段，而文献为我们保留了不同阶段的读音形式。基于以上分析可推测其过程为：

无得　　>　呒訥　　>　　　　　　　呒没　　>　没
m-the　>　m-neh　>　*m-meh　>　m-mɐʔ　>　mɪʔ

宁波话"无得"的演变过程则为上海话、金华话中"呒没"的来源,提供线索。与宁波话一样,这些方言中的"呒没"皆应来自"无得"的音变。与宁波话相似的是,早期上海话、金华话文献仍见用"无得",只是不及宁波话"无得"常见,也就是说,19世纪文献中"无得"已为残留形式,其消亡速度较宁波话"无得"更快,上海话后起形式"呒没"发展为主要的否定词,金华话因"呒"仍是基本否定词,所以"呒没"的发展受到限制。但不管怎样,"呒没"是从"呒得"音变而来。

苏州话"呒不"应该也来自"无得",《山歌》中"没有(无)"类否定词只有"无得",如,卖草纸个说:"无得"(《山歌》69)(见胡明扬1981),而从其他北部吴语上海话、宁波话、金华话等方言来看,"呒不"很可能也是"无得"音变的结果,只是从"呒得"音变来的"呒不"在19世纪已经完全替代了其旧有形式而已。

至此,我们认为早期吴语"没有(无)"类否定词主要可分为三类:"无"类、"无得"类、"n-nau"类,这三类实际上又可以分为两个层次,一是"无"类、一是"无得"(北部吴语)、"n-nau"(南部吴语)类,而"无得"类则可能也是从近代汉语中借入的,或者说,是北部吴语受到近代汉语共同语的影响而产生的,而南部吴语温州话因偏安一隅则仍自成一类,北部吴语所受共同语影响不仅见于明代甚至更早期吴语,而19世纪下半叶开始,官话对北部吴语又产生新的影响,从而使得"呒有"又开始在某些方言中得以长足发展,如台州话、宁波话等。

三 一百多年来吴语"没有(无)"类否定词的演变

19世纪吴语"没有(无)"类否定词大多用做否定动词,或可用做否定副词,其功能也只限于否定已然或曾然,除宁波话"m-neh"外皆不能否定未然,那么自19世纪至今,吴语"没有(无)"类否定词在句法功能有什么变化?这种变化的动因是什么?

吴语各方言"没有(无)"类否定词的发展并不平衡,这种发展的不平衡性为考察其发展提供线索。下面结合文献展开讨论。

19世纪宁波话"m-teh"或"m-neh"可以否定曾然、已然和未然,用做否定副词。如,

(20)宁波话:

ah-lah ziah wô m-neh væn-ze-ko, keh z sön Gyi shih-hwông, ping-ts'ia Gyi-go dao-li feh-læ ah-lah sing li-hyiang.

阿拉若话呒讷犯罪过,葛是算渠说谎,并且渠个道理弗来阿拉心里向。

<small>我们若说自己没有犯过罪,便是以神为说谎的,他的道也不在我们心里了。</small>

(《约翰一书》1856,1:10)(否定曾然)

(21)宁波话:

a. Væn-pah dzæ-ü Gyi-go feh-we væn-ze;væn-pah væn-ze-go cü-kwu z m-teh k'en-kyin Gyi,yia feh sih-teh Gyi.

万百住于其个弗会犯罪,万百犯罪个主顾是呒得看见其,也弗晓得其

<small>凡住在他里面的,就不犯罪;凡犯罪的,是未曾看见他,也未曾认识他。(同上3:6)</small>

b. ing-we nying, ziah feh æ-sih gyi sô k'en-kyin-go hyüong-di, dza neng-keo æ-kying m-neh k'en-kyin-go Jing-ming?

因为人，若弗爱惜其所看见个兄弟，咋能够爱惜呒訥看见个神明_{不爱他所看见的弟兄，就不能爱没有看见的神}？（同上，4:20）（否定已然）

（22）宁波话：

a. Keh-go z-'eo Iah-'en wa m-teh ky'ih-lôh lao-kæn.
葛个时候约翰还呒得口落牢监_{那时约翰还没有下在监里}。（《约翰》1853，3:24）

b. Yiæ-su teng gyi wô, Nyü-nying, ng teng ngô yiu soh-go siang-ken? Ngô-go z-'eo wa m-neh tao-de.
耶稣等渠话，女人，你等我有啥个相干？我个时候哦还呒纳到兑。
_{耶稣说："母亲，我与你有什么相干？我的时候还没有到。"}（同上，2:4）

c. Yiæ-su we-teh gyi, wô, Fi-lih feh-zing eo ng zin-deo, ng wa læ vu-hwô-ko jü-'ô, Ngô yi-kying k'en-kyin ng ko-de.
耶稣回答渠，话，腓力弗曾讴我前头，你还来无花果树下，我已经看见你过兑。
_{耶稣回答说："腓力还没有招呼你，你在无花果树底下，我就看见你了。"}

（同上，1:48）（否定未然）

从例（20）～（22）来看，19世纪"呒得"或"呒訥"用做否定副词的功能已经十分活跃，虽然"弗曾"仍偶用来否定未然，如例（22）c句，不过，"弗曾"已经十分罕见，且主要出现在《圣经》章节的宁波土白译本中，如《约翰一书和腓立比书》（1856）（1例）、《约翰福音》（1853）（1例）、《宁波土话初学》中新约摘要部分（1868）（1例）、《宁波方言便览》中《圣经》经文选译部分（1910）（5例），而在课本类文献中已不见踪迹。据此可以说，早在19世纪宁波话"呒得"类否定词已经完成了对"弗曾"的替代，今天宁波话"弗曾"已完全消失，只能用"呒没"来否定。

上海话"呒没"替代"勿曾"的过程要远远迟于宁波话。19世纪上海话否定曾然、已然和未然的副词只能用"勿曾"，至20世纪二三十年代，"呒没"发展为否定副词，开始替代"勿曾"的否定功能。另有专文讨论，兹不做具体介绍。至20世纪40年代，"勿曾"明显呈现弱势，"呒没"成为主要的否定副词，而在今新派中只用"呒没"，可见，其"勿曾"也已经被"呒没"替代。

19世纪台州话"没有（无）"类否定词为"m""m-yiu"，主要用做动词，而否定副词功能由"勿曾"的合音词"vong"充当。如，

（23）台州话：

a. Ngô lao-zihi teh ng kông, Yiu hyü-to sin-ts-nying teh tsng-dzih nying iao-siang mông ng-he su mông-djôh-keh, vong mông-djôh-ku; iao-siang t'ing ng-he su t'ing-djôh-keh, vong t'ing-djôh-ku.
我老实搭你讲，有许多先知人搭正义人要想望你们所望着个，未曾望着过，要想听你们所听着个，未曾听着过。_{我实在告诉你们：从前有许多先知和义人要看你们所看的，却没有看见；要听你们所听的，却没有听见。}（《约翰》1880，13:17）

b. Feh iao tsiao ge yiang:ing-yü vong meng ge t'ao zin-deo, ng-he su iao-keh meh-z, ng-keh Ah-pang yi-kying hyiao-teh-gao.

弗要照其样，因为勿曾问其讨前头，你们所要个物事，你个阿爸已经晓得爻。

<small>你们不可效法他们，因为你们没有祈求以先，你们所需用的，你们的父早已知道了。（同上 6:8）</small>

c. Ge m Mô-li-ô yi-kying hyü peh Iah-seh, wæ-vong tso-ts'ing, bi Sing-Ling kön-dong ziu-t'e peh bih-nying hyiao-teh.

其母玛利亚已经许配约瑟，还未做亲，被圣灵感动受胎，拨别人晓得他母亲

<small>马利亚已经许配了约瑟，还没有迎娶，马利亚就从圣灵怀了孕。（同上 1:18）</small>

例（23）否定副词"vong"功能活跃，可以否定曾然、已然和未然等。不过，今台州话（丁健 2011）中否定词"m"既可以用做动词，也是最常见的否定副词，而"勿曾"合音式仍用来否定未然。如，

（24）台州话：

a. 昨夜佢开嗷，我呒开。<small>昨晚他去了，我没去。</small>

b. 感冒还呒好，衣衫勿要脱嗷。<small>感冒还没好，衣服别脱。</small>

c. 佢还勿曾来，你等记起。<small>他还没来，你先等一会儿。</small>

从例（24）可见，"呒"在今台州市区话中为基本否定副词，可否定已然和未然，而"勿曾"也仍可否定未然。若联系文献来看，可以说，"呒"的副词功能的发展导致"勿曾"的使用范围缩小，是"呒"在逐渐替代"勿曾"，只是这一过程还未结束。

据丁健（2011）介绍台州市区话中不用"呒有"组合，因为"呒"可以直接否定领有或存在。那么该如何看待早期文献中的"呒有"呢？台州话早期文献只有《圣经》译本，"呒有"高频出现在土白译本中，而译者一般为通晓官话甚至以官话圣经译本为底本进行翻译，难免不受官话的影响，从读音来看，译本文献读音大多记录了方言用字的读书音，词汇和语法应该也逃不了官话的痕迹。因此，我们相信，"呒有"是受到官话"没有"产生的。从文献来看，台州话"没有（无）"类否定词的发展与上海话比较一致，即随着"呒"发展为否定副词，逐渐排挤或替代"勿曾"的功能，发展为基本否定副词。

19 世纪金华话中"没有（无）"类否定词"m、m-meh"皆为动词，其否定副词由"mi"（未）和"mi-zeng"（未曾）充当，至今，这种格局仍保存着，即"没有（无）"类否定词并没有发展出否定副词的功能。如，

（25）金华话：

a. Mi-zeng yiu nyin shin-jông t'ia-kwör, kyih-teh nyin-geh Ng seo-teh zæ t'ia-shông-go, zong t'ia-shông kông-lôh-lih.

未曾有人升上天过，只得人个儿口得在天上个，从天上降落来。

<small>除了从天降下仍旧在天的人子，没有人升过天。（《约翰》1866, 3:13）</small>

b. Yi ts'a 'A-geh Yia, via we 'A tsör tæ-kyng. Ng-da mi t'ing-djoh Geo-geh shin-ky'i, mi mong-djoh Geo-geh vüong-mao.

亦差我个爷，也为我做对证。你搭未听着其个声气，未望着其个容貌。

<small>差我来的父也为我作过见证。你们从来没有听见他的声音，也没有看见他的形像。（同上 5:37）</small>

c. Yæ-su'ông geo kông, Shü-nyin-ts, Ng'ông 'A da siang-kër, 'A z-jin mi-seng-tao.

耶稣哼其讲，妇女子，你亨我大（什么）相干，我时辰未曾到。

<small>耶稣说："母亲（注：原文作"妇人"），我与你有什么相干？我的时候还没有到。"（同上 2:4）</small>

例（25）可见，19 世纪金华方言只能用"未"和"未曾"否定曾然、已然和未然。否定词词形和句法功能的格局一直保持至今，其"没有（无）"类否定词并未发展为否定副词替代"未曾"或"未"。

19 世纪温州话"没有（无）"类否定词"n-nao"可用做否定副词，不过，只能否定已然，否定未然的功能用"未"表达。如，

（26）温州话：

a. 该五六年我伉你呒有碰着过，你个胡须沃白爻罢。
Kih ng¹ liuh nyie ng¹ k'oa² nyi¹ n-nao¹ p'ung-djah-ku², nyi¹-ge whu-shǐ oh bah-goa-ba¹.'ao. In these five or six years that you and I have not met, your beard has turned quite white.（《入门》1893：95）

b. 渠是屋里做□□？渠呒有是屋里。
Gi z¹ uh-de tsu² ga-nyie? Gi n-nao¹ z¹ uh-de.
what is he doing at home? He is not at home.（同上，39）

c. 我疑心其呒有听着。ng¹ n-sang gi n-nao¹ t'ing-djah. I suspect he did not hear.
（同上，143）

（27）温州话：

a. Iang-'ǜ mi djao yi-zie, nyí-dà-ko só è yoà-ge, nyí-ge Vû¹ yí-chang shá-tih-bá.
因为未求以前，你大家所要用个，你个父已经晓得罢因为你们没有祈求以先，你们所需用的，你们的父早已知道了。（《马太》1892，6:8）

b. 其行来罢未？其未走来。gi 'œ-li ba¹ mi²? gi mi² tsao¹-li.（《入门》1893：34）

c. 你□着罢未？□着罢。nyi¹ ts'z²-djah ba¹mi²? ts'z²-djah ba¹.（同上，46）

从例（26）、（27）可见，19 世纪温州话"呒有"主要用来否定曾然和已然，而"未"则用来否定未然。这种格局至今仍沿用着。

而一百多年中因"没有（无）"类否定词未发生功能演变的还有苏州话"呒不"，苏州话"呒不"早期文献只做否定动词，今苏州话中仍只做动词，否定副词由"勿曾"充当（汪平，2011:344-345）。

对比 19 世纪文献和今吴语各方言中"没有（无）"类否定词的用法可以看到它们发展的不平衡性。金华话、温州话和苏州话"没有（无）"类否定词在一百多年中其功能并未发生显著的演变，而宁波话、上海话、台州话因"没有（无）"类否定词从动词发展为副词，导致原来的否定副词的功能消退甚至被完全替代，而三者在替代的速度上存在明显的差异，其中宁波话替代应于一百年前已基本完成，上海话则于 20 世纪中叶基本完成，而台州话则至今仍处于替代的进程中，"勿曾"仍保留了部分功能。若将否定副词分为否定已然（包括曾然）、未然，下面列出"没有（无）"类与"没有（未）"类否定词的基本格局。

173

	动词	否定已然	否定未然
苏州话	呒不	勿曾	勿曾
上海话	呒没	呒没	呒没
宁波话	呒没	呒没	呒没
台州话	呒	呒	呒/勿曾
金华话	呒	未/未曾	未/未曾
温州话	呒冇	呒冇	未

在这种不平衡发展中，我们可以看到这两类否定词历时演变中所体现的蕴涵性：

（1）"没有（无）"类否定词若能否定未然，那么一定可以否定已然。用四分表表达为。

蕴涵性1：	否定已然	否定未然	
没有（无）	＋	＋	上海话、宁波话、台州话
	＋	－	温州话
	－	－	苏州话、金华话
	－	＋	无

（2）若"没有（未）"类可以否定已然，那么一定可以否定未然。用四分表表达为。

蕴涵性2：	否定已然	否定未然	
没有（未）	＋	＋	苏州话、金华话
	－	＋	温州话、台州话
	－	－	上海话、宁波话
	＋	－	无

这种分布和蕴涵性其实反映了"没有（无）"类否定词的演变过程，即首先发展出否定已然的功能，再扩散至否定未然，如上海话"呒没"，这个过程也可能因"没有（未）"类否定词的阻止，而止于否定已然，如温州话"呒冇"。而相反，对于"没有（未）"类否定词来说，否定未然是与其具有语义自然关联的用法，因此，在被替代过程中，最自然的用法成为最后消退的阵地，如台州话"勿曾"。

据此，我们推测，更早历史时期吴语否定词应该是"没有（无）"类做动词，而"没有（未）"类做副词。

四 结语

19世纪吴语"没有（无）"类否定词虽然种类多样，但实际类型为三种：m、m-teh 和 n-nao，其中自成音节鼻音分布全境，而 m-teh 主要分布于北部吴语，且音变出不同形式，而 n-nao 则只见于南部吴语温州话。

19世纪吴语"没有（无）"类否定词主要用做动词，在一百多年中，上海话、台州话等发展为副词，并取代"勿曾"，宁波话这一替代过程应于一百多年前已经实现，金华话、苏州话、温州话该类否定词在一百多年中未发生演变。

吴语"没有（无）"类否定词的演变及与"没有（未）"类间的替代关系，体现了否定词演变中不同功能之间的蕴涵关系。

参考文献

丁　健 2011　台州方言的否定词与相关格式，见游汝杰、丁治民等主编《吴语研究》，上海教育出版社，212-229 页。

宫田一郎、石汝杰 2005　《明清吴语词典》，上海辞书出版社。

胡明扬 1981 三百五十年前苏州一带吴语一斑——《山歌》和《挂枝儿》所见的吴语，《语文研究》1981 年第 2 期，93-110 页。

刘丹青 2002　上海方言否定词与否定式的文本统计分析，《语言学论丛》26 辑，109-133 页，商务印书馆。

刘丹青 2005　汉语否定词形态句法类型的方言比较，[日本]《中国语学》252 号：1-22 页。

钱乃荣 1997　《上海话语法》，上海教育出版社。

——2003　《上海语言发展史》，上海人民出版社。

潘悟云 2002　汉语否定词考源——兼论虚词考本字的基本方法，《中国语文》，2002 第 4 期：302-309 页。

汪　平 2011　《苏州方言研究》，中华书局。

许宝华、汤珍珠主编 1988　《上海市区方言志》，上海教育出版社。

游汝杰 2004　吴语否定词的语法类别和历史层次，见石锋 沈钟伟主编《乐在其中--王士元教授 70 华诞庆祝论集》，31-37 页，南开大学出版社。

—— 2005　吴语语法的历史层次叠置，《语言研究集刊》（第二辑），30-53 页。

游汝杰主编 2014　《上海地区方言调查研究》（第五卷、第六卷），复旦大学出版社。

西儒文献

慕姑娘《油拉八国》，出版社不详，1834。

戴维思《新约全书略注》（第一卷）（马太福音），上海：上海美华书馆（简称"马太"）1879 版。

Edkins, Joseph. *A Grammar of Colloquial Chinese, as exhibited in the Shanghai Dialect.* Shanghai: Presbyterian Mission Press（《上海方言口语语法》，简称《语法》）1853 年版。

John, Macgowan（麦嘉温）. *A Collection of Phrases in the Shanghai Dialect, Systematically arranged.* Shanghai: Presbyterian Mission Press. 1862 年版.（简称《集锦》）

Martin, William Alexander Parsons tr. *Di-gyiu du; Ng da-tsiu di-du.;peng-koh, peng-sang, peng-fu, sæn-foh di-du, wa-yiu, Sing-kying di-du, lin, di-li veng-teh: di-ming tsiao ying-wæn-ts-liah.* 宁波，1853 年版。

Medhurst, Walter H.《约翰传福音书》江苏省松江府上海县墨海书馆 1847 年版。（简

称"约翰")

Morrison, G.E.（莫理循）. *Leçon ou exercices de langue chinoise. Dialecte de Song-kiang.* Zi-ka-wei:Imprimerie de la Mission Catholique, l'orphelinat de T'ou-sè-wè. 1883 年版.（简称《松江话》）

Möllendorff, Paul GeorgVon, *Ningpo Colloquial Handbook*（《宁波方言便览》）, American Presbyterian Mission Press.（简称《便览》）1910 版。

Montgomery, P. H. S. *Introduction to the Wenchow Dialect.* Shanghai: Kelly and Walsh.（《温州话入门》）（简称《入门》）1893 版。

Rankin, Henry van Vleck, *Nying-po t'u-wô ts'u-'ôh*（《宁波土话初学》）, Zông-Hae Me-wô shü-kwun。（简称《初学》）1857/1868 版。

Rudland, W. D. *Mô-t'a djün foh-ing shü*（《马太传福音书》罗马字）T'E-TSIU T'U-WA T'E-TSIU FU: NEN-DI WE ING-SHÜ-VÔNG ING-KEH. 台州：大英本国和外国圣书会（台州土话《马太福音书》）（简称"马太"）1880 版。

Rudland, W. D. *Ngô-he kyiu-cü Yia-su Kyi-toh-keh Sing-Iah Shü*（罗马字）. 台州：大英本国和外国圣书会。T'E-TSIU T'U-WA. Di-nyi-t'ao ing. Da-ing peng-koh teh nga-koh Sing-shü we ing. 1897 版。

Russell, William Armstrong, Rankin, Henry van Yleck and others tr. *Mo-t'œ djün foh-ing shu*（马太传福音书，罗马字）（简称《马太》），1853 版。

Russell，William Armstrong（祿賜悅理编）. *Ih-peng shü, yüong lo-mo z - NGÆN. fæn Nying-po t'u-wô: kông YÆ-SU Dao-Li. Loh-s Yüih-li Zao.* 宁波，1851 年版。

Soothill, W.E. *Ṅg-dá-ko cháo-chi Yi-su Chi-tuh-ge Sang iah sìng shi: fa üe-tsiu-ge t ü'-'o*（温州土白，罗马字）Da-iang Sing-shi Whai Iang. The Gospel of Matthew in Wenchow Colloquial. The British and Foreign Bible Society.（《马太福音》）（简称"马太"）1892 版。

Jenkins, Horace. *A-da Kyiu-cü Yœ-su-geh Sin-yi Kyiao Shü*（金华土白，罗马字）. American Bible Society. IAH-'ÆN DJÜA FOH-ING SHÜ.ING VA KYÜA SHÜ OH. JÔNG-HAE.（金华土白《约翰福音》）（简称"约翰"）1866 版。

William Armstrong Russell, Henry van Yleck Rankin and others tr. *Ah-lah kyiu-cü Yiœ-su-go sing-yi-tsiao shü: Iah-'en djün foh-ing shü*（约翰传福音书，罗马字）（简称《约翰》）1853 版。

关于19世纪宁波方言牙喉音腭化及尖团合流的问题[1]

马之涛

(华南农业大学外国语学院)

关键词： 舌叶音　舌面音　舌尖音　穆麟德　庄延龄

1. 概要

本文主要参考的文献是庄延龄[2]的《The Ningpo Dialect》(《宁波方言》)1884和穆麟德的《宁波方言音节》1901。在19世纪外国人所著的文献中，庄延龄的论文很少被关注，但他的描述中却记有其他文献所没有提到的重要信息，特别是在对牙喉音腭化现象的描述具有相当的参考价值。本文结合先行研究中对牙喉音腭化和尖团合流的见解，从以上两位外国人汉学家的描述来对问题进行再探讨。结论认为牙喉音腭化并不是所有音节都是同步的，同一时期不同音节的腭化程度并不相同。而牙喉音腭化与尖团合流的发生是属同一个时期，这个时期的尖音与团音也并没有形成整然的音位对立。另一方面，与特殊元音[ʮ]相拼的舌叶音，原本与舌尖音维持着声母音位上的对立。但牙喉音颚化后产生的舌面音打破了这种平衡，造成了尖团合流与舌叶音消失，最后还引起了部分元音的高化。

2. 牙喉音腭化及尖团合流

2.1. 牙喉音腭化

吴方言中大多数地区的中古音二三四等牙喉音都发生了腭化，与北方方言的情况相同。如，牙音"气"中古音为[kʰiəi]，现在宁波音为[tɕʰi]；喉音"喜"中古音为[hiə]，现在宁波音为[ɕi]。

关于宁波方言牙喉音腭化的时期，先行研究之间存不同意见。多被利用的研究资料是19世纪传教士所用的一套成立时间大致为1850年前后的罗马字方案(下文称教会罗马字)[3]，这套方案可见于如D. B. McCartce《Lu hyiao ts》(路孝子)1852[4]、《路加传福音书》1853等圣经读物[5]，也被如蓝亨利《宁波土话初学》1857(1868版参照)和睦礼逊《字语汇解》1876、穆麟德《The Ningpo Syllabary》1901(下文称《宁波方言音节》)和《宁波方言便览》1910等方言学习书及辞典所采用。教会罗马字方案中将二三四等牙喉音表示为 ky　ky'　gy　hy，徐通锵1990将这几个音看作为腭化的[tɕ　tɕʰ　dʑ　ɕ](下文称"[tɕ]组")，而胡方2001认为教会罗马字方案反映了1860年前后或更早的牙喉音是没有腭化的，应该为[kʲ　kʲʰ　gʲ　hʲ](下文称"[kʲ]组")。在这一点上笔者基本赞成胡文观点，以下举出他的两点理由。

首先，在《宁波方言音节》的导言中有关于 ky　ky'　gy　hy 的描述，胡文翻译如

下（文中括号为胡文所加，笔者指胡文作者）。

> ky, gy, hy，只能拼 i 和 y。ky 和 gy，起初是 k+y 和 g+y，现在发音近似 tsh（即 tɕ-笔者注，下同）和 dj（即 dʑ）；hy 起初等于 h+y，现在发展成北方官话中的 hs（即 ɕ）一般……（胡方 2001：66）

这段文字虽然反映了牙喉音已经开始腭化，但是穆麟德随后也说到 ky 是带喉部发音的（见下文翻译），所以此时应该还是处于牙喉音腭化的起初状态。

第二点理由是现在台州片吴语中仍然存在舌根声母，与传教士的描写一致。

笔者认为胡文的这个观点是正确的，但对于译文，谢友中 2018 指出其中有异于原文之处："ky, gy, hy，只能拼 i 和 y"，原文为"只能拼 i 和 ü"，并认为胡文"可能是由于一时疏忽而改变了原文，但这一改变却造成了对记音符号音值认识的偏离"。笔者也有不认同胡文译文之处，为了方便理解，以下将穆麟德原文翻译，并稍微补充其后的部分。

> ky gy hy 后面只能接 i 或 ü。ky 和 gy，起初是 k+y g+y，现在发音近似于 tsh 和 dj；hy=h+y，发音近似于北方官话的 hs，是以前的 h 和 s 声母的组合。
>
> 关于 c 和 ky 的区别，c 是舌尖塞音 t 开始的，ky 如果不是喉塞音的话，则与其发音是相同的。《宁波手册》[6]中有这些发音，并指出发音的特点。（穆麟德 1901:x）[7]

文中的 hs 所反映的，是当时北方官话中已经腭化的[ɕ]，这一点正如胡文所指。北方官话的牙喉音腭化早在 18 世纪前叶开始，尖团合流也被认为在 19 世纪前叶完成，所以这里 hs 的音值毫无疑问是腭化后的[ɕ]。从这点看来《宁波方言音节》成立时，牙喉音的腭化应该已经出现。

但文中的 tsh 和 dj，林碧芸 2015 认为并不是指北方官话的[tɕ]和[dʑ]，此处胡文的理解有误。笔者赞同林文看法，原因有两点，一是在文中穆麟德是先提到了 ky 和 gy，而没有将它们与北方官话相比较，北方官话是在说到 hy 时才提到的，从表达逻辑上说，这只是拿 hs 和北方官话相比较。如果 ky gy hy 都发生腭化并类似于北方官话的话，便应该将三者都一并提及，而不应该分开描述。二，此时的北方官话也不存在浊音声母[dʑ], dj 不应是北方官话的音节。因此，这只能理解为只有 hy 近似北方官话，而并非 ky gy hy 三者都近似。此处的 tsh 和 dj 应该是指《宁波方言音节》中的 c 和 dj。

《宁波方言音节》的罗马字，也就是教会罗马字有一套声母 c c' dj sh，是反映当时宁波方言的一套舌叶音[tʃ tʃʰ dʒ ʃ]（参见徐文、胡文，下文称[tʃ]组，关于舌叶音的问题下文再作详细探讨）。穆麟德在序言关于声母 c 的描写中说到"c=t+sh 为清音，dj=d+j 为浊音"。由此推测上文的 dj 应该是指该书中的 dj，反映的是浊音[dʒ]；而 tsh 则是音节表的 c，反映的是清音[tʃ]。穆麟德的这段描述是想说明 ky gy 的发音接近

于舌叶音 c dj（[tʃ] dʒ]），而 hy 则是接近于北方方言的 hs[ɕ]。这样理解的话，与紧接下一句的意思也可以更好地联系起来。即下文的"关于 c 和 ky 的区别……"是指"关于 tsh 与 ky 的区别……"，是对 ky 这个声母作进一步的解释。

通过以上对穆麟德描述的理解，可以说 hy 所表示的音节可能已经腭化，但并不是[kʲ]组声母都是同步的，塞擦音[kʲ gʲ]腭化的进程比擦音[hʲ]要慢，而该时期的塞擦音[kʲ gʲ]更近似于舌叶音[tʃ dʒ]。笔者认为此时的 ky gy 为硬腭音[c ɟ]，从发音原理上说，由于[kʲ gʲ]的腭化，使舌面上升而形成了舌面与硬腭间摩擦，即变为硬腭塞擦音[cç]，这样才会如穆麟德所说的那样与舌叶音[tʃ dʒ]相似。另一方面，穆麟德也提到 ky 如果不是喉塞音的话，则与 c（[tʃ]）是相同发音。这一句话只能理解为[kʲ]并没有完全腭化为[tɕ]，仅仅是与[tʃ]调音相近的一个阶段，很可能就是[cç]。但为了方便与先行研究之间的比较，本文还是使用[kʲ gʲ]来表示未腭化的牙喉音。总而言之，从穆麟德的描述看来，牙喉音的腭化是不彻底的，只是在进行中的一个状态。

2.2. 尖团合流

尖音并入团音，即本文所指的[ts]组（[ts tsʰ z s]）> [tɕ]组的变化，不仅在北方官话（如北京话：西（尖）= 稀（团）[ɕi]、精（尖）= 京（团）[tɕiŋ]），而且也在不少其他方言中发生。这种变化也见于大多数的吴方言，其中宁波方言也并不例外。但在过往宁波方言尖团合流的讨论上，似乎还未被研究得详细，仍有必要对其发生模式与过程的问题进行更深入的分析。以下，本文将通过庄延龄论文，对牙喉音腭化及尖团合流的时间和过程进行分析并作出解释。

上文提到穆麟德观察到的牙喉音是正在腭化过程中的，并不彻底，再早些时期甚至有可能是并未腭化，保持有[kʲ]组的音值。而且，在传教士资料及方言学习书中的尖团对立是非常明确的，并没有混同。对此虽然徐文认为当时牙喉音已经腭化，但认为尖团合流时期应为 20 世纪初的约 20 年间。

所谓尖团合流是指团音[tɕ]组与尖音[ts]组合并，两组声母消失音位上的对立。当然需要讨论的问题还有合流的时期和方式。在过往的讨论中，比较重视尖团合流的时期，而且焦点在于团音和尖音的整体，即讨论整个[tɕ]组和整个[ts]组而没有细化至音节。但所有尖音和团音同时发生变化的可能性并不高，也有可能因为音节个体差异而在合流过程中存在一定的时间差。庄延龄的一段描述反映出了这一点，他指出《宁波方言音节》的罗马字方案，也就是教会罗马字方案存在不足之处，而在他的论文中重新编制了另一套罗马字方案[8]。在与教会罗马字方案作比较的段落中对[ts]组、[tʃ]组、[kʲ]组的情况做了以下描述。

> 在宁波，hi"喜"和 si"洗"（英语的 he 和 see）之间的区别完全消失了，但是奇怪的是 hih"阋"和 sih"屑"（除去 t 后英语的 hit 和 sit）的区别有时候是很明显的，即 hih 的发音像 hsih，sih 的发音，是纯粹的 s。不过 hieh"歇"和 sheh"摄"这两个音节的韵母在宁波话中都读作 ih，使问题变得复杂了。前者常读作 hsih，后者读 sih。因此方案中的 h 在 i 前面出现时变为 hs，而方案中

的 s 和 sh 之间没有区别。然而，在日常会话中将这些发音全都看作 hs（与北京相同）也不会引起误会。hing, sing "兴心"; hiao, siao "枭消"; hien, sien "轩先"; hie, sie "骇卸" 等音节之间的区别是不稳定和不规则的，既可以用原本的发音，也可以读 hs。然而，h 本身不可以读作 s，反之亦然。（庄延龄 1884：139）[9]

这是描述宁波方言声母[hʲ]和[s]的区别，反映牙喉音腭化及尖团合流状况的段落。首先看看庄延龄认为 h 可以看作 hs，是"与北京相同"。由于当时北京方言的牙喉音已经腭化为[ɕ]，所以可认为宁波方言也发生了同样的腭化，此处与穆麟德的描述相同。

关于北京方言[kʲ]组和[ts]组哪一个首先产生腭化的问题，虽然先行研究也持有不同意见[10]，但[kʲ]组首先发生腭化成为[tɕ]组，之后[ts]组受其影响也合并为[tɕ]组的学说较据说服力。那么，宁波方言的情况如何？庄延龄指出 hih "阅"和 sih "屑"是"hih 的发音像 hsih，sih 的发音是纯粹的 s"，也就是表明了在"阅"的读音已经发生腭化，即[hʲiʔ] > [ɕiʔ]的时候，"屑"仍然为尖音[siʔ]，没有与其合流。由此可认为合流是团音[ɕ]发生后，由于发音部位与尖音接近而导致[s]向[ɕ]合并的，自然也可以推测[kʲ]组比[ts]组腭化得更早。

从庄延龄的描述进一步可以发现，团音[ɕ]和尖音[s]的合流过程，各个音节并不是同步的。庄延龄指出 hi 和 si 之间的区别完全消失，但 hing 与 sing、hiao 与 siao、hien 与 sien、hie 与 sie 等音节的区别是不稳定和不规则的，而音节 hieh "歇"和 sheh "摄"则是虽然可以读作 hs 但通常被明显区分开来（这里的"摄"的拼写 sheh 不是教会罗马字方案的拼写，"摄"在教会罗马字方案中为舌尖音 sih，而不是舌叶音）。所以从这段描述可以推断在尖团合流过程中，韵母 i 的音节要比韵母 ing, iao, ien, ie 的音节要先完成腭化并先完成尖团的合流，而入声韵 ih 则是完成得比其他音节都要晚的。

在庄延龄的描述中只提到了 hi 和 si 的区别，没有提到同组的 ky ky' gy 和 ts ts' dz 的情况。但依据穆麟德的描述得知，hi 和 si 的合流是早于 ky ky' gy 和 ts ts' dz 的合流的，也就是擦音声母比塞擦音声母的变化要早。

在此，以庄延龄描述的[hʲ]与[si]为例，说明[kʲ]组与[ts]组的合流过程（图1）。

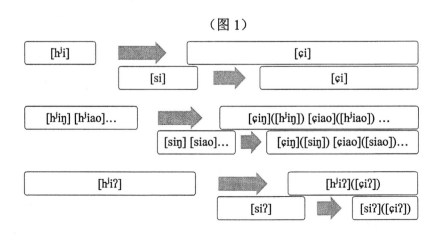

（图1）

通过以上分析可知，不同音节的牙喉音腭化和尖团合流的情况是并不相同的，不过毫无疑问19世纪80年代这种变化已经发生了，而且牙喉音腭化立刻导致了尖团合流，两者的发展虽有先后，却是处在同一时期，这比徐文所认为的尖团合流发生时间为20世纪初还要早大约20年。这也意味着宁波方言的情况是腭化后的团音[tɕ]组与尖音[ts]组不存在音位整然对立的一个时期。

2.3. 原因分析

不同音节的牙喉音腭化上存在着时间差，[hʲi]要比[hʲiŋ hʲiao hʲien hʲie]等音节先完成腭化，笔者认为这是由于牙喉音腭化本身就是受同化作用而导致的结果。[hʲi]受到元音[i]的影响腭化为[ɕ]后，整个音节中辅音及元音的调音基本趋于一致，同化作用得到极大的发挥。然而，在音节[hʲiŋ hʲiao hʲien hʲie]中韵母除了[i]外后面还接有别的元音和辅音，这是同化作用没有得到极大发挥的一个阻碍因素，故腭化较慢。另外，入声音节之所以腭化最迟，可能是由于元音发音时间短，减弱了元音对辅音的同化作用造成的。

宁波方言牙喉音腭化的情况并不是一个特例。反映18世纪北方方言的《重刊老乞大谚解》中牙喉音腭化也是韵母仅为[i]的音节要快于其他音节（参看远藤光晓1993）。牙喉音腭化开始于韵母为[i]的音节再向其他音节扩散的情况，这可能是音节结构影响腭化的一种共性。

另一方面，[hʲ]的腭化比[kʲ kʲʰ gʲ]要快，可能是擦音的调音方式对比塞擦音来说，没有塞音的阻碍而促进了同化的进度。[11]

3. 舌叶音与牙喉音腭化

3.1. 舌叶音

如上文所述，由于宁波方言中存在一套舌叶音，并与舌尖音形成音位对立，调音部位也与腭化后的团音接近，所以有可能19世纪宁波方言的尖团合流与舌叶音，即[tʃ]组声母的存在有着一些关联。在此笔者想对宁波方言的舌叶音做一下分析。

从教会罗马字方案可以看到舌叶音与舌尖音是呈现音位对立的一种状态，如：

中 cong[tʃoŋ] ≠ 宗 tsong[tsoŋ]
冲 c'ong[tʃʰoŋ] ≠ 聪 ts'ong[tsʰoŋ]
重 djong[dʒoŋ] ≠ 从 dzong[dzoŋ]
尚 jông[ʒɔŋ] ≠ 上 zông[zɔŋ]
春 shông[ʃoŋ] ≠ 桑 sông[sɔŋ]

宁波方言的这种对立可从16世纪日汉对音资料《日本国考略》中得到确认（参看马之涛2013），那么可以说两个声母的对立也构成了宁波方言较为稳定的一种声母体系，这种稳定直到牙喉音的腭化，也就是[tɕ]组的产生后才被打破。

舌叶音后接的元音，除了i以外都是圆唇元音（见3.2表2）。对于i，穆麟德在对

其说明时提到，cing c'ing 其后的 i 接近于 ü（徐文认为该处的元音为[y]），这样的话可以说舌叶音[tʃ]组声母只拼圆唇元音，故胡文指出从音位上看可以将[tʃ]组与[ts]组的对立关系看成互补关系。

在对元音 ü 的说明中，穆麟德的说明除了反映其音值是[y]后，还特别补充：

> 在 c，c'，dj，j 和 sh 之后以 ü 结束的音节，即 cü，c'ü，djü，jü，shü 中，元音不是一个 ü，而是我写的 y。它是 r 之前听到的元音，在 dz，m，m̌，ng，s，ts，z 之后听到的元音。这个元音是在发 i 音时由双唇形成的，舌头和喉部被用力压下。（穆麟德 1901:viii）[12]

庄延龄也有以下的描述。

> sh 一定出现在特殊元音 ï 前面，这个元音是 i 和 ü 之间的一个元音，但和 tsz 的元音不同。该元音可以看成只出现在纯粹的 sh ch j 后面的一个韵母。因此"书 世 主 知 如 绪"（成对）读作 shï chï jï。这个声母并不是纯粹的，有时候变化为 hs（与其有关的 ch 和 j 也同样），但是任何情况下不会变化为 s ts z。这个声母和其元音不仅可以是开音节，比如"神 顺 镇 准 人 巡 询 笥"（成对）也被读作 jïng chïng jïng shïng。睦礼逊的《宁波方言字语汇解》中用 sh c j 来表示这三个辅音，但这种表示方式无法区别其元音。当然 ch 也包括了 ch'ï 等，如"趣 鼠"。另外这三个辅音后面还可以拼另外一个元音。这就是英语的 shut 的元音，如"说 刷 设" shêh；"拙 出" chêh 和 ch'êh；"日 术 集" jêh。（庄延龄 1884:140）[13]

穆麟德认为在音节 cü c'ü djü jü shü 中的 ü 是并不是[y]，庄延龄也描述了类似的内容，并指出了睦礼逊的《宁波方言字语汇解》，也就是教会罗马字方案中 shü 这种表示方法表现不出这个元音。需要注意的是他还提到宁波方言的另外三个元音——i 和 ü 以及 tsz 中的 z，这三个元音应该分别指[i y ɿ]，在这基础上进一步指出舌叶音后的元音是介乎于 i 和 ü 之间的，而在他的罗马字方案中将其表示为 ï。从两者的描述看，这个元音明显区别于[i]和[y]，穆麟德与庄延龄都对中国方言了解甚多，特别是庄延龄在宁波方言之前，也做过北京方言、温州方言、广州方言的分析，在这个元音问题上他们没有拿宁波方言与其他方言做比较，很可能是由于这个元音是其他方言中不存在的一个特殊元音。

庄延龄所用的 ï 也会让人想起到现在宁波方言中有一个与舌尖音[ts tsʰ dz s]相拼的圆唇舌尖元音[ʮ]，而且[ʮ]在其他方言里头也不多见，有没有可能 ï 表示的就是[ʮ]呢？但笔者认为舌叶音[tʃ]与舌尖元[ʮ]发音时舌面位置不同，而且舌尖元音一般只与[ts]组相拼，所以[tʃʮ]这样的音节存在的可能性较小。另一方面，当时已经形成现在宁波方言的[tsʮ]等音节的可能性也不大，因为如果是这个元音和[ts]组声母相拼的话，传教士们不可能专门编一套声母 c c' j dj sh 并多来费口舌来对它进行解释，而且不会有[tʃ]

组与[s]组相互混淆的描述了，所以舌叶音相拼的元音不应该是[ʮ]。

对于其后元音音值，应该再参考一下穆麟德的描述。穆麟德指出跟在 c c' j dj sh 后头的这个元音和音节 r dz m m̌ ng s ts z 中的元音相同。其中 r m m̌ ng 是成音节辅音。音节 dz s ts z 的元音在中国方言中较为普遍，高本汉将其看做舌尖元音[ɿ]来处理，其做法也得到学界效仿，但舌尖元音[ɿ]的调音与舌尖辅音[z]的没有太大差别，仅仅是[ɿ]没有[z]那么强的摩擦而已，甚至可以看做成音节的[z]，所以包括宁波的教会罗马字方案在内，19世纪的不少记录中国方言的罗马字方案中，将[sɿ]写作 sz 或 s，将[zɿ]写作 zz 或 z。穆麟德将 cü c'ü djü jü shü 中的 ü 与成音节的辅音相比较，那么可以将 ü 解释为调音其实是和舌叶音[ʒ]大致相同的一个元音，与[ʒ]的区别仅仅是不带强摩擦而带上圆唇性。这与音节 dz s ts z 的表示方法一样，只不过因为带上圆唇性，所以不能单独以字母 c c' j dj sh 来表示，而是加上了 ü。另外，穆麟德所说的"由双唇形成的，舌头和喉部被用力压下"，这也说明个元音应该是伴随圆唇，但需要与[y]区别开来，并不是舌面贴近硬腭，而是压下舌面的一个元音。笔者难以找到与其相对应的音标符号，考虑到其圆唇性和与舌叶音类似性，此处暂用符号[ʮ]来表示。

这样的话可看到当时宁波方言中一共有三组与细音相拼而近似的声母，分别是舌尖音[ts]组，与元音[ɿ]和[i]相拼；舌叶音[tʃ]组，与元音[ʮ]相拼；而腭化后的牙喉音——舌面音[tɕ]组，与[i]和[y]相拼。如表 1 所示。如此近似的三组声母，难以保持一个稳定平衡的状态[14]，所以当[tɕ]组产生后，迅速地破坏了原来舌叶音与舌尖音的对立，可以说[tɕ]组的产生是导致尖团合流和舌叶音消失的原因。

（表1）

例字	教会罗马字	音值	现在宁波方言[15]
四司	s	[sɿ]	[sɿ]
西犀	si	[si]	[ɕi]
书世	shü	[ʃʮ]	[sɿ]
喜希	hyi	[ɕi]	[ɕi]
许虚	hyü	[ɕy]	[ɕy]

3.2. 声母之间的相互作用

为了方便下文进一步进行讨论，这里先将牙喉音腭化前后，相对立以及合流的辅音音节以塞擦音 c- ts- kyi- kyü-为例列于下表。

(表2)

c-	ts-	kyi-	kyü-
	tsi 祭际 tɕi	→ kyi 几鸡 tɕi	
	tsin 剪占 tɕi	→ kyin 见简 tɕi ↑	
	tsia 姐 tɕia ↘		
	tsiæ 者借 tɕia	→ kyiæ 街价 <u>tɕia</u> ka	
	tsiah 着酌 tɕiaʔ	→ kyiah 甲夹 <u>tɕiaʔ</u> kaʔ	
	tsiang 将张 tɕiã	→ kyiang 姜疆 tɕiã	
	tsiao 照焦 tɕiɔ	→ kyiao 教交 <u>tɕiɔ</u> kɔ	
cih 拙室 tsoʔ tsɥœʔ	tsih 接汁 tɕieʔ	→ kyih 急吉 tɕieʔ	kyiüh 决菊 tɕyeʔ
cing 震俊 tsɥøŋ	tsing 进正 tɕiŋ	→ kying 经金 tɕiŋ	kyiüng 均军 tɕyŋ
	tsiu 酒周 tɕiɤ	→ kyiu 九救 tɕiɤ	
	tsön 钻㺒 <u>tsø</u> tɕiɤ ↗		
cün 专转 tsø tɕiɤ ↗			kyün 捐卷 tɕy ↓
cü 主知 tsʮ			kyü 句据 tɕy
coh 竹卓 tsoʔ	→ tsoh 捉作 tsoʔ		kyüoh 鞠掬 tɕyoʔ
cong 中终 tsoŋ	→ tsong 总宗 tsoŋ		kyüong 炯迥 tɕoŋ
cô 吒妊 tso	→ tsô 蔗渣 tso		kyüô 加家 <u>tɕia</u> ko
công 章壮 tsɔ̃	→ tsông 装妆 tsɔ̃		kyüông 降讲 <u>tɕyɔ̃</u> kyɔ̃
	tsôh 쪄		kyüôh 觉鷽 tɕyoʔ

*表中分别列出教会罗马字方案的辅音音节 c- ts- kyi- kyü-，其后依次为《宁波方言音节》中的字例和现在宁波音。以"→"表示音节间的合流，有文白异读处，以下线表示文读音。

对于牙喉音腭化以及由此产生的其他声母音变，胡文认为是牙喉音腭化后的[tɕ]组音值接近于[tʃ]组，为了避免两组混合所以导致[tʃ]组被推出原来所在的位置，合并至[ts]组。之后，由于[ts]组的字数太多再加上其他原因，[ts]组的一部分（[tsi-]等）向[tɕ]组合并，胡文认为种变化解释是"推链"作用导致的。

但笔者认为这里存在三个问题。一是从上面庄延龄的描述可知，[ts]组向[tɕ]组的合并在当时已经发生了，和[tɕ]组的产生是在同一时期。但是[tʃ]组"有时候变化为 hs（与其有关的 ch 和 j 也同样），但是任何情况下不会变化为 s ts z"，也就说这个时候[tʃ]组不会与[ts]组混同，胡文的推测不符合庄延龄的描述。第二，由于[tʃ]组只拼圆唇元音，如果为了避免与[tɕ]组合流，而合并至[ts]组的话，以表2为例，导致音位对立消失的也只可能是 cih cing cün cü coh cong cô công 的八个音节，《宁波方言音节》中这八个音节一共收字 177 字（但实际上 cün coh cong cô công 五个音节共 78 字与现在宁波方言的[ts]组合并，cü 的 58 字没有对立的[ts]组声母，这说明六个音节并没有起到推链作用，推动了[ts]组音变的只有 cih cing 两个音节的 41 个字）。另一方面，[ts]组合并至[tɕ]组后导致音位消失的有 tsi tsin tsia tsiæ tsiah tsiang tsiao tsih tsing　tsiu 十个音节共 257 字。若按胡文的说法，为了音节数较少的[tʃ]组音节不与[tɕ]组相混，而推动了音节数较多的[ts]组与[tɕ]组合并，这显然难以成立。第三，如果[tʃ]组如果先合流至[ts]组，音节"拙　室"[tsɥœʔ]和"震　俊"[tsɥøn]（参照表 2）随[ts]组一起合并至团音的"决　菊"[tɕyeʔ]和"均　军"[tɕyŋ]）的可能性很高，但现在宁波方言中的这两个音节基本没有与团音合流。从以上三点可以推测[tʃ]组 ＞ [ts]组的音变应该是晚于[ts]组 ＞ [tɕ]组的音变，而并不是[tʃ]组 ＞ [ts]组的音变推动了[ts]组 ＞ [tɕ]组的音变。

如上文所述牙喉音腭化后的[tɕ]组立刻合并了[ts]组，如[sia] ＞ [ɕia]，[tsi] ＞ [tɕi]。原因应该是[tsi]与[tɕi]的元音都为[i]，而[tɕ]的调音比[ts]更接近与[i]，出于同化作用，使[ts]组声母被[tɕ]组声母所合并。至于[tʃ]组，可能是由于其元音为[ɥ]，与[tɕ]组[tɕy]等的元音[y]不同，所以没有被[tɕ]组合并。但是也必须承认[tʃ]组和[tɕ]组仍是调音相近的两组声母，为了避免与[tɕ]组发生混同，[tʃ]组发生了如[ʃɥ] ＞ [sɥ]，[tʃɥ] ＞ [tsɥ]等的变化，最终合并至[ts]组。在[ʃɥ] ＞ [sɥ]，[tʃɥ] ＞ [tsɥ]的变化中，元音和辅音是调音相近的两个音，所以可以理解为是同步的变化。这个过程也可以用"推链"作用去解释，即因牙喉音腭化而产生的[tɕ]组，在合并了部分[ts]组的音节后，[tɕ]组的字数增多，舌叶音[tʃ]组为了避免再与[tɕ]组混同从上齿龈的调音部位被推挤出去，变为[ts]组的一部分。

需补充说明的是，庄延龄的描述中提到当时也有[tʃ]组与[tɕ]组相混的情况，这可能是反映了 cün 的白读情况（见表 2）。另外也可能是[tʃ]组的一小部分字与[tɕ]组曾经发生了混同。从现在宁波方言中也可以看到个别混同的例子，可能是反映庄延龄所述的一点痕迹，如"取"、"娶"有[tsʰɥ]和[tɕʰy]两读[16]，"震"有[tsɥøn]和[tɕin][17]两读。

4. 韵母变化

上述[tʃ]组、[tɕ]组与[ts]组的变化并不是单独在声母之间完成的，甚至引起了一部分韵母的变化。现在宁波方言中已经形成有新的牙喉音，如[ki]"干""该"，[kʰi]"看"。这一些音节在教会罗马字表示为 ken　ke　k'en，在庄延龄的罗马字方案中表示为 keiñ　ke　k'eiñ，此时元音并未是[i]。其后这些音节的鼻音韵尾消失，元音高化的现象，赵文将其元音记录为[ɪ]，而现在变化为[ki　kʰi][18]。笔者认为现在宁波方言的这几个音节的产生，其实也和上述牙喉音的腭化相互作用。在[kʲ]组的腭化发生后，导致原本牙喉音[ki kʰi]的位置被空置，所以随后[kēi　ke　k'ēi]便可以弥补牙喉音的空白，进一步发生元音高化转变为[ki　kʰi]。在这个过程中，由于调音部位的空置引起音变，可以归纳为"引链"的作用。

以下将上述讨论到的几个问题，声母和韵母的这一连串音变表示为图 2。

(图2)

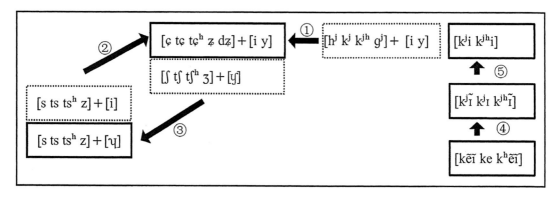

图2以①②③④⑤来表示音变先后顺序，①和②的变化虽有先后，但基本是处于同一时期，所以可以看成①② ＞ ③ ＞ ④ ＞ ⑤。

5. 小结

本文主要以19世纪外国人所记录的宁波方言资料——穆麟德的《宁波方言音节》和庄延龄的《宁波方言》为对象，对当时宁波方言中产生的牙喉音腭化及尖团合流的现象进行了分析。两种资料都反映了在19世纪80年代，牙喉音的腭化已经发生，但是[hʲ]要比[hʲiŋ] [hʲiao]等音节腭化得要快，而入声韵[hiʔ]是最后腭化的。从庄延龄的描述看来，就在腭化发生的同时期，舌面音打破了原有舌叶音与舌尖音的对立关系，导致尖团合流，可以说牙喉音腭化后，尖音与团音之间没有产生整然的音位对立而是迅速合流的。另外，分析认为当时宁波方言与舌叶音相拼的是一个特殊的圆唇元音[ɥ]。在舌面音出现后，舌叶音为了回避与舌面音的混同，变化为舌尖音。到了20世纪以后，由于牙喉音腭化后调音部位的空置，又使一部分韵母的元音发生高化去填充这个部位，而这一系列的变化都可以说是源于牙喉音的腭化。

【注】

[1] 本文是在笔者博士论文（马之涛2014）第4章第3节的基础上，经过了大幅的订正增补而成。

[2] 庄延龄（Parker, E. H.1849-1926）是19世纪来华的英国外交官及汉学家，自1869年始的近25年时间在中国展开外交及研究活动。他有关于中国思想、宗教、语言等的众多论述，其中对北京、福州、扬州、客家、广州、宁波等地的方言的语音系统进行过分析，并参与了翟理斯编《华英字典》中方言部分的撰写，在西方影响极大。虽然，高本汉对庄延龄在翟理斯《华英字典》中的方言标音批判颇多，但是在《中国音韵学研究》

中对宁波方言的参考主要还是来自于庄延龄的论文《宁波方言》。

³ 这套教会罗马字方案是在哥伯播义所创的方案之上改编而成的，哥伯播义于 1848 年至宁波，而笔者所见 1852 年《路孝子》中已经使用这套方案，故推测此方案应成立大致在 1850 年前后。

⁴ 该资料是得知并受赠于上海外国语大学祁嘉耀博士，在此表示感谢。

⁵ 笔者看到有三册新约福音书，分别是《马太传福音书》、《路加传福音书》、《约翰传福音书》，但各册都没写编者只写了年份。据游汝杰 2002，这些新约福音书为大美国圣经会编。又据 Statistics of the Ningpo protestant mission.（《The Chinese Recorder》VIII, p.136），Revs. W. A. Russell，W. A. P. Martin，H. Y. Y. Rankin 于 1850-1860 年间编写过宁波土话新约圣经，以上三册书很有可能为三人编写。

⁶ 《宁波手册》应指穆麟德编写的《宁波方言便览》，该书本是作为《宁波方言音节》的姊妹篇刊行，可穆麟德在《宁波方言音节》出版后逝去，未能完成《宁波方言便览》的撰写，留下未完的底稿，于 1910 年才得以问世。可能是由于《宁波方言便览》未完成的缘故，所以该书中没有关于这几个声母的相关描述。

⁷ 原文：Ky, gy, hy, can only be followed by i and ü. Ky and gy, originally k + y and g + y, are now pronounced like tsh and dj ; hy = h + y, is pronounced like hs in northern mandarin, a combination of the old h and s initials.

The difference between c and ky is that c commences with the lingual stop t, while ky is the same sound with the addition of the glottal catch. In the Ningpo Handbook the development of these sounds will be shown, here it suffices to point out the pronunciation.

⁸ 关于庄延龄的罗马字方案别稿再议。

⁹ 原文：The distinction between *hi* 喜 and *si* 洗 (English *he* and *see*) has quite disappeared in Ningpo, but, strange to say, the distinction between *hih* 阋 and *sih* 屑(English *hit* and *sit* minus the *t*) is occasionally clear, i.e. the *hih* are pronounced like *hsih*, and the *sih* with a purer *s* : but this is complicated by a number of words of the *hieh* 歇 and *sheh* 攝 classes, whose finals are also both *ih* in Ningpo. The first seem to be usually *hsih*, and the second *sih*. Thus the theoretical *h* before *i* becomes *hs*, and the theoretical *s* and *sh* are not distinguished : yet, in ordinary conversation, the whole may be lumped under the comprehensive *hs* (as in Peking) without risk of misapprehension. With regard to *hing, sing*, 興心; *hiao, siao*, 梟消; *hien, sien*, 軒先；*hie, sie*, 駭卸, and such ; the distinction is uncertain and irregular, but either pure form may be used, or *hs* may be used : yet *h* pure may not be used for *s* pure, nor *vice versâ*.

¹⁰ 陈晓 2013:13。

¹¹ 但在这一点上与《重刊老乞大谚解》反映的北方方言有所不同，《重刊老乞大谚解》中反映出来的是晓母字要比其他牙喉音字颚化程度要迟，远藤光晓 1993 对此认为语言学上的解释未详。

¹² 原文：After c, c', dj, j and sh, terminating the syllable, i.e., in cü, c'ü, djü, jü, shü, the vowel is not an ü, but one which I write y. It is the same vowel as heard before r, and

after the syllables written dz, m, m̌, ng, s, ts, z. This vowel is produced by the lips taking the conformation when pronouncing i, tongue and larynx being strongly pressed down.

¹³ 原文：*Sh* only appears before a very strange vowel which must be described as *ï*, being intermediate between *i* and *ü*, but yet not the same as the vowel in *tsz*. This vowel will be treated of under the finals: for the present it is enough to say that only pure *sh*, pure *ch* and pure *j* precede this vowel. Thus 書 世 主 知 如 緒 are pronounced (in pairs) *shï*, *chï* and *jï*. The initial may not be quite pure and may run into *hs* (with correlatively impure forms of *ch* and *j*), but at any rate it never becomes *s*, *ts*, or *z* pure. This initial with its vowel is not confined to words ending with vowels. Thus 神 順 鎮 准 人 巡 詢 筍 are pronounced (in pairs) *jing*, *ching*, *jing*, and *shing*. Morrison's Ningpo Vocabulary uses *sh*, *c*, and *j* to represent the above three shibboleth initials, but fails to distinguish the vowel. Of course the *ch* includes the aspirated forms *ch'ï*, &c., e.g. 趣 鼠. There is another final which only these three initials may precede, —the vowel contained in the English word *shut*. Thus 説 刷 設 *shêh*；拙 出 *chêh* and *ch'êh*；日 術 集 *jêh*.

¹⁴ 赵元任 1928 的调查中，金华方言也存在着这三套辅音，但曹志耘 1996 中舌叶音已经消失。

¹⁵ 现在宁波音参考高志佩等 1991、汤珍珠等 1997、钱乃荣 1992。

¹⁶ 高志佩等 1991。

¹⁷ 汤珍珠等 1997：266。

¹⁸ 徐文认为这是元音中发生的推链变化。

【参考文献】

曹志耘 1996	《金华方言词典》（现代汉语方言大词典 分卷）江苏教育出版社
陈晓 2013	清朝の北京語の尖音団音について，《中国文学研究》39
大美国圣经会 1853	*MÔ-T'Æ DJÜN FOH-ING SHÜ*（马太传福音书），Ningpo
大美国圣经会 1853	*LU-KYÜÔ DJÜN FOH-ING SHÜ*（路加传福音书），Ningpo
大美国圣经会 1853	*IAH-'EN DJÜN FOH-ING SHÜ*（约翰传福音书），Ningpo
高志佩等 1991	宁波方言同音字汇，《宁波大学学报（人文科学版）》4（1）
胡方 2001	试论百年来宁波方言声母系统演变，《语言研究》（3）
蓝亨利（Rankin, H. V. V）1868	*Nying-po T'u-wô Ts'u-'oh* 宁波土话初学, Zong-hæ: Me-wô Shü-kwun
林碧芸 2015	《宁波方言音节》所记的 19 世纪末宁波方音，南京师范大学硕士学位论文
马之涛 2013	《书史会要》与《日本考略》中所见吴方言的舌叶音，《黄典诚教

授百年诞辰纪念文集》厦门大学出版社

马之涛、屠洁群 2013	译注《宁波土话初学》（一），《中国语学研究 开篇》32 好文出版	
马之涛 2015	明代中国資料による室町時代の音韻についての研究：《日本国考略》を中心に，早稲田大学博士论文	
睦礼逊（Morrison, W. T）1876	*An Anglo-Chinese Vocabulary of the Ningpo Dialect 字语汇解* Shanghai: American Presbyterian Mission Press.	
穆麟德（Möllendorff, P. G.）1901	*The Ningpo Syllabary*（《宁波方言音节》), Shanghai: American Presbyterian Mission Press	
——1910	*Ningpo Colloquial Handbook* 宁波方言便览, Shanghai: American Presbyterian Mission Press	
钱乃荣 1992	《当代吴语研究》上海教育出版社	
汤珍珠等 1997	《宁波方言词典》(现代汉语方言大词典 分卷）江苏教育出版社	
伟烈亚力著 倪文君译 2011	《1867年以前来华基督教传教士列传及著作目录》广西师范大学出版	
谢友中 2018	符号与音位：对 The Ningpo Syllabary 研究争议的再思考，《宁波大学学报（人文科学版)》	
徐通锵 1990	百年来宁波音系的演变，《语言学论丛》16（徐通锵 1993 参照）	
——1993	《徐通锵自选集》河南教育出版社	
游汝杰 2002	《西洋传教士汉语方言学著作数目考述》黑龙江教育出版社	
远藤光晓 1993	《重刊老乞大谚解》牙喉音字腭化的条件，《中国语学研究 开篇》11 好文出版	
赵元任 1928	《现代吴语的研究》清华学校研究院（科学出版社 1956 年版参照）	
庄延龄（Parker, E. H.）1884	The Ningpo Dialect. *China Review*, 13(3), Shanghai: Kelly & Walsh	
McCartce, D. B.1852	*LU HYIAO-TS*（路孝子), Ningpo	
未详 1877	Statistics of the Ningpo protestant mission. *The Chinese Recorder*, VIII，Shanghai: American Presbyterian Mission Press	

（本研究为"中国教育部人文科学青年研究项目：《以中国文献为基础的室町时期日语语音研究》〈17YJC740070〉"及"アジア諸国における日本関連研究助成：《室町時代の日本語音韻研究》"〈168056〉的研究成果之一）

上海人の「普通話」に対する言語意識

佐藤直昭

1. はじめに

　上海人が「普通話」を話すときに、上海方言の語彙や文法形式が「普通話」に入り込むことは従前より指摘されていた。例えば、菅2008では、上海方言の語彙が入り込んだ「普通話」のことを「上海普通話」と呼んでいる。

　では、上海人は、規範的であるとされている「普通話」と「上海普通話」との違いを認識し、「普通話」の文法に照らせば誤っていると分かっているものの、「上海普通話」を使用しているのであろうか。また、上海人は規範的な「普通話」とは異なる「上海普通話」に対して、「上海（人）らしさ」を感じているのであろうか。本稿では、嶋田2010、嶋田2016におけるアイルランド英語に対する調査手法を使用し、上海人の「上海普通話」に対する意識についての簡単な調査に基づき、上海人の言語意識について、初歩的考察を行いたい。

2. 調査方法

2.1 調査方法、調査対象

　2018年7月に、上海、日本、香港在住の上海人3名に対してアンケート調査を実施した。また、日々上海人と接触している非上海人の「上海普通話」に対する意識も考察の対象に入れるため、上海、日本在住の非上海人に対しても同様のアンケート調査を行った[1]。

　また、北京人1名（30代、女性、教員）に対しても同様のアンケート調査を行い、「普通話」の文法に照らして「正しい」と認識するか否かについてヒアリングした。

　アンケート調査は、対面調査で行ったほか、EメールやSNSでアンケート用紙を送付し、回答してもらう形式で実施した。

　調査対象の上海人、非上海人はそれぞれ3名で、すべて大学卒業以上の学歴を有している。年齢は30～40歳の間で（上海人：男性2名、女性1名、非上海人：男性1名、女性2名）、職業は会社員、教員である。

2.2 調査内容

　アンケート調査は、嶋田2010の方法に基づき、回答者に対して、12の「上海普通話」の文を示し、「自分が使用する」「使用しない」「聞いたことがある」「理解できない」「悪い文法である」「上海（人）的である」という6項目の質問に対して、該当すると思う文を自由に、数を指定せず挙げてもらう形式で実施した（アンケートの詳細については、末尾の資料「アンケート用紙」を参照のこと）[2]。

　アンケートに使用したのは、以下の①～⑫の文である。これらの文は、菅2008で挙げられている「上海普通話」の特徴や、呉1997の上海方言の例文を参照したほか、筆者の経験から12の文を作成した。このうち、①～⑤、⑦は語彙の、⑥、⑧～⑫は文法形式に関する

調査項目である。文のうち、＜＞内で示した語は、管2008やインフォーマント調査により、「普通話」として正しいと判断された表現である。

①你　　帮　我　捡　一下　包　好吗？　＜提＞
　あなた　ために　私　もつ　少し　鞄　いいですか
（ちょっと鞄を持ってもらってもいいですか）

② 过　年　了嘛，带　孩子　出来　兜兜　　马路，买　点　衣服　什么的。＜逛逛街＞
　 越す　年 PRF 連れる　子供　出る　散歩する　道　買う　少し　服　　等
（お正月なので、子供を連れて街に出て、服などを買ったりしています）

③外面　又　下　雨　了，你　　　　有没有　　　带　洋伞？＜雨伞＞
　外　また　降る　雨 PRF あなた　POSS NEG POSS　持つ　傘
（外はまた雨が降っているけど、傘は持った？）

④晚上　我　想　吃　粥。＜喝＞
　夜　私　したい　食べる　粥
（夜、私はおかゆが食べたい）

⑤今天　走　这么　多　路，脚　酸　　死　了。＜腿＞
　今日　歩く　こんなに　多い　道　あし　だるい　とても PRF
（今日はたくさん歩いたから、足がとてもだるい）

⑥我　帮　你　一起　去，好　吗？＜跟＞
　私　と　あなた　一緒に　行く　よい　INTER
（あなたと一緒に行ってもいいですか？）

⑦（对　　　司机）前面　小转。＜右拐＞
　 対して　運転手　前　右折
（[運転手に対して]前を右に曲がってください）

⑧你　车子　开　　得来　　吗？　＜会开＞
　あなた　車　運転する　できる　INTER
（あなたは車の運転ができますか）

⑨我　昨天　<u>蛮好</u>　不　要　去　了，一点　意思　都　没　有。
＜昨天要是不要去就好了＞
　私　昨日　SBJV　NEG　したい　行く　PRF　少し　意味　すべて　NEG POSS
（昨日行かなければよかった、少しも面白くなかった）

⑩他　会　打　个　电话　给　你。＜给你打电话＞
　彼　だろう　かける　CLF　電話　BEN　あなた
（彼はあなたに電話をかけるだろう）

⑪最近　天气　比较　冷，花　也　不　<u>肯</u>　开　了。
　最近　天気　比較的　寒い　花　も　NEG　したい　咲く　PRF
（最近天気が寒いため、花も咲かない）

⑫我　打算　去　北京　玩　<u>两天</u>。＜几天＞
　私　つもり　行く　北京　遊ぶ　数日
（私は北京に行き数日遊ぶつもりだ）

　①～⑫の「上海普通話」の文うち、語彙に関する調査項目である①～⑤、⑦の文については、上海方言の語彙の漢字が、そのまま「普通話」の発音に置き換えてられている。
　一方、文法形式に関する調査項目である⑥、⑧～⑫のうち、⑥、⑪、⑫については、語彙と同様に、上海方言の語彙がそのまま、「普通話」の発音に置き換えられているものである。例えば、⑥の文における"帮"は、上海方言では、"帮"が機能語化し、「助ける」という意味から、「～のために」という意味を経て、「～と」（「普通話」の"跟"や"和"と同じ意味）という意味になっており、「上海普通話」では、「普通話」よりも"帮"が機能語化している例である。また、⑪の"肯"は、「普通話」では「進んで～する」を表す助動詞の場合、動作主は基本的に有生で、無生物は原則、使用不可だが、上海方言では、動作主が無生物でも使用されることがあり、それが「上海普通話」においても使用されたものである[3]。⑫の"两天"は、数字の"两"が概数を表す表現であり、普通話でも許容されるものの、上海方言のほうが、「普通話」よりも多用される傾向にあり、それが「上海普通話」にも影響したものである。
　一方、⑧～⑩の文では、上海方言の語彙を「普通話」の発音に置き換えただけではなく、上海方言の文法形式を「普通話」に入れ込んだことにより、補語等の文法構造や語順等にも変化がみられる。⑧では、上海方言で可能を表す補語の"～得来"をそのまま取り入れた事例である。⑨の"蛮好"は、上海方言の程度副詞"蛮"（程度のやや低い「とても」の意味を表す程度副詞）と"好"（「良い」の意味を表す形容詞）が組み合わさり、"蛮好"で一つの副詞句を構成し、過去の行為に対する行為の念などを表す表現であるが、この副詞句をそ

のまま「普通話」に取り入れたために、語順も規範的な「普通話」とは異なっている。⑩の文は、「普通話」では、「動詞+CLF+名詞+BEN+人（打个电话给你）」の語順も許容されるものの、通常は、「BEN+人+動詞+名詞（给你打电话）」の語順である。一方、上海方言では、「動詞+CLF+名詞+BEN+人（打个电话给你）」のほうが多用される傾向があり、それが「上海普通話」にも取り入れられた例である。ただし上海方言で、量詞は"只"であるが、「上海普通話」では、「普通話」と同様に「个」となっている。

3. 調査結果の概要

12の文の調査結果の概要は以下のようになる。

①你帮我拎一下包好吗？＜提＞

項目	上海人	非上海人
使う	2	2
使わない	1	0
聞いたことがある	3	2
分からない	0	0
悪い文法	0	0
上海人らしい	2	0

②带孩子出来兜兜马路＜逛逛街＞

項目	上海人	非上海人
使う	2	0
使わない	1	2
聞いたことがある	3	3
分からない	0	0
悪い文法	0	0
上海人らしい	2	3

③你有没有带洋伞？＜雨伞＞

項目	上海人	非上海人
使う	1	0
使わない	1	2
聞いたことがある	2	2
分からない	0	0
悪い文法	0	0
上海人らしい	1	1

④晚上我想吃粥。＜喝＞

項目	上海人	非上海人
使う	1	0
使わない	1	2
聞いたことがある	3	2
分からない	0	0
悪い文法	0	1
上海人らしい	3	2

⑤脚酸死了。＜腿＞

項目	上海人	非上海人
使う	2	2
使わない	1	0
聞いたことがある	3	2
分からない	0	0
悪い文法	0	0
上海人らしい	2	0

⑥我帮你一起去，好吗？＜跟＞

項目	上海人	非上海人
使う	2	0
使わない	1	2
聞いたことがある	2	1
分からない	0	1
悪い文法	0	1
上海人らしい	3	2

⑦（対司机）前面<u>小转</u>。＜右拐＞

項目	上海人	非上海人
使う	2	0
使わない	1	2
聞いたことがある	3	2
分からない	0	1
悪い文法	0	0
上海人らしい	3	2

⑧你车子<u>开得来</u>吗？＜会开＞

項目	上海人	非上海人
使う	2	0
使わない	1	3
聞いたことがある	3	2
分からない	0	0
悪い文法	0	1
上海人らしい	3	3

⑨我昨天<u>蛮好</u>不要去了＜昨天要是不要去就好了＞

項目	上海人	非上海人
使う	2	1
使わない	1	1
聞いたことがある	3	2
分からない	0	0
悪い文法	0	1
上海人らしい	3	2

⑩他会<u>打个电话给你</u>。＜给你打电话＞

項目	上海人	非上海人
使う	3	2
使わない	0	0
聞いたことがある	3	2
分からない	0	0
悪い文法	0	2
上海人らしい	2	0

⑪最近天气比较冷，花也不肯开了[4]。

項目	上海人	非上海人
使う	1	1
使わない	3	2
聞いたことがある	1	2
分からない	1	0
悪い文法	2	0
上海人らしい	1	1

⑫我打算去北京玩<u>两天</u>。＜几天＞

項目	上海人	非上海人
使う	3	2
使わない	0	0
聞いたことがある	3	2
分からない	0	0
悪い文法	0	0
上海人らしい	3	0

3.1　「上海普通話」と正しさへの意識

　以上の①〜⑫の文のうち、上述の北京人が「普通話」の文法に照らして「正しい」と認識したのは、①、⑩、⑫のみで、その他は「正しくない」と判断した。つまり、「上海普通話」は、北京人にとっては、規範的ではない表現として認識される傾向があることになる。

　では、上海人は「上海普通話」を文法的に「正しくない」と認識しているのであろうか。調査結果では、12の文のうち、上海人が「悪い文法」と意識したのは、⑪のみであった。上海人は基本的に「上海普通話」に対して、「悪い文法」という意識は持っていないことにな

る。一方、回答者3名が「悪い文法」と認識した⑪は、「普通話」と上海方言とで同じ形態素で、かつ意味が近似しているものの、"肯"の動作主に無声を許容するか否かという使用範囲のみが異なる事例であった。この場合、上海人の意識のなかでは、「上海普通話」という変種ではなく、「普通話」における規範の意識が強く働き、「悪い文法」として認識した可能性がある。

　一方、非上海人では、回答者2名が⑩を「悪い文法」であると認識した。⑪は北京人が「普通話」として「正しい」と認識しているものの、非上海人は「悪い文法」であると認識していることになる。嶋田2016において指摘されているように、話者が想定する「正しさ」は、規範文法として実体を持つ「標準語」とは区別された話者における概念上の存在物であるが[5]、非上海人が、「普通話」よりも厳しい基準で「上海普通話」の正しさを判定している可能性を示唆するものである。

3.2 「上海普通話」と上海人らしさ

　12の文のうち、語彙（②、④、⑦）、文法形式（⑥、⑧、⑨）において、上海人、非上海人ともに「上海人らしさ」を感じている。「上海普通話」が、上海

　一方、⑩、⑫は、上海人は「上海人らしさ」を認識しているが、非上海人は「上海人らしさ」を認識していない。⑩、⑫は北京人が「普通話」として「正しい」と認識している文法形式であるが、その点が上海人と非上海人の認識のずれの要因となっている可能性がある。また、嶋田2016に基づけば、「上海らしさ」を認識するか否かは、言語形式が実際に上海方言に由来するかにかかわらない、話者にとっての概念上の「上海らしさ」となる[6]。この考えに従うと、上海人は「普通話」としての規範性に左右されることなく、上海人で多用される「上海普通話」の文法形式（⑩、⑫）に対して、「上海らしさ」を認識しているのではないかと考えられる。

4. おわりに

　本稿では、上海人が話す「上海普通話」につき、上海人が文法的に「正しい」と認識しているのか、また上海人が「上海（人）らしさ」を感じるのか否について、簡単なアンケート調査に基づき、考察を行った。その結果、上海人は「上海普通話」に対しては、あまり「悪い文法」という認識はないものの、「上海（人）らしさ」を感じていることが分かった。また、上海人は、「普通話」の規範性に左右されることなく、上海人で多用される文法形式に「上海人らしさ」を感じる可能性があること、非上海人は、「普通話」よりも厳しい基準で「上海普通話」の文法的正しさを判定している可能性があることを論じた。

　ただし、この度の調査は、調査対象が小規模で、職業、年齢等に偏りがあり、質問項目も、経験に基づくところが多く、調査結果も可能性や傾向を指摘する水準にとどまっている。上海人の「上海普通話」に対する言語意識をより正確に把握し、記述するためには、調査対象、調査項目ともに、より広範な調査が必要となるが、それは今後の課題としておきたい。

【資料】アンケート用紙

【例文（以下の例文はすべて普通話です。上海語ではありません）】

①你帮我拎一下包好吗？＜提＞
②过年了嘛，带孩子出来兜兜马路，买点衣服什么的。＜逛逛街＞
③外面又下雨了，你有没有带洋伞？＜雨伞＞
④晚上我想吃粥。＜喝＞
⑤今天走这么多路，脚酸死了。＜腿＞
⑥我帮你一起去，好吗？＜跟＞
⑦（对司机）前面小转。＜右拐＞
⑧你车子开得来吗？＜会开＞
⑨我昨天蛮好不要去了，一点意思都没有。＜昨天要是不要去就好了＞
⑩他会打个电话给你。＜给你打电话＞
⑪最近天气比较冷，花也不肯开了。
⑫我打算去北京玩两天。＜几天＞

【質問】上の①～⑫の普通話の文（または下線部の表現）について、以下の質問に答えてください。

(1)普通話を話す時、自分が使うと思う文（表現）はどれですか？
【　　　　　　　　　　　　　　　　　　　　　　　　　　　　　　　　　】
(2)普通話を話す時、自分が使わないと思う文（表現）はどれですか？
【　　　　　　　　　　　　　　　　　　　　　　　　　　　　　　　　　】
(3)周囲の上海人が普通話を話す時に使っている（もしくは聞いたことのある）文（表現）はどれですか？
【　　　　　　　　　　　　　　　　　　　　　　　　　　　　　　　　　】
(4)意味の分からない文（表現）はどれですか？
【　　　　　　　　　　　　　　　　　　　　　　　　　　　　　　　　　】
(5)「悪い文法（間違った文法）」だと思う文（表現）はどれですか？
【　　　　　　　　　　　　　　　　　　　　　　　　　　　　　　　　　】
(6)「上海人の話す普通話らしい」と思う文（表現）はどれですか？
【　　　　　　　　　　　　　　　　　　　　　　　　　　　　　　　　　】
(7)その他ご意見
　　＜例＞年配の上海人の話す普通話で耳にする、微信で使用する　等

<参考文献>

呉　悦　　　1997　『基礎からの上海語』　大学書林
嶋田珠巳　　2010　言語意識の問題－アイルランド英語の"Irishness"と"Bad Grammar"
　　『東京大学言語学論集』第 30 号
嶋田珠巳　　2016　『英語という選択－アイルランドの今』　岩波書店
管韫玨　　　2008　浅谈上海普通话中的上海方言词汇　《科技文汇》下旬刊。

【付記】
　本稿は、東京言語研究所、2018 年度理論言語学講座の社会言語学における授業で発表した内容に加筆、修正したものです。授業を担当してくださり、発表時に貴重なコメントをくださった嶋田珠巳先生に、心よりの謝意を表します。

---

[1] 上海在住の非上海人 2 名、および配偶者が上海人で東京在住の非上海人 1 名。
[2] 嶋田 2010 では、「自分が使用する」「使用しない」「悪い文法である」「アイルランド的である」の 5 項目であったが、本稿の調査では、非上海人の意識も調査対象に含めたため、「聞いたことがある」という質問項目を追加した。
[3] 呉 1997：161 頁。
[4] 回答者のうち一名が、「使う」「使わない」の質問項目それぞれに⑪を記入したため、「使う」「使わない」の合計と回答者の数が一致しない。
[5] 嶋田 2016：125-126 頁。
[6] 嶋田 2016：127-129 頁。

东乡县马圩镇方言同音字汇*

张勇生　汪玲　张文娟　彭爱华

(江西师范大学文学院　南昌 330022)

提要　本文在实地调查的基础上，描写东乡县马圩镇方言声韵调系统，归纳音韵特点，并列出该方言的同音字汇。

关键词　赣语；抚广片；东乡方音；声韵调；音韵特点；同音字汇

一　概况

东乡县位于江西省东部，隶属抚州市，地处北纬 28°02′～28°30′、东经 116°20′～116°51′之间。东与余江接壤，西与进贤为邻，北与余干相连，西南与临川交界，东南与金溪毗邻。全县总面积约 1270 平方公里，总人口 46 万人(据 2013 年统计)。

东乡县历史悠久，明正德七年(1512)，分抚州府临川县东境，割金溪和饶州府的安仁、余干及南昌府的进贤等县部分领地，合而设置东乡县，隶属抚州府。解放后，东乡县改隶抚州地区，2000 年，抚州撤地设市，东乡属抚州市至今。今辖孝岗镇、小璜镇、圩上桥镇、马圩镇、詹圩镇、岗上积镇、杨桥殿镇、王桥镇、珀玕乡、邓家乡、黎圩镇、虎圩乡、瑶圩乡等十三个乡镇。今县治孝岗镇。

据《中国语言地图集》(1988)，东乡方言属赣方言抚广片。由于历史地理原因，东乡方言具有一定的复杂性，其内部差异较大，有六种不同的口音。西南部岗上积、马墟、詹墟三个乡镇为一片，与临川口音相近；东南黎墟、虎形山、瑶墟三个乡为一片，带金溪口音；东部王桥镇的倪家，菱塘等地，与余江口音相近；北部杨桥殿乡的港西以北地区为一片，带有余干口音；西部邓家乡牛头湾附近以及詹墟乡荫岭以北的部分地区，带进贤口音；中部孝岗镇、长林乡、邓家乡三地为一片，是具有代表性的东乡话，即本地腔。

各片的差异主要表现在语音、词汇方面，语法差异较小。语音方面，东南黎墟等地的精见组声母还保持尖团音的对立，而中部孝岗、长林等乡大部分地区尖团音已经合流；西南马圩等地的不少来母字，细音前读[t]声母，而孝岗等地仍读[l]；西部邓家乡等地不少从母字（如"坐才吹抄"）读[tʰ]声母，而孝岗等地多读成[tsʰ]；东部王桥等地流摄开口一等字（如"某狗口牛"）读[oi]韵母，其他地区多读[eu]韵母。另外，臻摄三等字（如"针阵陈镇"），孝岗读[in]，王桥、杨桥、邓家等地读[un]，马圩等地多读[ən]。词汇方面，第一人称代词"我"，东乡县大体有两种说法：孝岗、瑶圩等地说"阿囗[a³³len³³]"，而马圩、杨桥片等地与整个抚广片的读法差不多，说"我[ŋ³⁵]"；在表小称时，瑶圩、孝岗等地，多用"仂[li³³]、囗[tseʔ²]"，而马圩多用"崽[tsai²⁴]、子[tsɿ²²]"。

---

* 本文受 2014 年国家社科基金青年项目"语言接触视角下的鄂东南赣语地理语言学研究"资助（项目编号：14CYY006）。

本文在实地调查基础上,描写东乡南部马圩镇方音。马圩镇地处抚州市东乡县西南部,属东乡县边锤重镇,距县城 30 公里,东连岗上积镇,南临太阳乡,西接罗湖镇,北毗占圩、圩上桥镇。发音人:①张永高,男,75 岁,农民,初中文化。② 张党华,47 岁,男,农民,初中文化。③张凯文,男,23 岁,业务员,本科文化。三人均会说马圩话,但相互间略有差异。文本的记音主要以张永高的发音为依据,同时也参考张党华和张凯文的发音。

二 声韵调

2.1 声母 19 个,包括零声母在内

p 八兵	pʰ 派片爬病	m 明蚊麦	f 飞副肥灰
t 多张竹梨	tʰ 天甜毒柱春田		l 脑老南蓝
ts 早争	tsʰ 草字祠茶初		s 三山船书
tɕ 酒九	tɕʰ 全权	ȵ 年软月	ɕ 想手响县
k 高	kʰ 开共	ŋ 熬安	h 好讨
∅ 味活温王用			

说明:

①齐齿呼零声母发音时[-i]类音摩擦色彩明显,接近[j];合口呼零声母发音时[-u]类音上唇和下齿有明显接触,但擦音色彩不强。

②[tɕ、tɕʰ、ɕ]有的发音部位靠前,实际音值介于[tɕ、tɕʰ、ɕ]和[tʃ、tʃʰ、ʃ]之间。

③[ȵ]声母在发音时,发音部位略靠前。

④[h]声母发音时伴随有较强的气流。

2.2 韵母 72 个,包括自成音节[m̩]、[ŋ̍]

ɿ 资知	i 去 ₂米对飞市	u 苦猪 ₂如儒富
a 茶家社	ia 写夜	ua 瓜瓦名
ɛ 蛆猪₁去₁二耳	iɛ 女鱼	uɛ □~红
ɔ 哥坐	iɔ 靴茄	uɔ 过窝
ai 菜排街败		uai 外快
ɔi 开妹雷灰		uɔi 煨会~不~
		ui 跪位鬼
au 高交	iau 表笑桥钓藕	
ɛu 豆走		
	iu 流帚旧	
am 南三斩减		
ɛm 占闪	iɛm 念欠甜	
ɔm 暗敢		
əm 针淋	im 心深	
an 难山眼班		uan 关惯
ɔn 肝案搬		uɔn 官罐

199

ɛn 扇船恩灯	iɛn 盐田权远根肯更~加	
ən 民真本春分冰蒸整₂横₂	in 巾军蝇京影₂	uən 温
aŋ 生争整₁	iaŋ 病影₁轻星	uaŋ 横₁
ɔŋ 糖床方江	iɔŋ 想	uɔŋ 光王
	iuŋ 永穷用	uŋ 朋空冬种
ap 答鸭		
ɛp 折	iɛp 接贴叠	
ɔp 盒鸽		
	ip 十急	
at 达八杀		uat 滑刮挖
ɛt 舌哲特	iɛt 歇灭切月	
ɔt 泼抹说渴		uɔt 活扩
ət 笔律佛	it 七橘日	uət 物骨
aʔ 百拆尺	iaʔ 壁吃	
ɛʔ 北色择	iɛʔ 革	uɛʔ 国
ɔʔ 摸勺壳	iɔʔ 鹊约	uɔʔ 扩握
əʔ 力直碧	iʔ 食惜逆击	
	iuʔ 六肉菊	uʔ 毒伏触
m 姆~妈	ŋ 五娱	

说明：

①[i]韵母与[ts]组声母相拼时,舌位略低,接近于[ɿ]。

②[ɔ]、[iɔ]中的[ɔ]舌位略高,位于[ɔ]和[o]之间。

③[ɛ]韵母与[k]、[kʰ]、[h]声母相拼时,能听到较弱的[i]介音,此时实际音值为[ⁱɛ]。

④[am]、[ɔm]类音只见于老年人,青年人大多说成[an]、[ɔn]。

⑤[im]、[in]、[un]主要元音和韵尾间有较弱的过渡音,实际音值为[iᵊm][iᵊn][uᵊn]。

⑥入声韵尾[-p]多见于老年人发音。老年人的[-p]尾青年人大多念成[-t]尾。

⑦入声韵尾[-t]尾有时读为[-l]尾。

2.3 单字调 7 个

阴平 22 东风通天　　阳平 24 门油皮红
上声 35 九苦有老　　阴去 53 冻痛队四
阳去 44 卖饭近乱　　阴入 3 百节苦切
阳入 5 白盒六叶

说明：

①阴平调调尾略降,实际调值为 21。

②阳平调调值前段的动程较长,调较平,实际靠近 224。

③上声调起点较高,较一般的 35 调要更高。

④阴去调调值前段的动程较长,调较平,调尾略降,实际靠近 443。

⑤阴入调是短调，调尾略降。
⑥阳入调是短调，调尾略升。

三 音韵特点

3.1 声母特点

①古全浊声母已经清化，其中古浊塞音、浊塞擦音不论平仄今多读为送气清音，例如：婆 pʰɔ²⁴｜跪 kʰui³⁵｜自 tsʰɿ⁴⁴｜白 pʰaʔ⁵。另有少数古全浊塞音、塞擦音字读不送气清音，例如：捕 pu³⁵｜苧 tu⁴⁴｜罢 pa⁵³｜寨 tsai⁵³｜陛 pi⁴⁴｜妓 tɕi⁵³｜暴 pau⁵³｜鲍 pau⁵³｜逗 tɛu⁵³｜宙 tiu⁵³｜辫 piɛn²²｜键 tɕian⁵³｜撰 tsɔn⁵³｜倦 tɕiɛn⁵³｜笨 pən⁵³｜郡 tɕin⁵³｜棒 pɔŋ⁵³｜并 pən⁵³｜蹲 tən²²｜荡 tɔŋ⁵³，等等。这些字多为非常用字，当地人平时说的很少，故可能是受普通话读音影响的原因。

②非组和晓组声母大多相混，读 [f] 声母，例如：府 fu³⁵＝虎｜符 fu²⁴＝胡｜回 fi²⁴＝肥｜飞 fi²²＝挥｜分 fən²²＝婚｜方 fɔŋ³⁵＝荒｜房 fɔŋ²⁴＝皇。

③大部分透定母字遇开口洪音读 [h] 声母，例如：拖 hɔ²²｜桃 hau²⁴｜坦 han³⁵｜透 hɛu⁵³｜趟 hɔŋ⁵³｜代 hai⁴⁴｜断 hɔn⁴⁴｜踏 hap⁵｜特 hɛʔ⁵。

④精见两组不分尖团音。例如：九 tɕiu³⁵＝酒｜全 tɕʰiɛn²⁴＝权｜清 tɕʰiaŋ²²＝轻｜响 ɕiɔŋ²⁴＝想。

⑤古泥来母字今洪音相混，细音相分。泥来母字相混时，皆读 [l] 声母，例如：奴 lu²⁴＝炉｜脑 lau³⁵＝老｜男 lam²⁴＝篮｜难 lan²⁴＝兰。泥来母字细音相分，泥母字读 ɲ 声母，例如：泥 ɲi²⁴｜年 ɲiɛn²⁴｜纽 ɲiu³⁵｜尿 ɲiau⁴⁴｜酿 ɲiɔŋ⁴⁴；来母字读 [t] 声母，例如：犁 ti²⁴｜莲 tiɛn²⁴｜廉 tiɛn²⁴｜柳 tiu³⁵｜料 tiau⁴⁴｜亮 tiɔŋ⁴⁴｜绿 tiuʔ³。

⑥古知庄组二等字与精组洪音字合流，读 [ts] 组声母。今精组细音字读 [tɕ] 组声母。

⑦古知组三等以及章组字中的章昌二母多读 [t]、[tʰ] 声母，与端组字合流，例如：珍 tən²²＝真＝敦｜畜~生 tʰuʔ³＝触＝秃。章组船书禅三母多与精组的心邪母合流，读 [s] 或 [ɕ]。

⑧日母字洪音前读 [l] 声母，与泥来母合流，例如：奴 lu²⁴＝炉＝如｜嫩 lən⁴⁴＝论＝闰；日母细音前读 [ɲ] 声母，与泥母合流，例如：碾 ɲiɛn³⁵＝软｜人 ɲin²⁴＝宁｜酿 ɲiɔŋ⁴⁴＝让。另外，止摄的日母字情况特殊，读零声母，儿 ɛ²⁴｜而 ɛ²⁴｜耳 ɛ³⁵｜二 ɛ⁴⁴]。

⑨古疑影二母，洪音前相混，在开合口前的读音不同。开口洪音前读 [ŋ]，例如：鹅 ŋɔ²⁴｜哑 ŋa³⁵｜矮 ŋai³⁵｜岸 ŋɔn⁴⁴｜晏 ŋan⁵³｜恶 ŋɔʔ⁵｜额 ŋɛʔ⁵；合口洪音前读零声母，例如：乌 u²²｜伪 ui³⁵｜挖 uat³。细音前，疑影母相分，疑母多读 [ɲ] 声母，例如：鱼 ɲiɛ²⁴｜元 ɲiɛn²⁴｜义 ɲi⁴⁴｜验 ɲiɛm⁴⁴｜月 ɲiɛtʔ³｜玉 ɲiuʔ³；而影母仍以读零声母为主，例如：优 iu²²｜椅 i³⁵｜要 iau⁵³｜冤 iɛn²²｜约 iɔʔ³。

⑩声母特字。有些声母读音比较特殊。例如：箍 kʰu²²｜帝 tʰi⁴⁴｜毯 kʰam³⁵｜扮 pʰan⁵³｜遍 pʰiɛn⁵³｜绊 pʰan⁵³｜昌南~pʰɔŋ²²，等等。

3.2 韵母特点

①马圩方言无撮口呼韵母。

②遇摄鱼虞两韵部分字还保持对立。例如：女 ɲiɛ³⁵：缕 ti³⁵｜蛆 tsʰɛ²²≠趋 tɕʰi²²｜絮 sɛ⁵³：续 ɕʰi⁵³｜徐 tsʰɛ²⁴：需 ɕi²⁴｜猪 tɛ⁴⁴≠朱 tu⁴⁴｜锄 tsʰɛ²⁴≠雏 tsʰu²⁴｜锯 kɛ⁵³≠句 tɕi⁵³｜去 kʰɛ⁵³：具 tɕʰi⁴⁴

| 鱼 ȵie²⁴≠虞 i²⁴ | 渠 kɛ²⁴≠瞿 tɕʰi²⁴。

③蟹摄咍泰两韵还有分立的迹象，例如：袋 xɔi⁴⁴≠大 xai⁴⁴ | 碍 ŋɔi⁴⁴≠艾 ŋai⁴⁴。

④效摄开口三等与流摄字互混。效摄三等知章组字与流摄字相混，例如：朝今~teu²²＝兜 | 超 heu²²＝偷 | 少~年 seu⁵³＝瘦；也有部分流摄字与效摄字相混，例如：饶姓 ȵiau²⁴＝牛 | 舀 iau³⁵：藕 ȵiau³⁵ | 要 iau⁵³：泅 ȵiau⁵³ | 标 piau²²＝彪。

⑤覃谈两韵还有分立的迹象，例如：蚕 tsʰɔm²⁴≠惭 tsʰam²⁴。

⑥山摄合口一二等韵保持对立。山摄合口一等读[uɔn]韵，合口二等读[uan]韵，例如：官 kuɔn²²≠关 kuan²² | 豌 uɔn²²≠弯 uan²² | 罐 kuɔn⁵³≠惯 | 碗 uɔn³⁵≠晚 uan³⁵ | 完 uɔn²⁴≠顽 uan²⁴。

⑦梗摄字白读为[aŋ]、[iaŋ]、[uaŋ]韵，例如：生 saŋ²² | 影 iaŋ³⁵ | 整 taŋ³⁵ | 横 uaŋ³⁵。

⑧阳声韵尾保留了[-m][-n][-ŋ]的对立。咸深二摄读[-m]韵尾，山臻二摄读[-n]韵尾，宕江摄、梗摄白读音、通摄读[-ŋ]韵尾。曾摄以及梗摄文读音与山臻摄合并读[-n]韵尾。例如：灯 ten²² | 肯 kʰien³⁵ | 兴 xin⁵³ | 应 in²²。从演变发展的趋势来看，咸深二摄的[m]韵尾有向[n]韵尾演变的趋势，表现在两个方面：一是老派有部分咸深摄字读[-n]韵尾，例如：谭 xan²⁴ | 函 xɔn²⁴ | 撼 xɔn⁵³ | 缆 lan³⁵ | 站 tsan⁵³ | 搀 tsʰan²² | 敛 tien³⁵ | 谦 tɕʰien²²，等等。二是新派大部分咸深摄字已经和山臻摄合并读[-n]韵尾。

⑨入声韵保留了[p][t][ʔ]的对立。咸深二摄入声字读[-p]尾，山臻二摄读[-t]尾，宕、江、曾、梗、通五摄读[-ʔ]尾。从演变和发展的趋势来看，[-p]尾有向[-t]尾发展的趋势，有以下几个方面的表现：第一，老派有部分咸深摄入声韵尾读[-t]尾，例如：闸 sat⁵ | 协 ɕiet⁵ | 立 tət⁵ | 习 ɕit⁵ | 汁 tət³，等等；第二，老派今读[-p]尾的也常常读为[-t]尾；第三，老派的[-p]尾新派已多读为[-t]尾。值得一提的是，[-t]尾也有进一步弱化的表现，调查时发现入声韵尾[-t]出现[-l]、[-ʔ]、[-i]多种变体。

3.3 声调特点

①马圩方言声调古今分合演变情况主要表现在以下几个方面：第一，古平声依声母清浊分化为阴平和阳平；第二，清上和次浊上今读上声；第三，去声根据声母的清浊分化为阴去和阳去，全浊上声归阳去调（少部分归阴平）；第四，入声依据声母的清浊分化为阴入调和阳入调。

②在声调的演变和发展上，马圩方言的阴平字与阳去字有趋同的趋势。

③马圩方言在调值上的一个表现是阴调的调值普遍要比阳调的调值要低，呈现"阴低阳高"的现象。这与大多数赣语以及汉语方言声调呈现的"阴高阳低"现象有所不同。

④马圩方言古今调类的分合情况如表1所示。

表1 马圩方言古今调类分合表

			阴平	阳平	上声	阴去	阳去	阴入	阳入
平声	清	全清	东该灯风						
		次清	通开天春						
	浊	次浊		门龙牛油					
		全浊		铜皮塘红					
上声	清	全清			懂古鬼九				
		次清			统苦讨草				
	浊	次浊			买老五有				
		全浊	动罪				近后		
去声	清	全清				冻怪半四			
		次清				痛快寸去			
	浊	次浊					卖路硬乱		
		全浊					洞地饭树		
入声	清	全清						谷百搭节	
		次清						哭拍塔刻	
	浊	次浊						绿	六麦月夜
		全浊							毒白局盒

四 同音字汇

本字汇以收录方言单字的白读音为主。一个字如果有白读音，一般就只收白读音；如果没有白读音，则收文读音。但口头词语里的文读音也尽量收入。字汇根据马坪方言韵母、声母、声调的次序（见上文二）排列。写不出本字时用"□"表示，并用小字释义。在例子里，用"～"代替本字，"□"后加注音标。又读、文白异读等一字多音的现象在字的右下角用数码表示，一般用"1"表示口语里最常用的读音，"2"表示次常用的读音，依此类推。

ɿ

ts [22]知蜘姿咨资兹滋辎支$_2$(～持)枝肢 [35]紫姊子梓淬指只$_2$(～有) [53]滞制智致稚峙

ts^h [22]疵差$_3$(参～)痴 [24]雌池驰瓷糍迟$_2$(～到)慈磁辞词祠 [35]此饲$_1$(～料) [53]刺赐翅伺次 [44]字自

s [22]斯厮撕私师狮司丝思柿□(怕～：万一) [35]死使史驶 [53]嗣四肆涘粞 [44]似祀寺饲$_2$(～养)士仕俟事□(～鱼：剖鱼)

i

p [22]蓖杯碑卑悲 [35]彼鄙比秕 [53]贝闭辈背$_2$(～带)臂庇痹祕必 [44]陛

p^h [22]批披被$_1$(～子)丕砒坯 [24]培陪裴皮疲脾琵枇啤癣 [35]匹痞 [53]沛配佩

203

	譬屁　[44]毙弊敝蔽倍背₃(～诵)被₂(～打)婢避备焙箌币帔
m	[22]咪眯瞇　[24]迷梅枚糜弥靡眉嵋楣猕玫酶莓　[35]米每美　[53]觅秘泌蜜魅囗(～到头玩：一直玩)　[44]谜昧媚寐尾囗(钻～鳅：潜水)
f	[22]恢麾非飞妃徽挥辉囗(～嫩：很嫩)　[24]回茴肥　[35]悔毁匪翡　[53]贿晦废肺吠惠慧秽痱费讳　[44]汇会₂(开～)穗绘
t	[22]低堤支₁(量词)栀脂之芝追锥　[24]驴犁黎离篱梨厘狸　[35]缕屡吕旅秜底抵礼纸履旨李里理鲤止址　[53]递对队兑至置志痣坠　[44]虑滤例厉励丽隶璃荔莉痢利吏累₂(连～)类泪
tʰ	[22]梯弟第催崔吹炊　[24]题提₂(～子)蹄啼迟₁(～早)持槌锤　[35]体腿₂侈耻齿　[53]替剃退蜕　[44]帝地痔治
l	[24]擂　[35]儡你累₃(～赘)垒　[53]锐瑞　[44]内芮
ts	[53]最缀赘醉
tsʰ	[53]脆翠粹萃悴　[44]罪
s	[22]虽　[24]随绥谁　[35]水　[53]碎₂岁税睡隧遂
tɕ	[22]拘驹矩居车₂(～马炮)鸡稽饥肌基机几₂(～乎)讥叽　[35]举挤己几₁(～个)嘴　[53]据祭稷际荠济剂计继系₂(～鞋带)髻句寄妓冀纪记既季剧₂(～情)　[44]杞
tɕʰ	[22]区驱趋妻溪欺　[24]渠₂(～道)瞿齐脐畦奇骑岐祁鳍歧其棋期旗祈　[35]取₂娶₂启企起杞岂乞　[53]去₂(～皮)趣砌契器弃气汽讫囗(动词, 看)　[44]巨距拒聚具惧徛技忌
ȵ	[24]泥倪宜仪尼疑　[35]语拟　[53]腻　[44]艺义议谊毅囗(～当：说好)
ɕ	[22]墟虚嘘西犀奚兮施匙是氏牺尸诗熙嬉希稀需须　[24]徐₂(姓～)时　[35]许洗屎矢玺徙始喜蟢髓　[53]续细婿世势誓逝恤戏试　[44]序叙绪系₁(联～)豉示视嗜市恃
∅	[22]淤吁迂伊医衣依揖　[24]余馀愚虞于盂愉榆逾移姨夷饴　[35]与雨宇禹羽倚椅已以　[53]缢议亿肆意域欲浴益　[44]御誉预豫遇寓芋喻裕易矣异逸

u

p	[35]补捕　[53]布佈埠
pʰ	[22]铺₁(～设)　[24]菩葡脯　[35]谱普浦蒲　[53]铺₂(店～)瀑　[44]部簿步
m	[24]模摹　[35]母拇　[44]墓慕暮募
f	[22]呼户沪夫肤跗敷孵乎　[24]胡₂(姓～)狐壶瓠俘符芙　[35]虎浒府腑俯甫脯斧抚釜腐　[53]付赋赴富副　[44]戽互护傅附阜父妇负复₂(复～)
t	[22]都猪₁诸株蛛诛朱硃珠　[35]堵赌肚₁(～鱼)褚煮主　[53]妒杜著柱₁(～子)蛀铸注驻　[44]苎
tʰ	[22]肚₂(～子眼：肚脐眼)柱₂(～头：房梁)　[24]徒屠途涂图除储厨　[35]土吐₁(～痰)处₁(相～)杵　[53]吐₂(呕～)兔处₂(～所)　[44]度渡镀住
l	[24]奴卢炉芦鸬庐如儒　[35]努鲁橹虏掳卤汝乳辱　[44]怒路赂露鹭璐鹿
ts	[22]租　[35]祖组阻足₂(～球)
tsʰ	[22]粗初　[24]雏　[35]楚础　[53]醋猝促　[44]助

s	[22]稣酥梳疏蔬苏书舒枢输竖淑　　[24]殊　　[35]所暑鼠黍署薯数₁(动词)属蜀 [53]素诉塑数₂(名词)戍漱　　[44]树庶恕口(问花~：巫婆与鬼神对话)
k	[22]姑孤辜菇　　[35]古估牯蛊股鼓　　[53]故固顾雇锢
kʰ	[22]箍窟骷枯口(唤鸡的声音)　　[24]跍　　[35]苦　　[53]库裤酷
∅	[22]乌污坞巫诬　　[24]胡₁(~子)湖无　　[35]武舞侮鹉　　[53]恶₃(可~)　　[44]务雾婺晤戊

a

p	[22]巴芭疤　　[35]把₁(~握)靶口(~到：挡到)　　[53]把₂(刀~)霸欛壩埧罢
pʰ	[22]趴　　[24]爬琶杷耙扒(~饭)口(~痒：抓痒)　　[53]怕帕　　[44]稗口(~不得：巴不得)
m	[22]口(动词,摸)　　[24]麻痲蟆　　[35]马码妈　　[44]骂
f	[22]花　　[24]华(中~)划铧　　[53]化口(玩~跌：玩得很疯)　　[44]华(~山)桦画话
t	[22]遮口(~仔：唢呐)　　[35]者打　　[44]蔗
l	[22]拿　　[35]口(指某人喜欢说大话)　　[53]纳　　[44]拉口(~肥：很肥)
ts	[22]差₁(~不多)鬅楂渣抓　　[35]爪₂　　[53]炸₂榨诈乍
tsʰ	[22]叉杈　　[24]茶搽茬查　　[35]口(~帚：扫帚)　　[53]岔
s	[22]沙纱奢赊　　[24]蛇　　[35]洒₂捨舍₁(~得)傻耍　　[53]厦₂(大~)晒　　[44]射麝舍₂(宿~)赦社
k	[22]家加痂嘉傢佳　　[24]口(~~：鸡蛋的别称)　　[35]假贾　　[53]架驾嫁价
kʰ	[22]虾坷搉　　[24]卡
ŋ	[22]鸦丫₁(脚~)桠口(~开嘴：张开嘴)　　[24]牙衙芽伢　　[35]雅哑　　[53]亚　　[44]砑
h	[22]车₁(汽~)哈　　[24]霞暇遐蝦　　[35]扯₁(~衣裳：买衣服)　　[44]下夏厦₁(~门)
∅	[22]阿啊

ia

t	[22]爹　　[24]嗲
tʰ	[24]提₁(~水)
tɕ	[35]姐₂口(吵闹)口(~~：伯母)　　[53]借　　[44]口(~淡：很淡)
tɕʰ	[24]斜笡　　[35]且　　[44]褯
ȵ	[22]口(~软：很软)　　[35]惹　　[53]口(~气：娇气)　　[44]口(~粘：很粘)
ɕ	[24]邪　　[35]写　　[53]泻卸泄　　[44]谢
∅	[24]爷₁(父亲的称呼)　　[35]也野　　[44]丫₂(~鬟)夜口(副词,仅仅,只有)

ua

k	[22]瓜呱　　[24]口(~腿：两腿张开)　　[35]寡剐　　[53]褂掛挂
kʰ	[22]夸口(~滚：很烫)　　[35]垮哼口(~痒：抓痒)　　[53]跨
∅	[22]蛙洼　　[24]娃　　[35]瓦　　[44]哇

ɛ

| m | [22]口(~乌：很黑)口(~烂：很烂)　　[24]口(动词,指水溢出)　　[35]口(~断：折断)　　[53]口(~暗：很暗) |

t	[22]猪₂口(～被子:用脚蹬被子) [24]口(～水:舀水) [35]口(～货:行为举止不雅的女子)
l	[35]口(～起:抱起) [53]勒
ts	[22]口(动词,撕扯)口(动词,吵架)
tsʰ	[22]蛆在₁ [24]徐₁(～家:地名)锄 [35]取₁娶₁扯₂(～蛋) [53]彻撤
s	[35]口(动词,派遣、吩咐) [53]絮 [44]舐口(形容词,稀疏)
k	[22]口(～仔:锄头) [24]渠₁(第三人称代词,他) [53]锯
kʰ	[22]口(～粗:很粗) [53]去₁(来～) [44]口(～绳子:系绳子)
h	[24]口(～起来:提起来) [53]口(～猪:喂猪)
ø	[24]儿而 [35]尔耳饵 [44]二贰口(～哩:那里)

ie

tɕ	[35]姐₁
ȵ	[24]鱼渔 [35]女 [53]虐口(～跌:指事物受潮)
ɕ	[22]些 [24]谐
ø	[22]噎 [24]爷₂(～爷)

uɛ

k	[24]口(不怀好意地说话)
kʰ	[24]口(～断:折断)
ø	[24]口(～～叫:形容大声叫喊的样子) [53]喂₂ [44]口(油～～:形容食物很油腻)口(～红:很红)口(～人:对人耍无赖)

ɔ

p	[22]波菠玻坡 [35]跛 [53]簸 [44]口(～精:指肉不肥)
pʰ	[22]颇 [24]婆鄱 [53]破薄(～荷) [44]剖
m	[24]魔磨₁(～刀)摩馍模 [44]磨₂(石～)
f	[24]和(～气) [35]火夥 [53]货霍藿蘲 [44]祸口(哄,安慰)
t	[22]多 [24]铎踱 [35]躲朵口(副词,统统,都)
l	[22]啰 [24]挪罗锣箩骡螺胭 [35]裸瘰 [44]糯口(～死:毒死)
ts	[35]左佐 [53]做
tsʰ	[53]搓矬锉莝措错口(一～:一截,一段) [44]坐座
s	[22]蓑梭嗦 [24]口(形容词,指东西质量或人品差) [35]锁琐索
k	[22]歌 [24]哥 [53]个各
kʰ	[35]可
ŋ	[22]屙 [24]鹅蛾俄讹娥 [35]我恶₂(～心) [44]饿卧
h	[22]拖 [24]驼驮河荷何砣佗口(～个:谁,哪个)口(～盖:大锅盖) [35]妥椭口(～打:被打) [44]舵贺惰

iɔ

tɕ	[35]口(～走:指用双手把东西扒拢拿走)
tɕʰ	[22]口(～拐棍:拄拐杖) [24]茄瘸 [35]口(～水:炒菜时往锅里加水)

ȵ	[53]箬 [44]□(~~干：指东西半干半湿的样子)
ɕ	[22]靴 [53]□(~出去：泼出去)
ø	[22]□(~子：对残疾人的称呼)

uɔ

k	[22]锅戈聒 [35]果裹馃 [53]过
kʰ	[22]科棵颗 [53]课
ø	[22]窝喔蜗莴倭踒 [24]禾

ai

p	[35]摆 [53]拜鞴
pʰ	[24]排牌箄 [53]派 [44]败
m	[24]埋 [35]买 [44]卖迈
f	[24]怀槐淮 [44]坏
t	[22]呆 [24]逮 [53]戴带
l	[24]来奶□(~舌头：伸舌头)□(~尿：尿床) [35]乃 [44]耐奈赖
ts	[22]灾栽斋哉 [35]宰载$_2$(年~) 崽 [53]再载$_1$(~重) 债寨
tsʰ	[22]猜钗差$_2$(出~) [24]才材财纔裁 [35]彩睬採采棌揣踩 [44]在$_2$ [53]菜蔡
s	[22]筛腮鳃摔衰□(~酒：倒酒) [24]豺柴□(逗乐子) [35]洒$_1$(散开) [53]帅赛率$_1$(~领) 蟀
k	[22]阶皆街 [35]解 [53]尬诫芥介界届戒
kʰ	[22]揩 [35]楷械
ŋ	[22]挨$_1$(倚靠) [24]捱挨$_2$(~打) [53]隘 [35]蔼矮 [44]艾
h	[22]胎苔□(~箕：簸箕) [24]台臺鞋还$_3$(~有)抬 [53]太泰 [44]态贷代大待息殆蟹

uai

k	[22]乖 [35]拐 [53]怪
kʰ	[53]块快筷会$_3$(~计)
ø	[22]歪 [35]崴 [44]外

ɔi

p	[53]背$_1$(~部)
pʰ	[22]胚坯 [24]赔 [53]□(~嘴：吵嘴) [44]□(~墙：靠墙)
m	[24]煤媒霉 [44]妹
f	[22]灰
t	[22]堆 [53]□(~女：嫁女儿)
l	[24]雷 [35]□(打~：打结) [44]累$_1$(劳~)
s	[53]碎$_1$ [44]□(零~：零食)
k	[22]该□(~个：这个) [35]改 [53]概溉盖丐
kʰ	[22]开 [35]凯 [53]慨
ŋ	[22]哀埃 [53]爱 [44]碍

| h | [22]推　[24]孩口(～个：哪个)　[35]海腿₁　[44]袋亥害骇 |

uəi

| ∅ | [22]煨　[35]猥　[44]会₁(～不～) |

ui

k	[22]闺圭规龟归皈　[35]诡轨癸鬼　[53]鳜桂贵瑰
kʰ	[22]盔亏窥　[24]魁傀葵逵奎　[35]跪　[53]溃愧　[44]柜
∅	[22]微危威薇　[24]桅萎为维惟违围　[35]伪委唯伟苇纬韦　[53]喂₁(～饭)畏　[44]位未味魏慰胃谓猬卫巍

au

p	[22]褒包胞　[35]保堡宝饱　[53]报暴豹爆鲍
pʰ	[22]抛　[24]袍刨　[35]泡₁(起～)跑　[53]炮泡₂(～饭)　[44]抱菢
m	[24]毛茅猫锚矛茆　[35]卯　[44]冒帽貌牦
t	[22]刀叨朝₂(今～)　[35]祷岛倒₁(颠～)捣　[53]到倒₂(～水)
l	[22]捞唠口(老～：很空)　[24]劳牢痨挠　[35]脑恼老佬　[53]烙口(动词,闲逛)　[44]涝闹
ts	[22]遭糟醩　[35]枣栆蚤澡找爪₁　[53]躁灶罩　[44]口(耙～：木耙子)
tsʰ	[22]操抄钞　[24]曹槽巢　[35]草吵炒　[53]糙造　[44]皂
s	[22]骚臊梢捎瘙搔　[35]嫂扫₁(～地)　[53]扫₂(～帚)哨
k	[22]高膏篙羔糕交郊胶骄　[35]稿绞狡搅搞铰　[53]告教较窖觉₁(睏～：睡觉)口(～一下：试一下)
kʰ	[35]考　[53]烤靠犒敲
ŋ	[22]坳凹　[24]熬口(～起老壳来：抬起头来)　[35]袄咬口(拿盐～：用盐腌制)　[53]懊奥口(用肩膀抬)口(满足)　[44]傲
h	[22]滔掏涛蒿薅　[24]桃逃淘陶萄嚎豪壕毫口(～饭：用菜汤泡饭)　[35]讨好₁(～坏)　[53]套酵浩耗　[44]道稻导盗好₂(喜～)号₁(几～)孝效校

iau

p	[22]膘标飚彪　[35]表裱婊
pʰ	[22]飘漂₃(～流)　[24]嫖瓢　[35]漂₂(～白)　[53]票漂₁(～亮)
m	[24]苗描瞄　[35]藐渺秒　[44]庙妙谬
t	[22]刁貂雕碉　[24]燎疗獠潦聊辽撩寥　[35]鸟了₁(～结)瞭　[53]钓调₁(～动)掉吊　[44]料廖
tʰ	[22]挑　[24]条调₂(～和)迢笤口(动词,交换)　[53]跳粜　[44]调₃(音～)藋
tɕ	[22]焦蕉椒娇浇　[24]缭　[35]剿矫缴侥饺　[53]醮叫
tɕʰ	[22]锹悄　[24]瞧樵荞桥乔侨　[53]翘俏楸鞘窍　[44]噍轿
ȵ	[24]饶(姓～)牛　[35]偶藕　[44]尿　[53]沤
ɕ	[22]消逍宵霄硝销器枵萧箫　[35]淆小晓　[53]笑
∅	[22]妖邀要₂(～求)腰么(老～：兄弟姐妹中排行最小的)吆　[24]肴遥瑶摇谣窑姚尧　[35]舀杳窈　[53]要₁(重～)　[44]耀鹞

εu

m [24]谋 [35]某亩牡 [44]茂贸

f [24]浮 [35]否

t [22]朝₁(今~)召招昭兜蔸 [35]沼斗₂(度量单位)抖陡肘 [53]兆照诏斗₁(~争)逗

l [44]□(~藕：挖藕) [24]楼耧揉柔 [35]扰绕篓搂□(用脚踢人) [44]漏陋

ts [22]邹撒 [35]走 [53]皱奏揍纣 [44]骤

tsʰ [22]□(~裤：把裤子往上提) [24]愁瞅 [35]□(~水：掺水) [53]凑

s [22]烧绍搜飕馊蒐 [24]韶 [35]少₁(多~)叟 [53]少₂(~年)瘦 [44]邵稍潲嗽

k [22]沟勾钩□(拈~：抓阄) [35]狗苟枸 [53]购构够垢□(~架：劝架)

kʰ [22]抠眍□(蒉~：蒉苣)□(~仔：一小块田地) [35]□ [53]扣寇蔻 [44]□(霞~：妻子兄弟的背称)

ŋ [22]欧瓯殴 [35]呕 [53]怄

h [22]超偷齁 [24]朝₃(~代)潮头投喉猴瘊□赇(~人：诱惑人)□(~绳：毛线) [35]敲吼 [53]透 [44]赵豆候后厚痘

iu

t [22]周舟州洲丢 [24]留刘流榴硫琉馏 [35]柳帚 [53]昼咒宙 [44]溜

tʰ [22]抽 [24]绸筹稠酬 [35]丑瞅 [53]臭

tɕ [22]纠鸠撽阄灸□(~酸：很酸) [35]酒九久韭 [53]救究咎

tɕʰ [22]邱秋丘鞦 [35]球裘求囚泅仇₂(姓~) [44]袖就旧柩

ȵ [22]妞 [35]纽扭钮 [53]拗

ɕ [22]修羞收受休 [24]仇₁ [35]手首守朽 [53]秀绣嗅₂(~觉)锈宿₂(星~) [44]寿授售兽

ø [22]忧优悠幽 [24]尤邮由油游犹 [35]有友酉莠 [53]诱 [44]又右佑柚鼬釉幼

am

t [22]耽担₁(~任) [35]胆 [53]担₂(~子)

l [24]男南篮蓝 [35]览榄揽 [44]滥□(~衣裳：缝补衣服)

ts [35]斩 [53]蘸

tsʰ [22]参₂(~加) [24]惭 [35]□(用针刺) [44]暂

s [22]三杉衫

k [22]尴监 [35]减碱

kʰ [35]坎砍毯 [53]嵌 [44]□(一~：两指间的距离)

h [22]贪淡 [24]谈痰咸衔 [35]喊 [53]探 [44]陷

εm

t [22]沾粘占₂(~卜)瞻□(~厚：很厚) [53]占₁(~领)

l [53]□(~起脚来：踮起脚来)

s [22]参₁(人~) [35]陕闪 [53]渗

iεm

t [22]掂 [35]点 [53]店

tʰ	[22]添簪　[24]甜　[35]舔
tɕ	[22]尖歼兼　[35]检俭　[53]剑
tɕʰ	[24]钳搛　[35]囗(～门：窗子)　[53]欠歉　[44]渐
ȵ	[22]拈　[24]黏严俨鲶鲇　[35]染冉捻　[44]验念
ɕ	[24]嫌　[35]险
∅	[22]淹阉腌　[24]盐檐　[35]掩魇　[53]厌

om

ts	[22]簪
tsʰ	[24]蚕
k	[22]甘柑泔　[35]感敢橄
kʰ	[22]堪勘龛　[35]囗(动词,咳嗽)　[44]囗(～背：搔背)
ŋ	[22]庵揞　[24]囗(～头：点头)　[53]暗

əm

t	[22]针斟　[24]林淋临　[35]檁枕
tʰ	[24]沉

im

tɕ	[22]今金襟禁　[53]浸
tɕʰ	[22]侵囗(～水：往锅里加水)钦　[24]寻　[35]寝　[44]妗
ɕ	[22]心深　[35]审婶沈　[53]渗
∅	[22]音阴荫　[35]饮

an

p	[22]班斑颁扳　[35]板版　[53]囗(～子：结巴子)
pʰ	[22]攀潘　[24]爿　[53]扮盼襻绊　[44]办
m	[35]蛮　[44]慢漫幔蔓
f	[22]藩翻番　[24]凡帆烦繁矾桓还$_2$(～原)　[35]反　[53]泛贩幻　[44]范犯患宦饭
t	[22]单丹　[24]蟾　[35]掸胆　[53]旦诞
l	[24]难$_2$(艰～)兰拦栏　[35]懒缆　[44]难$_1$(苦～)烂
ts	[35]盏攒　[53]站栈赞
tsʰ	[22]搀餐　[24]谗馋残痰　[35]惨铲　[53]灿璨　[44]赚囗(门～：门槛)
s	[22]山珊删　[35]伞产　[53]散疝
k	[22]艰间$_1$(中～)奸　[35]简柬拣谏　[53]间$_2$(～断)
kʰ	[22]囗(水未装满)　[44]囗(～过去：跨过去)
ŋ	[24]涯崖颜　[35]眼　[53]晏　[44]雁囗(～脚：咯脚)
h	[22]摊滩囗(做事～：做事慢)　[24]谭潭檀坛弹$_1$(～琴)闲　[35]坦　[53]炭叹　[44]但弹$_2$(子～)蛋限

uan

k	[22]鳏关　[53]惯
∅	[22]弯湾　[24]还$_1$(～钱)丸玩顽环　[35]晚皖挽宛　[44]万

ɛŋ

p	[22]冰₁(～冷)
pʰ	[22]囗(～轻：很轻)
t	[22]毡登灯专₁砖　[35]展等转₁(～去：回去)　[53]绽战颤凳传₂(～记)转₂(～圈)
l	[35]然燃能囗(～平：很平)　[53]愣
ts	[22]睁争₂(～吵)筝增憎曾₁(姓～)　[53]赠甑
tsʰ	[24]层曾₂(～经)　[53]蹭
s	[22]扇₁(～子)生₂(～活)森僧笙　[24]船　[35]省₂(～长)囗(～鼻涕：擤鼻涕) [53]扇₂(～风)　[44]善鳝膳禅
h	[22]穿川吞亨　[24]衡缠腾藤誊疼传₁(～送)椽痕澄恒囗(～血：淤血)　[35]喘很 [53]串称₁(相～)　[44]恨苋邓瞪囗(～眼：眼疾)
ø	[22]恩

iɛn

p	[22]鞭编蝙边辫　[24]贬扁匾　[53]变
m	[24]棉绵眠　[35]免勉娩缅渑　[44]面
t	[22]颠　[24]廉镰帘连联怜莲　[35]敛典脸　[44]殓练炼恋
tʰ	[22]天　[24]田填　[35]腆　[44]电殿奠佃垫
tɕ	[22]煎笺肩坚捐娟　[35]剪茧趼笕捲　[53]溅箭舰涧键健建腱荐见眷卷绢倦圈₂(猪～)
tɕʰ	[22]签谦迁千牵铅圈₁(圆～)　[24]乾虔钱前全泉拳颧权　[35]潜浅遣犬　[44]践件贱饯健
ȵ	[24]言年研元原源囗(～子：傻子)　[35]碾辇撵撚软阮　[44]谚砚愿
ɕ	[22]仙鲜₁(新～)掀轩先宣喧喧　[24]涎贤弦旋悬玄　[35]癣鲜₂(朝～)显选 [53]馅线羡宪献现₂(～身)骟　[44]县眩现₁(～在)
k	[22]跟根耕庚更₁(～换)　[35]哽埂梗耿　[53]更₂(～加)
kʰ	[35]恳垦啃肯
ø	[22]蔫焉烟冤渊燕₂(～京)　[24]延炎阎圆员缘沿袁辕援　[35]演远　[53]堰宴燕₁(～子)谚筵怨　[44]院焰

ɔŋ

p	[22]般搬　[53]半
pʰ	[22]伴拌　[24]盘　[53]判叛
m	[24]瞒馒　[35]满
f	[22]欢　[24]缓　[53]唤焕
t	[22]端专₂　[35]短　[53]锻
l	[35]暖鸾卵　[44]乱
ts	[22]钻₁(～洞)　[53]钻₂(名词,木工用具)纂撰篆
tsʰ	[22]汆　[53]窜篡
s	[22]酸拴闩　[53]算蒜涮
k	[22]干₁(～旱)肝竿　[35]秆赶擀　[53]干₂(～活)

| k^h | [22]刊 [53]看

| ŋ | [22]安鞍鹌氨 [24]囗(～过去：车轮碾压过去) [53]按案 [44]岸

| h | [22]鼾 [24]函寒韩团汗₂(～毛) [35]罕囗(～地仔：刨地) [53]翰 [44]撼焊旱汉断段缎椴汗₁(～水)

uɔn

| k | [22]官鳏棺冠₂(鸡～)观 [35]管馆 [53]贯冠₁(～军)灌罐

| k^h | [22]宽 [35]款

| ∅ | [22]豌 [24]完 [35]碗 [53]腕 [44]换

ən

| p | [22]彬冰₂(～棒)宾槟兵殡鬓奔₁(～跑) [35]禀本丙秉柄₂(把～) [53]笨并奔₂(投～)

| p^h | [22]拼喷₂(～水) [24]贫频盆凭评瓶苹屏萍坪平₂(～等) [35]品 [53]聘

| m | [24]闽民门蚊鸣铭明₂(～白) [35]悯敏抿皿 [44]闷命₂(～令)

| f | [22]婚昏分纷芬 [24]魂馄浑焚坟横₂ [35]粉 [53]粪奋 [44]混愤份荤

| t | [22]贞侦征珍蒸尊撙榛臻真敦墩蹲遵征 [24]鳞磷燐邻灵菱凌伶翎沦伦轮顶₂(～楼)领₂(～导) [35]拯疹诊准鼎整₂(～理)囗(～倒：拦住) [53]证症镇振震政顿拄饨沌盾遁钝正₃(～确) [44]吝令另

| t^h | [22]春称₂(～呼) [24]陈尘屯豚臀亭停婷庭廷蜓诚呈程囗(～当：有能力的人) [35]逞蠢挺艇 [53]趁秤囗(～起来：拉起来) [44]阵

| l | [22]囗(～出来：钻出来) [24]仑仍扔 [35]囗(～出来：吐出来) [44]嫩任纫润闰论

| ts^h | [22]村 [24]存惩城₂成₂ [35]忖逞 [53]衬寸

| s | [22]孙 [35]损 [53]甚肾舜圣盛₂ [44]顺

in

| ȵ | [24]人宁仁银凝 [35]忍 [44]刃认韧囗(～～念念：唠唠叨叨)

| tɕ | [22]津巾斤筋茎晶精₂鞍均君经军京荆鲸惊₂ [35]紧仅谨菌景警 [53]劲径俊净₂境进晋郡竟竞囗(～似：专门、特地做某事)

| $tɕ^h$ | [22]亲卿近倾清₂肫 [24]秦情勤芹裙群擎 [53]庆磬 [44]尽

| ɕ | [22]猩星₂辛新薪身馨申伸欣熏薰升胜勋兴₁(～旺) [24]乘绳塍形型刑承丞辰晨臣娠荀神旬循巡唇行₂(～为) [53]信讯杏慎衅逊迅殉训幸性兴₂(高～)

| ∅ | [22]因姻晕蝇鹦樱鹰莺殷英婴缨应₁(～当) [24]寅盈匀迎云影₂(电～) [35]颖引隐允尹淫 [53]印熨韵映应₂(～对) [44]运孕剩

uən

| k | [35]滚 [53]棍

| k^h | [22]昆崑坤 [35]捆 [53]困

| ∅ | [22]温瘟 [24]文纹闻 [35]稳吻刎 [44]问

aŋ

| p | [22]囗(～准：很准) [24]囗(～～：气球) [35]囗(～当：僵持、互不妥协)

| p^h | [22]囗(～走：赶走)囗(～松：很松) [24]膨彭 [35]囗(～囗lɔŋ²⁴：很乱) [53]

	□(～起来：浮起来)
m	[35]猛（长）
f	[53]□(～掉：甩掉)
t	[22]正₁(～月) [24]整₁(～好：修好或治好) [53]政正₂(～好)
l	[22]□(～稀：很稀疏) [35]冷
ts	[22]争₁(～抢)□(脚～：脚后跟)
tsʰ	[22]撑□(～人家：挤兑人家) [24]橙 [53]掌
s	[22]声牲甥生₁(～崽) [24]城₁盛₁(～饭) 成₁[35]省₃(节～)
k	[22]羹 [24]□(打闹) [35]□(～硬：很硬) [53]□(～进去：挤进去)
kʰ	[22]坑吭□(～到哩：噎到了) [53]□(动词,争吵)
ŋ	[44]硬
h	[35]行₃(～前走：先走)桁 [44]郑

iaŋ

p	[35]饼 [53]柄₁(刀～)
pʰ	[22]□(床～：床沿) [35]平₁坪 [44]病
m	[24]名明₁ [22]命
t	[22]钉₂丁叮盯 [24]铃零 [35]鼎顶₁领₁ [53]钉₁□(动词,扔、丢)
tʰ	[22]听厅汀 [44]定订
tɕ	[22]晴精₁惊₁(～醒) [35]井颈 [53]镜
tɕʰ	[22]轻清₁青₁ [24]晴 [35]请 [44]静靖净₁(亲～：亲戚)
ȵ	[22]□(差～～：差一点儿)
ɕ	[22]兄星₁腥 [35]省₁(反～)醒 [53]姓
∅	[22]萦萤₁ [24]赢 [35]影₁映 [53]□(～门：看守)

uaŋ

k	[22]□(台阶) [24]梗(菜～)
kʰ	[22]□(～腥)
∅	[24]横₁

ɔŋ

p	[22]帮邦梆 [35]榜绑膀 [53]谤傍棒泵
pʰ	[22]乓滂昌₂(南～) [24]旁螃庞 [53]胖 [44]□(介词,凭借)
m	[24]盲虻忙芒茫氓□(～槌：洗衣服用的棒槌) [35]蟒莽网辋 [44]望
f	[22]方肪芳慌荒 [24]妨磺房防簧皇蝗黄₂(姓～) [35]仿纺访恍谎□(～线：丝瓜) [53]放晃
t	[22]樟章张装₁(～东西)当₁(～做)裆铛 [35]掌党挡涨长₁(～大) [53]瘴障账胀帐荡仗杖宕当₂(～铺)垱(～上：河堤)□(散步)
ts	[22]赃脏庄装₂(～扮)妆 [53]壮葬藏₂(西～)
tsʰ	[22]仓苍疮窗娼猖菖沧舱 [24]藏₁(隐～)□(～蛋：咸蛋) [35]闯 [53]创 [44]状撞

s	[22]桑丧₁(～事)霜孀商伤裳双　[24]嫦床常尝偿　[35]磉嗓搡爽赏　[53]丧₂(～失)　[44]上尚
k	[22]江豇纲刚钢缸扛₁(抬)冈岗□(～精：蜻蜓)　[35]讲港耩　[53]降₁(下～)虹杠　[44]□(菱～：菱角)
kʰ	[22]康糠慷　[53]抗炕囥
ŋ	[22]肮　[24]昂
h	[22]汤昌₁　[24]糖堂螳唐塘棠行₁(银～)杭航长₂(～短)肠场　[35]躺倘厂　[53]趟烫畅唱倡耩　[22]丈项巷

iɔŋ

t	[24]良凉量₁(丈～)粮粱梁　[35]两　[44]亮谅辆量₂(数～)
ȵ	[24]娘　[44]酿让□(～饭：糯米饭)
tɕ	[22]将₁(～来)浆僵疆姜缰　[35]蒋奖桨　[53]犟强₂(倔～)酱将₂(大～)
tɕʰ	[22]枪羌腔　[24]墙强₁(勉～)　[35]抢　[44]匠像
ɕ	[22]相₁(互～)箱厢湘镶襄香乡□(川～：芹菜)　[24]详祥降₂(～服)　[35]想鲞享响饷　[44]象项橡向相₂(～貌)
ø	[22]央秧殃泱鸯　[24]阳烊羊洋炀扬杨疡　[35]仰养痒　[44]样烊□(冥～：死人用的金银锭子)

uɔŋ

k	[22]光　[35]广　[53]逛
kʰ	[22]匡筐眶框　[24]狂　[53]旷况矿
ø	[22]汪枉　[24]王亡黄₁(～色)　[35]往　[44]忘妄旺

uŋ

p	[22]崩　[24]□(抱)　[53]蹦
pʰ	[22]烹喷₁(～香)　[24]朋鹏棚蓬篷　[35]捧　[53]碰
m	[24]萌盟蒙檬朦　[35]猛懵□(起～：起雾)　[44]孟梦
f	[22]风枫疯讽丰封峰蜂锋　[24]冯逢缝　[53]凤奉
t	[24]东冬　[24]　[35]董懂　[53]冻栋　[44]
tʰ	[24]通　[24]同铜桐筒童瞳　[35]桶捅统　[53]痛　[44]动洞
l	[24]隆农脓溶熔茸容蓉镕戎绒融笼聋胧　[35]拢陇垅冗　[44]弄
ts	[22]踪宗棕鬃　[35]总□(恐怕)　[53]粽纵众综
tsʰ	[22]聪葱囱匆　[24]丛从₂　[35]宠
s	[22]松嵩　[35]□(用力推)怂耸　[53]送宋诵颂讼
k	[22]□(傀～怠：木偶)公工蚣功攻龚弓躬宫恭　[35]拱巩汞　[53]贡供₂(上～)
kʰ	[22]共₂(～产党)空₂(～间)　[35]恐孔　[53]控空₁(～闲)

iuŋ

t	[24]龙
tɕ	[22]供₁(～养)　[35]窘迥
tɕʰ	[22]倾顷共₁(～用)　[24]从₁穷

ȵ	[22]口(衣服～了：衣服皱了) [24]浓
ɕ	[22]胸匈凶 [24]熊雄 [53]嗅₁(用鼻子闻)
ø	[22]雍庸拥擁 [24]荣营融容熔蓉萤₂ [35]永泳咏勇涌俑 [44]用

ap

t	[3]答搭
l	[5]腊蜡镴
ts	[3]眨
tsʰ	[3]插
s	[5]口(～花生：水煮花生)炸₁(油～)
k	[3]甲口(～米：碾米)夹
kʰ	[3]掐
ŋ	[3]鸭押压
h	[3]榻揭塌塔 [5]踏

ɛp

t	[3]折₁(～叠)褶
s	[3]摄

iɛp

tʰ	[3]贴帖 [5]叠碟蝶牒谍
ȵ	[5]聂镊蹑
tɕ	[3]接荚口(～子：夹子)口(动词,掐)
tɕʰ	[5]捷
ɕ	[3]口(～高：垫高)
ø	[3]口(～谷：不饱满的谷子) [5]叶页

ɔp

t	[5]口(水溢出)
ts	[5]口(一～米：一把米)
tsʰ	[5]杂
k	[3]鸽 [5]合₁(～着做：合在一起做事)
kʰ	[5]磕口(动词,敲打)
h	[3]喝 [5]合₂盒

ip

tɕ	[3]急 [5]口(动词,吮吸)
ɕ	[3]吸湿 [5]十拾

at

p	[3]八
pʰ	[5]拔
f	[3]法发袜₁ [5]乏筏罚伐阀
t	[3]口(～子：骂人话,指不注重外表的女孩) [5]口(动词,摔)

l   [3]捺癞□(形容词,烫)□(末尾)   [5]辣□(～贵：很贵)

ts   [3]札扎

tsʰ   [3]擦察   [5]□(蟑螂)

s   [3]撒萨杀刹   [5]闸铡□(泡～：蜘蛛)

k   [3]□(～下：腋下)

kʰ   [3]□(相～：吵嘴)□(～涩：很涩)□(形容人很节俭)恰   [5]□(～洋火：划火柴)

ŋ   [5]轧□(～人：咬人)

h   [3]瞎   [5]达窄

uat

k   [3]刮

ø   [3]挖   [5]滑猾袜₂

ɛt

t   [3]浙哲辙

l   [3]□(～滑：很滑)

tsʰ   [3]撤彻

s   [3]设虱涩   [5]舌折₂(～本)

x   [5]核特

iɛt

p   [3]憋

pʰ   [3]撇   [5]别

m   [3]灭   [5]篾

t   [3]猎跌列烈裂劣   [5]□(～干：拧干)

tʰ   [3]铁

ȵ   [3]业捏孽悦阅月   [5]热

tɕ   [3]劫结洁节决诀揭

tɕʰ   [3]妾怯切缺   [5]杰截绝捷掘

ɕ   [3]薛泄屑歇蝎雪血   [5]胁协穴

ø   [3]越粤曰噎   [5]拽

ɔt

p   [3]拨   [5]钵

pʰ   [3]泼

m   [3]抹末沫

f   [3]豁   [5]活₂(生～)

t   [3]掇

l   [5]捋

ts   [5]□(动词,撕扯)

tsʰ	[3]拙撮	
s	[3]说刷	
k	[3]葛割	
kʰ	[3]渴	
h	[3]喝脱	[5]夺

uɔ

kʰ	[3]括阔
ø	[5]活₁(死～)

ət

p	[3]笔毕必不
pʰ	[3]匹口(～馊：很馊) [5]鼻口(～子：马蹄)口(～饭：焖饭)
m	[5]蜜密没陌
f	[3]佛忽
t	[5]栗秩质律立汁执率₂(效～)
tʰ	[3]突出 [5]侄
l	[3]口(～裤裆：指小孩裤子跨下来)口(动词,从小洞钻出)
ts	[3]卒
tsʰ	[3]猝
s	[5]术述秫術

it

ȵ	[5]日
tɕ	[3]桔橘激级
tɕʰ	[3]七漆屈 [5]疾集辑吉及
ɕ	[3]膝悉失室 [5]习袭实
ø	[3]乙一

uət

k	[3]骨
kʰ	[3]窟口(～仔：小水坑)
ø	[3]口(～饭：做饭) [5]物勿

aʔ

p	[3]爸百伯柏(～油)
pʰ	[3]拍 [5]白
m	[3]蟆口(尾～：尾巴)口(～开：两腿张开) [5]麦
f	[5]划
t	[3]只₁(量词)
l	[5]纳
ts	[3]摘口(动词,压)
tsʰ	[3]拆栅册口(～开：裂开)

s	[3]口(禾～：稻穗)口(排～骨：肋骨)	[5]石
k	[3]格隔	
kʰ	[3]客	
h	[3]吓₁尺口(～声下：突然)	

iaʔ

p	[3]壁
pʰ	[3]劈
t	[5]笛
tʰ	[3]踢剔赤
tɕ	[3]脊
tɕʰ	[3]恰吃　[5]席(～子)
ɕ	[3]锡　[5]狭峡匣辖

εʔ

p	[3]北
m	[3]脉默陌　[5]墨
t	[3]得德
l	[5]口(名词, 刺儿)口(～滑：很滑)
ts	[3]鲫责侧则泽择　[5]口(～蜢：蚱蜢)
tsʰ	[3]测策择泽口(用东西砸)　[5]贼
s	[3]塞色啬　[5]口(～个：什么)
ŋ	[3]扼　[5]额
h	[3]黑吓₂

iεʔ

pʰ	[3]擘
m	[3]口(开～：掰开)
t	[3]咧
tʰ	[3]口(～新：很新)
tɕ	[3]疖　[5]荚
ɕ	[3]口(～薄：很薄)
k	[3]革　[5]噎
kʰ	[3]咳　[5]克刻
∅	[5]口(拿盐水～：拿盐水泡)

uɛʔ

k	[3]国　[5]口(～饱：很饱)

ɔʔ

p	[3]博剥　[5]驳
pʰ	[3]口(～勺：浇菜用具)魄　[5]泊薄雹
m	[5]摸膜寞莫

f	[3]霍	
t	[3]斫着₁(～衣裳)口(～巴掌：打耳光)	[5]啄剁口(～苦：很苦)
l	[3]若弱诺骆洛络乐₁(快～)	[5]落
ts	[3]桌卓琢灼啄口(～面：和面)	
tsʰ	[3]绰戳 [5]昨镯浊	
s	[3]缩朔 [5]勺芍	
k	[3]搁胳阁角觉₁(自～)	
kʰ	[3]确壳	
ŋ	[5]鄂恶₁(凶～)	
h	[3]托鹤 [5]学着₂(～火)	

iɔʔ

t	[3]略掠
tɕ	[3]脚
tɕʰ	[3]鹊雀却
ɕ	[3]削
∅	[3]约岳钥跃乐₂(音～) [5]药

uɔʔ

k	[3]郭
kʰ	[3]扩
∅	[3]握

əʔ

p	[3]逼碧
m	[5]陌
t	[3]滴 [5]力织
tʰ	[5]直值职殖植殖
ɲ	[3]匿
ɕ	[3]息熄媳

iʔ

p	[3]壁臂口(～痧：中暑) [5]口(～崽：小爆竹)口(叶～：叶子)
pʰ	[3]辟僻
m	[3]觅
t	[3]的(目～)
tʰ	[5]敌狄籴
ɲ	[3]逆抑溺口(河～：蚯蚓)
tɕ	[3]剧₁(～烈)屐迹寂绩击极即 [5]口(一点儿)口(眼～毛：眼睫毛)
tɕʰ	[3]戚 [5]籍藉极口(打哈～：打喷嚏)
ɕ	[3]识式饰惜 [5]食蚀
∅	[3]亦液腋译疫役 [5]翼

uʔ

pʰ	[3]卜朴仆扑　[5]覆
m	[3]目牧穆　[5]木
f	[3]福蝠覆腹缚　[5]斛复₁(~习)辐服伏口(禾~：打谷桶)
t	[3]督竹筑祝粥嘱烛口(~下：底部)　[5]口(动词,戳、刺)口(~~短：很短)
tʰ	[3]秃触畜　[5]独读笃犊牨毒逐轴
l	[5]鹿禄辱
tsʰ	[5]族
s	[3]速赎束肃宿₁(~舍)叔　[5]熟俗口(~娌：妯娌)
k	[3]谷
kʰ	[3]哭
∅	[3]屋

iuʔ

t	[3]绿录　[5]六陆
ȵ	[3]玉狱　[5]肉
tɕ	[3]菊足₁(~够)
tɕʰ	[3]曲口(~头发：留头发)口(衫~：衣袖)　[5]局锔
ɕ	[3]蓄
∅	[3]郁育

m

∅	[22]姆(~妈：妈妈)

ŋ

∅	[22]嗡翁　[24]吴蜈　[35]五午伍嗯　[53]口(~菜：空心菜)

参考文献

东乡县地方志编纂委员会 1989　《东乡县志》，江西人民出版社。

論臺灣海陸客語"再次"義「過」的語法化[1]

遠藤雅裕

日本・中央大學

yuanteng@tamacc.chuo-u.ac.jp

摘要

臺灣海陸客語的「過」為多義詞，兼備謂語動詞、趨向補語、狀語（副詞）、體貌標記（經驗體、重行體）、比較標記、連詞等功能。其中表"再次"義的「過」有兩種，即，置於謂語動詞之前的副詞以及置於謂語動詞之後的體貌標記（重行體）。本文結合田野調查和文獻調查整理包括副詞「過」（如，「(再)過講一擺」）在內的"再次"義副詞在這一百年中的情況並考察一下其語法化過程。

本文的結論是"再次"義「過」由副詞「再」與動詞「過」的組合發展而來。首先「再過」整體被重新分析為一個句法單位而承擔"再次"義，經過「再」字音義的弱化最後脫落，其詞義沾染到「過」字上。搭配的對象也由體詞性成份變成謂詞性成份。在這個過程中，除可觀察到因詞義沾染而促使其去語義化（"跨越"義＞"再次"義）之外，還可觀察到擴展、重新分析、詞彙化等現象以及銷蝕等形式方面的演變。就銷蝕而言，有如下的演變過程，即：（再過）$tsai^{21} ko^{21}$ > $tsai^{21} ko^{35}$ > $tsak^{32} ko^{35}$ > （過）ko^{35}。在這個過程中發生了「過」字上聲（35調）化以及「再」字的促化。

根據客語海陸片的歷時語料的分析，這個演變的時期可以總結為如下。十九世紀到二十世紀前半承擔"再次"義的是「再」字，而「過」字主要承擔"跨越"義。二十世紀中葉以後"再次"義逐漸被「再過」詞組整體來承擔，將「再（再次）＋過（跨越）」重新分析為「再過（再次）」並促使其詞彙化。隨著這種演變也出現了音變現象，就是二十一世紀以後的語料出現了「再過（$tsai^{21} ko^{35}$ 或 $tsak^{32} ko^{35}$）」等語音形式。最後出現了脫落「再」的「ko^{35} 過」。而在這些語料中，「再」字二十一世紀以後沒有再被使用過。這種「過」的語法化有可能只限於海陸片客語以及臺灣客語。

---

[1] 本文是獲得日本學術振興會科學研究費補助金(平成 28～30 年度基盤研究 C 一般、課題番號：16K02700)以及中央大學 2017 年度特別研究費資助而進行的研究成果之一。本文曾在第十二屆台灣語言及其教學國際學術研討會（2018 年 10 月 26 日，國立中山大學）上宣讀，並承蒙與會學者提出寶貴建議，尤其是中央研究院語言學研究所研究員江敏華老師為此提出了不少細緻入微的建議，實在令人感激。在此表示衷心的感謝。

關鍵詞：海陸客語、「再過」、「過」、語法化、詞義沾染

1. 前言

海陸客語[2]的"再次"義副詞（相當於漢語共同語（普通話）的「再」）有「tsai²¹再」、「tsai²¹ ko²¹再過」、「tsai²¹ ko³⁵」、「tsak³² ko³⁵」、「ko³⁵」等。本文將「tsai²¹ ko³⁵」、「tsak³² ko³⁵」與「ko³⁵」等本字分別擬定為「再過」與「過」，並提出其形成過程為「[副詞] tsai²¹再+[動詞] ko²¹過 > [副詞] tsai²¹ ko²¹再過 > tsai²¹ ko³⁵再過 > tsak³² ko³⁵再過 > ko³⁵過」的假說。換言之，"再次"義「過」是由詞組「再過」演變而來的，其詞義是由「再」字轉移過來的。在這個過程中，可觀察到變音以及去語義化(desemanticization、語義漂白 semantic bleaching)、擴展(extension、語境泛化 context generalization)、銷蝕(erosion、語音縮減 phonetic reduction)等語法化現象(Heine & Kuteva 2002:2，中譯本 p.2)。

先看一下例句。

(1) ŋai⁵⁵ mo⁵⁵ thaŋ²¹ tshin⁵³ tshu³⁵, tshiaŋ³⁵⁻³³ { tsai²¹ / tsai²¹ ko³⁵ / tsak³² ko³⁵/
　　我　無沒　聽　清楚，　　　請　　　{ 再 /　再過　/　再過　/
ko³⁵} koŋ³⁵ ʒit⁵⁻³² pien²¹
過}　講　　一　　遍。　　　　　　　　我沒聽清楚，請再說一遍。

(2) lia⁵⁵ tʃak⁵ lin⁵³ ko²¹ toŋ⁵³ ho³⁵⁻³³ ʃit³², { tsai²¹ / tsai²¹ ko²¹ / tsak³² ko³⁵}
　□這　隻　□□蘋果　當很　好食好吃，　　 { 再 /　再過　/　再過　}
pun⁵³ ŋi⁵⁵ ʒit⁵⁻³² tʃak⁵
分給　你　　一　　隻。　　　　　　　這個蘋果很好吃，我再給你一個。

本文將這些除「再」字之外的"再次"義副詞統稱為「再過」類詞語。總之，以先賢的研究成果為前提，本文要提出動詞「過」語法化的另一個可能性。

如例句(1)(2)所示，本文例句均並列拼音文字（包括 IPA 在內）與漢字。拼音文字在第一行。聲調的標記方式基本上是這樣的：根據實際語音的（田野調查材料、教材錄音等）標調值（如，筆者所紀錄的海陸客語調值為：陰平 53、

---

[2] 海陸客語主要分佈於臺灣北部的桃園、新竹等地。居住在這裡的客家人大部份來自以廣東海豐、陸豐等地為中心的地區，故稱「海陸」。據《中國語言地圖集 第 2 版 漢語方言卷》（2012 年，商務印書館）的記載，海陸客語屬於海陸片，與廣東陸河縣、海豐縣以及陸豐市的客語屬於同一個方言區。

上聲 35、陰去 21、陰入 5、陽平 55、陽去 33、陽入 32）[3]；沒有實際語音或沒有標調值的（一些歷時語料、書面語料，如，Schaank(1897)、臺灣總督府編(1932)、河野(1933)、王湄臺編(1962a,b)、詹益雲編(2003, 2008)等）以數字標調類（陰平 1、上聲 2、陰去 3、陰入 4、陽平 5、陽去 7、陽入 8）。第二行是漢字，有音無字的或字不確定的音節以「□」來表示（本文盡量迴避使用假借字以及訓讀字）。如有語義與漢語共同語不同的詞或有音無字詞，以小字附上其語義。例句中的括號( )表示其中的字詞可以省略，括號{ / }則表示可任意選擇其中一個詞。這些詞語之間有聚合(paradigmatic)關係。*為不成句的。每句附上漢語共同語的對譯。沒有註明出處的都是由筆者在田野調查蒐集的。文獻語料的例句盡量尊重原文，除特別需要外，都不加任何改動。

　　本文除了第一章前言、第五章結語之外，第二章回顧文獻資料並評述客語「過」的語法化假說，第三章整理一下海陸客語「再過」類詞語的使用情況，第四章構擬「再過」類詞語的語法化途徑。

2. 文獻回顧

　　這裡首先回顧一下「再過」類詞語的描寫資料以及先行研究。

2.1. 語彙集、辭典等的記載

2.1.1.　　海陸客語的記載

　　辭典類所收錄的「再過」類詞形為「tsai²¹ ko²¹ / tsai²¹ ko³⁵ / tsak³² ko³⁵ / ko²¹ / ko³⁵ / tso²¹ ko³⁵」等。下面依出版年次介紹一下辭典類的記載。

　　據筆者所知，對於海陸客語最早記錄「再過」類的是橋本(1972)（參看 3）。其詞形為「tso²¹ ko¹²」，出現在日語「また(mata)」（再、又）的例句當中，而沒有特別的解釋。雖然他沒有提到這個詞原本是否「再過」，但根據其他的記錄和筆者的調查，「ko¹²」（上聲）應為變調後的「過」字。橋本先生的海陸客語發音人 1924 年在新竹縣峨眉出生，日本戰敗後離開家鄉。橋本先生的調查 1957 年 6 月開始，大約進行了一年（橋本 1972 :4）。因此這位發音人的客家話應該反映西元五十年代以前的情況。這樣的話，「過」字的變音現象有可能是在五十年代之前出現的。

---

[3] 上聲(35 調)以及陰入(5 調)後接其他音節時一般分別變調為 33 調（陽去）以及 32 調（陽入）。本文將變調調值標在橫線(-)的右邊。

(3) 橋本(1972 :108)《客家語基礎語彙集》
'またいらっしゃいね'（你再來[4]）tsɔˋ-kɔˋ lɔiˇ haˋ（做果[5]來哈）。

　　其後較為完整的描寫記錄是涂春景(1998a,b)。涂春景(1998a)收錄了苗栗縣卓蘭鎮的客家話，共有 13 個地點的相當於漢語共同語 960 個詞的客語詞。客語除了海陸（上新里食水坑）以外，還包括四縣、饒平、卓蘭等次方言。就「再過」類詞語來說，收錄了相當於漢語共同語「再一次」的客語說法。與漢語共同語「再」相對應的部分均為「過」，而且其聲調均為本調（陰去 11 調），如：過一擺 ko^{11} jit^2 pai^{24}（p.325）。涂春景(1998b)則收錄了臺灣中部的客家話，共有 17 個地點，包括海陸（埔里）、四縣、大埔、詔安等方言的客語詞。體例與涂春景(1998a)相同。埔里海陸客語的「再過」類詞語就與卓蘭食水坑海陸客語的相同。這些詞彙集的描寫是以對照為主的，其內容相當有限。

　　二〇〇〇年後陸續出版了有關海陸客語的辭典，如，徐兆泉編(2001,2009)[6]、詹益雲編(2003)等。徐兆泉編(2009)的收詞與解釋較為完整，也收錄了「再過」以及「過」等詞，並指出在強調的時候會出現變調等音變現象（參看 4）。根據筆者的調查，高升調確實會在強調時出現。比如，就拿形容詞的重疊形式來說，「fuŋ^{55} fuŋ^{55} 紅紅」的強調形式為「fu:ŋ$^{35(3)}$ fuŋ^{33}」（遠藤 2012）。但是除此之外，也有用這種變調來辨別詞義的例子（參看第四章）。因此本文不排除這種辨別詞義的可能性。

(4) 徐兆泉編(2009)《臺灣四縣腔海陸腔客家話辭典》
　　go55 / go11 過：（二）再，海陸腔強調時說成「go24」。過拿一本來、燙過、盪過、舞過、煮過、洗過。(p.476)
　　zai55 go55 / zai11 go11 再過＝再。（一）說話時，「再」因受「過」聲符「g」舌位的影響，省略「i」音，而變為「zak5 go55/zak2 go11」。海陸腔強調時說成「zai11 ko24」。再過做一擺、再過講一遍、再過添一碗、再過加幾

---
[4] 漢語共同語對譯是由筆者翻譯的。
[5] 據橋本(1972 :6)的記載，「做果」是套用的字，而不是本字。
[6] 徐兆泉編(2001, 2009) 兼收四縣客語詞。2009 版本的描寫比 2001 版本更加詳細。因此本文引用 2009 版本。在引文部分的詞條之中，斜線號（ / ）的左邊是四縣客語詞，而右邊則是海陸客語詞。兩種版本均以聲調符號表示字詞的聲調，而本文採用徐兆泉編(2001, 2009)所提示的調值來表示該詞的聲調。

日。(二)使用上,「再」字可省,但「過」字不可省。(例)過做一擺、過講一遍、過添一碗、過加幾日。(p.1464)

詹益雲編(2003)也收錄了與橋本(1972)所記載的相同的 tzo5 go2,並解釋這個詞形由 tzai3 go2(tsai^{21} ko^{35})演變而來[7]。值得注意的是詹益雲編(2003)只收錄了變調(go2(ko^{35}))的「過」字,而沒有收錄本調(go3(ko^{21}))的(參看 5)。

(5) 詹益雲編(2003)《海陸客語字典》
　　過(三)go2「再過(tzai3 go2 → tzo3 go2)」重新來一次。如再過一次、再過一年、再過來。(p.1204)

總之,根據這些描寫可以說海陸客語表"再次"義詞語在共時層面具有「tsai^{21} ko^{21} / tsai^{21} ko^{35} / tsak^{32} ko^{35} / ko^{21} / ko^{35} / tso^{21} ko^{35}」等詞形。

2.1.2.　客語其他次方言的資料

通過其他客語的文獻調查,發現「再過」類詞語有普遍存在於客語海陸片並在臺灣客語裡流行開來的可能性。

與海陸客語同屬海陸片客語的廣東海陸豐地區客語也有類似的成份。比如,海豐縣黃羌、西坑的客語均有「再過」,如:「好 lo53,毋好再過講 lo53」(筆者譯:好了,不要再說了)(張為閔 2008:212)[8]。陸河縣河口鎮的客語「tsa^{31} ko^{35} 再過」具有"再次"義(蘇嫩祺 2010:206)。值得注意的是後者「過」本調是 31 調(陰去),而「再過」的「過」是高升調(陽平)。這個調值與海陸客語的「ko^{35}」不謀而合。除此之外,再考慮到 Schaank(1897)所描寫的十九世紀印尼陸豐客語的情況(後敘),可以說表"再次"義的「再過」普遍存在於海陸片客語。

至於其餘客語辭典類的「再過」類詞語的記載,除了臺灣客語(四縣客語[9](徐兆泉編 2001, 2009、涂春景 1998a,b、河野 1933)、饒平客語等(涂春景 1998a,b))以外,無論是歷時資料還是共時資料,都沒有收錄此類詞語。

---

[7] 這個字音或許是由「過」韻母的逆同化所致。此類現象的例子還有「亂彈」,即:(lon$^{55/33}$ >) lan$^{55/33}$ t'an$^{11/55}$ > lan$^{11/55}$ t'an$^{11/55}$(古國順等 2005:159)。
[8] 張為閔(2008)沒有紀錄「再過」的字音。按其同音字表,其字音應為 tsai(陰去)ko(陰去)。黃羌的陰去是 21 調,西坑的陰去是 31 調。
[9] 橋本(1972)沒有收錄四縣客語的「再過」類詞語。

就臺灣客語而言，二十世紀前期的四縣客語已經有「再過」類詞語。臺灣總督府編(1932)《廣東語辭典》、河野(1933)都收錄了此類詞語，比如「再過」（參看6）、「更」「再更[10]」（參看7）等（下線是由筆者畫的）。從這些資料的記載，可以了解到四縣客語的「再過」到目前為止一直是本調的，而沒有變調的。這一點與有變調現象的海陸客語顯然不同。

(6) 臺灣總督府編(1932)《廣東語辭典》（四縣(鎮平)客語）[11]
マタ（副）又、復。 又(iu3)。再(tsai3)。<u>再過(tsai3 kuo3)</u>。又還(iu3 fan5)。(p.1373)

(7) 河野(1933:151)（四縣客語）
<u>更 (ko3)</u>, <u>再更 (tsai3 ko3)</u>, 又更 (iu3 ko3), 再三 (tsai3 sam1), 而且 (ʒi1 tsʰia2), 更較 (kʰo3 kʰa3)
如：請汝再更說明加一次。 何卒もう一度説明して下さい。(請再說明一次。)

與此相反，其他地區的資料似乎沒有收錄「再過」類詞語。比如，反映清末廣東新安等地客家話的瑞士巴色會(Basel mission)所藏的客語文獻（Chappell & Lamarre 2005）[12]、收錄廣東客語的客英詞典 MacIver(1926)（參看8）、客法詞典 Rey(1926)等都沒有收錄此類詞語。筆者還查閱了清末出版的《啟蒙淺學》（莊初升、黃婷婷 2014）也沒有發現此類詞語。

(8) MacIver(1926)《客英大辭典》（廣東梅縣、興寧、平遠、蕉嶺、五華、大埔一帶的客語）
再 tsài. Again, a second time.
再過加幾日, t. kwò ka kí-nyit, after a few days more.(p.899)
過 kwò. To pass : to go by. Finished, completed. To pass over or through. A sign of the past or perfect tense. To transgress. A fault.(p.353)

---

[10] 據音標「更」字應為訓讀字。
[11] 括號裡的 IPA 是根據片假名的標音由筆者附上的。這些都是近似音。
[12] 比如，*Kleines Deutsch-Hakka Wörterbuch für Angänger*(1909)只收「yu4, tsai4 又，再」(abermals / once again ; wieder, wiederum / again, on the other hand)沒有收錄「再過」類詞語（Chappell & Lamarre 2005:275, 280）。

現代客語的資料，如，李如龍、張雙慶(1992)（廣東、江西、福建等地的客贛語）、黃雪貞編(1995)《梅縣方言詞典》、謝留文(1998)《于都方言詞典》（江西于都縣）、羅美珍等編(2004)《客家話通用詞典》（梅縣、興寧、惠東、曲江馬壩、連山三江、武平坪畲、武平縣城、連城、寧化、瑞金、石城、上饒等地的客語）、饒秉才(2017)《興寧客家話詞典》等沒有收錄此類詞語[13]。

總之，可以推測「再過」類是只在海陸片客語以及臺灣客語之中才發展下來的詞形。

2.2. 先行研究

關於漢語共同語（包括歷時語料所反映的共同語）「過」的語法化途徑，已有不少考察。比如，魏培泉(2016)對於動後成份的「過」通過嚴密的歷時考察提出如下的語法化途徑，即：

(9) 趨向詞「過$_d$」＞ 兼備趨向義與時體義（隱喻性的位移）「過$_m$」＞ 時體義（經驗體）「過$_t$」（[北宋]有定經驗體「過$_1$」＞ [清]無定經驗體「過$_2$」）

這類研究的對象大多是動後成份的「過」，而包括本文在內的客語「過」的研究還考察置於動詞前的副詞「過」。

關於副詞「過」的（"再次"義）語法化或其來源主要有兩種看法，一種為客語內部的演變（李詩敏＆賴惠玲 2016、江敏華 2017），另一種為源自其他語言（賴維凱 2016）。

李詩敏＆賴惠玲(2016)參考 Heine & Kuteva(2002)的語法化學說構擬了「過」的語法化路徑，即：

(10) ACTIVITY　　　　　　＞　　SPACE ＞ TIME ＞ QUALITY
　　　動作移動/時間轉移　　　　　　空間、時間、質量的跨越
　　＞　PROPOSITION
　　　　命題結構的跨越

她們構擬的語法化路徑是一條線的。就"再次"義「過」而言，她們指出「過」

---

[13] 曹志耘主編(2008)也沒有收錄「再過」類詞語的例子。

的賓語首先由名詞擴大到狀態類動詞（形容詞），而產生了"過於"義，其次產生了"比較"義，而後用於差比句產生了"更"義。然後產生了"再次"義。這時「過」已經用於修飾其他類動詞，而這類句子表示未然。她們將這種「過」的功能總結為「「過」所涉及的動作在說話時間之前已施行過一次，而另一次即將發生」（李詩敏&賴惠玲 2016:12）。

　　李詩敏&賴惠玲(2016)應為最早討論「過」字語法化的文章，其成果也有相當的普遍性，但她們的討論至少存在兩個問題。最大的問題是她們沒有注意到客家話次方言之間的差異，北部四縣、南部四縣、海陸、東勢等不同次方言的例句一同出現，在同一個平面加以分析。其實如江敏華(2016)所指出的那樣，次方言之間可以觀察到一些語法差異。比如，海陸客語用於差比句的程度副詞大多為「ha^{21} 較」字，使用「過」字的頻率很低。筆者認為，如把討論限於某一次方言的話，其可靠度就會增加。我們認為應該先釐清個別的次方言的情況，然後討論客語整體的共性。另一個問題是沒有注意到「過」字的實際字音。如詹益雲(2003)、徐兆泉(2009)等字詞典均指出，海陸客語的「過」字有音變現象。這個現象與語法化有關。

　　江敏華(2017)的「過」的語法化路徑基本上與李詩敏&賴惠玲(2016)平行。她指出"再次"義「過」源自差比句的前置於謂語(比較結果)的程度副詞「過」[14]。"超過"義「過」用於差比句做程度副詞後，其詞義漸漸弱化而成為比較標記。其次源自「程度加深加重的「更」義」，這種語義「預設了在此之前已經發生相同的事件，只是這次的程度加強了」（江敏華 2017:144）而表示"再次"義。與李詩敏&賴惠玲(2016)相比，其不同點是由"更"義演變為"再次"義的解釋。李和賴兩位先生以"跨越"為關鍵的詞義特點來解釋，而江先生則認為程度的加強才是促進語法化的因素。

　　本文認為江敏華(2017)構擬的語法化途徑假說具有一定的說服力。在「過+NP」句式的 NP 換為狀態動詞，再換為動態動詞這個過程之中，其詞義由"更"義變為"再次"義是合理的。但，對海陸客語而言，還有一點再討論的餘地。尤其是根據反映海陸片客語的歷時語料考察，發現有另一種語法化途徑的可能性。就是「過」通過與「再」字連用獲得"再次"義的可能性。

　　採取語言接觸說的賴維凱(2016)與如上所提的先行研究不同，通過客贛閩

---

[14] 江敏華(2007:88)將動後的「過」以及動前的「過」均看作補償體。這表示「在失誤之後作為補償的重複性動作」。其實這種補償性只有動後「過」才有。

語等南方漢語以及南方少數民族語言的對比指出客語與其他語言具有音義相近的詞，因此客語的"再次"義「過」來源於這些語言之間的互動關係。這種語言接觸假說證實較為困難。因此本文認為應該先討論其內部的因素。

3. 使用情況

下面首先介紹一下語料來源，而後整理一下海陸客語「再過」類詞語的使用情況。本文暫且將考察對象限定於 tso²¹ ko³⁵ 以外的形式。因為 tso²¹ ko³⁵ 這個形式在我所蒐集的語料當中沒有出現過，我們合作人也否定這個詞形的存在。tsai²¹ ko²¹、tsai²¹ ko³⁵、tsak³² ko³⁵、ko²¹、ko³⁵ 等形式在大多情況下可以互換，算是自由變體的關係。但也有不同點。

3.1. 語料來源

本文的海陸客語語料有兩種來源：一種是由筆者在新竹縣進行的田野調查中所得到的[15]；另一種是主要在臺灣出版的海陸客語的刊物。前者通過漢語共同語進行調查，採取了將漢語共同語的句子翻譯成海陸客語並請合作人判斷筆者所造的海陸客語句子等方式。後者有楊時逢(1957)《臺灣桃園客家方言》（簡稱《桃園》）、王湄臺編(1962a)《新客話課本》以及王湄臺編(1962b)《新客話課本 羅馬字注音》（兩者簡稱《新客》）、劉楨文化工作室編(2000)《一日一句客家話：客家老古人言》（簡稱《一日》）、詹益雲編(2008)《海陸客語短篇故事第三集》（簡稱《短篇》）等。

《桃園》是 1953 年調查桃園縣楊梅鎮的四縣客語以及海陸客語的報告。全書共有 451 頁，除了字音分析部分（語音的分析、本地音韻、比較音韻）和詞彙集外，還收錄有〈海陸客家話故事〉11 篇(〈邪和尚行騙〉〈青光眼〉等)(pp.101-132)。語料是使用 IPA（國際音標）以及漢字紀錄的。

《新客》是天主教華語學院油印出版的海陸客語課本，有漢字版本（王湄臺 1962a，第一本共 114 頁、第二本共 118 頁）以及羅馬字版本（王湄臺 1962b，第一本共 112 頁、第二本共 118 頁）兩種[16]。據筆者的初步調查，羅馬字版的

---

[15] 合作人是退休國小老師詹智川先生。詹老師是新竹縣新埔人，1939 年出生。此次也承蒙詹老師的熱心協助，在此謹致謝忱。
[16] 漢字版本前言以及羅馬字版本末頁都宣稱這個課本是以海陸客語為準的。其實還有有待討論的問題。比如，《新客》的小稱詞綴「子」是 zê（羅馬字）。其音值有可能是[zɤ⁵⁵]或[zɿ]，也類似於廣東陸河客語（河田）的小稱詞[tsɿ]（蘇姚祺 2010:94-95）以及 Schaank(1897)《陸豐》的小稱詞綴 tsɛ（音值可能是[tsɨ]或[tsɿ]（陽平））。而現代海陸客語的小稱詞是[ə⁵⁵]。張屏生(2007:190)還報導有[ə]、[e]、[l̩]等字音。其差異很明顯。但，國分等(1944a,b)收錄的日

書寫系統基本上符合 Rey(1926)的羅馬字系統，還按海陸客語的音系進行了調整。就聲調系統來說，《新客》跟 Rey(1926)的系統相比，增加了一個陽去調（第七聲）。這個聲調標記沒有反映連讀變調的情況。兩種版本，除了字句有小小的出入之外，內容相同，是由家庭、學校和教堂裡的情景會話部分（共 33 課）以及散文部分（共 14 課）構成的。課文裡還提到新竹縣市的情況。根據漢字版本的前言，課文除了由編著者親自撰稿之外，還有一部分是由 B. Mendiburu S. J. 所編的《華語課本》以及高級小學課本等內容翻譯而成的。《新客》沒有漢語共同語的對譯，因此筆者將例句翻譯成漢語共同語。例句末標註漢字版本的頁數。

《一日》是海陸、饒平、四縣、詔安等臺灣客語與漢語共同語對照會話課本。海陸部分共有 30 課，共 30 頁。情景會話描寫苗栗縣卓蘭鎮的農民家庭的日常生活。課文沒有注音，但附有錄音。筆者根據其錄音調整了原文的字詞並給它加上了 IPA。漢語共同語的對譯採用原文。

《短篇》採用漢字以及作者設計的羅馬字兩種書寫系統收錄了四篇故事。共有 236 頁。文中羅馬字與漢字之間稍有出入。有出入時，筆者根據羅馬字文加以調整。作者詹益雲先生居住在新竹縣芎林。因此可以認為這本書反映這一帶的海陸客語。例句的漢語共同語對譯是由筆者翻譯的。

除此之外，本文還參看 Schaank(1897) *Het Loeh-foeng-dialect*（簡稱《陸豐》）[17]。因為該書描寫的十九世紀印尼陸豐客語與臺灣海陸客語之間有系統關係。印尼陸豐客語分布於印尼加里曼丹島（婆羅洲島）西加里曼丹地區三發(Sambas)，其原鄉為清代的廣東省惠州府陸豐北部以及潮州府惠來、普寧、揭陽、豐順等地(Schaank 1897:1)。客家移民遷入此地的高峰期為十八世紀中葉（李小華 2014:51、松村 2017:37）。印尼陸豐客語與海陸客語的原鄉與入墾時期大致吻合

治時期湖口庄的客語也有類似於《新客》、陸河以及《陸豐》的小稱詞綴的例子，如：犁仔(ライヅウ，Lai zu)、秧架仔(ヂョヌカアヅウ，Jiong kazu)、秧盆仔(ヂョヌプヌヅウ，Jiong pun zu)等。現在的湖口鄉屬新竹縣，也屬於海陸客語區。因此也可以認為小稱詞綴有在二十世紀六十年代之前由[tsɿ]變為[ə⁵⁵]或其他形式的可能性。莊初升(2018)也根據類型學的研究提出了後綴「子」的語音由[tsɿ]弱化為[ə]的假說。總之，這個問題還要另文討論。另外，筆者開始調查編者王湄臺先生的語言背景，詢問了天主教新竹教區以及輔仁大學有關部門。但到目前為止，還沒找到線索。現在只能根據該課本的前言，暫且將它當作臺灣海陸客語的語料來處理。

[17] 《陸豐》的作者 Simon Schaank (1861-1935)是荷屬東印度的官員，曾在萊頓大學師從 Gustave Schlegel (1840-1903)讀過兩年書(Sybesma 2014 :134)。但其讀書年數有不同的看法。據英文版 *The Lu-feng dialect of Hakka*（Lindauer, Bennett M.譯(1979)）的橋本萬太郎先生序，荷蘭印尼政府 1882 年讓 Schaank 去萊頓大學重新讀了三年語言學。

（劉還月 2001、盧彥傑 2006、吳中杰 2012[18]）。可以說廣東該地區的客家人同一個時期有一批人移民到印尼，另有一批人移民到臺灣。印尼陸豐客語的聲韻調、詞彙以及語法等語言本身的特點也有與海陸客語平行之處。可以認為他們的語言應有共同基礎，因此本文將《陸豐》當做海陸客語的補充資料。《陸豐》共有 226 頁，有六章，即：第一章（序文、音系）、第二章（代詞、例句）、第三章（情景會話）、第四章（詞彙集）、第五章（同音字表）、第六章（與其他方言的比較）。會話以及詞彙集部分均無漢字。全書例句約有 1300 個（包括詞匯集部分的例句在內）。

3.2. 現代海陸客語 "再次" 類詞語的特點

下面根據在田野調查之中得到的材料討論一下"再次"類詞語的特點。

漢語共同語的「再」具有"再次"（置於動詞之前，多用於未然事件）、"更加"（置於形容詞之前）、"另外"（置於「一個」等短語之前）等詞義（呂叔湘編 1999:642-643）。海陸客語的「再過」類詞語也具有這些句法以及詞義的特點。例句(11)~(14)均表未然事件。其中例句(14)的謂語動詞是形容詞。就語音形式而言，「再過」大多是 tsai²¹ ko²¹、tsai²¹ ko³⁵、tsak³² ko³⁵。其中 tsak³² ko³⁵ 的使用頻率最高，而 tsai²¹ ko²¹ 的使用頻率最低[19]。「過」的讀音一般都是 ko³⁵，但偶爾出現本調的 ko²¹。

(11) ŋai⁵⁵ mo⁵⁵ tʰaŋ²¹ tsʰin⁵³ tsʰu³⁵, tsʰiaŋ³⁵⁻³³ { tsai²¹ / tsai²¹ ko³⁵ / tsak³² ko³⁵ /
　　我　　無　　聽　　清楚，　　請　　　{再　/　再過　　/　再過　　/
　　ko³⁵} koŋ³⁵ ʒit⁵⁻³² pien²¹
　　過}　講　　一　　遍。　　　　我沒聽清楚，請再說一遍。（＝例句(1)）

(12) lia⁵⁵ tʃak⁵ lin⁵³ ko²¹ toŋ⁵³ ho³⁵⁻³³ ʃit³², { tsai²¹ / tsai²¹ ko²¹ / tsak³² ko³⁵}
　　□這　隻　□□蘋果　當很　　好食好吃，　{再　/　再過　　/　再過　}

---

[18] 吳中杰(2012:266)通過海陸客家的族譜以及廣東海陸豐等地客家話的分析總結出普寧市西部、惠來縣西北隅、陸豐市東北部、海豐縣東北部以及陸河縣新田是臺灣海陸客語的源頭區域。據《中國語言地圖集 第 2 版 漢語方言卷》的客家話分佈圖，惠來、普寧、揭陽等地均屬閩語區而不是客語區，豐順屬於客家話粵台片梅惠小片。現在的陸豐市以及海豐、陸河均屬客家話海陸片，與臺灣海陸客語相同。
[19] 比如，臺灣族群母語推行委員會編(2017)《淰淰个愛－客語詩文集》收錄的海陸客語的散文也用 tsak³² ko³⁵ 這個詞形，如：sin⁵³ saŋ⁵³ kʰon²¹ liau³⁵ ŋai³⁵ e²¹ vun⁵⁵ tʃʰoŋ⁵³, toŋ⁵³ o⁵³ no³⁵, hi⁵³ moŋ³³ tsak³² ko³⁵ tʃin³⁵⁻³³ li⁵³ tʃin³⁵⁻³³ li⁵³, kien²¹ ŋi³³ ŋai⁵⁵ tso²¹ tet⁵ tsʰam⁵³ kʰau²¹ ʃin²¹ kin⁵³, ki⁵⁵ voi³³ poŋ⁵³ tsʰu³³ ŋai⁵⁵, ten⁵³ to²¹ kau²¹ fui³³ kuŋ⁵³ po²¹ 先生看了佢个文章，　當謳[言老]，希望再過整理整理，建議佢做得參考聖經，佢會幫助佢，登到教會公報。(p.94,〈信仰个見證〉新埔教會/謝欣蓮)

pun⁵³ ŋi⁵⁵ ʒit⁵⁻³² t͡ʃak⁵
分給 你 一 隻。　　這個蘋果很好吃，我再給你一個。(=例句(2))

(13) ŋai⁵⁵ kai²¹ ʃi⁵⁵ piau³⁵ tiet³² tʰet⁵ le⁵³, sioŋ³⁵⁻³³ oi²¹ { tsai²¹ / tsai²¹ ko³⁵ /
　　 我　個的 時錶手錶 跌　 掉　 了， 想　　愛要 { 再 / 再過 /
tsak³² ko³⁵ / ko³⁵} mai⁵³ ʒit⁵⁻³² t͡ʃak⁵ sin⁵³ kai²¹ loi⁵⁵
再過　　/ 過 } 買 一 隻　新　個　來。
　　　　　　　　　　　　　　　　我的手錶掉了，想再買一隻新的。

(14) ŋi⁵⁵ tʰet³² seu²¹, ʒa³⁵ tso²¹ tet⁵ { tsai²¹ / tsai²¹ ko³⁵ / tsak³² ko³⁵ / ko³⁵ /
　　 你 忒太 瘦，　也　做得可以 { 再 / 再過　/ 再過　/ 過 /
ha²¹ (ko²¹) / han⁵⁵ ko²¹} pʰui⁵⁵ ʒit⁵⁻³² teu⁵³ ə⁵⁵
較(過)　 / 還過　} 肥胖 一 兜仔一點。
　　　　　　　　　　　　　　你太瘦了，也可以再胖一點。

「再過」類詞語亦可直接置於體詞性（數量）短語之前，如：

(15) ŋi⁵⁵ kit³² kiu³⁵ oi²¹ tso²¹ sen⁵³ li⁵³?
　　 你 幾久多久　愛要 做　生理生意？
- ŋai⁵⁵ { tsai²¹ / tsai²¹ ko²¹ / tsak³² ko³⁵ / ko²¹/³⁵} lioŋ³⁵ t͡ʃak⁵ ŋiet³² t͡ʃaŋ²¹
一我 { 再 / 再過　/ 再過　/ 過 } 兩 隻　月 正才
tso²¹
做。　　　　　　　　你還要多久才做生意？一我再過兩個月才做。

(16) { tsai²¹ / tsai²¹ ko²¹ / tsak³² ko³⁵ / ko²¹/³⁵} ʒit⁵⁻³² t͡ʃak⁵ li⁵³ pai²¹ ki⁵⁵ si³³
　　 { 再 / 再過　/ 再過　/ 過 } 一 隻　禮拜，佢□就
voi³³ t͡ʃon³⁵ loi⁵⁵
會　轉　來。　　　　　　再過一個星期，他就回來。

(17) { tsai²¹ / tsak³² ko³⁵ / ko²¹/³⁵ } ʒit⁵⁻³² kon²¹ loi⁵⁵
　　 { 再 / 再過　/ 過 } 一 罐瓶 來。 再一瓶。

例句(15)(16)的「再過」亦有本調的形式 tsai²¹ ko²¹。亦可將它分析為副詞「再」與動詞「過」的組合。這樣就可以將例句(15)(16)分別理解為"再度過兩個月"和"再度過一個星期"之意。但例句(17)的「再過」無論是在形式上還是在

詞義上都不能分析為"再次度過"。這個「再過」已經詞彙化，成為一個詞，只表示"另外"之義。總之，這個形式與「tsak³² ko³⁵ / ko³⁵」等形成替換關係。這可能是因為這種形式正處於由偏正結構的詞組「再過」詞彙化並語法化為副詞「再過」類詞語的過度階段（後敘）。這算是橋接語境(bridging context)。

「再過」類詞語沒有「動作將在另一動作結束後出現」（呂叔湘 1999 :642）或「動作行為"後延"」（劉月華等 2001 :239）之義等漢語共同語「再」所具有的詞義。如要表示這種意思時，就用副詞「tʃaŋ²¹正」（才）或「再」形成「VP1+「正/再」+VP2」格式，如：

(18) tʰien⁵³ koŋ⁵³ ŋit⁵ ŋi⁵⁵ ʃit³² ko²¹ pʰon³³ { tʃaŋ²¹ / tsai²¹ } loi⁵⁵ tseu³⁵
　　 天光日明天　 你　食　過　飯　　正　　　再　　來　走。
　　　　　　　　　　　　　　　　　　　　　　　明天你吃過早飯再走。

(19) muk⁵⁻³² tʰeu⁵⁵ sen⁵³ ki²¹ ho³⁵, ten³⁵⁻³³ ki⁵⁵ tsau⁵³ le⁵³, tʃaŋ²¹ loi⁵⁵ tso²¹
　　 木頭　　　先　鋸　好，　等　佢它 燥乾 了，　正　來　做
tsok⁵⁻³² gə⁵⁵
桌仔。　　　　　　　 先把木頭鋸了，讓它乾一乾，再做張桌子。

「再過」類詞語亦可用於已然事件，與「ʒiu⁵⁵/³⁵ 又」「ʒiu⁵⁵/³⁵ ko²¹/³⁵ 又過」互換（參看例句20~23）。「tsai²¹ 再」「ko²¹/³⁵ 過」「han⁵⁵ ko²¹/³⁵ 還過」等詞的使用頻率低，而「過」字變調形式（35調）的使用頻率相對高。

(20) lia⁵⁵ tʃak⁵ ŋin⁵⁵ tsʰa⁵³ pu⁵³ ŋit⁵ loi⁵⁵ ko²¹, kin⁵³ pu⁵³ ŋit⁵ {ʒiu⁵⁵/³⁵ /
　　 □這　隻　人　昨晡日昨天　來　過， 今晡日今天　　{ 又　 /
ʒiu⁵⁵/³⁵ ko²¹ / tsai²¹ ko²¹ / tsai²¹ ko³⁵ / tsak³² ko³⁵} loi⁵⁵ le⁵³
又過　　 / 再過　 / 再過　 / 再過 } 來　了。
　　　　　　　　　　　　　　　　　　這個人昨天來過，今天又來了。

(21) ŋi⁵⁵ lia⁵⁵ fui⁵⁵ kʰau³⁵⁻³³ ʃi²¹ {ʒiu⁵⁵/³⁵ / ʒiu⁵⁵/³⁵ ko³⁵ / tsai²¹ ko³⁵ / tsak³² ko³⁵ }
　　 你　□　回　　考試　 { 又　 /　又過　 / 再過　 / 再過 }
mo⁵⁵ hap³² ket⁵, a³³ me⁵³ ti⁵³ to³⁵　voi³³ ta³⁵⁻³³ ŋi⁵⁵
無　合格！　阿姆媽媽 知倒知道 會　打　你。
　　　　　　　　　你這回考試又不及格！媽媽知道了會打你。

(22) ki^{55} tsaŋ^{21} kai^{33} sam^{53} ŋit^{5} ʒan^{53}, kin^{53} pu^{53} ŋit^{5} { ʒiu$^{55/35}$ / tsai^{21} / ko^{35} /
　佢　　正才　戒　　三　　日　菸，　　　今晡日　　　{ 又　/ 再　/ 過　/
ʒiu$^{55/35}$ ko^{35} / tsai^{21} ko^{35} / tsak^{32} ko^{35} / han^{55} ko^{35}} ʃit^{32} tson^{35} hi^{21} le^{53}
又過　　　/　再過　/　再過　/　還過　}　食抽　轉回　去　了。

　　　　　　　　　　　　　　　　　　他才戒了三天菸，今天又抽起來了。

(23) ts^{h}ien^{55} ki$^{35\text{-}33}$ ŋit^{5} laŋ^{53} ko^{21}, kin^{53} pu^{53} ŋit^{5} { ʒiu$^{55/35}$ / tsai^{21} / ko^{35} /
　前　　幾　　日　冷　過，　　　今晡日　　　{ 又　/ 再　/ 過　/
ʒiu$^{55/35}$ ko^{35} / tsai^{21} ko^{35} / tsak^{32} ko^{35} / han^{55} ko^{35}} ŋiet^{32} hi^{35} loi^{55} le^{53}
又過　　　/　再過　/　再過　/　還過　}　熱　　起　來　了。

　　　　　　　　　　　　　　　　　　　　前幾天冷過，今天又熱了。

綜上所述，「再過」類詞語的句法特點是可置於謂詞性（動詞、形容詞）短語之前，也可置於體詞性（數量）短語之前。就其詞義而言，它可用於未然事件，亦可用於已然事件，具有"再次""另外""更加"等詞義。但沒有「動作行為"後延"」（劉月華等 2001:239）之義。

3.3. 歷時層面的特點

下面使用《桃園》《新客》《一日》《短篇》以及《陸豐》等文獻語料根據其語音形式整理一下"再次"義詞語「再」「再過」「過」的使用狀況。在邏輯上，「再過」應有的語音形式為 tsai^{21} ko^{21}、tsai^{21} ko^{35}、tsak^{32} ko^{21}、tsak^{32} ko^{35} 等四種。「過」就應有 ko^{21} 與 ko^{35} 兩種語音形式。語料中所有的「再過」類詞語都是置於謂詞性短語之前的。

在《桃園》裡「再」的使用頻率最高（例句 24），而「再過」只有本調的 tsai^{21} ko^{21} 一例（例句 25）。與此相反，在《新客》裡「再」字只出現了一次（例句 26），而「tsai^{21} ko^{35} 再過」的使用頻率最高（例句 27），還出現了一個副詞「ko^{35} 過」（例句 28）。這些「過」字都是變調形式（上聲）的[20]。《一日》以及《短篇》算是同一個時期的語料。在這些語料裡沒有出現「再」字，而「再過」除了本調形式（例句 29、30）以外，還出現了 tsai^{21} ko^{35}、tsak^{32} ko^{35} 等不少變音形式（例句 31、34）。「ko^{35} 過」的使用頻率也明顯提高（例句 32、33、35）。

---

[20] 《桃園》和《新客》的出版年代雖然很接近，相差只有五年，考慮到《桃園》調查時期（1953 年）也只差九年，但其所反映的情形有所不同。這是反映方言差異還是有別的原因，尚待進一步的研究。

值得注意的是本調的「ko^{21} 過」沒有出現過,而且變調形式出現的時期是《新客》以後。《桃園》以前都沒有單獨作"再次"義副詞的(參看表一)。「過」的語法化途徑,如果像先行研究指出的那樣,單獨「過」的使用頻率是不是更高?

表一 海陸客語語料的「再」「再過」「過」的使用頻率

語音形式	陸豐 1897		桃園 1957		新客 1962		一日 2001		短篇 2008	
		%		%		%		%		%
再 $tsai^{21}$	0	0	10	91	1	6.7	0	0	0	0
再過	1	100	1	9.1	13	87	5	62.5	6	10.3
$tsai^{21} ko^{21}$	1		1		0		3		0	
$tsai^{21} ko^{35}$	0		0		13		0		6	
$tsak^{32} ko^{21}$	0		0		0		0		0	
$tsak^{32} ko^{35}$	0		0		0		2		0	
過	0	0	0	0	1	6.7	3	37.5	52	89.7
ko^{21}	0		0		0		0		0	
ko^{35}	0		0		1		3		52	
總計	1		11		13		8		58	

(24) to^{31} tfu^{31} zu^{31} mo^{55} sun^{31} loi^{55}, kai^{53} kun^{53} $tsai^{31}$ ham^{53} kok^5 van^{55} ηo^{53}
　　 到　畫　又　麼沒有　送　　來,　雞公公雞　再　　喊　　角　　還　我
sam^{53} $\int a\eta^{53}$.
三　　聲。
到了中午也沒有送來,公雞又喊了三聲「把雞冠還給我」。《桃園》p.115

(25) ηon^{31} l^{55} ts^hiu^{33} $tsai^{31}$ ko^{31} to^{31} $tson^{13}$ hi^{31} ts^him^{55}, zem^{31} ts^him^{55} ts^him^{55} mo^{55}.
　　 戇子傻子　就　　再過　　　到轉去回去　尋,　任　　尋　尋　　麼。
傻子就又回去找,怎麼找都沒找到。《桃園》p.108

(26) Tsai3 foun1-fou3 gni5, gni5 kai5 teou1 t'oung1-t'oung1 oi3 tap4 la7
　　 再　　吩咐　　　你,　你　个兜那些　通通全部　　愛要　貼　拉夠
jou5-p'iao3.
郵票。　　　　　　　再吩咐你,你那些都要貼好郵票。《新客》2, p.14

(27) Ngai5 tsai3-ko2 moun3 gni5, gni5 t'ouc8 t'et4 kai3 k'o3 t'oung1-t'oung1
　　 我　　再過　　問　你，你　　讀　帛完 个的 課，　　通通

voe7 mg5 ts'in1-ts'ou2 he3-mo5?
會　唔不　清楚　　　係麼是嗎？

　　　　　　　　　　我再問你，你讀完的課都不清楚嗎？《新客》1, p.22

(28) Pa5-pa1, an3-ko2　 kong2-kou2　poun1　ngai5 t'ang3.
　　 爸爸，咁那麼過　　講　古故事　　分給　　我　　聽。

　　　　　　　　　　爸爸，那麼再給我講故事。《新客》1, p.85

(29) tsai²¹ ko²¹ koŋ³⁵ a³⁵, a³³ hien⁵⁵ ʃuk⁵ he²¹ ŋi⁵⁵ teu⁵³ e²¹ tʃoŋ³⁵⁻³³ pui²¹ na³⁵.
　　 再過　　講　 啊，阿玄叔　　係 汝兜你們 个的　 長輩　　 吶。

　　　　　　　　　　再說，阿玄叔是你們的長輩。《一日》p.15

(30) a³³ ʒuŋ⁵⁵, ŋi⁵⁵ tsai²¹ ko²¹ to⁵³ koŋ³⁵, ha³³ pai³⁵ ŋai⁵⁵ e²¹ siau³⁵⁻³³ ʃot⁵
　　 阿蓉，汝你　再過²¹　　多　 講，　下擺下次 偃我 个　 小說

m⁵⁵ tsia²¹ ŋi⁵⁵ lo⁵³
毋不 借　汝 囉。

　　　　　　　　　　阿蓉，妳再多話，以後我的小說不借給妳囉。《一日》p.4

(31) ŋi⁵⁵ mo⁵⁵ kʰon²¹ to²¹ ŋai⁵⁵ toŋ⁵³ tu²¹ kai⁵⁵ ʒuŋ³³ he²¹ mo⁵⁵? tsak³² ko³⁵
　　 汝　無　　看　　到　 偃　　當佇該正在 用　係 無？　 再過

koŋ³⁵, a³³ hien⁵⁵ pʰin⁵⁵ ʃoŋ⁵⁵ tui²¹ ŋin⁵⁵ tʰai³³ se²¹ ʃaŋ⁵³, kui⁵³ vuk⁵⁻³² ha⁵³
講，　阿玄　　　平常　　　對　人　　大細聲責罵，歸全 屋下人家裡人

ŋin⁵⁵ tso²¹ ŋin⁵⁵ li⁵³ mau³³ ʒa³³ m⁵⁵ ʃit⁵, ŋai⁵⁵ tʃaŋ²¹ mo⁵⁵ sioŋ³⁵⁻³³ oi²¹
　　　做人　　　禮貌　　也　毋不 識懂，偃　正　無　　想愛想要

tsia²¹ pun⁵³ ki⁵⁵ le⁵³.
借　　分給　 佢 咧。

　　　　　　　　　　妳沒看到我正在用是嗎？再說，阿玄平常對人大小聲，全
　　　　　　　　　　家人一點做人禮節也不懂，我才不想借給他咧。《一日》p.3

(32) a³³ me⁵³, ʒin⁵³ moi²¹ ʒi⁵⁵ ma²¹ sam⁵³ ʃip³² soi²¹ tʃaŋ²¹ ka²¹; ko³⁵ koŋ³⁵,
　　 阿姆，英妹姨　　　七也　三十　　歲　 正 嫁；過　　　講，

ŋai⁵⁵ lia³⁵ tʃak⁵ ʃi⁵⁵ tʰoi³³ man³³ kiet⁵ fun⁵³ e²¹ se²¹ moi²¹ ə⁵⁵ tsʰin³³ to⁵³,
偃　 這　　 隻　　時代　　慢　　結婚　　个　細妹仔女孩 盡很　多,...

---

²¹ 因講話速度較快，「tsai²¹ ko²¹ 再過」似乎合音為 tso²¹。

媽，英妹姨不也是三十歲才結婚；再說，我這時代晚結婚的女孩多得是，…《一日》p.19

(33) si^{33} tsʰin^{55} tso^{35} ko^{21} hi^{21} le^{53}, tsʰian$^{35\text{-}33}$ m^{55} ho^{35} ko^{35} tʰi^{55} hi^{35} ki^{55} e^{21}
　　 事情　　早　過去　了，　請　　毋好不要 過 提起　佢　个
mian^{55}.
名。　　　事情早就過去了，請不要再提起他的名字。《一日》p.19

(34) ngai5 ngin7 vui5 ngi5 han5 m5 dong3 tsiam7 shi5 sen1 dron7 ga1 hiong1
　　 我　　認為　　你　還　毋當不如　　暫時　　先　轉回　家鄉
hi3, liong2 ngien5 ri1 heu7 drang3 tzai3 go2 do3 dron2 loi5, ngai5 m5 voi7
去，　兩　　年　　以後　　正　　再過　倒轉來，　　我　毋　會
tzeu7 ran2.
走遠。

　　　　　　　　　　　我認為你還不如暫時先回家鄉去，兩年以後
　　　　　　　　　　　再回來，我不會走遠。《短篇》p.63

(35) Bit8 Ga1 Bo2, ngi5 tso2 ha1 driu3 mo5 loi5 tuk8 shu1, he3 to5 hok8,
　　 畢家寶，　　你　昨　下晝下午　沒　來　　讀書，　係　逃學，
ngi5 lau1 ngai5 gi3 det4, he3 go2 to5 hok8, ngai5 voi7 pai3 ngin5 hi3
你　摎把　我　　記得，係　過　逃學，　我　　會　派　人　去
lau1 ngi5 to1 do2 loi5, da7 shi7 vut8 ban3, fat8 ki1。
摎　你　拖　著　來，打　屎朏板，　　罰企。

　　　　　　　　畢家寶，你昨天下午沒來讀書，是逃學，你給我記住，如果再
　　　　　　　　逃學，我會派人去把你拖著回來，打屁股，罰站。《短篇》p.87

　　如上所示的語料都反映二十世紀後半以後的情形。如要了解一下更早期海陸客語的情況，目前只能用《陸豐》推測。《陸豐》當中沒有「再」字和「過」字，而「再過」只出現了一次。這個「再過」是本調的（例句36）[22]。

(36) Tsai3 ko3 liong5 (jit4 pai2).
　　 再過　　量　（一擺一次）。　　　再量一次。Schaank(1897:41/1979:47)

---

[22] 《陸豐》的例句是參考其同音字表而附上漢字。例句出處以「1897(原版):頁數/ 1979(英文版):頁數 」的格式來表示。

關於「再過」類詞語的演變過程，根據語料所示的情況至少可以這樣說。十九世紀末以及五十年代只有本調的「再過」。到了二十世紀中葉後出現了 tsai²¹ ko³⁵ 這個形式。而 tsak³² ko³⁵ 這個形式到了二十一世紀才出現。tsai²¹ ko³⁵ 的第一音節保持原來的形式，而第二音節已經產生變調。就單音節的「ko³⁵ 過」來說，它在五十年代已經出現，而且其使用頻率愈來愈高。與此相反，「再過」的使用頻率相對漸漸下降。值得注意的是「ko³⁵ 過」的出現時期與 tsai²¹ ko³⁵ 的出現時期重複。換句話說，二十世紀中葉已經出現「再過」的第一音節脫落現象。而後出現像 tsak³² ko³⁵ 這樣的第一音節的促化。這應是後音節的聲母 k- 的逆同化所致。最後脫落了第一音節，出現了單音節的「ko³⁵ 過」（參看 37）。

(37) tsai²¹ ko²¹ > tsai²¹ ko³⁵ > tsak³² ko³⁵ > ko³⁵

為了行文方便，本文將兩個音節均為本調的「再過」叫做「再過1」，「過」字變調的 tsai²¹ ko³⁵ 叫做「再過2」，「再」字促化的 tsak³² ko³⁵ 叫做「再過3」。

4.「再過」類詞語的語法化途徑

根據「再過」類詞語的歷時演變（參看表一），本文要提出的假說是「再過」類詞語由「再」字與「過」字緊鄰出現開始，久而久之「再」字的"再次"義最後轉移到「過」字上。這時為了辨別詞義，出現了變音現象。在這種演變過程中，我們可以觀察到如下幾點語法化特點，即，[1]去語義化(desemanticization)、[2]擴展(extension)、[3]銷蝕(erosion)等。就去語義化來說，「過」字失去了"跨越某地點"義而獲得了"再次"義。這是通過由「再」到「過」的詞義的沾染而完成的。就其句法特點來說，「過」字原來帶有體詞性賓語，而後來置於謂詞性成分之前（擴展）。這個擴展促使其重新分析(reanalysis)，將詞組的「再過」分析為一個詞（詞彙化）。就銷蝕而言，「再過」這個組合當中，先出現「過」字變調(ko³⁵)，而後「再」字促化(tsak³²)，最後脫落（參看 37）。下面對「再過」類詞語的語法化從上下文的影響以及音變兩個特點加以考察。

「再過1」原來應是副詞「再」（再次）與動詞「過」（跨越）的組合，如，例句(38)（=例句(15)）還保留這種特點。「過」的賓語是體詞性短語「兩隻月」

(38) ŋi⁵⁵ kit³² kiu³⁵ oi²¹ tso²¹ sen⁵³ li⁵³?
你　幾久多久　愛要　做　　生理生意？
- ŋai⁵⁵ tsai²¹ ko²¹ lioŋ³⁵ tʃak⁵ ŋiet³² tʃaŋ²¹ tso²¹
一我　　再　過　　兩　　隻　月　正才　做。

你還要多久才做生意？一我再過兩個月才做。

但，從前面所討論過的例句可以了解到「再過」類詞語整體承擔"再次"義。本文認為可以用"跨越"義的消失以及詞義的沾染解釋此現象。例句(38)的「再過1」還保留原來的結構。但例句(12)(20)(29)等的「再過1」只能解釋為"再次"義。因為「再過1」分別置於「pun⁵³ ŋi⁵⁵ ʒit⁵⁻³² tʃak⁵ 分你一隻」（給你一個）（例句12）、「loi⁵⁵ 來」（例句 20）、「koŋ³⁵ 講」（例句 29）等謂詞性短語之前。或亦可認為「過」還保留"跨越"義，和「再」搭配使用就會產生"再跨越某種行為"，從而被理解為"再一次做某行為"之義。也可以說，在此階段開始了詞義的沾染，也發生了語境的"擴展"。「再過 2」和「再過 3」只有"再次"義，再也不能解釋為副詞「再」（再次）與動詞「過」（跨越）的組合。最後脫落了第一音節「再」，而單用「ko³⁵ 過」字了。可以說在這個階段完成了詞義的沾染，這等於完成了"去語義化"。

如上所提的詞義沾染和音變現象也能在其他語言的歷時與共時資料中看到。

就詞義的沾染來說，也可以舉近代漢語的經驗體標記「過」以及閩南語的經驗體標記「bat 捌」等例子。

據魏培泉(2016)的研究，由近代漢語表完結的「過 1」（有定的經驗體）產生了表經驗的「過 2」（無定的經驗體）。宋代產生「過 1」以後，常與無定經驗體副詞「曾」搭配，最後獲得了「曾」的功能，到了清代單獨使用的「過 2」穩固下來。

閩南語的「bat 捌」(=pat4)[24]兼備"知曉"義動詞（例句 39）以及經驗體標記

---

[23] 「過」字也可以讀上聲。這反映本調陰去與上聲在共時層面共存、彼此是自由變體的情形。
[24] 本文除了 Lien(2007)的例子以外，均採用閩南語的教會羅馬字（白話字）系統。就閩南語的漢字書寫系統而言，本文採用臺灣教育部的漢字系統。另外，這個語素有兩種讀音，

（例句 40）的功能。

(39) Lí bat i bô?
　　你　捌　伊他/她　無？　　　　　你認識他嗎？（湯廷池 2000:205）
(40) I bat khì Ji̍t-pún kòe.
　　伊　捌　去　日本　過25。　　　他去過日本。（湯廷池 2000:206）

　　Lien(2007)以四種明清戲本（嘉靖版《荔鏡記》以及萬曆、順治、光緒版《荔枝記》）為語料分析了 pat4(=bat)的語法化路徑。他的主要論點有如下兩點：(1) 語法化的動因在於動詞 pat4 的語義本身（pat4 有通過經驗獲得知識之義）；(2) pat4 的上下文也促進了語法化。就第二個論點而言，在如上所示的四種戲文之中，ching5 pat4（曾識）出現頻率較高。ching5 為相對老式的經驗體標記。這種搭配會將 ching5 的"曾經"之意沾染到"知曉"義的 pat4。這樣就產生了經驗體標記的「捌」。可以說，海陸客語的「過」也有類似的情況，即，具有"經過（某動作）"義，與「再」字一起使用。

　　音變現象有兩點特點，一為「過」字變調，二為「再」字促化（參看 37）。首先討論一下「過」字的變調。如上所示，「過」字由本調 21 調（陰去）變為 35 調（上聲）。徐兆泉編(2009：476, 1464)認為這個變調表示強調（參看 4）。這個看法也有道理。如上所述，形容詞的 AA 式重疊形式有兩種，比如，就「紅紅」的發音來說，一種為 fuŋ^{55} fuŋ^{55}，另一種為 fu:ŋ$^{35(3)}$ fuŋ^{33}。後者是強調形式，第一音節拉長也變高升調。其實也有不能算是強調的例子（遠藤 2012）。

(41)「哪位」：lai^{33} vui^{33}（哪裡）／ lai^{35} vui^{33}（任何地方）
(42)「一下」：ʒit$^{5\text{-}32}$ ha^{33}（表短時體）／ ʒit$^{5\text{-}32}$ ha^{35} (ə^{55}) 一下(仔)（一會兒）

　　(41)與(42)應為有辨別詞義作用的變調。這種變調（變為高升調）現象可以

就是 bat 與 pat。bat 的聲母為濁音，而 pat 的聲母為清音。針對此情況，Lien(2007:724)指出反映方言的不同，前者屬於漳州方言，後者則屬於泉州方言。而楊秀芳(2014:37)指出 bat 在臺灣較為強勢的說法，是 pat 進一步濁化的結果。
25 閩南語「過」的位置也與海陸客語相同，可附於謂語動詞之後，亦可置於謂語動詞的賓語之後。

在其他漢語族語言當中看到。如，臺灣東勢客語的陰平字變為高升調（35 調）就能辨別詞義，如：天光（33+33 表示"天亮了" 33+35 則表示"明天"）（鍾榮富 2009:47）。粵語的動詞變為高升調（ㄏ）則表示動作的完成，如：我嚟咯！（ŋɔ˧ lai˧ lɔ˧我來啦！：lai˧表示動作未完成）／ŋɔ˧ lai˧* lɔ˧我嚟咯！（我來了！：lai˧*表示動作已經完成）（高華年 1984:52）。

就「再」的促化來說，臺灣四縣/海陸客語還有其他促化的例子，如，「kit²/⁵ to²⁴/⁵³ 幾多」（多少）的「幾」原來是 ki⁵³/¹³（古國順等 2005:158）。這種現象被稱為逆同化（古國順等 2005:158）或連音現象（賴文英 2015）。本文認為這種現象應是音節弱化所致。根據戴昭銘(2004)的考察，吳語的舒聲實詞在語法化的過程中，語音弱化時會出現促化(glottlization)現象。比如，天台方言的「個」有[kou]與[koʔ]兩種語音形式，而前者是「一個」的「個」，後者是「一個人」的「個」。後者的語音弱於前者。這個促化的原因有兩個，一個是整化（系統化），另一個是強化。前者指的是說話者無意識地給弱化後凌亂不整的音節加上喉塞音將它歸為入聲這個音系中適當的位置。後者指的是為了防止弱化後的開尾音節被相鄰的音節併吞加上了喉塞音。海陸客語的「再」字也是舒聲的，而其虛化過程會有元音縮短的階段。據遠藤(2012)，陰去(21 調)的平均持續時間 220msec 左右，而陽入(32 調)的平均持續時間 125msec 左右。後者明顯短於前者。照戴昭銘(2004)的考察解釋的話，「再」字複元音 ai 弱化變成 a 後，為了整化與強化經過逆同化加上 k 韻尾。但「再」字的詞義虛化，其語音形式未能迴避更加弱化，最後脫落消失。

綜上所述，海陸客語「過」的語法化途徑可以總結為如下（參看 43）。第一階段「過」承擔"跨越某地點"義，如，「ko²¹ ma⁵³ lu³³ 過馬路」。其賓語為體詞性的。這個賓語可擴大到時間詞（包括時量短語在內），「過」字就產生"跨越時間"義，如，「ko²¹ tuŋ⁵³ tsiet⁵ 過冬節」（過冬至）、「ko²¹ ʒit⁵⁻³² tʰin³³ nə⁵⁵ 過一陣仔」（過一會兒）。語法化的階段 I 與階段 II 和漢語共同語的「過」相同。之後，如上所討論，"再次"義的「過」應由副詞「再」與「過」的組合發展而來。首先「再過」整體被重新分析為一個句法單位而承擔"再次"義，帶有謂詞性賓語表示"再做某事"義（階段 III），經過「再」字音義的弱化最後脫落就出現了"再次"義副詞「過」（階段 IV）[26]。在這個過程中，其賓語由時間詞擴大到表事件

---

[26] 如表一所示，《新客》已經出現上聲「過」。「過」的語法化情況如本文所提出的這樣的話，「再」字的促化和脫落二十世紀中葉已經出現。《新客》沒有收 tsak³² ko³⁵ 這種詞形或

的謂詞性短語。

(43) I   "跨越地點"義（帶體詞性賓語）「ko^{21} 過」（可加上「$tsai^{21}$ 再」）
    II   "跨越時間"義（帶體詞性賓語）「ko^{21} 過」（可加上「$tsai^{21}$ 再」）
    III   "再次"義（帶謂詞性賓語）「再過」
           $tsai^{21}\ ko^{21} > tsai^{21}\ ko^{35} > tsak^{32}\ ko^{35}$
           "再次"義漸漸由「再過」整體來承擔
    IV   "再次"義「ko^{35} 過」：「再」字脫落，其詞義沾染到「過」字上。

另外還有一些尚待解決的問題。下面舉四點。
[1] 臺灣四縣客語的狀況
菅向榮(1933)、河野(1933)[27]等反映西元三十年代以前的四縣客語的情況。這些語料均收錄"再次"義「過」（去聲）的例子，如：

(44) 實在真失禮，今晡日真麼閑，煩勞汝正<u>過</u>來。
                甚ダ失礼デゴザイマスガ、今日ハ大変取込ンデ居リマス
                カラ、マタ御出デヲ願ヒタウゴザイマス（實在不好意思，
                今天很忙，麻煩您再來。）（菅向榮 1933:109）
(45) 汝<u>更(ko3)</u>講加一息仔給吾聽好否。
                汝もう少し話して聴かせて下さいませんか（你再說一點
                給我聽好嗎？）（河野 1933:151）

目前沒有找到同一個時期的海陸客語語料。因此只根據這次的考察結果，可以認為四縣「過」的語法化早於海陸客語。四縣客語「再過」類詞語的情況、四縣與海陸之間的影響關係等問題需要做進一步的研究。
[2] 「過」的聲調問題
涂春景(1998a,b)描寫的海陸客語（苗栗上新里、南投埔里）"再次"義「過」還保持本調，如，「$ko^{11}\ jit^2\ pai^{24}$ 過一擺（再一次）」（上新里：涂春景 1998a :325）、

許是因為過於口語化的緣故。
[27] 這些資料的例句都是用漢字寫的，也帶有假名與聲調符號的音標以及日譯等。引用例句時，暫時省略音標，而附於由筆者所譯的漢語共同語譯文。

「ko¹¹ jiit² pai²⁴ 過一擺（再一次）」（埔里：涂春景 1998b : 366）。因此至少可以說苗栗、南投等地的海陸客語副詞「過」還保持著本調。這個調查資訊有限，缺乏全面性。比如，「過」字後面的成分都是數量短語「一擺」，而不是謂詞性短語。而本文考察的對象在句法方面相對全面，其範圍稍有不同。

　　[3] 經由比較標記的問題

　　海陸客語的差比句的比較結果（謂語）之前一般帶有程度副詞「ha²¹/ hau²¹ 較」。除此之外，也會出現變調的「過 ko13」（上聲）（江敏華 2017 :132）[28]。本文對此有兩個疑問。一是使用頻率的問題，是來帶「再過」這個形式的問題。就前者來說，在田野調查之中得到的比較程度副詞盡是「ha²¹ 較」字，而不是「過」字。在文獻語料當中，除了《陸豐》之外，也都用「(還)較」。「過」的使用頻率微乎其微。如果「較」的普遍使用沒有外來因素的話，將使用頻率很低的形式當做一個語法化的渠道似乎比較困難。就後者而言，語料《桃園》《新客》裡幾乎沒有出現單獨的"再次"義的「過」，而出現的都是帶有「再」的形式。如果是由比較標記發展而來的話，單獨的「過」是不是使用頻率應該高於「再過」？

　　[4] 近義詞「ʒiu⁵⁵/³⁵ ko²¹/³⁵ 又過」「han⁵⁵ ko²¹/³⁵ 還過」「ha²¹ ko²¹ 較過」

　　「又過」「還過」和「較過」既是「再過」的近義詞，又是帶「過」字的（參看例句 14, 20~23）。這些詞原來也應該是副詞「又/還/較」與動詞「過」的組合。目前已經詞彙化分別表示"又""還"和"更"。那麼，這些詞是否經過了和「再過」一樣的途徑，這次沒有充分的時間分析。

5. 結語

　　本文提出了海陸客語"再次"義「過」語法化的另一個可能性。承擔"再次"義的有「再」「再過」「過」等詞。「再過」有 tsai²¹ ko²¹、tsai²¹ ko³⁵、tsak³² ko³⁵ 等變體，「過」的聲調是上聲。根據「再過」類詞語的這種共時聚合關係以及歷時語料的情況，本文對"再次"義「過」的語法化提出了「(副詞) tsai²¹ 再 +（動詞）ko²¹ 過 >（副詞）tsai²¹ ko²¹（再過）> tsai²¹ ko³⁵（再過）> tsak³² ko³⁵（再過）> ko³⁵（過）」的假說。這個語法化過程可能尚未完成。因此有幾種詞形仍以自由變體的形式存在，這也會反映區域性差異。除此之外，本文還指出了這種「過」的語法化為海陸片客語以及臺灣客語所獨有的可能性。

---

[28] 《陸豐》的差比句「過」字均為本調。

《引用書目》

王湄臺編.1962a.《新客話課本》第一~二本。新竹：天主教華語學院。

_____編.1962b.《新客話課本:羅馬字注音》第一~二本。新竹:天主教華語學院。

古國順、羅肇錦、何石松、呂嵩雁、徐貴榮、涂春景、鍾榮富、彭清欽、劉醇鑫.2005.《臺灣客語概論》。臺北：五南圖書出版股份有限公司。

江敏華.2007.《客語體貌系統研究》（行政院客家委員會獎助客家學術研究計畫成果報告）。臺北：行政院客家委員會。

_____. 2016.〈台灣客家話語法差異舉隅〉，田中智子編，《台湾客家語南部四縣話と北部四縣話の比較研究（平成25－28 年度科学研究費基盤研究（C）課題番号：25370502）報告書》，9-13。神戶：櫻商會。

_____. 2017.〈客家話的差比句及相關問題〉，*Cahiers de Linguistique Asie Orientale* 46:121-150。

呂叔湘編.1999.《現代漢語八百詞（增訂本）》。北京：商務印書館。

吳中杰.2012.〈台灣海陸客家話的起源與形成〉,《歷史語言學研究》5:259-270。

李如龍、張雙慶主編 1992.《客贛方言調查報告》。廈門：廈門大學出版社。

李詩敏、賴惠玲.2016.〈從動詞到連接詞：臺灣客語「過」之語法化和詞彙化〉，《「2016 第十一屆台灣語言及其教學國際學術研討會」論文集》271-293。臺北：中央研究院。

李小華.2014.《印尼客家方言與文化》。廣州：華南理工大學出版社。

河野登喜壽.1933.《廣東語の研究》。新竹：新竹州警察文庫。

松村智雄.2017.《インドネシア國家と西カリマンタン華人—「邊境」からのナショナリズム形成》。東京：慶應義塾大學出版會。

涂春景.1998a.《苗栗卓蘭客家方言詞彙對照》。台北：作者自印。

_____.1998b.《台灣中部地區客家方言詞彙對照》。台北：作者自印。

高華年.1984.《廣州方言研究》。香港：商務印書館香港分館。

徐兆泉編.2001.《臺灣客家話辭典》。台北：南天書局。

_____編.2009.《臺灣四縣腔海陸腔客家話辭典》。台北：南天書局。

國分直一、黃旭初、張上卿.1944a.〈村の歷史と生活（上）－中壢臺地の「湖口」を中心として－〉，《民俗臺灣》4-5:2-17。

_____.1944b.〈村の歷史と生活（下）－中壢臺地の「湖口」を中心として－〉，《民俗臺灣》4-6:22-45。

張屏生.2007.《台灣地區漢語方言的語音和詞彙(冊一)》。台南：開朗雜誌事業有限公司。

張為閔.2008.《台海兩岸海豐客語之變異及其研究》國立新竹教育大學台灣語言與語文教育研究所碩士論文

莊初升.2018.〈客家方言名詞後綴"子""崽"的類型及其演變〉,《第十三屆客家話國際學術研討會論文集》。

莊初升、黃婷婷.2014.《19世紀香港新界的客家方言》。廣州:廣東人民出版社。

曹志耘主編.2008.《漢語方言地圖集 語法卷》。北京：商務印書館。

菅向榮.1933.《標準廣東語典－附臺灣俚諺集·重要單語集》。台北：臺灣警察協會。(1974年台北：古亭書屋影印出版)

湯廷池.2000.〈閩南語的「動貌詞」與「動相詞」〉,《漢語語法論集》201-220。台北：金字塔出版社。

黃雪貞編.1995.《梅縣方言詞典》。南京：江蘇教育出版社。

楊時逢.1957.《台灣桃園客家方言》(中央研究院歷史語言研究所單刊甲種之二十二)。台北：中央研究院。

楊秀芳.2014.〈論「別」的形態變化及語法化〉,《清華中文學報》11:5-55。

詹益雲編.2003.《海陸客語字典》。新竹：作者自印。

＿＿＿＿編.2008.《海陸客語短篇故事第三集》。新竹：新竹縣海陸客家語文協會。

遠藤雅裕.2012.〈台灣海陸客語音系與有關語音現象〉,《中央大學論集》33:119-131。

臺灣族群母語推行委員會編.2017.《淰淰个愛－客語詩文集》。台北：台灣基督長老教會總會台灣族群母語推行委員會。

臺灣總督府編.1932.《廣東語辭典》。台北：臺灣總督府。(1987年東京：國書刊行會影印出版)

劉月華、潘文娛、胡韡.2001.《實用現代漢語語法(增訂本)》。北京：商務印書館。

劉還月.2001.《臺灣客家族群史·移墾篇》(上)。南投：臺灣省文獻委員會。

劉楨文化工作室編.2000.《一日一句客家話：客家老古人言》。台北：臺北市政府民政局。

橋本萬太郎.1972.《客家語基礎語彙集》。東京：東京外國語大學アジア・アフリカ言語文化研究所。

盧彥傑.2006.〈記錄一種客家話:《LOEH-FOENG-DIALECT》(客語陸豐方言)的語言特色〉,《語文學報》13:235-250。

賴文英.2015.《臺灣客語語法導論》。台北:臺灣大學出版中心。

賴維凱.2016.〈從"再吃一碗飯"初探客語與南方少數民族語言的關係〉,胡松柏主編,《客家方言調查與研究－第十一屆客家方言國際學術研討會論文集》423-448。廣州:世界圖書出版廣東有限公司。

戴昭銘.2004.〈弱化、促化、虛化和語法化〉,《漢語學報》2004(2):26-34.

謝留文.1998.《于都方言詞典》。南京:江蘇教育出版社。

鍾榮富.2009.〈臺灣客家話的特性〉,李如龍、鄧曉華主編,《客家方言研究》31-55。福州:福建人民出版社。

魏培泉.2016.〈經驗體標記「過」的歷史由來〉,《語言暨語言學》17(2):265-290。

羅美珍、林立芳、饒長溶主編.2004.《客家話通用詞典》。廣州:中山大學出版社。

蘇媺祺.2010.《陸河客家話研究》國立中央大學客家研究所碩士論文。

饒秉才.2017.《興寧客家話詞典》。廣州:廣東人民出版社。

Chappell, Hilary and Christine Lamarre. 2005. *Grammar and Lexicon of Hakka: Historical Materials from the Basel Mission Library*. Paris: CRLAO, École des Hautes Études en Sciences Sociales.

Heine, Bernd and Tania Kuteva. 2002. *World Lexicon of Grammaticalization*. Cambridge University Press.(龍海平、谷峰、肖小平譯.2012.《語法化的世界詞庫》,世界圖書出版公司)

Lien, Chinfa(連金發). 2007. Grammaticalization of *Pat4* in Southern Min: A Cognitive Perspective. *Language and Linguistics* 8.3:723-742.

MacIver, Donald. (and revised by M.C.Mackenzie).1926. *A Chinese-English dictionary: Hakka-dialect as spoken in Kwang-tung province*. Shanghai: The Presbyterian Mission Press.

Rey, Charles. 1926. *Dictionnaire chinois-français: dialecte Hac-ka: précédé de quelques notionssur la syntaxe chinoise*. Hong Kong : Imprimerie de la Société des Missions-Étrangeres.(1988年台北:南天書局影印出版)

Schaank, Simon. H. 1897. *Het Loeh-foeng-dialect*. Leiden: E. J. Brill.(英文版:Lindauer, Bennett M.譯.1979. *The Lu-feng dialect of Hakka*(文字と言語 研

究資料 5）特定研究「言語生活を充實發展させるための教育に關する基礎的研究」文字と言語班）

Sybesma, Rint. 2014. A History of Chinese Linguistics in the Netherlands. In: Idema, Wilt L. (Eds.) *Chinese Studies in the Netherlands: Past, Present and Future.* Leiden: Brill. 127-157.

闽东区方言的｛手指｝义词及其相关的词语*

秋谷裕幸

（日本爱媛大学 kiyokoyaeko@gmail.com）

提　要　本文研究闽东区方言的｛手指｝义词以及与此相关的｛大拇指｝义词、｛小拇指｝义词和｛指甲｝义词。｛手指｝义词追溯到原始闽东方言的"指₁头"*tʃien³tʰau²。其他三个词分别来自原始闽东区方言的"指₁头拇"*tʃien³tʰau²moʰ³、"尾指₁头"*muɔi³tʃien³tʰau²和"指₁甲"*tʃien³kap⁷。本文也是笔者正在编纂《闽东区方言比较词典—身体部位部分》的部分内容。

关键词　闽东区方言；手指；大拇指；小拇指；指甲；词汇史

一　问题的提出

　　表示｛手指，统称（finger）｝[1]的词虽然不在 Morris Swadesh 的 200 核心词表当中，但它属于人类语言的基本身体部位词应该没问题的。本文研究闽东区方言的｛手指｝义词及其相关的｛大拇指｝义词、｛小拇指｝义词和｛指甲｝义词的现状和历史并构拟它们在原始闽东区方言里的形式。这四个词都使用同一个词干。[2]本文也是笔者正在编纂《闽东区方言比较词典—身体部位部分》的部分内容。关于编纂汉语方言比较词典的设想，请参看秋谷裕幸（2017）。

　　表 1 是本文所根据的闽东区方言的谱系分类（秋谷裕幸 2010b：70）。[3]字下加单线的是本文中的称呼。目前笔者尚未构拟原始闽东区方言。由于原始宁德方言相当接近原始闽东区方言，构拟原始闽东区方言之前暂时使用原始宁德方言替代原始闽东区方言。参看秋谷裕幸（2018：709-712）。《班华》是代表了早期福安方言的 *Diccionario Español=Chino, Dialecto de Fu-an* 中的材料。关于这部词典，参看秋谷裕幸（2012）。

　　[表1]闽东区方言的谱系分类

---

* 本文写作得到中国国家社科基金西部项目"闽东方言区域性音韵特征研究"（项目编号：16XYY004）的资助。在撰写期间，承蒙陈泽平教授的指教。谨此统致谢忱。

[1] 本文用大括号｛　｝表示意义，而双引号如"手指""指甲"表示实际的词语。

[2] 表示"食指"和"中指"的词则使用另外一个词干。笔者拟另专文论述。

[3] 该文把屏南城关方言归属福州小片。现在把它改属福宁小片。

区	片	小片	代表点
闽东区	南片	福州小片	古田城关、古田大桥、连江、闽清、闽侯、福州、长乐、永泰
		福清小片	福清、平潭
	北片	福宁小片	寿宁南阳、寿宁斜滩、福鼎白琳、柘荣富溪、福安穆阳、周宁咸村、宁德虎浿、宁德九都、霞浦长春、屏南、屏南黛溪、古田杉洋、原始宁德、《班华》
		浙江小片	泰顺三魁、苍南炎亭

二 手指/finger

2.1 现状[4]

下面把韵母为阳声韵的"指"标作"指₁",阴声韵的"指"标作"指₂"。关于"指₃",参看下文2.2.5。

(1)"指₁头"类

(1-a)"指₁头"

北片

福宁小片　　福安 tʃiŋ⁻³⁵tʰau²[tʃiŋ³⁵nau⁵³];《班华》chin³tʼɑu²;
　　　　　　咸村 tɕin⁻⁵⁵tʰau²[tɕin⁵⁵nau⁵³³]

(1-b)"指₁头囝"

北片

福宁小片　　寿宁 tsɛŋ⁻⁵⁵tʰau²kiaŋ³[tsɛŋ⁵⁵tʰau²¹¹kiaŋ⁴¹~tsɛŋ⁵⁵nau²¹¹kiaŋ⁴¹]

(2)"指₃头囝"

北片

浙江小片　　泰顺 tse³tʰau²kie³[tse³⁵tʰau⁴²kie⁴⁵⁵];苍南 tsɿ³dɔ²tɕi³[tsɿ³⁵dɔ¹¹tɕi³⁵]

(3)"指₁指₂"类

(3-a)"指₁指₂"

北片

福宁小片　　杉洋 tɕieiŋ⁻¹¹tsai³[tɕieiŋ¹¹nzai⁵⁴⁴];虎浿 tʃin⁻³⁵tsai³[tʃin³⁵nai⁵²];
　　　　　　屏南 tseiŋ⁻¹¹tsai³[tseiŋ¹¹nzai⁵¹]

南片

福州小片　　大桥 tɕieŋ⁻¹¹tsai³[tɕieŋ¹¹ɲai⁵²];福州 tsieŋ³tsai³[tsieŋ²⁴nzai³³][5]

(3-b)"手指₁指₂"

南片

福州小片　　福州 tsʰieu³tsieŋ³tsai³[tsʰieu²¹ʑieŋ³⁵ʑai³³]（冯爱珍1998:195）

---

[4] [ ]内是实际音值。没加括弧的音标是单字音,声调用数字标出调类,"-"表示不能恢复单字音的声母或调类。写不出本字的音节用方框"□"表示。

[5] 没有注明出处的福州方言材料是秋谷裕幸、陈泽平(2012)里的材料。

福清小片　　福清 tɕʰiu³ʑieŋ⁻¹¹tsai³[tɕʰiu¹¹ʑieŋ¹¹nzai⁵²]

(4) "手指₂"

南片

福州小片　　福州 tsʰieu³tsai³[tsieŋ³⁵ʒai³³]（冯爱珍 1998：195）

参考文献[6]：《闽东》第 58 页、《词汇》第 261 页。

2.2 分析

2.2.1 概况

闽东区方言中的{手指}义词主要有两大类，"指₁头"类和"指₁指₂"类，闽东区北片主要用前者，南片则用后者，构成南北对立。

2.2.2 "指₁"的读音

在进入分析之前，我们先讨论"指₁"的读音。汉语方言当中使用与"指₁"相似读音的方言只限于沿海闽语，即闽东区、莆仙区和闽南区的方言。[7]闽东区的"指₁"至少有三种不同的读音。

2.2.2.1 *tʃin³

广义宁德方言用这种读音，如咸村 tɕin⁻⁵⁵、九都 tɕin⁻⁵⁵。原始宁德方言可以拟作*tʃin³。参看秋谷裕幸（2018：555）。咸村"指₁头"[tɕin⁵⁵nau⁵³³]的连读调合乎"上声＋阳平"或"阴去＋阳平"的连读调。九都"指₁头"[tɕin⁵⁵nau²²]的连读调则只合乎"上声＋阳平"。福州以及《班华》的单字调则为上声。所以，原始宁德方言里的调类也可以拟作上声。同一类读音也出现在福鼎、霞浦和柘荣方言中。参看秋谷裕幸（2010a：209）。可见，*tʃin³ 是福宁小片的读音。福安 tʃin⁻³⁵、《班华》chin³ 既可以来自*tʃin³，也可以来自*tʃien³。考虑到福安和《班华》的福宁小片身份，本文认为它们"指₁"的读音也来自*tʃin³。

虎浿"指₁指₂"[tʃin³⁵nai⁵²]的连读调合乎"上声＋上声"或"阴去＋上声"的连读调。虎浿 tʃin⁻³⁵ 也既可以来自*tʃin³，也可以来自*tʃien³。虎浿方言把{大拇指}说"指₁头拇"[tʃin¹¹nau³⁵mɔ⁵²]。参看下文 3.1。此处有"指₁头"出现，与福宁小片相同。考虑到虎浿方言属于广义宁德方言以及福宁小片，可以推断表示{手指}的"指₁指₂"[tʃin³⁵nai⁵²]是受了南片影响的说法。所以 tʃin⁻³⁵ 更可能来自*tʃin³。

2.2.2.2 *tʃien³

杉洋 tɕieiŋ⁻¹¹、屏南 tseiŋ⁻¹¹、大桥 tɕieŋ⁻¹¹、福州 tsieŋ³ 和福清 ʑieŋ⁻¹¹ 都属这一类，是南片独特的读音。杉洋"指₁指₂"[tɕieiŋ¹¹nzai⁵⁴⁴]的连读调是"上声＋阴平"或"上声＋上声"的连读调。屏南"指₁指₂"[tseiŋ¹¹nzai⁵¹]的连读调是"上声＋阳平"或"上声＋上声"的连读调。大桥"指₁指₂"[tɕieŋ¹¹nai⁵²]的连读调则只能是"上声＋上声"的连读调。那么"指₁"的单字调应该是上声。考虑到原始宁德方言以及《班华》的鼻尾 n，把它的早期形式拟作*tʃien³。

---

[6] 参考文献的简称如下：林寒生《闽东方言词汇语法研究》—《闽东》；《汉语方言词汇》（第二版重印本）—《词汇》。

[7] 琼文区方言中似乎不存在"指₁"。

2.2.2.3 *tʃen³

寿宁方言的 tseŋ⁻⁵⁵ 所代表原始闽东区方言里的读音是*tʃem²或*tʃen²。以上所构拟"指₁"*tʃin³和*tʃien³的鼻尾都是*n。"指₁头团"[tseŋ⁵⁵tʰau²¹¹kiaŋ⁴¹]里 tseŋ⁻⁵⁵的单字调则只能是上声或阴去。由此，寿宁 tseŋ⁻⁵⁵的早期形式可理解为*tʃen³。

浙江小片苍南方言也用"指₁"。比如"食指"说"口指₁"tʰĩ⁻⁴⁴tsãi³[tʰĩ⁻⁴⁴tsãi³⁵]。tsãi³和寿宁的 tseŋ⁻⁵⁵可以构成语音对应。例如：

	指₁	针	千	前
寿宁	tseŋ⁻⁵⁵	tseŋ¹	tsʰeŋ¹	seŋ²
苍南	tsãi³	tsãi¹	tsʰãi¹	zãi²

可见，苍南的 tsãi³也来自*tʃen³。

2.2.2.4 原始闽东区方言中"指₁"的读音

"指₁"的早期读音共有三种，*tʃin³、*tʃien³和*tʃen³。*tʃin³分布在福宁小片，*tʃien³则主要分布在南片。*tʃen³只出现在寿宁、苍南方言。假设它们源于共同的来源，最有可能代表原始闽东区方言的读音应该是*tʃien³。*tʃin³和*tʃen³都可以理解为*tʃien³的弱化形式。前者脱落了韵腹，后者则脱落了介音。

历史音韵文献上看不到"指"字阳声韵的反切或其他相关材料。尽管如此，"指₁"的声母和声调合乎"指"的中古音，即止摄开口三等旨韵章母。此外，从表示{手指}的"指₁头"和"指₁头团"来看，"指₁"所代表的词义无疑是{手指}。最后，我们还注意到了另外一个韵母为阳声韵的止摄开口三等字，即支韵日母的"儿"，用于表示{女婿}的"儿婿"。试比较：

	指₁	儿
中古音[8]	tɕi 上声	ȵiě 平声
原始闽东	*tʃien³	*nien²

所以，本文认为"指₁"的本字就是"指"。

2.2.2.5 闽南区和莆仙区方言中的"指₁"

闽南区和莆仙区方言中也有带有鼻尾"指₁"的读音出现。以下是各地方言中的{手指}义词：

闽南区泉州方言　　"指₁头团"tsŋ³tʰau²a³[tsŋ⁵⁵tʰau²⁴a⁵⁵]
闽南区厦门方言　　"指₁头团"tsŋ³tʰau²a³[tsŋ⁵⁵tʰau³³a⁵¹]
闽南区漳州方言　　"指₁头团"tsiŋ³tʰau²a³[tsiŋ⁴⁴tʰau²²a⁵³]

此外，闽南区潮州方言把{大拇指}叫做"指₁头公"tsuŋ³tʰau²koŋ¹[tsuŋ²⁴tʰau²¹³koŋ³³]，莆仙区仙游方言把{除大拇指以外的手指}叫做"指₁头团"tɕiŋ⁻⁵²tʰau²kyã³[tɕiŋ⁵²nau¹¹iã³³²]。

闽南区方言中"指₁"的读音彼此之间不能建立规律性的语音对应：泉州、厦门的 tsŋ³和潮州的 tsuŋ³可以来自早期的*tsõ³或*tsũĩ³，漳州的 tsiŋ³只能来自*tsiŋ³。莆仙区仙游方言的 tɕiŋ⁻⁵²则可以来自*tɕim²、*tɕin²、*tɕiŋ²。

原始闽东区方言的"指₁"是*tʃien³。与此可以对应的只有仙游方言的 tɕiŋ⁻⁵²。试比

---

[8] 拟音根据平山久雄（1967）。

较：

	指₁	边	天	钱
原始闽东	*tʃien³	*pien¹	*tʰien¹	*tʃien²
仙游	tɕiŋ⁻⁵²	piŋ¹	tʰiŋ¹	tɕiŋ²

泉州、厦门 tsŋ³、潮州 tsɯŋ³、漳州 tsiŋ³ 和原始闽东*tʃien³ 之间则不能建立规则语音对应。

2.2.2.6 "指₁" 的分布

"指₁"的分布也很值得关注。汉语方言当中"指₁"的分布只限于闽东区、莆仙区和闽南区。这是较为典型的沿海闽语鉴别性词语、鉴别性语法现象的分布，难以把它视为从外方言中引进的成分。参看秋谷裕幸（未刊稿 2）。虽然"指₁"在各地方言中的读音不能建立规则语音对应，但是从声母、韵母的鼻音成分、声调以及地理分布情况来看，各地方言中的"指₁"很可能源于同一个来源。

同样的情况也见于沿海闽语中表示{屁股}词语的前字。沿海闽语把{屁股}叫做"X＋穿"。前字的音值是原始闽东区*ku³、厦门 kʰa¹、仙游 kɔ⁻¹²，彼此之间形成不了规则语音对应。但它们的声母都是舌根塞音声母，而且在汉语方言当中用"X＋穿"形式表示{屁股}的只限于沿海闽语方言。所以，秋谷裕幸（未刊稿 2）倾向认为"X＋穿"里的"X"都源于同一个来源。

2.2.2.7 本章的小结

原始闽东区方言中"指₁"可以拟作*tʃien³。在北片福宁小片里它发生弱化而变成了*tʃin³。在北片寿宁、苍南方言中则发生另外一种弱化而变成了*tʃen³。

"指₁"也分布在闽南区和莆仙区方言，构成较为典型的沿海闽语分布，说明"指₁"是沿海闽语的固有成分。

2.2.3 "指₁指₂"

这是南片最有代表性的说法，而且除了南片以及分布在南北片交界的福宁小片杉洋、虎浿和屏南方言以外，其他汉语方言都不用"指₁指₂"。我们大致上可以把它视为闽东区南片的鉴别词之一。

"指₁指₂"的前后字都表示{手指}，是一个叠床架屋的说法，即前后字表示同一个词义。闽东区、莆仙区等方言{肚子}说"腹肚"（秋谷裕幸未刊稿 3），吴语婺州片{嘴}说"口嘴"（曹志耘等 2016：421-422），这两个词也是这种叠床架屋词的例子。[9]它很可能是词汇创新的结果。

南片福州、福清方言中还有"手指₁指₂"分布。这应该是在"指₁指₂"的基础上加了"手"的说法。

2.2.4 "指₁头"类和"指₁指₂"类的先后

接着我们讨论"指₁头"类和"指₁指₂"类的先后。

2.2.4.1 首先要指出的是"指₁指₂"很可能是词汇创新的结果。参看上文 2.2.3。这表示它晚于"指₁头"。

---

[9] 关于叠床架屋的说法，参看秋谷裕幸（未刊稿 2）的 5.2。

2.2.4.2 其次我们要关注"指₁头"的后缀"头"。吴语里的{手指}义词一般都带有后缀"头"。比如，处衢片遂昌方言说"手指头"[tɕʰyɤ⁵²tɕye?⁵du²²¹]，婺州片永康方言说"手指头"[ɕiəu⁴²tsə⁴dəɯ³³]。[10]闽东区北片方言至少有一个带有来自吴语后缀"头"的身体部位词，即表示{鼻子}的词。

闽东区表示{鼻子}的词语如下，主要有单说的"鼻"和双音节的"鼻头"：

(1)"鼻"

北片

福宁小片　　《班华》p'ei⁵；杉洋 pʰi⁵[pʰi³³⁵]；咸村 pʰi⁵ [pʰi⁵⁵]；虎浿 pʰi⁵[pʰi⁴⁴⁵]

南片

福州小片　　大桥 pʰi⁵[pʰi¹¹]；福州 pʰei⁵[pʰei²¹³]；

福清小片　　福清 pʰe⁵[pʰe²¹¹]

(2)"鼻头"

(2-1)"鼻头"

北片

福宁小片　　寿宁 pʰi⁵tʰau²[pʰi⁵⁵tʰau²¹¹]；福鼎 pʰi⁵tʰau²[pʰi³⁵lau⁵¹]

浙江小片　　泰顺 pʰi⁵tʰau²[pʰi³⁵tʰau³³]

(2-2)"鼻头孔"

北片

浙江小片　　苍南 pʰi⁵dɔ²kʰoŋ³[pʰi³⁵dɔ¹¹kʰoŋ³⁵]兼指"鼻孔"

(3)其他

(3-1)"鼻空"

北片

福宁小片　　福安 pʰei⁵kʰœuŋ¹[pʰi⁵⁵œuŋ⁴⁴³]兼指"鼻孔"

(3-2)"鼻□"

北片

福宁小片　　屏南 pʰi⁵ku³[pʰi³³⁵u⁵¹]

苍南的"鼻头孔"和福安的"鼻空"都是以部分代表整体的说法。早期大概专门表示{鼻孔}。屏南"鼻□"[pʰi³³⁵u⁵¹]的后字有可能是表示雄性的"牡"。

闽东区最主要的说法显然是单说的"鼻"。原始闽东区方言的形式可以拟作*pʰi⁵。

靠近吴语分布区的寿宁、福鼎、泰顺方言说"鼻头"，苍南方言则说"鼻头孔"，都带有词缀"头"。而吴语把{鼻子}基本上都说"鼻头"。比如，处衢片遂昌方言说"鼻头"[biʔ²³du²²¹]，婺州片永康方言说"鼻头"[bə³dəɯ³³]，瓯江片龙港方言说"鼻头"[bi³deu²²⁴]。

我们可以推测，寿宁、福鼎、泰顺方言"鼻头"和苍南方言"鼻头孔"里的"头"都是来自吴语的外来成分。

那么，"指₁头"的"头"也有来自吴语的嫌疑。也就是说"指₁头"是受了吴语

---

[10] 关于入声韵或来自入声韵的"指"，参看平山久雄（1960）。

影响的创新词。

2.2.4.3 在此我们观察闽南区和莆仙区的{手指}义词。闽南区泉州、厦门、漳州方言都说"指₁头囝"。实际音值参看上文 2.2.2.5。与寿宁方言的"指₁头囝"完全一致。该词的主体部分"指₁头"则与多数福宁片的{手指}义词一致。

莆仙区仙游方言{手指}说"手指₂"tɕʰiu³tsai³[tɕʰiu¹¹tsai³³²]。但{除大拇指以外的手指}却说"指₁头囝"tɕiŋ⁻⁵²tʰau²kyã³[tɕiŋ⁵²nau¹¹iã³³²],此处也有"指₁头"出现。

所以如果着眼于闽南区和莆仙区的{手指}义词,我们就可以得到

指₁头(囝)福宁小片—指₁指₂南片—指₁头囝闽南区、莆仙区

这样的接近 ABA 分布的地理分布。它表示"指₁头"早于"指₁指₂"。

2.2.4.4 其实,词缀"头"在闽东区方言中也广泛使用。参看林寒生(2002:107-108)。它并不一定都是借自吴语的外来成分。再说,在 2.2.3 和 2.2.4.3 里所指出的迹象共同表示"指₁头"早于"指₁指₂"。

2.2.4.5 总之,本文倾向认为"指₁头"早于"指₁指₂","指₁头"就是原始闽东方言的{手指}义词。它的原始音值可以拟作*tʃien³tʰau²。

2.2.5 "指₃头囝"的"指₃"

除了"指"的音值以外,"指₃头囝"与"指₁头囝"相同。但"指₃"的读音与其他闽东区方言不相同,较为特殊。

与苍南方言"指₃"tsɿ³相似的"指"字读音也分布在临近的吴语处衢片和瓯江片。比如,处衢片云和方言说"手指头"[ʃiu⁴⁴tsɿ⁴⁴dəu⁴²³],瓯江片苍南龙港方言说"手指头儿"[seu³³tsɿ⁴⁵⁴deŋ²¹³儿化韵]。苍南方言的"指₃"tsɿ³显然来自邻近的吴语瓯江片。

泰顺方言"指₃"tse³的韵母读音[e]也需要解释。"指"的中古音是止摄开口三等上声旨韵章母。除了"指₃"以外,止摄开口三等知章庄组的字都不读[e]韵,而读[ai]韵(秋谷裕幸 2005:47)。[11]不过,我们注意到吴语处衢片庆元方言中有相似的读音出现(曹志耘等 2000:223)。试比较:

	指	师	治杀	使
泰顺	tse³~头囝	sai¹	tʰai²	sai³
庆元	tsɤ³	sɤ¹	tsɤ²	sɤ³

除了"指₃头囝"以外,泰顺方言还有"指₂"tsai³一读。参看下文 4.1 的{小拇指}义词和 5.1 的{指甲}义词。tsai³合乎古今对应规律,也与其他闽东区方言的"指₂"对应。可见,泰顺方言"指₃头囝"里"指₃"的读音[tse³]是从临近的吴语处衢片当中所引进的外来读音。

总上,浙江小片中与众不同的"指₃"应当都是从临近吴语方言引进的外来成分。

2.2.6 "手指₂"

福州方言{手指}还可以说"手指₂"。与莆仙区仙游方言的"手指₂"

---

[11] 苍南方言中止摄开口三等知章庄组的固有读音则为[a]。例如:屎 sa³ | 治杀 da² | 驶 sa³。参看秋谷裕幸(2005:92)。这是*ai>a 的结果。

tɕʰiu³tsai³[tɕʰiu¹¹tsai³³²]相同。闽南区漳平方言的"手指₂团"tsʰiu³tsai³a³[tsʰiu²¹tsai⁵⁵a³¹]（张振兴1992：147）以及闽南区潮州方言的"手指₂"tsʰiu³tsõĩ³[tsʰiu²⁴tsõĩ²¹]也是同一类说法。

这三个例子当中，仙游方言的"手指₂"当为新词。仙游方言的声母类化现象比福州方言等闽东区方言更加彻底。然而"手指₂"tɕʰiu³tsai³[tɕʰiu¹¹tsai³³²]的后字未发生声母类化，表示这个词的历史较新。如果发生声母类化读成[tɕʰiu¹¹lai³³²]，它就表示{戒指}。

潮州方言的"手指₂"亦如此。潮州把{大拇指}说成"指₁头公"tsɯŋ³tʰau²koŋ¹[tsɯŋ²⁴tʰau²¹³koŋ³³]。此处"指₁头"当为{手指}义的旧词。"手指₂"显然是新词。请注意，"手指₂"里的"指₂"读作tsõĩ³，带上了鼻音成分。它是与厦门方言的"指₂"tsãĩ³（如{小拇指}说"尾指₂团"be³tsãĩ³a³）和泉州方言的"指₂"tsũĩ³（如{无名指}说"尾指₂"bə³tsũĩ³）同一类的读音。其中，潮州的tsõĩ³和泉州的tsũĩ³可以构成语音对应。厦门的tsãĩ³则不对应：

	指₂	反	前	闲
泉州	tsũĩ³	pũĩ³	tsũĩ²	ũĩ²
潮州	tsõĩ³	põĩ³	tsõĩ²	õĩ²
厦门	tsãĩ³	pŋ̍³	tsŋ̍²	ŋ̍²

目前还不明白这些带上鼻化成分"指₂"的来历。它也许是某种不规则鼻化的结果。王育德（1969：329、423）曾指出闽南区方言"爱好鼻化韵"，"指"读作tsãĩ³也是其表现之一。

总上，本文认为福州方言的"手指₂"是较为新的{手指}义词。其来源需要进一步研究。客家话尤其是广东省境内的客家话和粤语{手指}常说"手指"。参看李如龙等（1992：311）、詹伯慧等（2002：429）。比如，客家话梅县方言说"手指"su³tsʅ³，粤语广州方言也说"手指"ʃeu³tʃi³。所以，一个可能的解释是闽东区方言的"手指₂"和其他闽语的"手指（团）"是从这些其他南方方言中引进的说法。

2.3 本章的小结

原始闽东区方言中表示{手指}的词是"指₁头"*tʃien³tʰau²。目前多数北片福宁小片仍保存着这个说法。在南片则发生创新，形成了新词"指₁指₂"。这个说法只能追溯到原始闽东区南片。其原始音值可以拟作*tʃien³tʃai³。北片浙江小片"指₃头团"的"指₃"是从吴语引进的外来成分。

三　大拇指/thumb

3.1 现状

（1）"指₁头拇"

北片

福宁小片　寿宁 tsɛŋ⁻⁵⁵tʰau²mo³[tsɛŋ⁵⁵tʰau²¹¹mo⁴¹]；

　　　　　福安 tʃiŋ⁻²²tʰau²mo³[tʃiŋ²²nau⁵⁵mo⁴²]；《班华》chin³tʻau²mo³；

　　　　　咸村 tɕin⁻⁵⁵tʰau²mo³[tɕin⁵⁵nau³³mo³³]；虎浿 tʃin⁻¹¹tʰau²mo³[tʃin¹¹nau³⁵mo⁵²]

（2）"（大）指₃头拇"

北片

浙江小片　　泰顺 tse³tʰau²mou³[tse³⁵tʰau⁴²mou⁴⁵⁵]；苍南 do⁶tsɔ⁻³⁴²mau³[to⁴⁴tsɔ³⁴²mau³⁵]

(3)"指₁指₂拇"

北片

福宁小片　　杉洋 tɕieiŋ⁻¹¹tsai³mɔ³[tɕieiŋ¹¹nai¹¹mɔ⁵⁴⁴]；
　　　　　　屏南 tseiŋ⁻¹¹tsai³mɔ³[tseiŋ¹¹nzai¹¹mɔ⁵¹]

南片

福州小片　　大桥 tɕieŋ⁻¹¹tsai³mɔ³[tɕieŋ¹¹nai¹¹mɔ⁵²]

(4)"大拇"类

(4-a)"大拇拇"

南片

福州小片　　福州 tuai⁶mo¹mo³[tuai⁴⁴mɔ⁴⁴mɔ⁴⁴]（北京大学 2005：261）

福清小片　　福清 tua⁶mɔ̱²mɔ̱³[tua³³⁵mɔ̱⁵²mɔ̱³²²]¹²

(4-b)"大拇哥"

南片

福州小片　　福州 tuai⁶moˀmo⁷ko¹[tuai⁵⁵mo⁵⁵ko⁵⁵～tuai²¹mo²¹ko⁵⁵]

参考文献：《词汇》第 261 页。

3.2 分析

3.2.1 概况

闽东区方言中表示｛大拇指｝的词语可以分成四大类："指₁头拇"、"(大)指₃头拇"、"指₁指₂拇"和"大拇"类。｛手指｝用"指₁头"类的方言说"指₁头拇"，｛手指｝用"指₃头团"的方言说"(大)指₃头拇"，｛手指｝用"指₁指₂"类的多数方言则说"指₁指₂拇"。可见，闽东区方言中的｛大拇指｝义词主要是在｛手指｝义词的基础上形成的派生词。虎浿方言｛手指｝说"指₁指₂"而｛大拇指｝则说"指₁头拇"。这个问题在上文 2.2.2.1 已讨论。南片福州、福清用"大拇＋X"，较特殊。

3.2.2 "大指₂头拇"

浙江小片苍南方言说 do⁶tsɔ⁻³⁴²mau³[to⁴⁴tsɔ³⁴²mau³⁵]。中字 tsɔ⁻³⁴² 的调值很特殊。这其实是"指₂头"的合音字。表示｛手指｝的"指₂头团"读作[tsʅ³⁵dɔ¹¹tɕĩ³⁵]，[tsʅ³⁵]和[dɔ¹¹]合并成[tsɔ³⁴²]。

3.2.3 三类的先后

在上文 2.2.4 里提出了表示｛手指｝的"指₁头"类早于"指₁指₂"类的观点。那么，｛大拇指｝义词"指₁头拇"应该早于"指₁指₂拇"。

莆仙区仙游方言｛大拇指｝既说"指₁头拇" tɕiŋ⁻⁵²tʰau²po³[tɕiŋ⁵²nau¹¹βo³³²]，也说"大拇" tua⁶po³[tua¹¹βo³³²]。前者为"指₁头拇"，后者则为"大拇"类。

我们可以得到这样的地理分布：

指₁头拇 福宁小片 — 指₁指₂拇 杉洋、屏南、大桥 — 大拇 X 福州、福清 — 指₁头拇、大拇 莆仙区仙游

---

¹² 音标下加单线的表示介乎半高和半低之间的舌位。

这种 A 指₁头拇 B 指₁指₂拇 C 大拇 X A 指₁头拇的地理分布表示"指₁头拇"最古老。它的原始闽东区方言中的音值可以拟作*tʃiɛn³tʰau²mɔ³。"指₁指₂拇"类和"大拇"类的先后目前还不是很明确。从(1)大多数闽东区方言的{大拇指}义词在{手指}义词的基础上形成；(2)"大拇"类的分布较有限，从这两个迹象来看，"指₁指₂拇"类可能早于"大拇"类。

3.2.4 福州方言中"拇"的调类

闽东区方言中"拇"的调类一般都是上声，与其他多数汉语方言相同。只有福州方言"大拇拇" tuai⁶mɔ¹mɔ¹[tuai⁴⁴mɔ⁴⁴mɔ⁴⁴]（北京大学 2005：261）中读作阴平，与众不同。其实这是从小儿语来的讹变读音。[13]

3.3 本章的小结

原始闽东区方言中表示{大拇指}的词是"指₁头拇"*tʃiɛn³tʰau²mɔ³。目前多数北片福宁小片仍保存着"指₁头拇"。衫洋、屏南、大桥方言在{手指}义新词"指₁指₂"的基础上形成了"指₁指₂拇"，早期读音可以拟作*tʃiɛn³tʃai³mɔ³。北片浙江小片则在它们的{手指}义词"指₃头囝"的基础上形成了"(大)指₃头拇"。此处"指₃"是从吴语引进的外来成分。南片福州、福清方言都用"大拇"类。这大概是最新的{大拇指}义词。

四 小拇指/little finger

4.1 现状

(1)"指₁头"类

(1-a)"指₁头囝"

北片

福宁小片　　福安 tʃiŋ⁻²²tʰau²kiɐŋ³[tʃiŋ²²nau³⁴jiɛŋ⁴⁴³]；《班华》chin³t'au²kian³；
　　　　　　咸村 tɕin⁻⁵⁵tʰau²kian³[tɕin⁵⁵nau³³ian³³]

(1-b)"尾指₁头"

北片

福宁小片　　《班华》mui³chin³t'au²

(1-c)"小指₁头"

北片

福宁小片　　《班华》siu³chin³t'au²

(2)"指₁指₂"类

(2-a)"指₁指₂囝"

北片

福宁小片　　屏南 tseiŋ⁻¹¹tsai³kiɐŋ³[tseiŋ¹¹nzai¹¹iɐŋ⁵¹]；
　　　　　　衫洋 tɕiein⁻¹¹tsai³kieiŋ³ [tɕieiŋ¹¹nzai¹¹iɛiŋ⁵⁴⁴]

(2-b)"尾指₁指₂"

---

[13] 承蒙陈泽平教授指教。

北片

福宁小片　　虎浿 mʌi³tʃin⁻³⁵tsai³[mʌi¹¹tʃin³⁵nzai⁵²]

南片

福州小片　　大桥 muoi³-ieŋ⁻¹¹tsai³[muoi¹¹ieŋ¹¹ɲai⁵²]；
　　　　　　福州 mui³tsieŋ³tsai³[mui²¹zieŋ²⁴nzai³³]

福清小片　　福清 mui³zieŋ⁻¹¹tsai³[mui¹¹zieŋ¹¹nzai⁵²]

（3）"尾指₂"类

（3-a）"煞尾指₂"

北片

福宁小片　　寿宁 saŋ⁻⁵⁵muoi³tsai³[saŋ⁵⁵muoi⁵⁵tsai⁵¹]

（3-b）"尾指₂(囝)"

北片

浙江小片　　泰顺 muɔi³tsai³kie³[muɔi³³tsai²¹³kie⁴⁵⁵]、muɔi³tsai³[muɔi²¹³tsai⁴⁵⁵]

南片

福州小片　　福州 muei³tsai³[muei²⁴zai³¹]

（4）其他

北片

浙江小片　　苍南"□尾指₃头囝" la⁻⁴⁴mõ³tsŋ³dɔ²tɕĩ³[la⁴⁴mõ³⁵tsŋ³⁵dɔ¹¹tɕĩ³⁵]

参考文献：《词汇》第 262 页。

4.2 分析

4.2.1 概况

闽东区方言中表示{小拇指}的词语主要有两大类，"指₁头"类、"指₁指₂"类。{手指}义词用"指₁头"类的方言用"指₁头"类，分布在北片福宁小片。{手指}义词用"指₁指₂"类的多数方言则用"指₁指₂"类，主要分布在南片，构成南北对立。

4.2.2 "囝"和"尾"

表示{小拇指}的词主要是{手指}义词的基础上添加"囝"或"尾"而形成的。

"指₁头囝"和"指₁指₂囝"里的"囝"是表示{小}的词缀。以下是屏南方言的例子：犬囝 小狗 [kʰɐiŋ⁴¹⁻¹¹kiaŋ-ŋiaŋ⁴¹⁻⁵¹] | 猪囝 小猪 [ty⁴⁴³⁻¹¹kiaŋ-iaŋ⁴¹] | 鼎囝 小锅 [tiaŋ⁴¹⁻¹¹kiaŋ-ŋiaŋ⁴¹⁻⁵¹] | 船囝 小船 [sɔuŋ²²¹⁻¹¹kiaŋ-ŋiaŋ⁴¹]。

"尾指₁头"和"尾指₁指₂"里的"尾"则表示{最后}。以下是福州方言的例子：尾名 最后一名 [muoi³³⁻²¹miaŋ⁵³] | 尾日 某一时期的最后一天 [muoi³³⁻²¹ni↗⁵] | 尾厄 最后一个 [muoi³³⁻⁵⁵touʔ-louʔ²⁴]（冯爱珍 1998：207）。

福宁小片寿宁方言"煞尾指₂"和浙江小片苍南方言"□la⁻⁴⁴尾指₂头囝"里的"煞尾"和"□la⁻⁴⁴尾"也都是最后的意思。

多数汉语方言把{小拇指}理解为{小指头}。比如，吴语处衢片遂昌方言说"小手指头"[ɕiɐu⁵²tɕʰyɤ⁵²tɕyeʔ⁵du²²¹]。把{小拇指}理解为{最后一只手指}的方言则较少见，主要分布在闽语和客家话、粤语。比如，闽北区石陂方言说"手尾仔" ɕiu³mo³te⁰，

建瓯方言说"尾指仔"mye³kiᵉtsiɛ³，邵将区顺昌方言说"手尾仔"ʃu³muaɛ³i⁰。其他闽语方言的例子参看下文4.2.4。客家话梅县方言说"手指尾"su³tsɿ³mi¹，粤语广州方言也说"手指尾"ʃeu³tʃi³mei⁴。

从这种情况来看，作为{小拇指}的形容成分"尾"大概早于"囝"。

4.2.3 "尾指₁头"和"指₁指₂囝"

用"指₁头"类的方言一般都说"指₁头囝"。只有《班华》除了"指₁头囝"和"小指₁头"以外还记录了"尾指₁头"（第360页）。

用"指₁指₂"类的多数方言说"尾指₁指₂"。而屏南、杉洋方言则使用"指₁指₂囝"。这两个方言都位于北片和南片的交界。所以我们可以推测"指₁指₂囝"是"指₁头囝"和"尾指₁指₂"的混合词，即：

指₁头囝（北片）　+　尾指₁指₂（南片）　→　指₁指₂囝（屏南、杉洋）

4.2.4 "小指₁头"

《班华》还记录了"小指₁头"siu³chin³tʻɑu²。闽东区方言中{大小}的{小}一般不用"小"，而用"细"或"嫩"来表达。比如，屏南方言说"细"sɛ⁵，福清方言说"嫩"nɔŋ⁶。所以"小指₁头"这个说法有可能是一定程度上受了标准语的说法。

4.2.5 三种{小拇指}义词的先后

闽东区的{小拇指}义词主要有三种："指₁头囝"、"尾指₁指₂"以及"尾指₂(囝)"。表示{手指}的"指₁指₂"是个新词（参2.2.4）。从这个角度来看，"指₁头囝"早于"尾指₁指₂"。不过，作为{小拇指}的形容成分，"尾"可能早于"囝"。所以"指₁头囝"并不一定是原始闽东区方言里的{小拇指}义词。

值得关注的是《班华》（第360页）所记录的"尾指₁头"mui³chin³tʻɑu²。两个组成部分"尾"和"指₁头"都是早期成分。其他闽语方言中也存在相似的说法。莆仙区莆田东海方言说"尾指₁头囝"[puɤ¹¹tsin²⁴nau¹¹iã⁴⁵³]（蔡国妹2016：96），闽南区潮州方言说"尾指₁囝"[bue²⁴tsuŋ²⁴kiã³]。由此本文认为"尾指₁头"是闽东区方言中最古老的{小拇指}义词，尽管至今只发现《班华》的一例。它的原始音值可以拟作*muɔi³tʃien³tʻau²。

此外，闽东区泰顺、福州方言说"尾指₂"。莆仙区仙游方言也说"尾指₂"poe³tsai³[poe¹¹tsai³³²]。¹⁴闽南区厦门方言的"尾指₂囝"be³tsãi³aʔ³[be⁵⁵tsãi⁵⁵a⁵¹]也是同一类说法。"尾"应该是包括闽东区方言在内闽语的固有成分。"指₂"大概是代表了较晚期的成分。不过，它也能够追溯到原始闽东区方言。

4.3 本章的小结

原始闽东区方言中表示{小拇指}的词是"尾指₁头"*muɔi³tʃien³tʻau²。目前只发现《班华》所记录的一例。北片福宁小片的多数方言说"指₁头囝"，原始形式里的"尾"被词缀"囝"所取代，早期音值可以拟作*tʃien³tʻau²kian³。南片则多说"尾指₁指₂"，原始形式里的"指₁头"被新词"指₁指₂"所取代，早期音值可以拟作*muɔi³tʃien³tʃai³。

---

14 还可以说"第五指"te⁶ŋɔu⁶tsai³[te¹¹ŋou¹¹tsai³³²]。

泰顺、福州方言的"尾指$_2$"当为最新的｛小拇指｝义词。

五　指甲/fingernail

5.1 现状

(1)"指$_1$甲"类

(1-a)"指$_1$甲"

北片

福宁小片　　寿宁 tseŋ$^{-55}$kaʔ^7[tseŋ^{55}kaʔ^5]；福安 tʃiŋ$^{-55}$kaʔ^7[tʃiŋ^{55}ŋaʔ^5]；《班华》chin^{3}kɑp^7；杉洋 tɕieiŋ$^{-11}$kak^7[tɕieiŋ^{11}ŋak^{35}]；咸村 tɕin^{-44}kap^7[tɕin^{44}ŋap^5]；虎浿 tʃin^{-22}kap^7[tʃin^{22}ŋap^5]；屏南 tseiŋ$^{-11}$kak^7[tseiŋ^{11}ŋak^5]

南片

福州小片　　福州 tsieŋ^{3}kaʔ^7[tsieŋ^{55}ŋaʔ^{24}]

(1-b)"手指$_1$甲"

南片

福清小片　　福清 tɕʰiu^{3}ʑieŋ$^{-335}$kaʔ^7[tɕʰiu^{11}ʑieŋ^{335}ŋaʔ^{21}]

(2)"指$_1$指$_2$甲"

南片

福州小片　　大桥 tɕieŋ$^{-11}$tsai^{3}kak^7[tɕieŋ^{11}nai^{24}iak^{43}~tɕieŋ^{11}ɲai^{24}iak^{43}]

(3)"指$_2$甲"

北片

浙江小片　　泰顺 tsai^{3}kaʔ^7[tsai^{213}kaʔ^5]

(4)"指$_3$甲"

北片

浙江小片　　苍南 tsɿ^{3}kə^7[tsɿ^{44}kəʔ^5]

参考文献：《词汇》第 262 页。

5.2 分析

5.2.1 概况

北片福宁小片都说"指$_1$甲"。南片福州小片福州方言也说"指$_1$甲"。南片福清小片福清方言的"手指$_1$甲"也属这一类。这是在"指$_1$甲"的基础上加了"手"的说法。

北片浙江小片都说"指$_{2,3}$甲"。苍南的"指$_3$"tsɿ^{3}是引自周边吴语瓯江片的外来读音。泰顺的"指$_2$"tsai^{3}则为固有读音。这两个方言都失去了"指$_1$"，只好使用其他读音。

5.2.2 "指$_1$甲"类和"指$_1$指$_2$甲"的先后

首先要指出的是"指$_1$指$_2$甲"里的"指$_1$指$_2$"是较新的｛手指｝义词。其次，莆仙区和闽南区也说"指$_1$甲"。比如，莆仙区仙游方言说"指$_1$甲"tɕieŋ$^{-35}$ko^6[tɕiŋ^{35}ŋɔ^{21}]，闽南区厦门方言说"指$_1$甲"tsŋ^{3}kaʔ^7[tsŋ^{55}kaʔ^{32}]，潮州方言说"指$_1$甲"tsuŋ^{3}kaʔ^7[tsuŋ^{24}kaʔ^{21}]。我们可以得到较明显的ＡＢＡ分布：

指$_1$甲_{福宁小片}—指$_1$指$_2$甲_{南片福州小片大桥}—指$_1$甲_{南片福州、福清、莆仙区仙游}

这种地理分布很清楚地表示"指$_1$甲"早于"指$_1$指$_2$甲"。

5.3 本章的小结

原始闽东区方言中表示{指甲}的词是"指$_1$甲",原始音值可以拟作*tʃien^{3}kap^7。北片福宁小片以及南片福州小片福州方言还保存着这个说法。南片福清小片福清方言的"手指$_1$甲"也属于这一类。南片福州小片大桥方言则说"指$_1$指$_2$甲",是晚于"指$_1$甲"的新说法。浙江小片泰顺方言的"指$_2$甲"和苍南方言的"指$_3$甲"也都是较新的说法。

六 结论

本文研究了闽东区方言的闽东区方言的{手指}义词及其相关的词语,即表示{大拇指}、{小拇指}和{指甲}的词语。原始闽东区方言中它们的形式如下:

手指/finger	大拇指/thumb	小拇指/little finger	指甲/fingernail
指$_1$头	指$_1$头拇	尾指$_1$头	指$_1$甲
*tʃien^{3}tʰau^2	*tʃien^{3}tʰau^{2}mo^3	*muɔi^{3}tʃien^{3}tʰau^2	*tʃien^{3}kap^7

词干都用"指$_1$"。{大拇指}和{小拇指}都是以{手指}义词为基础的派生词。用表示{最后}的"尾"来形容{小拇指}的构词法是闽语以及客家话、粤语的共同词汇特点之一。带有鼻尾的"指$_1$"还分布在莆仙区和闽南区,构成沿海闽语较为典型的地理分布。

方言材料来源

周宁咸村、宁德虎浿、宁德九都:秋谷裕幸(2018);古田大桥、古田杉洋、福州:秋谷裕幸、陈泽平(2012);泰顺三魁、苍南炎亭:秋谷裕幸(2005);泉州:林连通(1993);漳州:马重奇(1996);厦门、潮州、建瓯、广州、梅县:北京大学(2005);遂昌、庆元、云和:曹志耘等(2000);永康:曹志耘等(2016);浦城石陂:秋谷裕幸(2008)。文章中其他没有注明出处的方言材料均来自笔者的田野调查。

参考文献

北京大学中国语言文学系语言学教研室 2005 《汉语方言词汇》(第二版重印本),1995年第二版,语文出版社。
蔡国妹 2016 《莆仙方言研究》,厦门大学出版社。
曹志耘、秋谷裕幸[主编],曹志耘、秋谷裕幸、黄晓东、太田斋、赵日新、刘祥柏、王正刚[著]2016 《吴语婺州方言研究》,商务印书馆。
曹志耘、秋谷裕幸、太田斋、赵日新 2000 《吴语处衢方言研究》,[日本]好文出版。
冯爱珍 1998 《福州方言词典》,江苏教育出版社。

李如龙、张双庆[主编]，李如龙、张双庆、万波、邵宜、练春招[著]1992 《客赣方言调查报告》，厦门大学出版社。

林寒生 2002 《闽东方言词汇语法研究》，云南大学出版社。

林连通 1993 《泉州市方言志》，社会科学文献出版社。

马重奇 1996 《漳州方言研究》（修订版），[香港]纵横出版社。

平山久雄 1960 尾巴の尾，指甲の指の北京音の由来，《中国语学》（中国语学研究会）96，1-3 页。

———1967 中古汉语の音韵，《中国文化丛书1·言语》，112-166 页，[日本]大修馆书店。

秋谷裕幸 2005 《浙南的闽东区方言》，《语言暨语言学》专刊甲种之十二，中央研究院语言学研究所。

———2008 《闽北区三县市方言研究》，《语言暨语言学》专刊甲种十二之二，中央研究院语言学研究所。

———2010a 《闽东区福宁片四县市方言音韵研究》，福建人民出版社。

———2010b 论闽东区方言的分区，收录于《罗杰瑞先生七秩晋三寿庆论文集》（余霭芹、柯蔚南[主编]，香港中文大学中国文化研究所吴多泰中国语文研究中心），47-76 页。

———2012 《班华字典—福安方言》音系初探，《方言》2012 年第 1 期，40-66 页。

———2017 编纂汉语方言比较词典的设想——以《闽东区方言比较词典》为例，《语言研究集刊》第 17 辑，115-134 页。

———2018 《闽东区宁德方言音韵史研究》，《语言暨语言学》专刊系列之六十，中央研究院语言学研究所。

———（未刊稿1） 闽东区方言的"嘴"义词及其相关的词语。

———（未刊稿2） 闽东区方言中表示"屁股"的词语。

———（未刊稿3） 闽东区方言的"肚子"和"肚脐"。

秋谷裕幸、陈泽平 2012 《闽东区古田方言研究》，福建人民出版社。

王育德 1969 闽音系研究，[日本]东京大学文学博士学位论文。收录于《台湾语音の历史的研究》（[日本]第一书房，1987 年）。

詹伯慧[主编]，方小燕、甘于恩、丘学强、汤翠兰、王建设、钟奇[编撰]2002 《广东粤方言概要》，暨南大学出版社。

张振兴 1992 《漳平方言研究》，中国社会科学出版社。

広西三江侗族自治県・六甲話の結果構文について

工藤早恵

はじめに

　三江侗族自治県は、広西壮族自治区の北端に位置し、漢族、侗族、壮族、苗族、瑶族等の多くの民族が居住している。地域の共通語は西南官話の系統に属する桂柳話で、その他に漢語方言である六甲話、土拐話、麻界話と少数民族語である侗語、壮語、苗語、瑶語等が話されている。本稿で扱う六甲話は、宋代に福建省から広東や柳州を経由して今の三江県に移って来たと言われる六甲人を話者としている。

　六甲話の結果構文については、工藤（2013）でその概要を記述した。その中で、目的語の位置が普通話と同様にV＋R＋Oとなる語順と、普通話では非文であるV＋O＋Rとなる語順があることを述べたが、文例は数例しか挙げることができなかった。本稿は、その後の2015年から2017年の間に、三江県・周坪郷在住の六甲人の女性二人（1988年生と1966年生）をインフォマントにして、結果構文の目的語の語順を調査した文例を記述するものである。

1) 我听错他话。[1]　ŋu³⁵ tʰiŋ⁵³ tsʰou⁴¹ tʰa⁵³ wo²²
　　我听他话错囉。　ŋu³⁵ tʰiŋ⁵³ tʰa⁵³ wo²² tsʰou⁴¹ lo³³
　　私は彼の話を聞き間違えた。

2) 他写坏三张纸。　tʰa⁵³ sø³³ wa:i²² sa:m⁵³ tɕiaŋ⁵³ tɕi³³
　　他写三张纸坏囉。tʰa⁵³ sø³³ sa:m⁵³ tɕiaŋ⁵³ tɕi³³ wa:i²² lo³³
　　私は三枚の紙を書いて駄目にした。

　　１．RがVの結果を表していて、使役義をもたない結果構文

　①V＋R＋Oは許容されるが、V＋O＋Rは許容されない文例
1)我已经记得了新字。ŋu³⁵ i¹¹kiŋ⁵³ ki⁴¹ tek⁵⁵ liu³⁵ sen¹¹tsi²²　私はもう新しい字を覚えた。
2)我□〈买〉得书。ŋu³⁵ tsʰy³³ tek⁵⁵ ɕy⁵³　私は本を買って手に入れた。
3)我装好电线。ŋu³⁵ tɕoŋ⁵³ xou³³ tin¹¹sin⁴¹　私は電線を取り付け終わった。
4)□边〈外边〉好冷，穿好裳再出。　kei¹¹pin⁵³ xou³³ lɛ:ŋ³⁵, tɕʰyn⁵³ xou³³ ɕia:m⁵³ tsai²² kʰy⁴¹
　　外はとても寒いので、服をちゃんと着てから外出しなさい。
5)我听□〈懂〉他意思。ŋu³⁵ tʰiŋ⁵³ siŋ³³ tʰa⁵³ i⁴¹si⁵³　私は彼の言う意味がわかった。

6) 我看破一切。 ŋu³⁵ kʰuɐn⁴¹ pʰo⁴¹ iet⁵⁵tɕʰiɛ⁵³ 私はすべてを見抜いた。
7) 我写惯毛笔字。 ŋu³⁵ sø³³ kuɐn⁴¹ mou¹¹pet⁵⁵tsi²² 私は毛筆を書き慣れた。
8) 我写漏一个字。 ŋu³⁵ sø³³ lɐu²² iet⁵⁵ kou⁴¹tsi²² 私は一字書き漏らした。
9) 他口〈跑〉口〈丢〉一双鞋。 tʰa⁵³ ie:u³³ lai³⁴³ iet⁵⁵ ɕioŋ⁵³ xa:i³⁴³
   彼は走っているうちに靴を一足なくした。
10) 口〈鸟〉口〈小〉飞错方向喇。 tiu³³nei⁴¹ fi⁵³ tsʰou⁴¹ foŋ¹¹ɕaŋ²² la³³
    小鳥は飛ぶ方向を間違えた。
11) 你行错屋。 ni³⁵ xɛ:ŋ³⁴³ tsʰou⁴¹ ok⁵⁵ あなたは部屋を入り間違えた。
12) 口〈拿〉紧把。 tɕia:u³⁵ kien³³ pa³³ 柄をしっかり握った。
13) 我看清个人口〈那〉。 ŋu³⁵ kʰuɐn⁴¹tsʰiŋ⁵³ kou⁴¹ ȵien³⁴³ mun⁴¹
    私はあの人がはっきり見えた。
14) 炸弹穿透墙。 tɕa⁴¹ta:n²² tɕʰyn⁵³ tʰeu⁴¹ tsiaŋ³⁴³ 弾丸が壁を貫通した。
15) 他一句话讲对我心事。 tʰa⁵³ iet⁵⁵ ky⁴¹ wo²² kaŋ³³ tøi⁴¹ ŋu³⁵ sem¹¹si²²
    彼の一言は私の心配事を言い当てた。

②V＋R＋O は許容されず、V＋O＋R は許容される文例
1) 口〈喝〉酒多。 ie⁴¹ ɕiok⁵⁵ tsɐu³³ tou⁵³ 父は酒を飲みすぎた。
2) 守我收钱够，口〈就〉去口〈别的〉国游。
   ɕiɐu³³ ŋu³⁵ ɕiou⁵³ tsin³⁴³ kɐu⁴¹,to¹¹ kʰy⁴¹ kɔ:k³³kuk⁵⁵ iɐu³⁴³
   私は充分にお金を稼いだら、外国に旅行に遊びに行く。
3) 他骑马竭力。 tʰa⁵³ ki³⁴³ ma³⁵ tɕit¹¹lik²³ 彼は馬に乗って疲れた。
4) 我吃饭饱喇。 ŋu³⁵ kʰik⁵⁵ pa:u³³ ma:ŋ³⁵ 私はお腹一杯になった。
5) 我睡觉饱喇。 ŋu³⁵ɕiøi²² ka:u⁴¹ pa:u³³ la³³ 私は充分に眠った。

　②の 3) の文は、普通話では"他骑累了马了。"という文になり、「彼は馬に乗って疲れた。」という解釈の他に「彼は馬に乗ってその馬を疲れさせた」という解釈もできるが、六甲話では"他骑竭力马。"という言い方はしない。なお、馬が疲れたことを言う場合には、次のように言う。

6) 他骑马,马竭力。 tʰa⁵³ ki³⁴³ ma³⁵,ma³⁵ tɕit¹¹lik²³ 彼は馬に乗って、馬が疲れた。

　②の 4) と 5) は、実質的な意味が込められていない虚目的語を伴う言い方であるが、"我吃饱饭喇。""我睡饱觉喇。"という V＋R＋O の語順は容認されない。なお、同じタイプに属する次の文は、インフォマントにとって V＋O＋R の方が日常で使う自然な言い方だが、V＋R＋O も不適格文というわけではないそうだ。

7) 我口〈喝〉醉酒喇。　ŋu³⁵ ɕiok⁵⁵ tseu³³ tsøi⁴¹ la³³
　我口〈喝〉酒醉喇。　ŋu³⁵ ɕiok⁵⁵ tseu³³ tsøi⁴¹ la³³
　私は酒を飲んで酔った。

③V＋R＋O と V＋O＋R の両方が許容される文
1) 我记错他名字。　ŋu³⁵ ki⁴¹ tsʰou⁴¹ tʰa⁵³ miŋ¹¹tsi²²
　我记他名字错。　ŋu³⁵ ki⁴¹ tʰa⁵³ miŋ¹¹tsi²² tsʰou⁴¹
　私は彼の名前を覚え間違えた。
2) 我口〈做〉对条题口〈这〉喇。　ŋu³⁵ tu⁴¹ tøi⁴¹ tiu³⁴³ tei³⁴³ li³³ la³³
　我口〈做〉条题口〈这〉对喇。　ŋu³⁵ tu⁴¹ tiu³⁴³ tei³⁴³ li³³ tøi⁴¹ la³³
　私はこの問題をやって正解した。
3) 我口〈做〉成作业。　ŋu³⁵ tu⁴¹ ɕiŋ³⁴³ tsɔ:k³³nip²³
　我口〈做〉作业成。　ŋu³⁵ tu⁴¹ tsɔ:k³³nip²³ ɕiŋ³⁴³
　私は宿題をやり終えた。
4) 我背会篇文章口〈这〉喇。　ŋu³⁵ pøi⁴¹ wøi²² pʰin⁵³ wen¹¹tɕiaŋ⁵³ li³³ la³³
　我背篇文章口〈这〉会囉。　ŋu³⁵ pøi⁴¹ pʰin⁵³ wen¹¹tɕiaŋ⁵³ li³³ wøi²² lo³³
　私はこの文章を覚えた。
5) 你口〈修〉好双鞋口〈那〉口〈没有〉?　ni³⁵ kiɐu³³ xou³³ ɕioŋ⁵³ xa:i³⁴³ mun⁴¹ naŋ³⁴³
　你口〈修〉双鞋口〈那〉好口〈没有〉?　ni³⁵ kiɐu³³ ɕioŋ⁵³ xa:i³⁴³ mun⁴¹ xou³³ naŋ³⁴³
　あなたはあの靴をちゃんと直しましたか？
6) 口〈做〉好口饭〈早饭〉口〈没有〉?　tu⁴¹ xou³³ tɕiu¹¹ma:ŋ³⁵ naŋ³⁴³
　口〈做〉口饭〈早饭〉好口〈没有〉?　tu⁴¹ tɕiu¹¹ma:ŋ³⁵ xou³³ naŋ³⁴³
　朝ごはんを作り終わった？
7) 盖好屋喇。　kai⁴¹ xou³³ ok⁵⁵ la³³
　盖屋好喇。　kai⁴¹ ok⁵⁵ xou³³ la³³　家を建て終わった。

　結果補語の"好"は、①の 3) と 4) では「きちんと～する」という意味で使われており、V＋R＋O だけが許容されている。一方、③の 5)～7) では「上手く仕上がる」という意味で使われており、V＋R＋O と V＋O＋R の両方が許容されている。

　２．R が動作主或いは被動者に働きかけて、状態変化を引き起こす結果構文

①V＋R＋O は許容されるが、V＋O＋R は許容されない文例
1) 我吃坏肚喇。　ŋu³⁵ kʰik⁵⁵ wa:i²² tu²² la³³　私はお腹を壊した。
2) 他累坏喇身体。　tʰa⁵³ løi²² wa:i²² la³³ ɕien¹¹tei³³　彼は疲れて体を壊した。
3) 李四口〈跑〉竭力口口〈自己〉。　li³⁵ si⁴¹ iɐ:u³³ tɕit¹¹lik²³ tok¹¹ka⁵³

李四は走って自分を疲れさせた。

4) 他哭伤身体。　tʰa⁵³ kʰok⁵⁵ ɕiaŋ⁵³ ɕien¹¹tei³³　彼は体を損ねるほど泣いた。
5) 他唱伤底气。　tʰa⁵³ tɕʰiaŋ⁴¹ ɕiaŋ⁵³ tei³³kʰi⁴¹　彼は歌って腹に力が入らなくなった。
6) □下<刚才>踢伤他。tɕʰie:p³³xa²² tʰik⁵⁵ ɕiaŋ⁵³ tʰa⁵³　さきほど彼を蹴って怪我をさせた。
7) 我□<吓>破胆。　ŋu³⁵ xek⁵⁵　pʰo⁴¹ ta:m³³　私は驚いて肝をつぶした。
8) 他气死我。　tʰa⁵³ kʰi⁴¹si³³ ŋu³⁵　彼は死ぬほど私を怒らせた。
9) 儿□<孩子>哭苏我。n̠i¹¹ŋo³³ kʰok⁵⁵ su⁴¹ ŋu³⁵　子供が泣いて私を起こした。
10) 他救生两个人。　tʰa⁵³ kieu⁴¹ ɕiŋ⁵³ liaŋ³⁵ kou⁴¹ n̠ien³⁴³　彼は二人の命を助けた。
11) 张三哭湿手帕。tɕiaŋ⁵³ sa:m⁵³　kʰok⁵⁵ ɕiep²³ ɕieu³³pʰe⁴¹
　　　張三が泣いてハンカチをぬらした。
12) 一百页的稿子抄酸他手喇。iet⁵⁵pɛ:k³³ ip⁵⁵ ti³³ kou³³tsi⁴⁴ tɕʰia:u⁵³ sun⁵³ tʰa⁵³ ɕieu³³ la³³
　　　彼は100頁の原稿を写して手がだるくなった。
13) 瓶米酒□<这>醉□<倒>李四喇。　pin²² mei³⁵tseu³³ li³³ tsøi⁴¹ lin⁴¹ li³⁵ si⁴¹ la³³
　　　この米酒で李四は酔いつぶれた。
14) 功夫累病他。　koŋ¹¹fu⁵³ løi²² piŋ²² tʰa⁵³
　　　仕事のせいで彼は疲れて病気になった。
15) 件事□<这>哭竭力张三。　kin⁴¹ si²² li³³ kʰok⁵⁵ tɕit¹¹lik²³ tɕiaŋ⁵³ sa:m⁵³
　　　このことは張三を泣き疲れさせた。
16) 白米饭吃肥她。　pɛ:k³³　mei³⁵ma:ŋ³⁵ kʰik⁵⁵ fi³⁴³ tʰa⁵³
　　　彼女は白米を食べて太った。
17) 瓶酒□<这>醉红张三眼。　pin²² tseu³³ li³³ tsøi⁴¹ xoŋ³⁴³ tɕiaŋ⁵³ sa:m⁵³ ŋa:n³⁵
　　　この酒が張三を酔わせて目を赤くさせた。
18) 故事听笑喇咱侪。　ku¹¹si²² tʰiŋ⁵³ siu⁴¹ la³³ tsa¹¹tsei³⁴³
　　　みんなは物語を聞いて楽しんだ。
19) 瓶酒□<这>□<吃>醉他。　pin²² tseu³³ li³³ ɕiok⁵⁵ tsøi⁴¹ tʰa⁵³
　　　彼はこの酒を飲んで酔っ払った。
20) 本书□<那>写竭力李四。　pen³³ ɕy⁵³ mun⁴¹ sø³³ tɕit¹¹lik²³ li³⁵ si⁴¹
　　　その本は李四を書いて疲れさせた。
21) 句话□<这>讲伤他心。ky⁴¹ wo²² li³³ kaŋ³³ ɕiaŋ⁵³ tʰa⁵³ sem⁵³　この話は彼を悲しませた。
22) 种药□<这>吃好帮帮人。tɕoŋ³³ iek²³ li³³ kʰik⁵⁵ xou³³ puŋ³³puŋ³³ n̠ien³⁴³
　　　この薬を飲んで多くの人が良くなった。

　12)から22)は、文頭の主語名詞句が原因となって、目的語に変化を引き起こしている。調査した文例の中では、このタイプの文はＶ＋Ｒ＋Ｏになることが多い。Ｖ＋Ｒ＋ＯとＶ＋Ｏ＋Ｒの両方が容認されるのは、23)だけである。また24)から27)の文は、普通話

では結果構文で表せるが、六甲話では結果構文で表すことができない。

23) 硬板床睡痛我腰。niŋ¹¹pa:n³³ ɕuŋ³⁴³ ɕiøi²² tʰɔŋ⁴¹ŋu³⁵ iu⁵³
　　硬板床睡我腰痛。niŋ¹¹pa:n³³ ɕuŋ³⁴³ ɕiøi²² ŋu³⁵ iu⁵³ tʰɔŋ⁴¹
　　意訳：寝台に寝て私は腰を痛めた。

24) 敲门声惊醒了莉莉。 ノックの音で莉莉は驚いて目を覚ました。
25) 那场饥荒饿死了很多人。 あの飢饉で多くの人が飢え死にした。
26) 报纸看花了眼睛。 新聞を読んで目がかすんだ。
27) 这顿饭吃坏了我的肚子。 私はあのご飯を食べてお腹を壊した。

　　この他に、主語の名詞句が第一動詞に対して道具の役割を担っているタイプの文があるが、28）ではV＋R＋Oを用いる方が自然で、29）と30）はV＋O＋Rで言う方が自然である。

28) 把斧□〈这〉□〈砍〉□〈倒〉大树。 pa³³ fu³³ li³³ ŋek⁵⁵ lin⁴¹ ta:i²² ɕy²²
　　?把斧□〈这〉□〈砍〉大树□〈倒〉。 pa³³ fu³³ li³³ ŋek⁵⁵ ta:i²² ɕy²² lin⁴¹
　　この斧で大木を切り倒した。
29) ?炸弹炸断大桥喇。 tɕa⁴¹ta:n²² tɕa⁴¹ tun²² ta:i²² kiu³⁴³ la³³
　　炸弹炸大桥断喇。 tɕa⁴¹ta:n²² tɕa⁴¹ ta:i²² kiu³⁴³ tun²² la³³ 爆弾で橋を爆破した。
30) ?铁锤拷碎玻璃窗。 tʰit¹¹ tɕʰøi³⁴³ kʰa:u⁵³ søi⁴¹ po¹¹li³⁴³ tɕʰun⁵³
　　铁锤拷玻璃窗碎。tʰit¹¹ tɕʰøi³⁴³ kʰa:u⁵³ po¹¹li³⁴³ tɕʰun⁵³ søi⁴¹ 金槌でガラスを割った。

②V＋R＋Oは許容されず、V＋O＋Rは許容される文例
1) 张三行脚肿。 tɕiaŋ⁵³ sa:m⁵³ xɛ:ŋ³⁴³ kiek⁵⁵ tɕɔŋ³³ 張三は歩いて足が腫れた。
2) 我立脚麻。 ŋu³⁵ lep²³ kiek⁵⁵ ma³⁴³ 私は立っていて足が痺れた。
3) 我□□〈羞〉面红。ŋu³⁵ seu⁵³tɕia:m³⁴³ min²² xɔŋ³⁴³ 私は恥ずかしくて顔が赤くなった。
4) 老李忙头壳昏。lou³⁵ li³⁵ mɔŋ³⁴³ tou¹¹kʰek⁵⁵ fen⁵³ 彼は忙しくて頭がくらくらした。
5) 他喊喉哑。 tʰa⁵³ xa:m³³ xeu³⁴³ a³³ 彼は叫んで声をからした。
6) 王老师讲喉干。 woŋ³⁴³ lou¹¹si⁵³　　　kaŋ³³ xeu³⁴³ kuen⁵³ 王先生はしゃべって喉が渇いた。
7) 我热头壳昏。 ŋu³⁵ ȵit²³ tou¹¹kʰek⁵⁵ fen⁵³ 私は暑さで頭がくらくらした。
8) 我写手酸。 ŋu³⁵ sø³³ ɕieu³³ sun⁵³ 私は書いているうちに手が痺れた。
9) 拍手红。 pʰɛ:k³³ ɕieu³³ xɔŋ³⁴³ 手を叩いて赤くなった。
10) 他刷墙白喇。 tʰa⁵³ ɕyɛ:t³³ tsiaŋ³⁴³ pɛ:k³³ la³³ 彼は壁を白く塗った。
11) 弟削铅笔尖。 tei²² siek⁵⁵ yn¹¹pet⁵⁵ tsim⁵³ 弟は鉛筆を削って尖らせた。

12) 我卖票□<光>。 ŋu³⁵ ma:i²² pʰiu⁴¹ tøi³⁵　私は切符を売り切った。
13) 他染旗红。　tʰa⁵³ n̠im³³ ki³⁴³ xɔŋ³⁴³　彼は旗を赤く染めた。
14) 他□<擦>杯光。　tʰa⁵³ me:t³³ pøi⁵³ kuŋ⁵³　彼はコップをぴかぴかに磨いた。
15) 我洗衫请气。 ŋu³⁵ sei³³ ɕia:m⁵³ tsʰiŋ¹¹kʰi⁴¹　私は服を洗ってきれいにした。
16) 我写字歪。 ŋu³⁵ sø³³ tsi²² wa:i⁵³　私は書いているうちに字が曲がった。″
17) 我□<爹>□<骂>我妹哭。 ŋu³⁵ ie⁴¹ ɕy³³ ŋu³⁵ mɔ:i²² kʰok⁵⁵　父が怒鳴って妹を泣かせた。
18) 哥逗弟笑。　kou⁵³ tou²² tei²² siu⁴¹　兄があやして弟を笑わせた。
19) 我冲门开。 ŋu³⁵ tɕʰɔŋ¹¹ men³⁴³ kʰai⁵³　私はドアを押し開けた。
20) 他拉门开。　tʰa⁵³ la⁵³ men³⁴³ kʰai⁵³　彼はドアを引っ張って開けた。
21) 吹灯熄。　tɕʰøi⁵³ taŋ⁵³ xek⁵⁵　灯を吹いて消した。
22) 张三拉□<绳>断。 tɕiaŋ⁵³ sa:m⁵³ la⁵³ sɔ:k³³ tun²²　張三は縄を引っ張って切った。
23) 肥坐椅坏。　fi³⁴³ tsø³³ i³³ wa:i²²　ふとっちょが椅子に座って壊した。

　③V＋R＋O と V＋O＋R の両方が許容される文
1) 我搞坏两把□<锄>。 ŋu³⁵ ka:u³³ wa:i²² liaŋ³⁵ pa³³ kyok⁵⁵
   我搞两把□<锄>坏。 ŋu³⁵ ka:u³³ liaŋ³⁵ pa³³ kyok⁵⁵ wa:i²²　私は二本の鋤を壊した。
2) 他碰□<倒>油瓶。 tʰa⁵³ pʰɔŋ⁴¹ lin⁴¹ ieu³⁴³pin³⁴³
   他碰油瓶□<倒>。 tʰa⁵³ pʰɔŋ⁴¹ ieu³⁴³pin³⁴³ lin⁴¹　彼は油壺に当たって倒した。
3) 他砸碎花瓶。 tʰa⁵³ tsɔ:k¹¹ søi⁴¹ fo¹¹pin³⁴³
   他砸花瓶碎。 tʰa⁵³ tsɔ:k¹¹ fo¹¹pin³⁴³ søi⁴¹　彼は花瓶に当たって壊した。
4) 中国队打败日本队。 tɕioŋ¹¹kuk⁵⁵ tøi⁴¹ ta²²pa:i²² n̠iet¹¹pen³³ tøi⁴¹
   中国队打日本队败。 tɕioŋ¹¹kuk⁵⁵ tøi⁴¹ ta³³ n̠iet¹¹pen³³ tøi⁴¹ pa:i²²
   中国チームは日本チームを打ち負かした。
5) 我吹爆三个气球喇。 ŋu³⁵ tɕʰøi⁵³ pa:u⁴¹ sa:m⁵³ kou⁴¹ kʰi⁴¹kieu³⁴³ la³³
   我吹三个气球爆喇。 ŋu³⁵ tɕʰøi⁵³ sa:m⁵³ kou⁴¹ kʰi⁴¹kieu³⁴³ pa:u⁴¹ la³³
   私は三つの風船を吹いて破裂させた。
6) 我拷破一个。 ŋu³⁵ kʰa:u⁵³ pʰo⁴¹ iet⁵⁵ kou⁴¹
   我拷一个破。 ŋu³⁵ kʰa:u⁵³ iet⁵⁵ kou⁴¹ pʰo⁴¹　私は一つ打ち壊した。
7) 卡车□<撞>坏汽车。 kʰa³³tɕʰiɛ⁵³ tam⁵³ wa:i²² kʰi⁴¹tɕʰiɛ⁵³
   卡车□<撞>汽车坏。 kʰa³³tɕʰiɛ⁵³ tam⁵³ kʰi⁴¹tɕʰiɛ⁵³ wa:i²²
   トラックがぶつかって車が壊された。
8) 大风吹□<倒>□<小>树。 ta:i²² ɕy²² tɕʰøi⁵³ lin⁴¹ nei⁴¹ ɕy²²
   大风吹□<小>树□<倒>。 ta:i²² ɕy²² tɕʰøi⁵³ nei⁴¹ ɕy²² lin⁴¹
   大風が吹いて小さい木が倒された。
9) 你□<不要>吵苏我。 ni³⁵ mai⁴¹ tɕʰia:u³³ su⁴¹ ŋu³⁵
   你□<不要>吵我苏。 ni³⁵ mai⁴¹ tɕʰia:u³³ ŋu³⁵ su⁴¹　あなた、騒いで私を起こさないで。

10) 西瓜滚破皮。　　sei¹¹ko⁵³ kun³³ pʰo⁴¹ pi³⁴³
　　西瓜滚皮破。　　sei¹¹ko⁵³ kun³³ pi³⁴³ pʰo⁴¹　スイカが転がって皮が割れた。
11) 武松拷死老虎。　　u³⁵ sɔŋ⁵³ kʰa:u⁵³ si³³ lou³³ fu³³
　　武松拷老虎死。　　u³⁵ sɔŋ⁵³ kʰa:u⁵³ lou³³ fu³³ si³³　武松は虎を殴り殺した。
12) 他拍死蚊虫喇。　　tʰa⁵³ pʰɛ:k³³ si³³ mɛn¹¹tɕioŋ³⁴³ la³³
　　他拍蚊虫死喇。　　tʰa⁵³ pʰɛ:k³³ mɛn¹¹tɕioŋ³⁴³ si³³ la³³　彼は蚊を叩き殺した。
13) 儿口撕破书皮。　　ȵi¹¹ŋo³³ si⁵⁵ pʰo⁴¹ ɕy⁵³ pi³⁴³
　　儿口撕书皮破。　　ȵi¹¹ŋo³³ si⁵⁵ ɕy¹¹ pi³⁴³ pʰo⁴¹　子供が本の表紙を引き裂いて破った。
14) 弟踢口〈倒〉椅。　　tei²² tʰik⁵⁵ lin⁴¹ i³³
　　弟踢椅口〈倒〉。　　tei²² tʰik⁵⁵ i³³ lin⁴¹　弟が椅子を蹴って倒した。
15) 他吓口〈呆〉我。　　tʰa⁵³ xek⁵⁵ ŋɛn¹¹ ŋu³⁵
　　他吓我口〈呆〉。　　tʰa⁵³ xek⁵⁵ ŋu³⁵ ŋɛn¹¹　彼が私を驚かせてぽかんとさせた。

　②と③の文例を見る限りでは、②の1) から16) のようにRが形容詞の時は、V＋O＋Rになる場合が多い。一方、③のV＋R＋OとV＋O＋Rの両方が許容される文例では、Rは動詞になっている。
　なお普通話では、次の文も結果構文で表すことができるが、六甲話では結果構文で表すことができない。

16) 我笑破了肚子。　私は腹の皮がよじれるほど笑った。
17) 他哭红了眼睛。　彼は泣いて目が赤くなった。
18) 我哭肿了眼睛。　私は泣いて目が腫れた。
19) 她气红了脸。彼女は怒りのあまり顔が赤くなった。
20) 他们吃穷了张三。　彼らは食べて張三を貧乏にした。
21) 老王饿坏了身体。　王さんは餓えて体を壊した。
22) 孩子哭走客人了。子供が泣いて客が去って行った。
23) 敲门声惊醒了莉莉。　意訳：ノックの音で莉莉は驚いて目を覚ました。）

　おわりに
　以上、六甲話の結果構文の目的語の位置について調査した文例を記述した。どのような場合にV＋R＋Oになり、どのような場合にV＋O＋Rになるのか、その条件は現段階では不明である。更に調査を進める必要がある。
　また三木（2005）では、三江侗族自治県の共通語である桂柳話にも"洗惩䯂的衣服干净。（その汚い服を洗ってきれいにしなさい。）""我吃饭饱了。（私は満腹になった。）""他搞烂了花瓶。（彼は花瓶を壊した。）"のようなV＋O＋Rの語順があることが報告さ

れている。六甲話と桂柳話を比較して、相互間の影響についても調べたい。

　注
1）六甲話では、結果構文を用いてある動作・行為の結果が実現していることを表す時に、アスペクト助詞や語気助詞を加えることは義務的ではない。ただ、場合に応じて語気助詞の"囉/lo33/"や"喇/la33/"及びアスペクト助詞の"了/liu35/"や"过/ko41/"等も用いる。

　主な参考文献
陈瑾编(1988)『广西三江侗族自治县方言志』广西三江侗族自治县县志办公室
侯井榕(2003)「从语言探讨三江六甲人的族源」『广西民族研究』2003年第1期:81-88.
三江侗族自治县编辑委员会（1992）三江侗族自治县编辑委员会『三江侗族自治县志』中央民族学院出版社
石村广　(2017)「关于近代汉语时期的"隔开式"」『楊凱栄教授還暦記念論文集　中日言語研究論叢』朝日出版社：253-264.
秋山淳　(1998)「語彙概念構造と動補複合動詞」『中国語学』245:32-41.
石村広　(2000)「中国語結果構文の意味構造とヴォイス」『中国語学』247:142-157.
石村広　(2011)『中国語結果構文の研究－動詞連続構造の観点から－』白帝社
石村広　(2013)「南方漢語に現れる分離型結果構文について──語順と他動性の関係を中心に──」『藝文研究』105-1:1-15.
工藤早恵　(2013)「広西三江侗族自治県・六甲話の結果補語について」『太田斎・古屋昭弘両教授還暦記念中国語学論集　開篇單刊』No.15：同論集刊行会編，好文出版：352-363.
古屋昭弘　(1985)「宋代の動補構造"V教（O）C"について」『中國文學研究』第11期：40-57.
三木夏華　(2005)「中国広西三江方言の文法について」『鹿大史学』第52号：19-34.
望月圭子　(1990)「動補動詞の形成」『中国語学』237:128-137.

广东吴川吉兆村双语人粤方言同音字汇*

邵兰珠

（上海大学文学院 shaolanzhu0054@163.com）

提要 本文描写广东吴川市吉兆村双语人粤方言音系，归纳其音韵特点，并列出同音字汇。

关键词 吉兆村；双语人；粤方言；同音字汇

一 概说

吉兆村位于广东省西部地区，辖属广东省湛江市吴川（县级市）覃巴镇。全村共有1250户，5700多人。村民半农半渔，依靠农业和渔业为生。吉兆村的语言内部复杂，与外部接触频繁，南部濒临南海，东部和北部与吴川东话（属闽语）和电白闽语相接，西部与梅菉白话（粤语）相连。吉兆村语言很复杂，近年来备受学者们重视。

吉兆村目前有粤方言、东话、黎话三种话，很多村民都是双语人。粤方言是吉兆村的第一语言，是村民之间交流沟通使用的语言。可以说，村里的人必定会说粤方言。只有六十岁左右的老人会说吉兆黎话，且只有极少数情况下才说，他们平时交际也只使用粤方言。能够很熟练说吉兆黎话的人已寥寥无几。吉兆黎话有大量的粤方言和闽方言词，基本词汇中又有很多侗台语词。东话，属闽南方言。吉兆村能熟练说东话的大都是外村嫁入吉兆村的女性，除了这些女性，由于通商等交际需要，村内也有不少男性能用东话和闽方言区的人无障碍交流。研究吉兆黎话以及其它语言的接触问题，吉兆村双语人（特指会说吉兆黎话和吉兆村粤方言的人）的粤方言极其重要，记录描写双语人粤方言的音系和音韵特征是不可忽略的一环。

本文记录吉兆村双语人粤方言的读音。主要发音人是杨乃峰，本地人，1938年生，小学文化，不会说普通话，能很熟练说吉兆黎话和吉兆村粤方言。除此之外，笔者还参考了另一位发音人，杨康春，本地人，1960年生，小学文化，熟练说吉兆村粤方言，基本会说普通话，只会说一点吉兆黎话。笔者曾四次到吉兆村进行田野调查。调查时间为2015年10月1日至10月15日。核对时间为2017年7月15日至8月2日，2018年5月15日至6月20日，以及2019年1月20日至2月1日。

二 声韵调

2.1 声母

吴川吉兆村双语人粤方言共有23个声母，包括零声母在内，如下：

b 巴杯帮八	pʰ 怕普朋笔	m 麻晚望密	f 科饭方忽	v 核
d 爹单冬答	tʰ 泰天听塔	n 泥年娘粒		l 罗联龙乐

---

* 本文记音审音得到上海大学薛才德教授的指导，谨致谢意。

tʃ 左尊脏足　　tʃʰ 初村床桌　　ȵ 如软酿入　　　　　ɬ 写僧心撒　　ʃ 晒爽湿
k 街卷经急　　kʰ 茄近琼及　　ŋ 我眼迎逆　　　　　h 何劝乡恰
kw 过军广国　　kwʰ 亏坤扩轰　　　　　　　　　　　　　　　　　w 威会汪锅
ø 椅矮鹦屋　　j 衣有用欲

音值说明：

①tʃ 组声母在洪音前读音靠近 ts、tsʰ、s，在细音前读 tʃ、tʃʰ、ʃ，因此本文记为 tʃ、tʃʰ、ʃ。

②有四个鼻音声母，n 来自于古泥母字，ȵ 则主要来自于古日母、疑母和部分影母、喻母字。

③边擦音 ɬ 主要于古心母字，和舌叶音 ʃ 形成对立。

④k 和 kw、kh 和 kwʰ 形成对立，具有圆唇化语音特征。

2.2 韵母

共有 57 个韵母，如下：

　　　　　　　　　　　i 支齿市椅　　　　u 苦孤酷乌　　　　y 猪处书雨

a 巴他夸雅
ai 派买差槐
au 包闹咬爪
ɐi 闭洗蚁威
ɐu 剖偷楼秀
ɛ 谢车社野
ɛu 撬猫拗
ɔ 波拖果哦
ou 抱粗好奥
ei 屁美几企
ø 瘪朵坐靴
øy 胎女呆爱
ui 倍妹乳水　　　　　iu 秒跳挑赵
　　　　　　　　　　im 甜店蝉厌
　　　　　　　　　　ip 蝶贴业劫
am 贪参三咸
ap 塔腊插鸭
ɐm 林针深阴
ɐp 粒集入急
ɛm 黏舔钳庵
ɛp 夹荚狭廿
ɔm 柑敢含暗
ɔp 蟆鸽合盒
　　　　　　　　　　in 便天见燕　　　un 判本宽尊　　　yn 团暖孙远

      it 必灭列乙   ut 泼拨没阔   yt 脱绝说穴

an 盼晚产关
at 八达察压
ɐn 班吞散晏
ɐt 不忽七吉
ɛn 片扁匾捏
ɔn 干岸看案
ɔt 割葛渴吭
en 贬拼认
et 蛰悉
øn □啄
aŋ 胖猛撑硬
ak 迫陌握画
ɐŋ 崩盟曾僧
ɐk 北墨肋克
ɛŋ □遮住
ɛk 石硕屐
ɔŋ 碰忙房光
ɔk 朴木读哭
eŋ 顶靓仍永
ek 碧力昔击
øŋ 娘张抢商
øk 略雀脚约
m 唔   ŋ 吴误娱五

  音值说明：

  ①韵母 ɔ 舌位混乱，可在 ɔ 和 o 之间转变。

  ②韵母 a 和 ɐ 形成对立，二者舌位高低、前后以及发音长短都有差异，并不能单纯归纳为长短音对立。

  ③韵母 i、in、it 和 y、yn、yt 在与古音开、合对应上部分字已混乱，有些字还有齐撮两读。

  ④韵母 ɛu、ɔm、ɐm、ɛn、en、øn、ɛŋ、ɔp、ɐp、ɔt、et、ɛk 等韵母字很少，多是某些字的说话音。

  2.3 声调

  共有 8 个声调，分别是阴平、阴上、阴去、阳去、上阴入、下阴入、阳入。

  阴平[55]   知猪铺甘

  阴上[35]   椅果躺广；坐近马冷

  阴去[33]   富替喊暗

  阳去[22]   头皮宜匀；大旧外命

上阴入[55]　匹悉复必
下阴入[33]　百业铁阔
阳入[22]　　杂十玉月

音值说明：
①声调根据清浊对立分为阴调和阳调，平声只有阴平，阳平归入阳去。
②阳去22调，念单字或者在词尾中常念为低降调21。
③阴入调根据舌位高低和长短音特征，分为上阴入和下阴入。

三　同音字汇

字汇收录广东吴川吉兆村双语人粤方言单音字，字汇根据吉兆村双语人的韵母、声母、声调次序排列。"( )"表示释义，"～"代表本字，"□"表示有音无字，白读下加单横线表示，文读下加双横线表示。拟声字不收。

i

n　　　[22]弥

tʃ　　　[55]知蜘支枝肢资姿咨脂滋之芝　[35]旨指子止址趾紫纸只俤姊　[33]智痣志致稚至置　[22]字嗣巳痔治自

tʃʰ　　[55]痴口(贴)　[35]似齿耻齿始此似　[33]刺赐柿疵翅次　[22]寺持池驰迟饲伺祠词厕瓷慈磁辞雌

ʃ　　　[55]输撕师狮螄斯丝施私尸思司诗　[35]屎史矢试庶嗜市　[22]匙是豉视侍脐氏示士仕事时

ø　　　[35]椅倚

j　　　[55]姨衣依伊医夷　[35]耳饵以尔议已　[33]意懿　[22]宜谊移易二疑贰仪义而怡异贻饴

u

f　　　[55]呼乎夫肤俘孵吁　[35]苦虎浒府俯斧抚釜户妇　[33]库裤咘赋咐富副斛　[22]胡湖糊狐壶葫瓠蝴沪互护瓠傅赴符扶芙父腐辅附盂芋负

k　　　[55]姑孤辜　[35]股鼓蛊固　[33]故雇顾

kʰ　　[55]箍酷

ø　　　[55]乌污

y

tʃ　　　[55]猪诸诛株朱珠　[35]煮主　[33]著注蛀铸　[22]箸驻住

tʃʰ　　[35]柱处(～理)储署　[33]处(～所)　[22]除厨橱

n̠　　　[22]如

ʃ　　　[55]书舒输　[35]鼠暑　[33]恕　[22]薯殊竖树

j　　　[55]淤　[35]屿语与雨宇羽　[22]鱼渔御余誉预豫愚虞遇寓于禹愉俞愈喻裕

a

b　　　[55]巴芭疤吧爸　[35]把　[33]坝霸壩　[22]罢

pʰ　　[55]趴　[33]怕帕　[22]爬琶杷耙口(划)

m	[55]妈孖	[35]马码蚂玛	[33]骂秠	[22]麻痳嬷
f	[55]花	[33]化		
d	[35]打			
tʰ	[55]他她它			
n	[55]口(贴)	[35]嘸	[22]哪那拿娜	
l	[55]啦	[35]喇	[33]口(搅拌)	
tʃ	[55]查渣碴揸	[33]诈榨炸煤		
tʃʰ	[55]叉杈拃差岔差揩钗	[22]茶查柴搽		
ɳ	[55]口(拿、揉)			
ʃ	[55]沙纱痧砂	[35]洒耍洒		
k	[55]家加痂嘉傢	[35]假	[33]贾架驾嫁稼价	
kʰ	[55]卡(～住)	[35]卡(～车)		
ŋ	[35]雅瓦	[22]牙芽衙蚜		
h	[55]鰕虾口(欺负)	[22]厦夏吓下霞瑕遐暇		
kw	[55]瓜呱	[35]寡剐	[33]挂卦褂	
kwʰ	[55]夸侉跨胯挎			
w	[55]蛙洼哇娃	[22]华话		
∅	[55]鸦丫	[35]哑	[33]亚	
j	[55]呀	[33]廿(二十)		

ai

b	[55]跛	[35]摆	[33]拜	[22]败
pʰ	[35]派	[22]排簰牌		
m	[35]买	[22]埋卖		
f	[33]块快筷			
d	[33]戴带	[22]大		
tʰ	[33]贷太泰			
n	[35]乃奶	[22]尼		
l	[55]拉蕛(最小的儿女)	[22]赖癞荔		
tʃ	[55]斋	[33]债	[22]寨	
tʃʰ	[55]差猜	[35]口(歪)		
ɬ	[55]胥	[35]玺徙		
ʃ	[33]晒			
k	[55]皆阶偕佳街	[35]解	[33]介界芥尬疥届戒	
ŋ	[35]蔼	[22]艾涯崖捱		
h	[35]蟹	[22]谐械懈鞋		
kwʰ	[22]块			
w	[22]怀坏			
∅	[55]埃唉挨	[35]毑矮	[33]隘	

au

b	[55]包胞鲍　[35]饱　[33]爆
pʰ	[55]泡抛雹　[33]豹泡炮跑　[22]刨
m	[35]卯　[22]茅貌锚
n	[22]骂闹
tʃ	[33]罩棹
tʃʰ	[55]抄钞梢　[35]炒吵丑　[33]臭　[22]巢
ʃ	[55]笀筲捎　[35]稍　[33]潲哨
k	[55]交胶郊茭铰　[35]狡搞搅饺　[33]教较觉窖
kʰ	[33]靠犒铐
ŋ	[35]咬
h	[55]拷酵敲哮　[35]考巧　[33]孝　[22]校效
j	[35]爪　[33]皱

ɐi

b	[55]瘪　[33]闭　[22]蔽敝弊币毙陛
pʰ	[22]徘　[33]批
m	[35]米　[22]迷谜
f	[55]麾挥辉徽　[33]废费
d	[55]低　[35]底抵　[33]帝　[22]逮弟第递娣隶
tʰ	[55]梯　[35]体　[33]替涕剃　[22]堤题提蹄啼
n	[22]泥
l	[35]礼　[22]例厉励犁黎丽
tʃ	[55]剂　[35]济仔　[33]祭际滞制
tʃʰ	[55]妻凄　[22]齐
ɬ	[55]犀　[35]洗　[33]细婿
ʃ	[55]筛西　[35]使驶　[33]世势誓逝
k	[55]鸡　[33]计继髻
kʰ	[55]溪　[35]启　[33]契
ŋ	[35]蚁　[22]艺毅危伪巍魏
h	[55]屄　[22]奚系
kw	[55]闺龟归　[35]诡轨鬼　[33]瑰桂季贵　[22]跪柜
kwʰ	[55]盔规亏窥　[33]溃愧　[22]奎携癸逵葵
w	[55]威　[35]毁萎委讳伟苇纬　[33]喂畏慰　[22]桅卫惠慧为位维惟唯围违胃谓

ɐu

pʰ	[35]剖
m	[35]某亩　[33]茂　[22]牡贸谋矛谬
f	[35]否　[22]浮
d	[55]兜　[35]斗陡纠　[33]窦　[22]豆痘逗

tʰ	[55]偷	[33]透	[22]头投			
n	[55]鳅					
l	[55]甥	[35]搂柳	[22]楼漏陋流留刘榴琉硫馏			
tʃ	[55]骤周舟州洲邹	[35]走酒	[33]奏昼咒	[22]就袖宙		
tʃʰ	[55]秋秋抽	[35]丑	[33]凑	[22]囚绸稠筹酬		
ɬ	[55]修羞	[33]秀绣锈				
ʃ	[55]收	[35]叟搜搜手首守	[33]瘦兽	[22]愁仇受寿授售		
k	[55]钩沟鸠咎	[35]狗苟九久韭	[33]够彀构购扣寇救究	[22]垢旧		
kʰ	[35]舅	[33]叩	[22]求球			
ŋ	[55]勾	[35]藕偶	[22]牛			
h	[55]丘休	[35]口厚	[22]侯喉猴后候			
ø	[55]欧	[35]呕殴	[33]沤怄			
j	[55]优忧幽	[35]有友酉	[33]诱幼	[22]柔揉尤邮又右佑由油游犹柚釉		

ɛ

b	[55]蓖啤
m	[55]咩孭(背)
f	[22]口(射)
d	[55]爹
n	[55]口(蜻蜓)
tʃ	[35]姐者姊 [33]借蔗 [22]谢
tʃʰ	[55]车奢 [35]且扯口(走) [22]邪斜
ʃ	[55]赊 [35]舍(舍得)社 [33]卸舍(宿舍) [22]蛇射麝
kʰ	[22]茄瘸
w	[35]口(歪)
j	[35]惹野 [22]爷椰夜耶

ɛu

m	[55]猫
k	[22]撬
ø	[35]拗

ɔ

b	[55]波菠玻 [22]播
pʰ	[55]坡禽(一～树) [33]破 [22]婆
m	[55]魔摩摸么 [22]磨
f	[55]科 [33]棵课货 [35]火伙
d	[55]多
tʰ	[55]拖 [35]舵妥 [22]驼佗驮
n	[22]挪
l	[55]啰 [35]裸攞 [22]罗锣箩萝螺

277

tʃ	[35]左佐阻
tʃʰ	[55]初搓 [35]楚础 [33]锉错 [22]锄
ɬ	[55]娑蓑
ʃ	[55]唆梳疏蔬疏 [35]所 [22]傻
k	[55]歌哥 [33]个
ŋ	[55]鹅 [35]我 [22]蛾俄饿讹
h	[35]可 [22]荷何河贺
kw	[55]戈 [35]果裹 [33]过
w	[55]窝蜗 [35]祸 [22]和禾
∅	[55]阿泻 [35]哦

ou

b	[55]褒 [35]保宝堡掯补 [33]布布怖捕报 [22]部簿步暴菢曝
pʰ	[55]铺 [35]谱普浦甫抱 [33]铺瀑 [22]葡脯袍
m	[55]诬 [35]武舞侮鹉母拇 [33]模 [22]慕墓募无巫务雾毛冒帽戊幕
d	[55]都刀 [35]堵赌倒岛祷捣倒 [33]到 [22]妒杜渡滔稻道导盗蹈度踱
tʰ	[35]吐讨肚土肚 [33]兔途屠徒套 [22]涂图桃逃淘陶萄涛
n	[35]努脑恼 [22]奴怒
l	[55]捞涝 [35]鲁虏老姥 [22]卢炉路露庐驴劳唠痨
tʃ	[55]租 [35]组早枣 [33]做灶 [22]助造
tʃʰ	[55]粗操糙 [35]草骣 [33]醋糟躁臊燥扫 [22]曹槽
ɬ	[55]苏酥须骚 [35]嫂 [33]素诉扫
ʃ	[33]数
k	[55]高膏篙糕羔膏蒿 [35]稿 [33]告
ŋ	[22]赘熬傲
h	[35]好郝 [33]好耗 [22]毫豪壕号浩号
∅	[33]奥澳懊

ei

b	[55]碑卑悲 [35]彼俾比畀 [33]臂秘泌庇痹 [22]被避备鼻箅
pʰ	[55]披丕 [35]鄙婢被 [33]屁 [22]皮疲脾琵枇
m	[35]美尾尾 [22]昧眉楣媚微未味
f	[55]飞非妃菲 [35]翡匪 [33]沛肺 [22]吠肥
d	[22]地
n	[35]汝你
l	[55]璃 [35]李理里鲤 [22]莉离篱离梨利痢厘狸
ɬ	[35]死 [33]四肆
k	[55]羁饥肌几(茶～)基其箕姬机讥饥 [35]己纪起杞几(～个)[33]记忌既 [22]技妓
kʰ	[35]企徛 [22]寄奇骑岐奇棋旗其期祈

278

ø

b	[55]鳖
d	[55]剁　[35]朵躲
n	[22]糯
l	[22]骡腡
tʃ	[22]座
tʃʰ	[35]坐
ɬ	[55]梭些　[35]写锁琐
h	[55]靴

øy

d	[33]怠　[22]待代袋
tʰ	[55]胎　[22]台苔抬
n	[35]女　[22]耐奈内
l	[35]吕旅　[22]虑滤来
tʃ	[55]灾栽宰　[33]载再载　[22]在
tʃʰ	[35]采踩睬　[33]菜蔡　[22]序叙绪才材财裁豺
ɬ	[55]须腮鳃　[33]赛
k	[55]居车俱该　[35]举矩改　[33]据锯句　[22]具惧
kʰ	[55]区驱躯岖瞿　[35]佢拒距　[33]概溉慨盖[22]渠
ŋ	[22]呆碍外
h	[55]墟虚开　[35]许凯海　[33]去　[22]孩亥害
ø	[55]哀　[33]爱

ui

b	[55]杯　[33]贝狈辈背
pʰ	[55]胚坯　[35]倍　[33]配佩　[22]培陪赔裴
m	[55]妹　[35]每　[22]梅枚媒煤玫莓妹霉
f	[55]魁恢诙灰　[35]贿悔晦
d	[55]堆　[33]对碓　[22]队兑
tʰ	[55]推　[35]腿　[33]退　[22]颓
l	[35]屡儡累垒　[22]雷擂类泪
tʃ	[55]追锥　[35]嘴　[33]最缀醉　[22]聚罪
tʃʰ	[55]趋戍催崔摧吹炊　[35]取　[33]脆翠　[22]随锤槌
ȵ	[35]乳
ɬ	[55]需虽　[33]嗦碎岁悴粹　[22]瑞隧
ʃ	[35]水　[33]税　[22]墅睡衰谁
kʰ	[55]拘
w	[22]茴徊汇会(开～)会(学～)绘桧汇
ø	[55]煨

279

j	[22]穗锐睿蕊	

iu

b	[55]臕标表鳔彪 [35]表婊
pʰ	[55]飘 [33]漂票 [22]嫖
m	[35]秒渺藐淼 [22]苗描庙妙
d	[55]刁雕貂凋 [35]丢 [33]吊钓 [22]调掉
tʰ	[55]挑 [33]跳 [22]条调
n	[35]鸟嬲 [22]尿
l	[55]鹩 [35]了 [22]燎尞疗辽寥廖僚料廖
tʃ	[55]蕉椒醮召昭招沼朝(～早) [33]照 [22]赵兆诏
tʃʰ	[55]超 [33]俏 [22]朝(～代)潮
ȵ	[35]扰绕舀 [22]挠饶尧
ɬ	[55]消宵霄硝销逍肖萧箫 [33]笑
ʃ	[55]烧 [35]少(多～) [33]少(～爷) [22]肇韶绍邵
k	[55]骄娇 [35]剿矫 [33]叫 [22]轿
kʰ	[22]荞侨桥乔窍巧
h	[55]嚣 [35]晓朽
∅	[55]妖邀腰要(～求)夭幺吆 [35]缴杳 [33]要(需～)
j	[22]摇谣姚窑遥耀鹞

im

d	[55]掂踮 [35]蘸点 [33]店
tʰ	[55]添 [35]垫 [22]甜
n	[22]粘验鲇念
l	[22]廉镰帘敛殓檩
tʃ	[55]簪尖沾瞻占 [35]陕闪 [33]占 [22]暂渐
tʃʰ	[55]歼签暹纤 [22]潜
ȵ	[22]阎艳严
ʃ	[22]蝉禅
k	[55]兼 [35]检 [33]剑 [22]俭
h	[55]谦 [35]险 [33]欠 [22]嫌
∅	[55]阉 [35]淹掩厣 [33]厌
j	[35]染 [22]炎盐焰

ip

d	[33]迭碟牒蝶谍
tʰ	[33]帖贴
n	[33]聂镊蹑
tʃ	[33]摞捷
tʃʰ	[33]妾

ȵ	[33]业	
ʃ	[33]摄涉舌	
k	[33]劫	
h	[33]胁协	
j	[33]叶页　[22]孽	

am

d	[55]耽担　[35]胆疸
tʰ	[55]贪　[35]淡　[33]探　[22]潭谭谈痰
n	[22]南男脸
l	[35]览揽榄揇(搂)　[33]遖(跨)　[22]婪蓝篮滥缆舰
tʃ	[35]斩　[22]站湛
tʃʰ	[55]参　[35]惨杉　[22]蚕惭谗
ɬ	[33]三
ʃ	[55]衫森
k	[55]监　[35]尴减　[33]鉴监
ŋ	[55]喵　[22]岩
h	[33]喊陷　[22]函咸咸馅衔
j	[22]檐

ap

d	[33]答沓　[22]搭踏
tʰ	[33]塔榻塌
n	[55]凹　[22]纳
l	[33]腊蜡　[22]垃
tʃ	[33]闸　[22]杂
tʃʰ	[33]插
k	[33]甲胛
h	[33]侠　[22]匣
∅	[33]鸭

ɐm

d	[35]扰
tʰ	[33]口(哄骗)
l	[35]谂(想)凛　[33]冧(垮)　[22]霖林淋临
tʃ	[55]砧针斟　[35]砍槛寝枕　[33]浸
tʃʰ	[55]侵　[22]寻沉
ȵ	[35]饮　[22]壬任
ɬ	[55]心芯
ʃ	[55]深　[35]沈婶审　[22]甚
k	[55]今金絜　[35]锦　[33]禁

kʰ	[55]襟□(耐用) [35]妗□(盖) [22]岑琴禽擒	
h	[55]堪钦 [22]冚	
j	[55]音阴 [22]吟淫	
ø	[35]揞	

ɛp

d	[22]扽
n	[55]粒
l	[55]泣 [33]立笠
tʃ	[55]执汁□(拾起) [33]集习袭
tʃʰ	[55]辑 [35]缉
ȵ	[33]入
ʃ	[55]湿 [22]十什拾
k	[55]急
kʰ	[55]级给吸 [22]及
h	[55]恰
j	[55]揖

ɛm

n	[22]黏
l	[35]舔捻
kʰ	[22]钳
ø	[55]尲庵

ɐp

ȵ	[33]廿
k	[33]夹撠挟荚 [22]狭
j	[55]□(眨眼睛)

ɔm

k	[55]甘柑 [35]感敢橄咁噉
h	[35]坎 [22]含撼
ø	[33]暗

ɔp

k	[33]蟆蛙蛤 [22]鸽
h	[33]盒 [22]合

in

b	[55]鞭边 [33]变 [22]便(方～)辩辨辫
pʰ	[55]编篇偏蝙 [33]骗遍 [22]便(～宜)
m	[35]免勉缅娩 [22]绵棉面眠
d	[55]颠癫 [35]典 [33]佃 [22]电殿奠淀锻段缎
tʰ	[55]天 [22]田填

n	[22]年		
tʃ	[55]簪煎毡	[35]剪展碾	[33]箭践贱战荐
tʃʰ	[55]迁千纤仟	[35]浅	[22]钱缠前
ɬ	[55]疝仙鲜先	[33]线	
ʃ	[33]搧扇	[22]善	
k	[55]肩坚	[33]见	[22]件
h	[55]轩牵	[35]遣显犬	
ø	[55]烟	[33]燕胭宴燕	
j	[35]延演衍	[22]然燃蔫筵言研砚贤现	

it

b	[55]必	[22]别	
pʰ	[33]撇		
m	[22]灭篾蔑		
d	[33]堕跌	[22]迭	
tʰ	[33]铁		
l	[33]猎劣	[22]列烈裂	
tʃ	[55]口(用手指挤)	[33]哲蜇折(折扣)浙节	[22]截
tʃʰ	[33]砌撤彻辙澈设		
ʃ	[33]折(折本)		
k	[33]结洁	[22]杰	
kʰ	[33]揭		
h	[33]歉		
ø	[33]乙		
j	[22]热		

un

b	[55]搬般	[35]本	[33]半绊伴拌畚
pʰ	[55]潘	[22]判盘叛盆	
m	[55]瞒	[35]满	[22]门闷
f	[55]宽	[35]款	[33]欢
k	[55]官棺观观	[35]管馆	[33]冠贯灌罐冠
tʃ	[55]尊		
w	[22]唤缓换		
ø	[35]豌碗		

ut

b	[33]钵拨钹	
pʰ	[33]泼	
m	[33]末沫抹	[22]没
f	[33]阔	

k	[33]括			
w	[33]活			

yn

d	[55]端	[35]短		
tʰ	[35]断	[22]团		
n	[35]暖			
l	[35]卵	[22]连联怜莲练炼链楝鸾乱恋		
tʃ	[55]专砖遵	[35]转	[33]钻	
tʃʰ	[55]川穿村	[35]喘忖	[33]蹲窜串寸	[22]全泉传存
ȵ	[35]宛软	[22]元原源愿阮		
ɬ	[55]酸宣喧孙	[35]癣选损	[33]算蒜逊	[22]旋
ʃ	[35]膳	[22]船		
k	[55]绢捐鹃	[35]卷捲	[33]犍建毽眷倦券	[22]键健
kʰ	[55]圈	[22]虔权拳		
h	[33]宪献劝	[22]弦玄悬眩		
j	[55]冤渊	[35]远	[33]怨	[22]完丸纨圆员院缘沿铅袁县

yt

d	[33]夺			
tʰ	[33]脱			
tʃ	[33]絶	[22]拙		
tʃʰ	[33]切窃			
ȵ	[22]月			
ɬ	[33]薛泄雪			
ʃ	[33]说			
kʰ	[33]竭决诀缺血			
h	[33]歇蝎穴			
j	[33]悦阅	[22]越粤		

an

b	[55]颁	[35]瓣扳板版	[22]扮办	
pʰ	[33]盼			
m	[55]擐	[35]晚	[22]蛮慢馒鳗漫幔万蔓	
f	[55]翻番	[35]反	[33]泛贩	[22]凡帆范范犯梵藩烦矾繁饭
d	[33]诞涎单	[22]旦但弹蛋		
tʰ	[55]滩摊吞	[35]毯溻瘫坦	[33]叹炭	[22]檀坛弹
n	[22]难			
l	[55]躝	[35]懒	[22]兰拦栏烂鳞	
tʃ	[35]盏	[33]赞	[22]赚栈攒	
tʃʰ	[55]餐	[35]铲产	[33]忏灿颤	[22]残

ȵ	[55]口(钯)	
ɬ	[33]散	
ʃ	[55]珊山 [33]篡	
k	[55]艰间奸 [35]碱简柬栋谏铜茧跃 [33]涧	
ŋ	[35]眼 [22]颜雁顽	
h	[22]闲限	
kw	[55]关 [33]惯	
w	[55]弯湾 [35]玩挽 [22]幻还环患宦	
∅	[33]晏	

at

b	[33]八 [22]拔弼
m	[33]抹袜
f	[33]法发 [22]乏伐筏罚
d	[33]达
tʰ	[33]逼
n	[33]捺
l	[22]辣栗
tʃ	[33]札扎 [22]铡
tʃʰ	[33]擦察涮
ɬ	[55]闩 [33]撒萨
ʃ	[33]杀刷
kw	[33]搲刮
w	[33]挖 [22]滑猾
∅	[33]押压

ɐn

b	[55]班斑彬宾槟滨殡奔 [35]禀品 [22]笨
pʰ	[33]喷 [22]贫频
m	[55]蚊 [35]闽悯敏吻刎 [22]民文纹闻问
f	[55]昏婚分吩芬纷熏勋荤薰 [35]粉奋愤 [33]粪训瞯 [22]焚坟份
d	[55]丹单掸敦墩 [35]顿 [22]屯盾
tʰ	[55]饨 [33]口(退后) [22]豚臀
n	[22]嫩
l	[22]磷邻论仑论伦沦轮
tʃ	[55]津珍真 [35]诊疹准 [33]进晋镇振震圳 [22]绽尽阵殉
tʃʰ	[55]亲春 [35]蠢 [33]趁衬 [22]秦陈尘询旬循巡
ȵ	[35]忍 [22]人仁闰润膶孕
ɬ	[55]辛薪新 [33]信讯迅驯
ʃ	[55]身申伸绅 [35]肾 [33]舜 [22]神辰晨臣慎唇顺纯醇

285

k	[55]跟根巾斤筋　[35]紧仅谨
kʰ	[35]近　[22]勤芹
ŋ	[35]口(脏)　[22]银
h	[55]欣　[35]恳垦啃很　[22]痕恨
kw	[55]昆均君军　[35]滚　[33]棍　[22]郡
kwʰ	[55]坤　[35]捆菌　[33]困　[22]群裙
w	[55]温瘟　[35]皖稳揾(找)允韵　[33]韫(困住)　[22]桓魂混云匀耘运晕
j	[55]恩因姻殷　[35]隐瘾尹　[33]印　[22]寅勻

ɐt

b	[55]不笔滗毕
pʰ	[55]匹
m	[22]密蜜勿物
f	[55]忽　[22]佛彿
d	[22]突凸
l	[55]口(掉)　[22]律
tʃ	[55]质卒　[22]疾侄
tʃʰ	[55]七漆出
n̠	[33]日
ɬ	[55]膝戌恤率蟀
ʃ	[55]虱失室蟀　[22]实述术
k	[55]吉
kʰ	[33]咳
h	[55]乞　[22]辖
kw	[55]骨倔　[33]掘　[22]刽掘
w	[55]屈　[22]核
j	[55]一壹　[22]逸

ɛn

b	[35]扁匾
pʰ	[33]片
n	[35]捏

ɔn

k	[55]干肝　[35]赶　[33]竿杆干
ŋ	[22]憨岸
h	[55]蹊　[35]刊罕旱　[33]看汉翰　[22]寒韩汗焊
ø	[55]安鞍　[33]按案

ɔt

ʃ	[33]吮
k	[33]割葛

| h | [33]渴喝 |

en
b	[35]贬
pʰ	[33]拚
n̦	[22]认

et
| tʃ | [22]蛰 |
| ʃ | [55]悉 |

øn
| d | [55]口(啄) |

aŋ
pʰ	[33]胖 [22]彭膨
m	[35]猛蜢 [22]盲虻孟
d	[22]宕
tʰ	[35]躺
l	[35]冷
tʃ	[55]争踭筝睁
tʃʰ	[55]撑 [22]橙澄
ʃ	[55]生牲甥笙 [35]省
k	[55]更庚羹耕口(勺子) [33]更
ŋ	[22]硬
h	[55]坑亨哼铿 [22]行幸
kw	[55]筐框
kwʰ	[55]轰
w	[22]横

ak
b	[33]百柏伯 [22]白帛
pʰ	[33]泊迫拍珀魄
m	[33]陌
tʃ	[33]札 [22]宅择泽摘
tʃʰ	[33]搽拆册策
k	[33]格革隔
h	[33]客赫吓
ŋ	[55]握 [22]额鈪
w	[35]画 [22]或惑域获划
ø	[33]厄扼轭

ɐŋ
| b | [55]崩绷浜 |

pʰ	[22]朋凭棚	
m	[55]擤 [35]蟒皿 [22]盟	
d	[55]登灯 [35]等 [33]凳 [22]邓瞪	
tʰ	[22]藤腾誊	
n	[22]能	
l	[22]棱	
tʃ	[55]增曾憎僧 [22]赠	
tʃʰ	[55]蹭 [22]层曾	
ɬ	[55]僧	
k	[35]哽梗埂耿	
h	[35]肯 [22]恒衡杏	

ɐk

b	[55]北	
m	[22]墨默脉麦	
v	[22]核	
d	[55]得德 [22]特	
l	[22]勒肋	
tʃ	[55]则仄侧恻测	
tʃʰ	[22]贼	
ɬ	[55]塞	
h	[55]克刻刻黑	
w	[22]役	

εŋ

∅	[35]口(遮住)

εk

ʃ	[55]石硕
kʰ	[22]屐

ɔŋ

b	[55]帮邦 [35]榜绑捧
pʰ	[33]碰 [22]谤旁庞篷
m	[35]莽网妄 [22]忙芒茫亡芒望忘氓蒙
f	[55]荒慌谎方坊肪芳妨风疯枫丰封蜂峰锋 [35]晃仿纺仿彷访讽 [33]放况 [22]房防蓬覆冯凤逢缝奉缝俸
tʰ	[55]汤烫通 [35]捅桶统 [33]趟痛 [22]堂棠螳唐糖塘同铜桐筒童瞳
d	[55]当东冬 [35]党挡档董栋 [33]冻 [22]荡动洞
n	[22]农脓浓
l	[55]窿 [35]朗拢垄 [22]郎廊狼螂浪笼聋胧咙弄复隆龙珑
tʃ	[55]桩赃脏庄装妆桩鬃棕宗中忠终踪钟钟盅春 [35]总种肿 [33]葬壮粽中众

	种　[22]脏状撞仲颂讼
tʃʰ	[55]仓苍舱疮窗葱聪怱卤衷充冲铳　[35]闯创厂宠重　[22]藏藏床丛虫从
n̪	[35]勇涌恿踊甬　[22]壤攘嚷让
ɬ	[55]桑松　[33]丧嗓搡送宋诵
ʃ	[35]爽　[22]崇
k	[55]刚岗纲钢冈缸江肛公工功攻蚣弓躬宫恭供　[35]讲港汞龚拱巩　[33]降杠贡　[22]共
kʰ	[55]扛　[33]抗　[22]穷
ŋ	[22]昂
h	[55]康糠慷空胸凶　[35]孔恐吼项　[33]腔控烘　[22]行航杭巷弘宏虹红洪雄
kw	[55]光眶　[35]广　[22]狂
kwʰ	[33]旷扩矿
w	[55]汪匡　[35]枉往　[22]黄簧皇蝗蟥凰王旺
j	[55]翁雍臃壅佣　[35]拥咏　[22]绒戎熊融茸容溶庸熔用

ɔk

b	[55]卜　[33]箙　[22]薄博薄
pʰ	[33]朴扑仆
m	[22]摹莫膜寞木
f	[55]复幅福蝠腹辐袱　[33]霍藿　[22]缚伏服
d	[55]督　[33]剁　[22]度独读牍毒
tʰ	[55]秃　[33]托
n	[33]诺
l	[33]烙酪洛骆络鹿　[22]咯落乐(快～)禄六陆録绿
tʃ	[55]竹粥祝足烛嘱　[33]作啄琢捉镯　[22]续凿昨浊族逐轴俗续
tʃʰ	[55]速筑畜蓄畜促触束　[33]绰卓桌
n̪	[22]肉玉
ɬ	[55]宿肃缩粟　[33]馊索
ʃ	[55]叔淑　[33]塑朔　[22]熟赎属
k	[55]谷菊鞠　[33]各阁搁角觉确　[22]局焗
kʰ	[55]曲
ŋ	[22]鄂鳄腭愕狱岳
h	[55]哭酷　[33]壳口(勺子)　[22]鹤学
kw	[33]郭廓国
w	[22]鑊(锅)
ø	[55]屋　[33]恶
j	[55]郁嘟　[22]育辱浴欲

ɐŋ

b	[55]冰兵　[35]丙秉饼　[33]柄　[22]病

pʰ	[35]并　[33]聘　[22]苹平评坪瓶屏萍
m	[22]萌明鸣命名铭
d	[55]丁钉叮　[35]顶鼎订　[33]钉　[22]定
tʰ	[55]听厅　[35]挺艇　[22]亭停庭廷蜓
n	[55]拎　[35]囗(鱼篓)　[22]宁
l	[35]领岭　[33]靓　[22]凌陵菱翎绫令灵零铃伶龄另
tʃ	[55]征蒸精晶睛贞侦正征　[35]拯井整　[33]证症剩正政　[22]静靖净郑
tʃʰ	[55]称称清晴青蜻　[35]请　[33]秤　[22]情逞呈程惩
ȵ	[22]仍
ɬ	[55]星腥猩　[35]醒　[33]性姓
ʃ	[55]升声　[33]胜圣　[22]乘绳承丞成城诚盛
k	[55]京荆惊鲸经　[35]境景警颈　[33]茎敬竟镜径　[22]劲竞
kʰ	[55]倾顷　[22]琼囗(沉淀)
ŋ	[22]迎
h	[55]兴卿轻馨兄　[33]兴庆
w	[35]永　[22]荣泳颖
ø	[55]莺鹦
j	[55]应(～该)鹰樱英婴　[35]影映　[22]蝇盈赢形刑型营

ek

b	[55]逼碧壁璧
pʰ	[55]癖僻辟劈霹
d	[55]渧的滴嫡　[33]枲　[22]狄笛迪敌籴涤
tʰ	[55]剔踢
n	[55]腻觅溺
l	[22]力历呖(聪明)
tʃ	[55]即稷鲫织职迹积绩　[33]藉脊籍　[22]直值植殖夕席只寂
tʃʰ	[55]尺斥赤戚
ɬ	[55]熄媳昔惜析锡
ʃ	[55]色式识饰适释　[22]食蚀
k	[55]激击　[22]极剧
kʰ	[55]棘戟隙
ŋ	[22]逆佞
h	[22]吃
j	[55]抑忆亿益　[22]翼液亦译易疫

øŋ

n	[22]娘
l	[35]两　[22]良凉量粮梁樑亮谅量
tʃ	[55]将张章樟蟑　[35]蒋奖长掌　[33]浆酱将涨帐胀账障瘴　[22]匠象像仗杖丈

tʃʰ	[55]枪昌菖娼倡　[35]抢　[33]畅唱　[22]墙详祥翔怅长肠场	
n̠	[22]酿	
ɬ	[55]相(～信)箱厢湘襄镶霜孀双　[35]想　[33]相(～片)	
ʃ	[55]商伤　[35]赏上(～去)　[22]常尝裳偿尚上(～面)	
k	[55]疆僵姜缰姜	
kʰ	[22]强	
h	[55]香乡　[35]响饷享响　[33]向	
j	[55]央秧殃　[35]仰养痒　[22]羊洋杨阳扬样	

øk

l	[33]掠　[22]略
tʃ	[33]鹊着酌　[22]着
tʃʰ	[33]爵雀
n̠	[22]若弱虐疟
ɬ	[33]削
k	[33]脚
kʰ	[33]却
j	[33]约药跃

m

ø	[22]唔

ŋ

ø	[35]五伍午　[22]吴蜈吾梧误悟娱

参考文献

张振兴 1986　广东省雷州半岛的方言分布，《方言》1986 年第 3 期，204-218 页。
张振兴 1987　广东海康方言记略，《方言》1987 年第 4 期，264-282 页。
张振兴 1992　广东省吴川方言记略，《方言》1992 年第 3 期，195-213 页。
詹伯慧主编 2002　《广东粤方言概要》，暨南大学出版社。
中国社会科学院语言研究所 2005　《方言调查字表》，商务印书馆。

現代香港粤語における上声の変異について
—同一話者の経年調査の結果から—

西田文信

(東北大学)

0. はじめに

本稿では、香港在住粤語話者の読み上げ資料に見られる上声の変異を分析し、それを25年前に筆者が同一話者から収集した同現象の分析結果と比較した結果の初歩的報告とするものである。

1. 問題の所在

香港粤語でよく観察される分節音の音声・音韻現象としては以下のものが挙げられる[1]：

① 同化　例：　係 m4hai6 > m4mai6,　今日 gam1yat6 > gam1mat6
　　　　　　　日本 yat6bun2 > yap6bun2,　革命 gak3maŋ6 > gap3maŋ6
　　　　　　　譬如 pei1jyeu4 > pheui1yeu4
② 異化　例：　頭先 tau4sin1 > kau4sin1
③ 合音　例：　好 m4hou2 > mou2,　冚棒吟 ham6baang6laang6 > hap6laang6
　　　　　　　胳肋底 gaak3laak1dai2 > gəlaak1dai2 > glaak1dai2
④ 減音　例：　二 yi6 ＋ sap6 > 廿 ya6,　三 saam1 ＋ sap6 > 卅 sa1
　　　　　　　唔啱 m4ngaam1 > maam1,　無論 mou4leun6 > mou4eun6

超分節音では宗 (1964) 及び張 (1969)などで早くも指摘のあった陰平53, 55 が 55 となっているなどが見られる。しかしながら、近年最も顕著に見られるようになった香港粤語における音声変化は上声における陰陽の合流現象であると思われる。

2. 先行研究

粤語の声調が音韻論的に6つでなく5つであると初めて言及したのは Killingley (1985) であると思われる。該論文では陰去調と陽上との合流を論じ、粤語の低上昇調は"phonological tone"で高上昇調の変異であるとしているが、Killingley はクアラルンプール生まれの粤語話者であるため純粋な香港粤語の声調に関する研究であるとは言い難い。

筆者は香港粤語における声調の変異研究の手始めとして、1993年から1994年にかけて当時の若年層広東語話者を対象に音声資料を収集し音声・音韻変異についてまとめ卒業論文として慶應義塾大学に提出した。拙稿では一部の話者進行中の言語変化（陰上と陽上の合流）が見られることを指摘し、対象話者を10名にした上で Nishida (1997) として発表した。

---

[1] この他声母では n～l、ng～Ø、 kh > h、 合口 gw/kw > 開口 g/k、 成節子音 [ŋ] >[m̩]、入声韻尾-p, -t, -k > -ʔ、陽平調と陽去調のユレ等が見られる。これらについては Bauer (1982) を参照。

産出関係の研究としては、Kei et al. (2002) があり、これは 15 人の話者についての単字読み上げ実験の結果の報告である。基本周波数(F0)を測定し声値を測定しているが、15 人中 6 人で陰上と陽上の合流が見られたとしている。同種の研究として Bauer et al. (2003)があり、これは 8 人の男性話者について基本周波数(F0)を測定し声値を測定しているが、8 名中 2 名で陰上と陽上の合流が見られたとしている。いずれの研究でも陰上が陽上となる例、陽上が陰上となる例ともに見られるとしている。

姚 (2009)は産出と知覚の観点から陰上と陽上の合流状況について論じている。大半の話者は陰上と陽上を明確に分けて捉え発音するが、少数の話者では区別がないとしている。

知覚関係の研究としては、So and Varley (1991), Varley and So (1995) 及び So (1996) は心理学的関心から行われた一連の研究がある。Varley and So (1995)では 3 つの年齢層の話者を被験者とし、施験者が 39 のミニマルペアの単字を読み上げるのを聴いた後聴き取った意味のカードを選ぶという聴取実験の結果を報告したものである。5・60 代の話者は 20 代の話者より声調の識別が困難となり特に陰上を陽上と間違えたものが多いとしている。Khouw, Edward, and Ciocca, Valter (2007) 及び Ciocca, Valter, and Lui, Jessica (2009) は知覚実験の包括的な報告である。後者は 4, 6, 10 歳と成人話者についての知覚実験である。ターゲットワードとして/ji/を聴かせたものであるが、10 歳になると声調の弁別が確立するとしている。

Tse (1978) は自身の息子の広東語声調獲得過程を観察した報告であり声調獲得研究の嚆矢となった。この論文では結論として以下の 5 点を挙げている: 1. 声調の聴覚的差異の認識は 10 か月から始まる。2. 一語期の 16 か月で陰平と陽平を獲得する。3. 一語期の 20 か月までに陰去と陰上を獲得する。4. 陽上と陽去は二語期の 25 か月の初めに獲得される。同時期に陰上と陽上の間で混同が見られる。5. 声調体系の獲得が完全に終わった後でも分節音での混同が見られる。また、声調体系安定後 1 か月でも陰上と陽上の間で混同が見られると言及しており、超分節音が分節音に先立って獲得されるとしている。この研究は一般言語理論と個別言語の間の相互の流れという観点から考察を進めている貴重なものである。

3. 実験

本稿では、現代香港粤語における進行中の言語変化の事例研究として、上声の合流の実態を明らかにするために、1993 年及び 2018 年に収集したインフォーマントの発話資料を用いて音響分析を施し変異の状況を報告する[2]。

3.1 被験者

本実験の被験者[3]は 4 名であり、それぞれの居住歴は以下のとおりである。いずれも香港で出生し成人するまで香港で過ごしてきた香港粤語の母語話者であり、この世代の粤語を

---

[2] 2 回とも自然談話資料も長時間にわたって録音したものがあり、本来ならばこれらの資料を用いて上声の変異に係る条件を文法的要因と音韻的要因に分け詳細に考察すべきではあるが、今回は考察の対象からは除外した。また時間の関係から産出実験の結果のみを報告する。
[3] 被験者のご希望によりお名前の公表は差し控えるが、ご協力に対してここに謝意を表したい。

話すものと判断し被験者として選択した[4]。

話者　性別　居住歴
1)　　女　　1971－香港九龍、1992－日本、1993－香港、1995－日本、1997－香港九龍
2)　　女　　1973－香港島、1994－日本、1996－香港島
3)　　男　　1968－香港島、1992－日本、1994－香港島
4)　　男　　1973－香港新界、1993－日本、1994－香港新界

3.2 方法・手順

　東京及び香港で、SONY TC-D PRO II と SONY ECM 44S マイクロフォンを用いて、上記4名から読み上げ資料を収集した。フレーム文として「我會讀＿＿俾你聽。/ŋɔ23 wui23 tuk2 ＿＿ pei35 lei23 thɛŋ55/」を用いた。下線部には以下の表中のターゲット語を用いた[5]。

	[ji]	[si]	[fu]
陰平	衣	詩	敷
陰上	椅	史	苦
陰去	意	試	富
陽平	兒	時	扶
陽上	耳	市	婦
陽去	二	事	父

4. 実験の結果

　まず1993年の録音資料に基づいた標準化したz-scoreF0平均値を図1に挙げる。

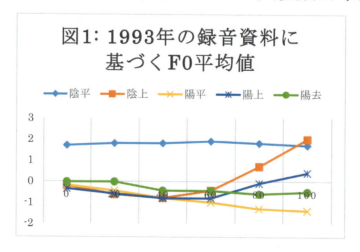

---

[4] またすべての話者の第二言語は英語で且つ日本語を理解する者であり、筆者の卒業論文の調査協力者である。
[5] 各々4回ずつ繰り返して発音したものを録音した。ピッチの測定に係る音響分析にはPraatを用いた。

陰上と陽上で開始点から中間あたり迄はほぼ同じ周波数を示し、終点で高さが異なることがわかる。2018年の録音資料に基づき標準化したz-scoreF0平均値は図2の通りである。

陰上と陽上で開始点から中間あたりまではほぼ同じ周波数を示し、終点に向けてわずかな差異が見られるが、終点における高さの差は1993年の録音資料ほどで顕著ではないことが見て取れる。次に陰上、陽上其々についてF0平均値を見ていく。図3と図4を見てみる。

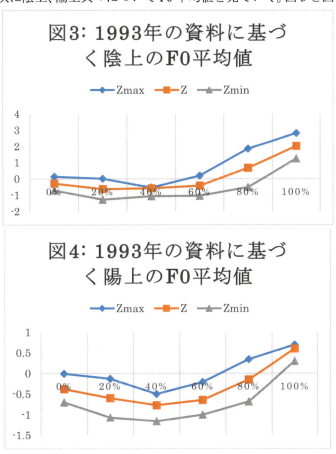

これらを2018年の資料に基づく結果を図5、図6で其々見てみる。

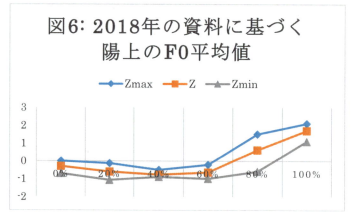

これらの結果から明らかになったことは、1993年と2018年の発音では対象とした話者全員について陰上、陽上での産出に関して区別が失われ合流が起こっているという事実である。陰上と陽上であきらかに区別して発音されている率を算出した結果を以下に提示する。

	話者1	話者2	話者3	話者4
2013年	100%	86.6%	93.3%	93.3%
2018年	83.3%	75%	4.38%	74.1%

話者1は2013年時点では陰上・陽上の区別を100%発音し分けていたが、これはこの話者が香港の大学の中文系出身で学部生の頃規範的な発音を徹底的に仕込まれていたことによると思われる。しかしながらこの話者も2018年の段階では16.7%は合流しているという結果となっている。これは筆者の収集になる自然談話資料においても同様の傾向を示すものであるが、これについてはコーパスを整備した上で稿を改めて論じる。

5. おわりに

本稿では香港在住粤語話者の読み上げ資料に見られる上声の変異を分析し、それを25年前に筆者が同一話者から収集した同現象の分析結果に関して初歩的な考察を行った。

かつて粤語の授業を担当していた際、受講生にとって声調の習得で最も困難であったのは上声の陰陽の別で続いて去声の陰陽の別であった。この現象は声調習得の面からも考察が可能である。

本小論で示した結果の原因として、単音節語が多くみられる粤語も複音節化の進行に伴い同音異義の字音ないし形態素が相対的に減少し声調の持つ機能負担量も減少したためと解釈することもできよう[6]。

今後は、自然談話資料も最大限活用し、文法的要因や音韻的要因といった言語内要因の条件(前接/後続環境を調べる)及び社会的要因(話者の性別及び社会階層を精査する)も考慮に入れて引き続きこの現象の変化の過程を解明していきたい。

【謝辞】

本稿作成に当たり多くの方々に御協力頂いた。被験者としてお世話になった方々、初期の段階で有益なご教示を頂いた国際基督教大学日比谷潤子学長、慶應義塾大学渡辺茂名誉教授、そしてこれまで中国語学に関して多くのご教示を賜わった早稲田大学古屋昭弘教授に感謝の意を表する。

【参考文献】

Bauer, Robert S. 1982. *Cantonese Sociolinguistic Patterns: Correlating Social Characteristics of Speakers with Phonological Variables in Hong Kong Cantonese*. Ph.D. dissertation, University of California, Berkeley. Ann Arbor: University Microfilms International.

Bauer, Robert S., and Paul K. Benedict. 1997. *Modern Cantonese Phonology*. Berlin and New York: Mouton de Gruyter.

Bauer, Robert S., Kwan-Hin Cheung, and Pak-Man Cheung. 2003. Variation and merger of the rising tones in Hong Kong Cantonese. *Language Variation and Change*. 15.2:211-225.

Ciocca, Valter, and Lui, Jessica. 2003. The development of lexical tone perception in Cantonese. *Journal of Multilingual Communication Disorders*. 1:141-147.

Fok-Chan, Yuen Yuen. 1974. *A perceptual study of tones in Cantonese*. Hong Kong: Centre of Asian Studies, University of Hong Kong.

Fung, S.Y. Roxana and Cathy S.P. Wong. 2011. The Acoustic Analysis of the New Rising Tone in Hong Kong Cantonese. *Proceedings of the 17th International Congress of Phonetic Sciences*. p

---

[6] 機能負担量については2019年2月12日に早稲田大学中国語学研究班(於松聲閣)にて私見を述べた。

p.715-718.

Kei, Joseph, Veronica Smyth, Lydia K. H. So, C. C. Lau, and Ken Capell. 2002. Assessing the accuracy of production of Cantonese lexical tones: a comparison between perceptual judgement and an instrumental measure. *Asia Pacific Journal of Speech, Language and Hearing.* 7.1:25-38.

Khouw, Edward, and Ciocca, Valter. 2007. Perceptual correlates of Cantonese tones. *Journal of Phonetics.* 35:104-117.

Law, Sam-Po, Fung, Roxana S-Y., and Robert S. Bauer. 2001. Perception and production of Cantonese consonant endings. *Asia Pacific Journal of Speech, Language and Hearing.* 6:179-195.

Mok, P. P.-K. and Wong, P. W.-Y. 2010a. Perception of the merging tones in Hong Kong Cantonese: preliminary data on monosyllables. *Speech Prosody 2010*, 100986:1-4.

Mok, P. P.-K. and Wong, P. W.-Y. 2010b. Production of the merging tones in Hong Kong Cantonese: preliminary data on monosyllables. *Speech Prosody 2010*, 100916:1-4.

Nishida, Fuminobu. 1997. Merger of Rising (*Shang*) tones in Hong Kong Cantonese. 『開篇』16: 65-70.

Nishida, Fuminobu. 2009. Some Problems in Cantonese Phonology. *Reitaku Journal of Interdisciplinary Studies.* 14.2:111-133.

Rose, Philip. 1987. Considerations in the normalization of the fundamental frequency of linguistic tone. *Speech Communication.* 6.4:343-351.

Rose, Philip. 1996. Between- and within speaker variation in the fundamental frequency of Cantonese citation tones. In Pamela Davis and Neville H. Fletcher eds., Vocal fold physiology: Controlling complexity and chaos. San Diego: Singular Publishing Group. pp.307-324.

So, L.K.H. and Varley, R. 1991. *Cantonese Lexical Comprehension Test*. Department of Speech and Hearing Sciences: University of Hong Kong.

Tse, Kwock-Ping John. 1978. Tone acquisition in Cantonese: a longitudinal case study. *Journal of Child Language.* 5.2:191-204.

Vance, Timothy. 1977. Tonal distinctions in Cantonese. *Phonetica.* 34:93-107.

Varley, Rosemary, and Lydia K. H. So. 1995. Age effects in tonal comprehension in Cantonese. *Journal of Chinese Linguistics.* 23.2:76-98.

Wong, Anita M. Y., Ciocca, Valter, and Yung, Sun. 2009. The perception of lexical tone contrasts in Cantonese children with and without specific language impairment (SLI). *Journal of Speech, Language and Hearing Research.* 52:1493-1509.

姚玉敏. 2009.〈香港粵語上聲變化初探:語音實驗研究〉《語言暨語言學》10.2:269-291.

張日昇. 1969.〈香港粵語陰平調及變調問題〉《香港中文大學中國文化研究所學報》2.1: 81-107.

宗福邦. 1964.〈关于广州话阴平调的分化问题〉《中国语文》15: 376-89.

広東語授与型二重他動構文[1]

横田文彦

０．はじめに

　広東語における「（ひと）に（もの）をあげる」等の授与表現は、「動詞Ｖ＋対象（theme、"客体"）＋畀＋受領者（recipient、"接受者""与事[2]"）」のように唯一つの構文（受領者標識構文）として定式化できる。そして動詞が"畀"のときのみ、受領者の前の"畀"が省略されて「畀＋対象＋受領者」という、普通話とは二つの目的語の位置が逆になる「動詞＋直接目的語＋間接目的語」型の所謂二重目的語構文が使われる[3]。構文（construction、"句式"）とは言語における統語構造（syntactic structure、"句法結構"）の分析・考察を試みる際に、最も重要かつ中核をなすパターン（pattern、"格式"）である。授与行為を述べ立てるのに適用される構文の元となる構造（structure）は、経験の積み重ねによって形作られ蓄積される脳内のイメージ・スキーマ（森・高橋（2013：104）参照）に基づいて形成される概念構造のひとつであり、授与型二重他動事象（give-type ditransitive event、"給与类双及物事件"）が写像（mapping）されるところの授与型二重他動構造（give-type ditransitive structure、"給与类双及物結構"）が、具体的に如何なるメカニズムを持つ構文という形をとって発話としての文が産出されるのか。構文はいわば言語活動におけるインプット・アウトプットとしての表層形式における骨格であり、媒介（interface）の役割りをなす。森・高橋（2013：211）に「語や句、複合語、文といったあらゆる記号構造体が構文となり、言語は構文の集合という考え方が構文理論の提唱者たちによって共有されているとみなしてもよい。」とある。

　（１）我畀咗一本書佢。（私は彼に本を一冊あげた。）
　（２）我送咗一本書畀佢。（私は彼に本を一冊贈った。）[4]

（１）における動詞"畀（俾）"は中国語の共通語である普通話の"给"、英語の"give"にあたる最も基本的な授与動詞（二つの名詞性成分を下位範疇化（subcategorization）し、両者を目的語にとる三項動詞）であり、（２）に見られるような受領者をマークする標識としても機能するのをはじめとして、文中において様々な働きをする。（２）と同一の構文形式で受益者（beneficiary）的受領者を導く標識（実質的には動詞連続構造第二動詞。ただしその品詞性及び構文の性質については後述する）としての用法もあれば、中国語文法においてしばしば問題とされる（放任）使役表現[5]、受動表現にも主要な役割を担う。また現在ではすでに廃れているものの、道具をマークする（具格 instrument）表現としても使われていた[6]。本稿では授与型の二重他動表現に焦点を当て、普通話との統語的ふるまいの違いに着目しつつ、関連表現も含めて考察を進めていきたい。

１．二重目的語構文

　広東語の二重目的語構文の最大の特徴は、二つの目的語の順序が普通話とは逆になることであり、先行研究においても、また地域や年代、さらには個人によっても当該構文に入ることのできる動詞の種類についての判断には話者間の違いが見られる。Anne Yue-Hashimoto（1993：113）では、"畀""送"の二語とし、邓思颖（2003：pp.66-69.）では問題なく許容できるのは授与動詞"畀"一語のみで、授与型動詞"送"は話者によって容認度に差があり、逓信型動詞の"寄（送る）"、制作型動詞の"炒（炒める）"、取得型動詞の"摘（摘む）"は容認しない話者と無理になら受け入れられる（"勉強接受"）とする話者とに分かれるとしている。また张敏（2011：171）は、動詞を授与型、取得Ⅰ型[7]、制作・取得Ⅱ型の三タイプに分け、広州・香港粤語では授与型のみ受け入れるグループと授与型、取得Ⅰ型を受け入れ、制作・取得Ⅱ型は受け入れないグループに分かれるとしている。本稿でもこれらの先行研究を参考にしつつ、香港と広州それぞれ複数の話者に調査を行った。その結果大変興味深い結果が得られた。香港では確実に許容できるのは"畀"の一語のみで、"送"は容認度が低く、他の動詞は全く許容できないということであった。それに対して広州では事情が大いに異なる。男性3名（内40代前半1名、20歳前後2名）、女性5名（全員20歳前後）の計8名に調査を行った。動詞分類は、授与（型）動詞（"畀""送""借（貸す）""租（賃貸しする）""賣"）、投擲型動詞（"揼（投げる）""踢"）、取得Ⅰ型動詞（"攞（手に取る、持つ）""拎（揇）（手に取る、持つ）"）、逓信型動詞（"寄""寫（信）""打（電話）"）、制作型動詞（"炒""織（編む）"）、取得Ⅱ型動詞（"買""偷"）の六種とし、16対、計32の例文をテストケースとした（動詞分類における並べ方は、杉村（2017：136）を参考にしている）[8]。

　（３）
　　授与動詞　　　　　我畀咗一本書畀佢。　　　我畀咗一本書佢。
　　授与型動詞　　　　我送咗一本書畀佢。　　　我送咗一本書佢。
　（以下省略。後出の表1を参照）

　まず、左側の受領者標識"畀"を伴う文（授与動詞と授与型動詞）及び連動構造の文（非授与型動詞。後述する）は、授与動詞の場合のみ香港2名が不容認であったことを除けば、香港・広州を問わず残り全ての話者が何の問題もなく許容した[9]。右側の二重目的語文において、授与動詞"畀"が述語動詞となった文は、やはり香港・広州を問わず全話者が容認した。広州において、"畀"以外の授与型動詞は、個々の構成メンバーに差はあるものの（"送""借"は容認度が高く、"租""賣"は低い）、8名中2名から5名が許容できる（少し不自然ではあるが許容できるも含む）とした。投擲型動詞は"揼"（投げる）と"踢"（蹴る）では、容認度に明らかな差が見られた。断定は控えるが、日常生活における動作と言葉両面の頻度の高低が関係している可能性が高い（スポーツや夫婦喧嘩、子供同士の喧嘩を想起されたい。後述する取得Ⅱ型動詞の状況も参照のこと）。取得Ⅰ型動詞は2名が少し不自然ではあるが

許容できるとした（同じ「手に取る、持つ」を意味するTAKE動詞である"攞"と"拎（撐）"の評価が、話者によって逆転していることも興味深い。受領者標識構文、授与型連動式構文及び広東語型二重目的語構文はそれらが成立する前提として、授与行為のイメージ・スキーマにおいて、対象の動作者（agent）から受領者（終点 goal）への移動が、ある程度具体的にイメージされるものでなければならない[10]。ゆえに両者の持つ意味素性における移動義の強弱に対する話者の捉えかたの違いが反映していると思われ、更なる調査と検討を要する）。ここが张敏（2011：171）の指摘する、広州・香港粤語では授与型、取得Ⅰ型を受け入れるグループがあるという部分に相当する。ただし、ある１名の話者は取得Ⅰ型をやや不自然ではあるが容認可能としたにもかかわらず、授与型動詞に至っては"送"を含め全く容認不可能であるとした（曾氏）。张伯江（1999：179）では授与型二重他動文を動詞分類に基づいて、「A.现场给与类」と「B.瞬时抛物类」（C以下は引用者が省略）に分ける。当該話者が当該事象において、運動を伴う明確な移動義をイメージできることを、より重要視した結果であるとも解釈できるが、更なる検討を必要とする。最も興味深い結果が出たのが逓信型動詞である[11]。"寄（信）""寫（信）"に関しては２名が完全に容認できるとし、１名がやや不自然ではあるものの受け入れられるとしたが、他５名は全くあるいはほぼ容認できないとした。それに対して、"打（電話）"は（ほぼ）容認が５名、（ほぼ）不容認が３名と、授与動詞"畀"を除けば、全動詞中実質的に最も高い容認率である（完全容認が３名）。制作型動詞は３名ないし４名が容認できる、もしくはやや不自然ではあるが容認可能とした。また同じ話者でも"炒"と"織"で容認度に差が見られた（話者によって一方を容認し他方を容認しない、そしてその判断が話者間で逆になる）。取得Ⅱ型動詞は"偷"の二重目的語文を、誰も全くもしくはほぼ容認しなかったが、"買"は１名が完全容認、４名がやや不自然であるが許容できるとした。これは「ものを買う」という行為が日常生活の中で頻繁に行われ、よって「買う」を含む表現を発話する機会が多いであろうことに起因する（経済原則[12]による"畀"の省略・脱落と、それに伴う主要動詞が"畀"の二重目的語構文からの類推による構文としての文法化。"打（電話）"も同様であろう。）と考えられる[13]。これらの結果を簡単に表にすると、以下のようになる。

表１．広州における授与型二重目的語文の容認度

	例文	完全可以接受（○）	有点不自然（△）	勉強可以接受（？）	根本不可接受（×）
授与動詞	我畀咗一本書佢。	8	0	0	0
授与型動詞	我送咗一本書佢。	2	3	2	1
	我借咗一本書佢。	2	3	2	1
	我租咗一間房佢。	0	2	5	1
	我賣咗一間屋佢。	1	2	2	3
投擲型動詞	我揼咗一個波佢。	1	4	1	2

取得Ⅰ型動詞	我踢咗一個波佢。	0	1	3	4
	我攞咗一杯茶佢。	0	2	3	3
	我拎咗一杯茶佢。	0	2	3	3
逓信型動詞	我寄咗一封信佢。	2	1	2	3
	我寫咗一封信佢。	2	1	1	4
	我打咗一個電話佢。	3	2	1	2
制作型動詞	我炒咗一個菜佢。	1	2	1	4
	我織咗一件冷衫佢。	1	3	3	1
取得Ⅱ型動詞	我買咗一本書佢。	1	4	1	2
	我偷咗一個銀包佢。	0	0	5	3

　ところが、この調査項目には問題のあることが後に分かる。8名中最も許容範囲の広い羅氏より、例えば"我攞咗一個波佢。"は"我扔了一个球给他。"より"我把一个球扔了。"という処置的な意味での解釈が先行する（"佢"は「彼／彼女」を指すのではなく"一個波（一個のボール）"を復述する復述代名詞）という大変興味深い指摘があった。当初調査項目に数詞を入れていなかったのだが（例えば"我送咗本書（畀）佢。（私はその本／一冊の本を彼に贈った。）"）、本調査においてコーディネーターを担当下さった馬之濤氏から、特に"本書"が定（definite）の読みの場合、"畀"がなければ「私はその本を贈ってしまった。」という処置の意味で解釈される可能性があるとの指摘があり、直接目的語の不定（indefinite）の読みを確実にするため数詞の"一"を新たに加え、調査をし直したという経緯がある。それでもなお羅氏の如く、処置の読みになる話者がいたわけである[14]。そこで項目を練り直し、処置の解釈をされる余地を排除するため、主語の"我"と文末の"佢"を入れ替え、"佢送咗一本書我。"式の例文を用いて、改めて許容範囲の広い3名（及び念のために香港同様"畀"以外の動詞が二重目的語構文に入ることをほぼ容認しない馬氏を含めた計4名）に再三の追跡調査を行った。さらに"佢送咗一本書我。"は、文のタイプとしてはいわゆる「叙述文（"陈述句"）」であり、「命令文（"祈使句"）」の場合でも話者の判断は変わらないのかを探るために、"你送一本書我啦！"のような命令・要求文も調査項目に加えた。以下が結果である。

表2．広州における授与型二重目的語文の容認度：「○（完全可以接受）、△（有点不自然）、？（勉強可以接受）、×（根本不可接受）」（網掛けは、叙述文と命令・要求文で判断が異なる箇所を指す。）

	例文（左が叙述文、右が命令・要求文）	羅氏	葉氏	聶氏	馬氏
授与動詞	佢畀咗一本書我。／你畀一本書我啦！	○／○	○／○	○／○	○／○
授与型	佢送咗一本書我。／你送一本書我啦！	○／○	○／○	△／△	△／△
	佢借咗一本書我。／你借一本書我啦！	○／○	○／○	○／△	△／△
	佢租咗一間房我。／你租一間房我啦！	○／○	○／○	△／○	△／△

類型	例文				
投擲型	佢賣咗一間屋我。／你賣一間屋我啦！	○/○	○/○	△/×	×/×
	佢掟咗一個波我。／你掟一個波我啦！	○/△	△/△	△/?	×/×
	佢踢咗一個波我。／你踢一個波我啦！		△/△	?/×	×/×
取得Ⅰ型	佢攞咗一杯茶我。／你攞一杯茶我啦！		△/△	○/○	×/×
	佢拎咗一杯茶我。／你拎一杯茶我啦！		△/△	×/×	×/×
	佢搦咗一杯茶我。／你搦一杯茶我啦！	○/○	△/?	△/△	×/×
遞信型	佢寄咗一封信我。／你寄一封信我啦！			△/×	
	佢寫咗一封信我。／你寫一封信我啦！	○/○			×/×
制作型	佢打咗一個電話我。／你打一個電話我啦！	△/△	△/?	?/△	
	佢炒咗一個菜我。／你炒一個菜我啦！	△/△	○/△		
	佢織咗一件冷衫我。／你織一件冷衫我啦！	△/○	△/△	△/△	×/×
取得Ⅱ型	佢買咗一本書我。／你買一本書我啦！	△/○		△/?	
	佢偷咗一個銀包我。／你偷一個銀包我啦！	△/○	△/?	?/×	×/×

まず表２．一番右の馬氏であるが、これまでの先行研究における報告どおりの結果である。完全容認は授与動詞のみで、授与型動詞を不自然ながらも容認可能とし、非授与型動詞は全て容認不可である。それとは対極的に左の羅氏は不自然ながらも容認可能も含めれば、全ての型の動詞及び全ての例文を容認する。これは張敏（2011：171）表４に掲げられている、全ての動詞タイプを容認する常徳（西南官話）、黄岡（江淮官話）、大冶（贛語）、邵陽（湘語）、蘇州（呉語）、連城（客家語）と同じ状況である（但し投擲型動詞の例は見られない）。興味深いのは網掛け部分で、同じ動詞でも文のタイプによって容認度に差があることである。しかも例えば、叙述文よりも命令・要求文のほうが総じて容認度が高いというような傾向は看取できず、予測が付かない。そこに如何なる原理的説明を与えうるのか、或いは恣意的であり説明を与えることが不可能であるのかは、現時点での分析は難しく将来の研究に俟つほかはないが、インフォーマント数をずっと増やし調査を行えば、何がしかの傾向が現れる可能性もあり、引き続き関心を寄せていきたい[15]。また聶氏より非常に興味深い意見があった。命令・要求の文においては、数詞の"一"が入らないほうが自然な発話であるということである（"你織一件冷衫我啦！"とはあまり言わず、"你織件冷衫我啦！"が自然な発話）。これを鑑みれば"你織件冷衫我啦！"型の文で改めて調査をすれば表２．に現れた結果より、命令・要求文における容認度が全体的に少し上がる可能性が十分にあるということである。今次調査においては時間の制限もあり、これ以上の追究はできなかったが、引き続き調査を進め別稿に譲りたい。

広州広東語では、二重目的語構文に入ることのできる動詞の種類と数において、二つの層に分かれることは確かであり、それが如何なる要因に帰するのかは現時点では不分明であるが、内的要因と外的要因に分けて考えた場合、外的要因としてさしあたって考えられるのは、前段落に挙げた一部の官話と他の南方方言からの影響である。羅氏、葉氏、聶氏

いずれも広州生まれの広州育ちであるが、両親、祖父母、外祖父母の出身をお聞きしたところ、羅氏（父：湛江（広東省南西部）、祖父母：湛江、母：韶関（広東省北部）、外祖父母：韶関）葉氏（父：広州、祖父母：広州、母：広州、外祖父母：広州）聶氏（父：仏山、祖父母：仏山、母：広州、外祖父母：広州）ということであり、逆に判断が馬氏に近い劉氏は（父：客家、祖父母：客家、母：客家、外祖父母：客家）であることから、他方言の影響という外的要因を見出すのも困難である。（本稿末に追記として、広州インフォーマント各位の両親、祖父母、外祖父母の出身一覧を掲げ参考に供する。）

　もう一つ指摘しておきたいのは、表１．における調査の際、"佢揼咗一個波我。"を完全容認した羅氏より得た以下のコメントについてである。

　　　在"波"和"我"之間有一个非常微妙的停頓，很短，是那种把"波"拉長了一点点然后接"我"的念法，就是<u>很明顯地把中間的介詞用停頓代替了的感覚</u>（下線部引用者）。

このことはまさに邓思穎（2003：pp.80-81.）で、二重目的語文の介詞省略説を支持する根拠として議論されている音韻上の問題である（詳細は当該文献を参照のこと）。羅氏の広東語母語話者としての内省による直感が、期せずして邓氏の議論を強く支持する結果になっていると言えよう[16]。

　このように詳しく見ていくと、均一的な香港の状況（右端の馬氏の状況と同様）に比して広州は多様性のあることが分かる。従って先行研究における広東語の二重目的語構文に入ることのできる動詞の構成メンバー及び分類については、更新される必要があろう。これまでは香港広東語と広州広東語の違いは、例えばどの程度英語がその中に混じるかなどに注目されることが多かったが[17]、今後は文法現象に関してさまざまな面で香港と広州の差異に注目していきたい。

　広東語の二重目的語構文の二つの目的語の語順が普通話と逆になることについては、すでに多くの先行研究がありさまざまな説が出ているが、受領者標識構文（"介賓补语式"）に前身を持ち、受領者をマークする介詞が省略されて成立しているとの見方が主流を占め、すでに定説になっていると言ってよいであろう[18]。今回の調査でも話者間に差はあるものの、

　　　（４）我畀咗一本書畀佢。（私は彼に本を一冊あげた。）

という文を許容する話者が多数であった（香港の話者は容認・不容認が半々であったのに対し、広州の話者は全員がほぼ容認可能とした。ここでも香港より広州の方が許容範囲が広いことが分かる。）[19]ので、介詞省略説を更に裏づけることになろう[20]。

　二つの目的語の語順に関してどちらが先かという問題は、主に二つの要素が関係すると考えられる。広東語の授与型二重目的語構文は受領者標識構文における受領者標識の省略であると考えれば、「直接目的語＋間接目的語」の語順がその本来的なものである。しかし、

「間接目的語＋直接目的語」の語順も話者によっては許容されているのが実情である。その言語内的要因が「重成分後置」である。刘丹青（2001b）は言語普遍性のなかでこの「重成分後置」を優先度の高い原則と位置づける[21]。「重成分後置」とは、名詞性成分が量的に重い、すなわち連体修飾語が付いたり接続詞によって等位構造になる等、目的語が統語的に長くなった場合、その成分は後ろに置かれる傾向が強くなるというものである[22]。例えば、

　　（5）我畀咗佢一本又平又好睇嘅書。（私は彼に安くて（読むのに）いい本を一冊あげた。）
　　（6）我畀你幾千蚊同埋一張機票。君に数千ドルと航空券をあげます。（スティーブン・マシューズ＋ヴァージニア・イップ 2000：182）

　邓昊熙（2017）では、粤方言の授与型二重他動文における動詞の後ろに現れる対象と受領者の語順に関して、重成分の観点に絞った分析を展開している。対象が重い（長い）場合、受領者が重い場合、両者が重い場合の三つに場合分けをし、両者の語順がどうなるかを探っている。対象が重い場合、二重目的語文ではどちらの語順も現われ（すなわち重成分が後置されうる）、また「畀＋対象＋畀＋受領者」型の表現（受領者の前に"畀"が生起）も可能とする。受領者が重い場合、受領者はもともと対象の後ろに位置するので前に動くことはない。また受領者の前の"畀"の生起も可能とする。両者が共に重い場合は、対象のみが重い場合と同様である。
　言語外的要因として普通話の影響[23]及び話者による普通話の習得度の違いが挙げられる。第二言語として母語の広東語とほぼ同等のレベルで普通話を操ることのできる話者は、

　　（7）我畀你一本書。

という、直接目的語があまり重くない場合でも問題なく言えるとした[24]。それに対して普通話を全く解さない今次調査インフォーマント（香港1名）は「普通話のようで違和感がある」として、人が言うのを聞いたら理解できるけれども、自らの発話としては許容しなかった。一方で、直接目的語がかなり長くても、間接目的語を後ろに置く広東語の本来的な言い方（「重成分後置」ではない言い方）も特に問題なく使うことができる。

　　（8）唔該俾兩個芒果同一個火龍果我吖。（マンゴー2つとドラゴンフルーツ1つください。）（飯田真紀 2010：102）

直接目的語が接続詞"同"を使った等位構造でかなり長くなっているが、現在発行されている広東語のテキストにはこれに類した例文がよく見られる[25]。さらに今回の調査ではこの「重成分後置」について興味深い事実が確認された。それは目的語がどんなに長くても間接目

的語を先に言う語順を一切許容しない話者が1名（香港）いたことである。重成分後置に係わる調査項目として以下の二文を提示した。

(9＝5) 我畀咗佢一本又平又好睇嘅書。（私は彼に安くて（読むのに）いい本を一冊あげた。）
(10) 唔該畀我兩個芒果同一個火龍果吖。マンゴー2つとドラゴンフルーツ1つください。（(8)を引用者である稿者がアレンジしたもの）

　(9)は直接目的語の中心語である"書"の前に長い連体修飾語（"定語"）が付いたもの、(10)は直接目的語が接続詞"同"によって等位構造になっているものである。そして(9)(10)を全く容認しなかったインフォーマントは、期待される通り、先に挙げた①香港出身で普通話を一切解さない話者であった。さらに②香港出身で普通話を解するが、あまり得意ではない話者は容認度がやや下がる（少し不自然）ものの許容できるとし、③同じ香港出身でも完全に普通話を解する話者及び広州出身の話者（もちろん普通話を広東語と同等に操る）は問題なく許容できるとした。普通話による影響という先行研究の指摘を強く支持し、かつ習得度の違いが容認度の段階的な差に比例的に反映するという調査結果であった。「重成分後置」という言語普遍性に疑いは入れないものの（汎言語的現象である）、広東語に関しては普通話の影響が全くない話者が直接目的語の後置を一切容認しない以上、「重成分後置」と普通話の影響という言語内的要因と言語外的要因を比較した場合、二つの目的語の転倒については言語外的要因のほうが大きいということになるが、今回の調査において普通話を解さないインフォーマントは1名のみであるので、断定は避けたい。引き続きの調査を要する。またこの観察が正しいものであるならば、広東語が「重成分後置」よりも優先度の高い言語普遍性である（次段落で述べるところの）「類像性」をあくまで優先させる言語であることを示唆するものと解釈できる。
　劉丹青（2001b）では「重成分後置」と共に言語普遍的な傾向性原則として「概念距離類像性（"观念距离象似性"、distance iconicity）」が挙げられており、これがさらに「構造的類像性（"结构象似性"）」と「線条的類像性（"线性象似性"）」の二つに分けられる。「構造的類像性」とは意味関係の緊密な成分が統語構造上でも緊密であることで、動詞との意味上の関係が最も密接である（とされる）動作者と被動者（patient）（あるいは対象）が通常それぞれ直接格（「目的格（objective）」。亀井等（1996：p.1241r）参照）となる、すなわち主語と目的語の位置を占めることが期待されることをいう。その他の成分は斜格（oblique）を充当され、中国語では通常介詞でマークされる[26]。「線条的類像性」とは、意味関係の緊密な成分が線形語順の距離においてもより近い位置に置かれる傾向があることをいう。授与型二重他動構造においては、イメージ・スキーマ（経験の骨組みをなす抽象的知識の枠組み・図式（大堀 2002：87））における「A—T→R（Agent、Theme、Recipient）」のイメージ（形象）[27]を線形語順の上にそのままなぞる形で写像（mapping）し言語表出するという

性質である。広東語の二重目的語構文は前者には従わないが、後者には従っている。「構造的類像性」に関しては、二重目的語構文は二つの目的語が共に動詞の直接的な支配を受け直接格となり、両者の地位が等しく扱われているが、動詞に意味の上でより近い関係にある（と通常考えられている）対象がより遠い関係にある（と考えられている）受領者[28]と構造上等しい扱いを受けること、すなわち対象のみが直接格（目的格）として目的語となり、受領者は斜格として扱われることが期待されているのに、そうなってはいないことが「構造的類像性」原則に反していることになる。しかし、線形語順の上では間接目的語は直接目的語よりも動詞からより遠い位置にあるので「線条的類像性」には従っている。それに対し、受領者標識構文は両者共に二つの類像性原則に従っている。対象のみが直接格となり、受領者は"畀"でマークされ斜格として扱われ、線形語順の上でも対象が先、受領者が後である。そしてこの「類像性」は劉丹青（2011）によれば、「重成分後置」よりも優先する原則である。この二つの原則の競合が話者の言語環境（普通話の習得度による影響）と複雑に絡み合って二重目的語文の二種類の語順が現れる、すなわち直接目的語を先に言うのか間接目的語を先に言うのかの選択決定がなされているのだと分析できよう。

　劉丹青（2001b）で挙げられている残りの傾向性原則である「主題前置」、「経済原則」、「概念複雑度類象性」についても簡単に検討してみよう。「主題前置」とは話題性の高い成分がより前に置かれる傾向にあることをいう。例えば普通話の"我给你一本书。"において、間接目的語の"你"は有生（[+animate]）かつ定（definite）であり、情報構造の上でも既知の旧情報であって、話題性が最も高い[29]。一方直接目的語の"一本书"は、無生（[-animate]）かつ不定（indefinite）であり、未知の新情報であって、話題性が最も低い。普通話の二重目的語文において、間接目的語が代名詞で、直接目的語が数量詞付きの一般名詞のパターンが最も典型的であり、この典型から離れるほど二重目的語文の容認度が下がるという現象は、この「主題前置」という傾向性原則が普通話の二重目的語文に強く働いているためである。その使用にはある一定以上の制限が課される（よって有標性（marked）が高い）というのは、実にこの理由による。「主題前置」原則にある程度以上従うことで、普通話の二重目的語文は成立するということである。普通話の二重目的語文は傾向性原則の最上位である類像性に従わない。それでも成立するのは二番目の「重成分後置」とこの「主題前置」という二つの原則を遵守するからである。そこから少しでも外れれば容認度が下がることになる。広東語の状況はどうかといえば、既出の例を一つ再提示するだけで事足りるであろう。

　　（11＝8）唔該俾兩個芒果同一個火龍果我吖。（マンゴー2つとドラゴンフルーツ1つ
　　　　ください。）（飯田真紀 2010：102）

話題性の最も高い間接目的語の"我"が、最も低い直接目的語の"兩個芒果同一個火龍果"に後置されている。あくまで最上位の（線条的）類像性を優先し、下位原則である「重成分後置」や「主題前置」には従わない。

次の「経済原則」は、同様の出来事を表現する際にできうる限り少ない数の成分で文を成立させようとすることをいう。広東語の授与型二重他動構文においては、二重目的語構文のみこれに従う。受領者標識"畀"の省略がそれである。しかしすでに上で論じたように、二重目的語構文はその使用に著しい制限を受ける（確実に入るのは授与動詞"畀"のみ）。それを除けば唯一の型である「動詞＋対象＋畀＋受領者」は授与型二重他動構造に係わるあらゆる動詞を受け入れる。類像性がはるかに優先されているのは言うまでもないだろう。

　最後の「概念複雑度類像性」は「事象構造類像性」（刘丹青（2001:396））ともよばれ、事象構造のタイプが文のタイプにダイレクトに反映する傾向を言う。刘丹青（2001:395）に次のようなまとめがある。

　　　a.双宾式〜单一事件,单一过程：我送了她一束花。
　　　b.介宾补语式〜单一事件,两个过程：我送了一束花给她。
　　　c.连动式〜两个小事件,一个复合事件：我买了一束花给（了）她
　　　d.复合句〜两个事件：我买了一束花，给（了）她。

a.の二重目的語構文は、単文であり（授与動詞由来の）受領者標識も使われていないので、単一のイベント、単一のプロセスという事象構造である。これが当該構文に類像的にマッピング（写像）されうるという傾向性原則を「事象構造類象性」という。b.と c.は構文形式としては同じであるが、b.は単一の出来事を表し、c.は二つの出来事が合わさって全体として一つの大きな出来事を表す。そして構文名からも分かるように、b.の"给"は介詞の認識であり、c.の"给"は動詞として扱われている。b.の受領者"她"は動詞"送"のとる三つの項のうちの一つとして、介詞"给"でマークされているのに対し、c.の受益者的受領者"她"は動詞"买"の項ではなく、授与動詞"给"がとる項である。d.は二つの出来事をひとつの複合的なものとせず、二つの別々のものとして話者が捉えたときに、表現も複文としてマッピングされる。

　広東語の状況を検討してみよう。広東語に実質的に関係するのは、b.と c.である。（構文としては次節の内容になるが、議論の流れを鑑みここで検証する。）

　　　（12＝2）我送咗一本書畀佢。
　　　（13）我買咗一本書畀佢。

（12）のイベント構造は「贈るという方式で彼女にあげる」であるので事象は一つであり、「ある方式を通して、あげる」から過程（プロセス）は二つと考えることができる。(13)は「本を買って（それから）彼女にあげる」わけであるから、イベントとしては二つであり、それらが全体として複合的にひとつの大きなまとまりを成している。以上に着目すれば、前者の"畀"は"佢"を伴ったフレーズごと動詞に下位範疇化（名詞句や前置詞句が動詞と直接の意味的選択関係を持つ[30]）されているので「介詞」であり（文の述語動詞に下位範疇

化されるか否かが、連動構造第二動詞由来の「介詞」であるのか、連動構造のままの「動詞」であるのかを判定するテストケースとなる。)、後者の"畀"は"佢"が動詞"買"の項であるはずはないので「動詞」ということになる。しかし言語使用の実際を見るならば、両者を単純にそのように分けることが必ずしも適切であるとは限らないことが分かる[31]。動詞と介詞を区別する基準のひとつに、結果補語やアスペクト助詞が当該成分に後接するかどうかを挙げることができる。本稿における今次インフォーマント調査で、この問題については話者5名の協力を得た。そして次の二例を3名（香港2名、広州1名）が全く容認しなかったのに対して、2名（香港）が容認できるとした[32]。

　　(14)　我送晒啲書畀晒佢哋。（私は彼ら全員にそれらの本を全部贈った。）
　　(15)　我買晒啲書畀晒佢哋。（私は彼ら全員にそれらの本を全部買ってあげた。）

　(15)は連動文（構造）であり"畀"は"佢"を下位範疇化し直接格を付与する動詞であるから、後置成分が付くことにも一定の理があるが、(14)の受領文においては、文の述語動詞は紛れもなく"送"という、対象と受領者を一次的な認知フレームの中で初源的に必須項として要求する三項動詞であり、品詞論において"畀"は純粋に受領者をマークする「介詞」であるとの解釈以外にはないと思われる。そうであれば考えられる可能性は1つであろう。これを本稿では、話者による類推の働き方の度合いの違いであると考える。劉丹青（2001b）や張敏（2011）の用語に従えば、(14)は「介賓補語式」構文であり、(15)は「連動式」構文である。これに則るならば、理論上(14)は非文となり、(15)は許容されるはずである。しかし実際にそうはならず、一方を容認不可能とするなら他方も不可能、一方が可能なら他方も可能という調査結果の事実がある。そうであれば前者（容認不可）は(14)を基軸にして、(15)の成立不成立を(14)からの類推で捉えていると推定される。後者（容認可）はその逆である。すなわち出自と本来的な構造の違う構文であっても、共通のイメージ・スキーマから産出された二つの構文を、実質的には同じ一つのものとして認識しているということである。話者の構文に対する主観的な認識・捉え方が、事象構造の違いよりも上位にあると言ってもよい。「事象構造類象性」が最下位の傾向性原則であることを鑑みれば、このことを異とするには足りない。「事象構造」は話者の主観的な捉え方に過ぎないので、他の上位原則を破らない範囲で適用の許されるものであり（劉丹青2011b：396）、構文との関係においても話者の構文に対する捉え方の方が優先すると考えられる。事象構造よりもより表層に近い構文の事情が優先し、文が産出される（もしくは深層で二つに分けられているものが、表層で両者の近似性と経済原則の適用により一つになる）と言えよう（構文を文法の基本であると見なすのならなおさらである）。イメージ・スキーマを共有していれば、事象構造が異なるものであっても、本来出自と構造の異なる二つの構文が双方向の（互いに一方から他方への）類推により、同一構文と見なされる（経済原則にも叶う）、とまとめることができる。表層形式の構文が最も依拠する深層にあるものは、事象構造（その都度の出来事の主

観的把握によって得られるその都度の内容）ではなく、二つの層それぞれの話者間で共有されているイメージ・スキーマ（経験によって形作られる集合体としての主観性）である。[33]

2．受領者標識構文と（受益者的）受領者連動式構文

　二重目的語構文と密接に関わりあうのが、（2）のような受領者標識構文（"介宾补语式"）[34]と、当該構文と同じ型の構文に入りうる動詞のタイプによって、連動構造第二動詞"畀"が下位範疇化する名詞句の意味役割が受益者的受領者となる（受益者的）受領者連動式構文（"连动式"）の二つである。先行研究を概観すれば、授与型二重他動構造が写像される授与型二重他動構文の初源的な形（プロトタイプ、prototype、"原型"）は、二重目的語構文ではなく「動詞＋対象＋畀＋受領者」型構文（受領者標識構文）である。南方諸方言を見渡しても、二重目的語構文を持たない（もしくはあまり使われない）方言はあるが[35]、受領者標識（多くは「方所介詞」に由来）を用いて当該構造を表現する構文のない方言は存在しない（厳密には未だ見られない）との先行研究における報告（刘丹青 2001b：391）があり、二重目的語構文は受領者構文に比べ、その使用条件には厳しい制限が課せられている（よって有標性（marked）が高い）ことが根拠となっている（使われる動詞のタイプや数が著しく限られており、直接目的語に数量詞が付く傾向が強い、間接目的語は代名詞を典型とする軽い成分である必要があるなど）。また二重他動構文に関して生成文法の分析手法を用いて考察を展開している邓思颖（2003）でも、授与型二重他動構造は基底構造において受領者構文として生成され、受領者構文の中の受領者をマークする"畀"の音韻的省略により広東語型の二重目的語文は形成され、生成文法で言うところの統語的移動（左枝分かれ階層構造（樹形図）における下から上への繰り上がり左方移動）により、受領文（および受益的受領文）における普通話と広東語の語順の違いが解き明かされている。

　杉村（2017：136）では、普通話における授与型二重他動構文（杉村では「授与構文」）は以下の三種に分類されている。

　　第Ⅰ構文
　　他送了我一瓶好酒。
　　第Ⅱ構文
　　他送给我一瓶好酒。
　　第Ⅲ構文
　　我给她寄了一个包裹。（例文は杉村（2017：136）より）

広東語が唯一取りうる「動詞＋対象＋畀＋受領者」型は第Ⅳ構文としたうえで、

　　授与構文には，さらに"他送一瓶好酒给我"（彼は良酒を一瓶贈り私に与えた＝私は彼か

ら良い酒を一瓶もらった）のような連述型構文（以下「第Ⅳ構文」）があるが，この構文は動詞の個性と構文の成否との間に密接な相関関係をもたず，普通話において活躍する構文とも認められない。（杉村 2017:137）[36]

との指摘がある。これを逆に言えば、「動詞＋対象＋畀＋受領者」構文が動詞の意味内容のタイプに関わりなく成立する（様々なタイプの動詞が一律この型に収まる）からこそ、広東語の授与を表す二重他動構文は多様性に乏しい、見方を変えれば経済的であることも実現可能となるのである。

動詞の意味内容のタイプについて言えば、普通話ではおおむね受領者を取る動詞（授与（型）動詞）の場合は杉村（2017）のいう第Ⅰ構文と第Ⅱ構文を選択し、受益者（的受領者）を取る動詞（非授与型動詞）の場合は第Ⅲ構文を選択するのに対し、広東語ではそれらの事象を表す表現が「動詞＋対象＋畀＋（受益者的）受領者」という唯一つの型で表現される。そして、動詞が授与（型）動詞（三項動詞[37]）の場合は「受領者標識構文」であり、非授与型動詞の場合は「（受益者的）受領者連動式構文」となる。

邓思颖（2003）では広東語の二重目的語構文と受領者標識構文（邓の用語では"与格结构"）を分析する基礎として、動詞をそれの表す意味内容のタイプと取りうる構文との関係、すなわち統語上のふるまいから五種類に分けているが、興味深いのはその中の"炒"類動詞と"摘"類動詞が「動詞＋対象＋畀＋受益者（的受領者）」型構文（邓（2003：68）は「受益者（"动作的服务对象"）」とする）に入った場合、受益者標識（邓（2003）では介詞扱い）を"畀"ではなく、"俾"と書き分けていることである。

　　　"炒"類動詞
　　　小明炒咗一碟菜俾我。（小明は私（のため）に料理を一皿炒めてくれた。）
　　　"摘"類動詞
　　　小明摘咗一枝花俾我。（小明は私（のため）に花を一本摘んでくれた。）
　　　（例文は邓思颖（2003：68）より。引用者訳）

すなわち、受領者をマークするものを"畀"とし、受益者をマークするものを"俾"と表記している。[38]

钱志安（2010）でも、早期粤語資料に基づいた通時的観察と広東語以外の粤方言（従化方言）調査報告に基づいた共時的観察の両面から両者を区別している。詳細は当該論文に譲るが簡潔に言えば、早期粤語の「動詞＋対象＋畀＋（受益者的）受領者」型構文において、受益者（的受領者）の場合は"畀（俾）"でマークされることが多く（钱（2010）でも介詞扱い）、受領者の場合はまったく別の形態素である"過"でマークされていることが多い。そして受領者と受益者に解釈が分かれる基準は動詞のタイプの違いとする。受領者の場合、動詞はその内的意味として［＋GIVE］の素性を持つものであり、一方受益者の場合は、動

詞が［－GIVE］の素性を持つ。

　　V［＋GIVE］＋NP＋過＋受領者
　　V［－GIVE］＋NP＋畀＋受益者
　　（Andy C. Chin 2011:537 の表記を引用者がアレンジした。）

　これは当時の話者が、構文全体が表す事象としては同じ授与表現でも、動詞の持つ内的意味素性の違いによりマーカーの後ろに来る成分の意味役割（同じ受領者でも受益（者）的であるか否か）を峻別していた可能性を示唆する。先の邓思颖（2003）によるマーカーの書き分けにおいても、"炒"類動詞と"摘"類動詞はどちらも［－GIVE］素性を持つ二項動詞である。

　受領者文と受益者的受領者文は統語上のふるまいにおいても違いが見られる。受領者文では動詞が三項動詞として対象項と共に受領者項を要求するのに対し、受益者的受領者文は主要動詞が一般の二項動詞であり、それ自体は受益者的受領者項を要求しない（下位範疇化しないのであるから当然である。）[39]。先の邓思颖（2003）で挙げられている例で言えば、料理を炒めたり、花を摘んだりするのは必ずしも他者の利益に供するためとは限らない。自分のためということも当然ありうる。すなわち、"小明炒咗一碟菜俾我。"の"俾我"を取り去って"小明炒咗一碟菜。"、"小明摘咗一支花俾我。"を"小明摘咗一支花。"と言い立てても全く問題はない。そもそも"炒"や"摘"は動作者と被動者（patient）[40]の二つの項を要求する二項動詞であるから、表現したい事柄としてそれらの動作（「炒める」や「摘む」）に加えて、さらに他の誰かに作った料理を与えて食べさせるとか、摘んだ花を他の誰かにあげて鑑賞させる等の授与（およびそのことによる他者の受益）をも表現したい時に、言い換えればさらに全体として複雑な出来事を叙述しようとする時に、受益者的受領者を"畀（俾）"という動詞を介して後ろに付け加える形（連動式）で言い立てるわけである。

　これに対して、動詞が［＋GIVE］素性を持つ受領者構文は、動詞がそもそも三つの項を要求する三項動詞であるから、受領者の項を必須とする。ただし中国語の一般的性質として、文脈等ですでに分かっていて、あえて言い立てる必要のない成分は言わないのが普通である。"我送咗一本書畀佢。"を"我送咗一本書。"あるいは"我送咗畀佢。[41]"のように、"我畀咗一本書佢。"を"我畀咗一本書。"あるいは"我畀咗佢。"のようにそれぞれ言い立てることができるのは言うまでもない。ただしこれはあくまで必須項の文脈等の要請による省略であり、受益者的受領者文の事情と同断ではない。付け足し（受益者的受領文）なのか否か（受領者文）の違いと言ってもよい[42]。

　ここでさらに「借」及び「租」という動詞を取り上げてみたい。この二つは広東語のひいては中国語の受領文と受益的受領文、及び受益文との関係を考える上で大変興味深い動詞である。

(16) 我借咗一本書畀佢。（私は彼に本を一冊貸してあげた。私は彼（のため）に本を一冊（他所から）借りてあげた。）

(17) 我租咗一間房畀佢。（私は彼に部屋を１つ貸してあげた。私は彼（のため）に部屋を１つ（他所から）借りてあげた。）

この二つの文はそれぞれ二義的である。日本語訳で言えば、前者が単なる受領文で後者が受益者的受領文である。二義性による誤解を避けるために後者は、

(18) 我幫/同佢借咗一本書。
(19) 我幫/同佢租咗一間房。

のように、介詞の"幫"（動詞と見ることも可能）や"同"を用いて典型的な受益文[43]として言い立てるのが普通である。（ただし介詞の"同"は多義語であり、「私は彼と一緒に本／部屋を借りた。」「私は彼のために本／部屋を借り（てあげ）た。」「私は彼に／から本／部屋を借りた。」という意味にもなる[44]。）このこともあって通常、(16)(17)の文は受領者としての解釈が先行する。（インフォーマントによっては二義性を認めず、日本語訳の前者の解釈のみとする。受益表現は専ら(18)(19)を用いる。話者によって分化の進度に違いがある。）(16)の文を例えば「我喺図書館借咗一本書畀佢。」と敷衍すれば、すなわち「自分の所有する本」ではないことを明示すれば比較的無理なく受益を含む解釈（受益的受領）を得る。(16)(17)における二義性は、そもそも広東語の受領文と受益的受領文が普通話とは異なり統語上同形であり、かつ直接目的語の出自に無関心であるところからもたらされていると言える[45]。ただしこれらの統語構造（構文）それ自体の属性として二義性があるわけではなく[46]、あくまで直接目的語の出自に関心が薄く、「借」「租」という動詞の意味素性に方向性（「貸す」のか「借りる」のか）の指定がないことによる。統語論の問題ではなく、意味論上の問題である。そもそも受領者は受益者の一部であると考えることが可能である。物を受け取れば受け手は同時に何らかの利益（もしくは損害）をも受けるのが普通である。よって第一義的には受領を表す表現が同時に受益（時には受損）をも表すというのは異とするに足りない[47]。意味地図（または語義分布図、semantic map、"語義地図"）において「受領者 recipient」と「受益者 beneficiary」が隣り合う関係にあることから、受領と受益が意味の上で相重なり合う部分があるというのは理解しやすい（张敏（2010：53）参照）。

３．動詞連続（授与型二重他動構文と放置型二重他動構文）

杉村（2017）に次の重要な指摘がある。

> 広州方言では第Ⅳ構文のみ、太原方言では第Ⅱ構文のみ、そして普通話では第Ⅲ構文が主として使用される。この受領者の左方移動は、所在動詞"在"によって導かれる場所

性終点の動きに一致する。(pp.138-139.)

杉村(2017)ではこの「動きの一致」についてこれ以上の言及はないが、ここで具体的に検討してみよう。なお、杉村(2017)の言う「移動」「動き」とは通時的な変遷過程を念頭においてのことである。以下暫時、構文の種類は杉村(2017)の分類に従う[48]。

第Ⅳ構文　　　　　　第Ⅱ構文　　　　　　第Ⅲ構文
我买了一件毛衣给妹妹。→ *我买给妹妹一件毛衣。→　我给妹妹买了一件毛衣。
我打了一件毛衣给哥哥。→ *我打给哥哥一件毛衣。→　我给哥哥打了一件毛衣。
(杉村2017：138より)(左側の第Ⅳ構文は歴史的に北方方言に存在していた形である[49]。よって「*」が付いていない。)

普通話の"在"フレーズの動き

(20)
　他放了一本书在桌子上[50]。→*他放在桌子上一本书。→他在桌子上放了一本书。
　他写了一个字在黑板上。　→*他写在黑板上一个字。→他在黑板上写了一个字。

これになぞらえ広東語の状況を示す。

(21) 第Ⅳ構文　　　　　　　第Ⅱ構文　　　　　　　第Ⅲ構文
　我買咗一件冷衫畀妹妹。→*我買咗畀妹妹一件冷衫。→*我畀妹妹買咗一件冷衫。
　我織咗一件冷衫畀妹妹。→*我織咗畀妹妹一件冷衫。→*我畀妹妹織咗一件冷衫。
　佢放咗一本書喺枱上便。→*佢放咗喺枱上便一本書。[51]→*佢喺枱上便放咗一本書。[52]
　佢寫咗一個字喺黑板上便。→*佢寫咗喺黑板上便一個字。→佢喺黑板上便寫咗一個字。[53]

普通話では"给""在"共に、かつては第Ⅳ構文およびそれと平行する場所性終点の文で使われてきたが、現代では廃れて第Ⅲ構文および"在"フレーズが動詞の前に来るパターンのみ使用される。一方広東語でとれるのは第Ⅳ構文(授与型二重他動構文と非授与型連動式構文)、およびそれと平行する場所性終点の文(放置型二重他動構文と制作型兼語式構文)のみであり、(受益者的)受領者と場所性終点の動き(広東語には動きがないことも含めて)の状況が普通話と広東語それぞれの内部で見事に一致し、かつ普通話と広東語の違いも一目瞭然である。また、動詞が「買う」「編む」の場合は連動式であるので、授与型動詞が入る介賓補語式の状況も見ておこう。

(22) 第Ⅳ構文　　　　　　　第Ⅱ構文　　　　　　第Ⅲ構文
（普通話）我送了一本书给他。→我送给（了）他一本书。→*我给他送了一本书。[54]
（広東語）我送咗一本書畀佢。→*我送咗畀佢一本書。[55]　→*我畀佢送咗一本書。[56]

現代の普通話では通常第Ⅱ構文をとるのにたいし、広東語では依然第Ⅳ構文のみを使用する。
　上記の整理は全て目的語が不定（indefinite）情報の場合であったが、今度は目的語を定（definite）に変えて同様の整理を試みる。もちろん普通話では処置式が使われることになる。

(23) 普通話　処置式
　　（受益者）a.我给妹妹把那件毛衣买好了。[57]
　　　　　　 b.我给妹妹把那件毛衣织好了。
　　　　　　 c.我把那件毛衣买给妹妹。[58]
　　　　　　 d.我把那件毛衣织给妹妹。
　　（受領者）e.我把那件毛衣送给妹妹。
　　（終点）　 我把那本书放在桌子上。

　　広東語　第Ⅳ構文型　　　　　　　　　　　　処置式
　　（受領者）我買咗嗰件冷衫畀妹妹。　　または　我將嗰件冷衫買咗畀妹妹。[59]
　　　　　　 我織咗嗰件冷衫畀妹妹。　　または　我將嗰件冷衫織咗畀妹妹。
　　（受領者）我送咗嗰件冷衫畀妹妹。　　または　我將嗰件冷衫送咗畀妹妹。
　　（終点）　 我放咗嗰本書喺枱上便。　　または　我將嗰本書放咗喺枱上便。
　　　　　　 我寫咗嗰個字喺黑板上便。　　または　我將嗰個字寫咗喺黑板上便。
　（ただし制作型動詞の場合、放置型動詞とは異なり、いわゆる前置型もとることができるが、本稿では後置型とは別種の構文として扱う。後述する。）

まず普通話の受領表現と場所性終点表現は、当該事象を言い立てるのにこれ以外の方策はなく、述語動詞と"给"や"在"が複合化する。それに対して広東語では処置式は統語上必須の構文ではなく、専ら語用論的理由により使用され（横田（2003）参照）（料理の作り方を説明する時がその典型[60]）、依然通常は第Ⅳ構文をとる。普通話では事象タイプの違いや名詞の定性の違いにより選ばれる構文に多様性があるが、広東語ではすべて第Ⅳ構文である。上記の現象をより大きな観点から見れば、"给"と"畀"がとる名詞句は受領者・受益者であり、"在"と"喺"がとるのは場所（性終点）であるため、これを名詞性成分として一律「N」で、目的語を「O」で表すことにすると、以下のようにまとめられるだろう。

(24) 普通話
　　　「O」が「不定」　　　　　「O」が「定」
　（受益者）給 NVO　　　　　給 N 把 OV（＋結果補語）
　　　　　　　　　　　　　　把 OV 給 N
　（受領者）V 給 NO　　　　　把 OV 給 N
　（終点）　 在 NVO　　　　　把 OV 在 N　　（下線部は複合化[61]）
　広東語
　「O」が「定」「不定」を問わず、「（受益者的）受領者」「場所性終点」を問わず、
　　　VO 畀/喺 N（ただし「場所性終点」の認識でなければ、「喺 LVO」とい
　　　う動作性所在標識構文（"介賓状語式"）を使う[62]。）

　普通話では、受領文「V 給 NO（動詞「V」と「給」の複合化による複合語型二重目的語構文）」を除けば、「V 給」「V 在」の複合化は「O」が「定」のときのみ起こっていて、「O」が不定のときは"給"フレーズ、"在"フレーズを動詞の前に持ってきて状語とする（異なる構文義を持つ別の構文で表現する）。受益文の場合は"給"フレーズは目的語の定性によらず、一律動詞の前で状語となる。
　横田（2011）では、横田（2001）を踏まえて広東語の「VO 喺 L」構文について、動詞連続の観点からの再考察を試みた。そして特に「O」が「定」の場合に着目し、「把 OV 在 N」と「VO 喺 L」を比較して「より独立性の高い V が前に来るのが広東語であり、後ろに来るのが標準語である」と分析した。(24) で整理したものをさらに検討していくと、普通話の「O」が「定」の場合の「給 N 把 OV（＋結果補語）」「把 OV 給 N」、「O」が「不定」の場合の「給 NVO」「在 NVO」全て主要動詞は後ろに来ている。（「V 給 NO」は「V」と「給」が複合化しているので、ここではひとつの単位と見なし、ここで議論する動詞連続の範囲には含めず除外する[63]。）一方広東語の（"將"を使った処置式を除けば）唯一の型である「VO 畀/喺 N」は、主要動詞が前である[64]。
　刘丹青（2001a、2010）では、粤語は統語類型上 SVO の性質が普通話より強く、中国語方言の中で SVO 性質において最も典型的な方言であることが述べられている。その内訳は、目的語前置と処置式が発達していない（従って主題や焦点に対する統語上の関心が薄い[65]）、場所の項を必ず動詞の後ろにおく（"去南京""飞来南京""带去日本"）、比較文の比較対象が主要述語（形容詞）の後ろに来る（"你肥过我"）、動詞の常用修飾語が動詞の後ろに置かれる（"多""少""先""添""晒"）等である（例は刘丹青（2001a：33）より）。これらの特徴は全て広東語の SVO 性質が強いことと共に、目的語前置を除き本節で議論しているところの主要部前置型であることを表す。
　さらに横田（2003）で指摘したように、広東語は動詞と目的語の結びつき（二重目的語文の場合は直接目的語との結びつき）が強い傾向にある。「VO」のユニットを崩さない、従って「VO」の語順を守るという強い一般性を持っている。主要な部分が前であり、動詞と

目的語の結びつきが強固であるという性質が普通話に比べて強いことは、(24)のまとめからも明らかである。広東語は「VO」ユニットの後ろにさまざまなタイプの結果述語が継ぎ足される形で、多様な事態を表現することができる。いくつか例を挙げてみよう。

(25) 佢放咗嗰啲嘢去個箱裏便。(彼はそれらのものを箱の中に入れた。)
　　　我寄咗封信去日本。(私はその／一通の手紙を日本に送った。)
　　　佢分咗啲錢畀大家。(彼はそれらの／いくらかのお金を皆に分けた。)
　　　佢譯咗呢句話成廣東話。(彼はこの文を広東語に訳した。)
　　　我而家有錢喺身。(私は今お金を持っている／身に付けている。)
　　　(横田 2001：pp.62-63. より)

また、方向補語も必ず「VO」の後ろである。

(26) 唔該你拎本書嚟啦。(本を一冊／その本を持ってきてください。)
　　　佢攞咗一本書出嚟。(彼は本を一冊取り出した。)
　　　(横田 2001：pp.61-62. より)

(25)(26)いずれの例も動詞性成分が二つ(あるいはそれ以上)入っており、動詞連続構造である。そして主要な部分は何れも前の第一動詞であり、かつ目的語の定性によらず「VO」ユニットを崩さず、VO の語順を守っている。また他動表現ではないが、次のような表現も広東語では常用される。

(27) 佢嚟得早過其他同學一個骨。(彼は他のクラスメートより 15 分早く来た。)(凌志偉 1983：81)

様態(程度)補語と比較表現が組み合わさった形であるが、主要部分は動詞の"嚟"であり、主語を除く他の成分は全てその後ろに継ぎ足されている。普通話では"他比其他同学早来了十五分钟。[66]"("他比其他同学来得早十五分钟。"も容認されない[67]。後述する「動後制限」が働いている)であり、「より独立性の高い V が前に来るのが広東語であり、後ろに来るのが標準語である」ことを体現している象徴的な例と言っていい。

あるいは、主要部分の後ろに継ぎ足されるということで言えば、テキストに次のような例が見える。

(28) 嗰度有啲乜嘢喺度呀？　嗰度有啲橙喺度。(あそこになにがありますか？　あそこにはオレンジがあります。)(中嶋幹起 1981：57)

普通話であれば当然存現文で表現するところであり、広東語でも同様に存現文である。そしてこの文は、後ろの復述の"喺度"が表すのは、移動の終点ではなくオレンジの所在であるが、形式としては完全に「VO 喺 L」構文に平行する。当該テキストには、このタイプの文がある一定数挙げられている。稿者自身のインフォーマント調査では、このような屋上屋を架すかの如き文は後ろの"喺度"が余計であり、<u>言えないことはない</u>が自然な表現ではないということであった。しかし容認度や生産性はきわめて低いものの決して非文ではない[68]。やはり広東語の持つ、主要な動詞の後ろに様々な成分が継ぎ足されていくという統語上の強い一般性を示唆する例である、と言うことは許されよう。

これまで述べてきたことを別の角度から見れば、張敏（2011：246）のいう「動後制限（"动后限制"）」に直接つながるだろう。「動後制限」とは、「動詞の後ろの成分が1つに限定される、よって動詞は文末に寄った位置に現れなければならない」というものである。これは主として中国語文法の歴史的変化における趨勢と現代の北方方言（普通話を含む。ただし書面語の要素が存するので北方方言よりはこの制約は弱い）において見られる強い傾向について適用される原則であるが、これまでの議論の通り広東語はこの原則に全く従わない。本稿で取り上げてきた現象の範囲で言えば、「動後無制限」の観すら呈する。さらに例を挙げれば、

（29）我送過三次礼物畀佢。（私は彼女に三回プレゼントを贈ったことがある。）[69]

「VO 畀 N」パターンにおいて、動作の回数は動詞により近い形で目的語の前におかれる。张伯江（1999：182）に、普通話の取得型二重目的語文は直接目的語の前に動量詞を加えることができるが、（29）に相当する授与型二重目的語文の場合はそれができないとの指摘がある。

（30）
老王买过我一次旧椅子。（老王は私から古い椅子を一つ買ったことがある。）
*老王卖过我一次旧椅子。（老王は私に古い椅子を一つ売ったことがある。）

（引用者訳）

ここにも普通話の「動後制限」と広東語の「動後無制限」の差が現われている。広東語の「V」と「畀」、「V」と「喺」が、普通話の「V 给」「V 在」の如く複合化しないことについても、ここまでの議論で答えはほぼ明らかであろう。広東語は受領者や場所性終点が、杉村（2017）の言う左方移動をおこさないので、動詞の複合語型二重目的語構文のように VO の間に"给"フレーズが割って入ったり、制作型動詞を除けば"喺"フレーズが動詞を飛び越え状語になることもない。そして主題化や焦点化に関心の薄いことから、目的語がその本来の位置である動詞の後ろに置かれたままとなる傾向が強い。言い換えれば、O が他の成分に

動詞の直後の位置を明け渡さない（補語成分やアスペクト助詞は除く）ということであり、そうであれば複合化の前提条件がいつまでも調わない。このことを"我將嗰件冷衫送咗畀妹妹。""我將嗰本書放咗喺枱上便。"のような例が明確に主張している。またこのことは広東語の処置文において、復述代名詞（"复指代词"または"复述代词"）の生起が可能であることからも裏付けられる。

　　（31）你將啲嘢食晒佢啦。（それらのものを全部食べてしまいなさい。）
　　（32）你食晒啲嘢佢啦。（同上）

（31）のように"將"で目的語を前置した処置文でばかりでなく、（32）のように通常のSVO語順のときですら"佢"が現れうる。李新魁等（1995：572）ではこのような復述の"佢"の働きについて、「加"佢"有很強的処置義，不加"佢"就没有。（"佢"が加えられると、かなり強い処置の意味が生じ、加えなければ（そこまでの強い意味は）生じない。）（引用者訳）」としている。さらには授与型二重他動構文、授与型連動式構文や放置型二重他動構文、制作型兼語式構文においても、話者によっては復述代名詞"佢"の生起を容認する。

　　（33）我將嗰件冷衫送咗佢畀妹妹。
　　（34）我將嗰件冷衫買咗佢畀妹妹。[70]
　　（35）我將嗰本書放咗佢喺張枱上便。
　　（36）我將嗰個字寫咗佢喺黑板上便。

そして興味深いことは、これらを容認する話者と、第2節で議論した授与型二重他動構文において、"畀"の後ろに動詞後置成分の生起を容認する話者とが完全に一致していることである（例（14）（15）および注34を参照）。つまり当該話者のレキシコンには、授与型二重他動構文が授与型連動式構文からの類推により、「連動式」という属性の指定のもとに登録されているということに他ならない。そうでない話者は二者（授与型二重他動構文と授与型連動式構文）が「介賓補語式」として登録されている。これはとりもなおさず、「連動式」指定の話者（層）は、"畀"という辞書項目に動詞しか登録されていないということであり、「介賓補語式」指定の話者（層）は、"畀"が動詞と介詞の両方でレキシコンに登録されている、ということである。そしてこれは、放置型二重他動構文と制作型兼語式構文においても、全く同様のことが言える。（35）（36）を容認する話者は、次の文をも許容する。

　　（37）[71]
　　　佢放咗嗰啲書喺[晒／埋／埋晒／翻]張枱上便。
　　　佢寫咗嗰啲字喺[晒／埋／埋晒／翻]黑板上便。

話者が二つの層に分かれることを、簡単にまとめると、

> 黄氏、郭氏（以上香港）、馬氏（広州）：授与型二重他動構文（受領者標識構文）と放置型二重他動構文（場所性終点標識構文）からの類推で、授与型連動式構文と制作型兼語式構文を前二者と同一視し、構文中の"畀""喺"は全て介詞相当としてレキシコン内の辞書項目に登録されている。
> 凌氏、李氏（以上香港）：授与型連動式構文と制作型兼語式構文からの類推で、授与型二重他動構文（受領者標識構文）と放置型二重他動構文（場所性終点標識構文）を前二者と同一視し、構文中の"畀""喺"は全て動詞相当としてレキシコン内の辞書項目に登録されている。
> （また層の違いということではないが、授与型連動式構文は主に二義性による誤解を避けるために、受益義を持つ受益構文とネットワークで直接リンクしており、それと平行する形で、制作型兼語式構文は主に目的語の焦点化（前景化）を目的として、動作者の動作が行われる場所としての動作者の所在を表す所在構文（対象が結果的に存する場所性終点は後景化する）と、直接リンクしている。）

見事に一貫性のある、体系立った構文ネットワークが構築されていると言うべきである。話者間の容認度の違い（広東語においては少なくとも二層に分かれる）は、ネットワークで互いにつながっている構文同士で共有する属性の指定の違いがパラメーターとなっていて、生ずるものであると言える。また、

> (38) 我知道你好食得。呢啲餸你冚唪唥食咗佢啦。（私はあなたがたくさん食べられることを知っている。これらのおかず、あなたが全部食べてしまいなさい。）（凌志偉 1983：96）

のように、被動者前置文（"受事前置句"。被動者主語文（"受事主語句"）ではないことに注意されたい。主語（動作者）は"你"である）でも処置の意味を強調して、動詞の後ろに"佢"が復述されている。つまり、動詞の後ろの目的語の位置を空欄（痕跡）のままにせず、顕現形式で言い立てられることも、広東語の動詞と（直接）目的語の結びつきの強さを物語っている。本稿で問題としている授与動詞"畀"も、話者によっては単独の使用を許容しない。例えば聞き手に面と向かって手に持っているものを差し出して、「（これあなたに）あげる。」のような状況で、

(39)
広東語
畀。／唔畀。　　　畀你。／唔畀你。

普通話
给。／不给。

左側のように、動詞単独で文として使用することを許容する話者もいれば、右側のように、最低限人称代名詞"你"を付けないと文としては言いにくいとする話者もいる。同様に所在動詞"喺"についても、

（40）
広東語
佢喺唔喺呀？　喺。／唔喺。　　佢喺唔喺度呀？　喺度。／唔喺度。
普通話
他在吗？　在。／不在。

場所を表すダミー目的語"度"を義務的に要求する話者がいる。これも動詞が目的語の顕現を要求する傾向が普通話よりもはるかに強いということであり、「VO」ユニットを崩さないという性質の現れであると理解できる。また（39）（40）の容認・不容認が、話者間で逆になることがあるのも注目に値する。その理由については未だ考察が十分ではなく、事実の指摘に止め今後の課題としたい。

4．小結

本稿では広東語の授与型二重他動構文の分析を通じて、（Ⅰ）広東語が普通話に比して構造的にも線形語順の上でも類像性を最優先し、（Ⅱ）他動詞がその直後の位置に目的語を顕現形式として要求する傾向が極めて強いことを、言語使用の実際に基づき検証してきた。この二つの傾向性原則が広東語の統語構造を支え、広東語文法においては強い一般性を有するものであると結論付けてよいであろう。①言語普遍性において優先度の比較的高い重成分後置が、広東語においては実際上かなりの制約を受けること（従って刘丹青（2001a、2001b、2014）における例示と分析は、かなり目が粗いと言わなければならない。）（重成分後置を一切許容しない話者がいることを想起されたい）、②普通話に比して、主題化や焦点化に関心が薄いこと、③目的語となる名詞性成分の情報構造に関する定・不定や文脈における既知・未知、あるいは情報処理における旧情報・新情報に関わらず、目的語が動詞の直後の位置を動かずにいられること（「VO」ユニットが強固であること）、④処置式が専ら語用論上の理由で特定の場面（文脈）でのみ用いられる傾向があり、統語論上必ずしも必須の表現形式ではないこと、⑤主要動詞（及びその目的語とのユニット）の後ろに継ぎ足される形でさまざまな事態を言い立てられること、従って普通話のような動後制限の縛りがなく、動詞連続の観点においては、連動構造第一動詞が主要動詞となる傾向が普通話（北方方言）よりはるかに強いこと、この五つ全てが原則（Ⅰ）（Ⅱ）から帰納できるものであ

り、その動機付けを求めることができると考える。

　普通話と広東語の統語構造を相互に比較した場合、その最大の違いがこの点にあると言ってよい。①から⑤において、普通話は全てが広東語とは逆の傾向にある。それはとりもなおさず、（Ⅰ）普通話が広東語ほど類像性を優先する傾向を持たず（他の言語普遍的傾向性原則がさまざまに錯綜的に働く）、（Ⅱ）他動詞がその直後の位置に目的語を顕現形式として要求する傾向が広東語に遠く及ばない、ということでもある。北方方言の中でも最もアルタイ化の進んだ蘭州方言において、動詞が文末に置かれ、目的語を始めとする他の成分の後置生起が強く制限されるのがその象徴である。

５．余論

　張敏（2011）では、中国語の二重他動構造表現における南北方言の差異の要因を北方方言のアルタイ化（言語外的要因）としてほぼ結論付けている。興味深いのは議論の当初、橋本（1978）の唱える「南方特徴説」（張敏（2011：234）による）に疑義を呈しながら、最終的には橋本説に回帰せざるを得なくなっていることである。通時的観点から見た場合、普通話（北方方言）が変化した理由は何かということと同等の重要性をもって、広東語が変化していない理由は何かも追求されなければならない。言語外的要因として東南アジア諸言語、そして中国国内の南方非漢語（台語、苗瑶語、壮語等）との言語接触による相互影響の作用を先ずは考えることができる。タイ語（バンコク方言を基礎とする標準語）を例に取れば、「私はあなたに本を一冊あげる。」は、

　　(41)　phom　　hai　　nangsuu　lem　nung　　kap　　　khun。[72]
　　　　　私　　あげる　　本　　　冊　　1　　〜と（格助詞）　あなた

であり、広東語の受領者標識構文（介賓補語式）と完全に平行する。格助詞は省略不可能であり、本稿で議論してきた言語普遍的傾向性原則の中で従っているのは、唯一最上位にある類像性のみである（構造的にも線条的にも）。「重成分後置」はともかくとして（それ相応の調査が必要となる）[73]、「主題前置」「経済原則」には従わない。

　しかしながら言語外的要因が存することの証明においては、客観的証拠を直接的な形で提示することが困難であり、言語内的要因を探りつくした上での議論にならざるをえないことが多かろう。言い換えれば、消去法や背理法[74]に依拠せざるを得ない傾向が強い。本稿ではそこまで詳述する余裕を持たないが、今後も引き続き調査と考察を重ねていきたい。

　本稿では認知言語学に基礎をおく、いわゆる「構文文法」理論の成果を最大限取り入れ分析・考察を進めてきた。二重他動構造・構文の分析において、現時点でこれ以上ふさわしい理論はないように稿者には思える。しかし理論は万能ではない。松本（2002：187）に次の指摘がある。少し長くなるが引用する。

　　　この構文という概念は、ある種の統語現象を説明するためには必要な概念であると思われる。しかし何を構文として扱い、またどこまでを構文の特性とし、どこまでを

それを構成する単語の特性とするかに関しては課題が残されているように思われる。この論考では、この問題に関して使役移動構文を例として取り上げながら検討する。特に、この構文に課せられているとされる意味的制約について考察し、使役移動構文に使用可能な動詞を規定する必要十分な制約を見いだすのが困難であり、使われる動詞のタイプによって、この構文で表現しうる内容が異なる傾向があることを指摘する。このことなどから、ゴールドバーグが論じている以上に構文の意味を弱く考え、動詞の意味を豊かに考える必要があることを主張する。

理論に言語使用の実例を当てはめながら詳細に検討し、理論の細部にまでこだわる姿勢は必要である。しかし理論に捉われるべきではない。内藤（1997：ⅲ）の言う「あるがままに対象を見るという態度」を自らへの戒めとして、本稿を閉じたいと思う。

付記）本稿を執筆するにあたり、数多くの方々のご協力を仰いだ。以下にご尊名を記す。
　広東語インフォーマント：凌志偉氏（香港）、黃愛苹氏（香港）、郭文灝氏（香港）、李昆陽氏（香港）、馬之濤氏（広州）、羅氏、葉氏、聶氏、植氏、曾氏、李氏、劉氏（以上七名広州）
　普通話インフォーマント：呉志剛氏（北京）、李洵氏（北京）、陳愛玲氏（天津）、石ますみ氏（チチハル）、楊駿驍氏（長春）、陳志会氏（瀋陽）、王勛氏（大連）、王黎氏（四川綿陽）
　稿者の再三にわたる執拗なまでの追跡調査に快く応じてくださった方々に深甚の感謝を申し上げたい。
　また西田文信氏には、広東語、調査方法、音声学・音韻論に関する有益なご助言を数多く頂戴した。この場を借りて感謝申し上げたい。
　さらに古屋昭弘先生には貴重な資料のご提供を、楊達先生には特に認知文法理論に関して貴重なご意見を忝くした。改めて感謝申し上げる次第である。
　なお本稿の内容に関する一切が、稿者（横田）一人の責任に帰することは言を俟たない。

追記）広州インフォーマントの御両親及び御祖父母の出身を記させていただく。
馬之濤氏（父：広州、祖父母：仏山、母：広州、外祖父母：広州）
羅氏（父：湛江（広東省南西部）、祖父母：湛江、母：韶関（広東省北部）、外祖父母：韶関）
葉氏（父：広州、祖父母：広州、母：広州、外祖父母：広州）
聶氏（父：仏山、祖父母：仏山、母：広州、外祖父母：広州）
曾氏（父：広州、祖父母：広州、母：広州、外祖父：広州、外祖母：仏山）
劉氏（父：客家、祖父母：客家、母：客家、外祖父母：客家）
植氏（父：広州、祖父母：広州、母：清遠（南は広州市に接し、北辺で湖南省、西辺で広

西壮族自治区に接する）、外祖父母：清遠）

李氏（父：台山、祖父母：台山、母：英徳（清遠市に位置する県級市）、外祖父母：英徳）

参考文献

秋元実治 2015「文法化から構文化へ」『日英語の文法化と構文化』ひつじ研究叢書〈言語編〉第 132 巻，東京：ひつじ書房．pp.1-40.

秋元実治・前田満 2013「文法化と構文化」『文法化と構文化』ひつじ研究叢書〈言語編〉第 104 巻，東京：ひつじ書房．pp.3-40.

飯田真紀 2010『ニューエクスプレス広東語』，東京：白水社．

大塚壽夫 2002『認知言語学』，東京大学出版会.

亀井孝、河野六郎、千野栄一編著 1996『言語学大辞典』第 6 巻述語編，東京：三省堂．

佐々木勲人 2010「台湾客家語の受益文」『漢語与漢語教学研究』創刊号，東京：東方書店．pp.66-74.

徐烈炯・劉丹青 2017『主題の構造と機能』木村裕章訳，大阪：日中言語文化出版社．原著：徐烈炯、刘丹青 2007《话题的结构与功能（增订本）》，上海：上海教育出版社．

杉村博文 2017「中国語授与構文のシンタクス」『現代中国語のシンタクス』，大阪：日中言語文化出版社．pp.134-174.

鈴木亨 2003「測定尺度と特異的事象の描写」『山形大学紀要（人文科学）』第 15 巻第 2 号．pp.221-240.

スティーブン・マシューズ＋ヴァージニア・イップ 2000『広東語文法』千島英一・片岡新訳，東京：東方書店．原著：Stephen Matthews and Virginia Yip 1994. *Cantonese: A Comprehensive Grammar.* London and New York: Routledge.

千島英一 2005『東方広東語辞典』，東京：東方書店.

角田大作 2007「他動性の研究の概略」『他動性の通言語的研究』，東京：くろしお出版．pp.3-11.

内藤正子 1997『中国語研究　ことばの性相』，東京：白帝社．

永江貴子 2008「祈使句中的"帮"和"给"的選擇从台湾华语和普通话的比较来看」「立命館法学」別冊『ことばとそのひろがり（6）』—島津幸子教授追悼論集—，立命館大学法学会．pp.461-478.

永江貴子 2018「"帮"を用いた文のポライトネス性について」，日本中国語学会関東支部例会発表要旨．

中嶋幹起 1981『広東語四週間』，東京：大学書林．

中西弘 2017「英文理解の心理プロセス」『東北学院大学論集』巻：101，pp.81-86.

橋本万太郎 1978『言語類型地理論』，東京：弘文堂．

前田満 2013「構文化と脱従属化」『人間文化』第 28 号，愛知学院大学人間文化研究所紀要．pp.17-36.

松本曜 2002「使役移動構文における意味的制約」『認知言語学Ⅰ:事象構造』，東京大学出版会．pp.187-211.

峰岸真琴 2007「孤立語の他動詞性と随意性―タイ語を例に―」『他動性の通言語的研究』，東京：くろしお出版．pp.205-216.

森雄一・高橋英光編集 2013『認知言語学　基礎から最前線』，東京：くろしお出版

横田文彦 2001「中国語の着点を表す結果表現に関する一考察―広東語の「VO 喺［hai］L」構文を中心に―」『中国文学研究』第 27 期，早稲田大学中国文学会．pp.51-67.

横田文彦 2003「広東語の授受表現に関する一考察」『中国語学研究　開篇』vol.22，東京：好文出版．pp.328-332.

横田文彦 2004「香港広東語における英語とのコードミキシング現象―香港広東語の英語受容と統語分析」『中国文学研究』第 30 期，早稲田大学中国文学会．pp.34-55.

横田文彦 2011a「広東語「VO 喺［hai］L 構文再考」『中国語学研究　開篇』vol.30，東京：好文出版．pp.299-301.

凌志偉 1983『広東語入門』，早稲田大学語学教育研究所

盧濤 2000『中国語における「空間動詞」の文法化研究』，東京：白帝社．

曹志耘 1997「金华汤溪方言的动词谓语句」《动词谓语句》李如龙、张双庆主编，广州：暨南大学出版社．pp.39-57.

邓昊熙 2017「成分重量和粤方言双及物结构的论元语序」《韶关学院学报社会科学》第 38 卷第 4 期，pp.30-35.

邓思颖 2003《汉语方言语法的参数理论》，北京：北京大学出版社．

横田文彦 2011b「怎样教汉语语法－以把字句为例－」，2011 全球汉语教学研讨会发表稿，於中山大学，2011 年 6 月．

胡海琼 2008「"给与义动词＋直接宾语＋间接宾语"句式在现代汉语方言中的分布及其历史来源」《广东技术师范学院学报》第 4 期．pp.29-33.

黄伯荣主编 1996《汉语方言语法类编》，青岛：青岛出版社．

蒋绍愚 2002「"给"字句"教"字句表被动的来源——兼谈语法化、类推和功能扩展」《语言学论丛》第 26 期，北京：北京商务印书馆．pp.159-177.

李炜、石佩璇 2015「北京话与事介词"给""跟"的语法化及汉语与事系统」《语言研究》第 35 卷第 1 期．pp.45-54.

刘丹青 1997「苏州方言的动词谓语句」《动词谓语句》，李如龙、张双庆主编，广州：暨南大学出版社．pp.1-20.

刘丹青 2001a「汉语方言的语序类型比较」『現代中国語研究』創刊第 2 期，京都:朋友書店．pp.25-38.

刘丹青 2001b「汉语给与类双及物结构的类型学考察」《中国语文》第 5 期．pp.387-398.

刘丹青 2014「粤语句法的类型学特点」《著名中年语言学家自选集刘丹青卷》，上海：上海教育出版社．pp.39-70．原载：《南方语言学》，2010 年第 2 辑．

刘丹青、徐烈炯 1998「焦点、话题及汉语"连"字句」《中国语文》第4期. pp.243-252.

潘秋平 2007「粤方言给与义双宾语结构的来源」《第10届国际粤方言研讨会论文集》，张洪年、张双庆、陈雄根主编，北京：中国社会科学出版社. pp.214-229.

钱志安 2010「粤语间接宾语标记的发展和相关语法现象」《语言学论丛》第42辑，北京：商务印书馆. pp.189-210.

钱志安 2013「粤语研究新资源《香港二十世纪中期粤语语料库》」《中国语文通讯》第92卷第1期. pp.7-16.

桥本万太郎 1987「汉语被动式的历史・区域发展」《中国语文》第1期. pp.36-49.

沈家煊 1999「"在"字句和"给"字句」《中国语文》第2期. pp.94-102.

沈明 2002「太原话的"给"字句」《方言》2002年第2期. pp.108-116.

石毓智 2003《现代汉语语法系统的建立动补结构的产生及其影响》，北京：北京语言大学出版社.

万波 1997「安义方言的动词谓语句」《动词谓语句》，李如龙、张双庆主编，广州：暨南大学出版社. pp.229-246.

夏俐萍 2017「句法库藏裂变：从连动式到给与类双及物结构」《语言研究集刊》第18期. pp.25-46.

徐艳平 2005「给与式、索取式和置放式的平行性分析」《新乡教育学院学报》第18卷第4期. pp.45-47.

张赪 2002《汉语介词词组词序的历史演变》，北京：北京语言文化大学出版社.

张林 2010「论元结构理论的新认识和汉语双宾现象的句法解释」《语言学论丛》第41辑，北京：商务印书馆. pp.278-302.

张敏 2010「"语义地图模型"：原理、操作及在汉语多功能语法形式研究中的运用」《语言学论丛》第42辑，北京：商务印书馆. pp.3-60.

张敏 2011「汉语方言双及物结构南北差异的成因：类型学研究引发的新问题」《中国语言学集刊》第4卷第2期. pp.87-270.

张延俊 2015「汉语南部方言的兼语句及其形成机制」《商丘职业技术学院学报》第1期. pp.92-96.

Andy C. Chin 2010. The Go-type and the Give-type Indirect Object Markers in the Conghua Dialect. In S. Coblin & A. Yue (Eds.) 余霭芹 柯蔚南 主编, *Studies in Honor of Jerry Norman*《罗杰瑞先生七秩晋三寿庆论文集》, pp.245-275. Hong Kong: Ng Tor-tai Chinese Language Research Center, Institute of Chinese Studies, the Chinese University of Hong Kong.

Andy C. Chin 2011. Grammaticalization of the Cantonese Double Object Verb [pei35] 畀 in Typological and Areal Perspectives *Language and Linguistics* 12.3:pp.529-563.

Anne Yue-Hashimoto 1993. *Comparative Chinese Dialectal Grammar*. Paris

Xu Liejiong and Alain Peyraube 1997. On the double object construction and the oblique construction in Cantonese. *Studies in Language* 21-1 pp.106-124.

---

[1] 本稿でいう広東語とは、中国語方言の一つである粤方言の中で代表的な地位を占める香港、

広州、仏山等で話されている、いわゆる Cantonese をさす。
[2] これが指すところの意味役割の範囲は広い。隣接または近接する役割間の或いはグループ内における各構成メンバー間の関係や共通性を論じる際には、便利である。詳しくは李炜、石佩璇（2015）を参照のこと。
[3] 邓思颖（2003：67）では、普通話型の二重目的語構造を"双宾语结构"、広東語型のそれを"倒置双宾语结构"とする。项梦冰（1997：314）では、動詞が非授与型の場合、構文構造が実質連動式であることから"假双宾句"とよぶ。
[4] 例文において出典明示のないものは、稿者の作例であり母語話者の校閲を経たもの、もしくは母語話者による作例である。
[5] 指示使役は普通話同様"叫"である。ただし普通話のように置き換えはできない。分業が明確である（香港インフォーマントに確認済み）。
[6] 例えば、"昇墨水筆寫（万年筆で書く）"（千島 2005：43）。
[7] 最も基本的な TAKE 動詞を指す。张敏（2011：171）の用語では"持拿义动词"。
[8] 取得型動詞を二分類したのは、张敏（2011：171 表 4）に従う。
[9] 刘丹青（2001b）の指摘する如く、授与型二重他動構造の最も優勢的な、プロトタイプとなる構文は受領者標識構文（"介宾补语式"）であることを裏付けるものである。
[10] 张敏（2011：118）に、"双宾式和间接宾语式一样通常只能用于传递有形物体的给与类事件。"との指摘がある。
[11] 杉村（2017：137）に「MAIL 型動詞（引用者注：本稿で言うところの「逓信型動詞」）は（中略）個々の動詞によって用法に微妙な揺れが生じており、研究者間で成否の判定に食い違いが見られ、この類の動詞の用法に断定的な記述は難しい。」とある。
[12] 誤解を与える恐れがないという前提の下に、同じ事象（event）を表現するなら成分の数をなるべく少なくしようとする傾向をいう。これについては、刘丹青（2001b：392）を参照のこと。
[13] 张敏（2011：96）に、"高频使用会导致语言成分的磨损或缩减"との指摘がある。
[14] このことは少なくとも広東語の広義の処置式において、目的語の定という制限が解除されつつあり、不定のものでも受け入れるという機能拡大（functional expansion、"功能扩展"）が起こりつつある可能性を示唆し大変興味深いが、本稿ではこれ以上立ち入らない。なお、杉村（2017：145 注 20）に"把"の後ろの名詞性成分が不定形式である例が見える。構文としての安定性と使用頻度の高さがその推進力であろうと思われる。
[15] 曹志耘（1997：pp.45-46.）では、金華湯渓方言の二重目的語文において、叙述文と命令・要求文では語順の現れ方に異なる点があることが指摘されている。本稿での議論に直接関係するか否か定かではないが、注目に値する。
[16] この現象は一般言語学でいう「（形態音韻論的）代償延長（compensatory lengthening）」（介詞脱落の代償として直接目的語が音声的に長く発音される）であるとのご教示を西田文信氏より賜った。記して感謝申し上げたい。この問題は稿者にとっても非常に興味深いもので、実験音声学的手法を通じてさらに分析を続け、別稿で改めて論じたい。
[17] 香港広東語において英語の成分が混じるコードスイッチング現象については、横田（2004）を参照。
[18] 介詞省略説をとるものに、Xu & Peyraube（1997）、刘丹青（1997）、项梦冰（1997）、汪国胜（2000）、邓思颖（2003）、横田（2003）、潘秋平（2007）、钱志安（2010）、张敏（2011）等がある。一方、林素娥（2008）は原生説を唱え、胡海琼（2008）では古漢語の痕跡説が主張されている。また潘秋平（2007）は、早期粤語資料（19 世紀から 20 世紀半ばまでの主として西洋宣教師の手に成る広東語教材や辞典）の分析から、通時的には省略された介詞は"昇"ではなく、20 世紀まで受領者標識として使われていた（引用者自身の調査結果によって確認済み）"過"であるとする。
[19] 広東語に関する本次調査インフォーマントの中で、唯一普通話を全く解さない話者は(4)

を完全不容認であった。当該話者の中では、広東語型二重目的語構文が既にほぼ100%の文法化と構文化（自律性と独立性のある真正の一つの構文として確立している。よって成立条件にほぼ制限がない）を遂げていると思われる。すなわち、同一文の文法性に対する話者の違いによる「揺れ」の原因の少なくとも一つは、話者個々人のレキシコンにおける構文知識の違い（構文の文法化と構文化の度合いの差）にあることは確実であろう。それでこそこのような「揺れ」に対して原理的説明を与えることが可能になると本稿では思料する。その後追跡調査をしたところ、当該話者のご両親（香港）や親戚・友人（香港）も間接目的語の前に"畀"はおろか、かつて使われていた"過"さえも受領者の前に入るような言い方は聞いたことがないということであった。地域性に基づく言語環境が当該話者のレキシコン中に存するある特定の構文の文法化・構文化に確実に影響を与える好例であると思われる。

[20] 邓昊熙（2017）では、特に直接目的語が長くなったときに"畀"が生起しやすくなるとする。この問題については後述する。

[21] 刘丹青（2001b : 396）によれば、中国語の二重他動構造に関係する言語普遍的傾向性諸原則の優先順位は次の如くである。"观念距象似性（结构象似性＋线性象似性）＞重成分后置＞话题前置＞经济性原则＞观念复杂度象似性（引用者注："事件结构象似性"ともいう。p.396）"。

[22] 刘丹青（2001b : 396）では蘇州方言を例に、後ろの間接目的語（主に代名詞）が軽読形式（非重読形式）で読まれ独立した韻律単位を構成せず、前の直接目的語に依存的に接語化（cliticization）し、直接目的語と相対的な軽重関係を成さないことで、直接目的語が前に来る二重目的語文は一見「重成分後置」違反に見えて、実はそうではないことが述べられている。しかし広東語にこのことは全く当てはまらない。次の例を挙げるだけで十分であろう。"我畀咗嗰本書一個學生。（私はその本を一人の学生にあげた。）"さらに刘丹青（2001b : 396）における"使用双宾B式的方言严格限制间接宾语的重度，就是为了不让它成为一个独立的韵律单位从而违背重成分后置倾向。"との指摘には広東語も含まれるが、このことも先の例から広東語には適用されない。広東語において二重目的語構文に確実に入りうる動詞は"畀"一語に限定される代わりに、刘丹青（2001b）で論じられているような他の制限はほぼ受けないと言ってよい。よって広東語の二重目的語構文が「重成分後置」にどの程度違反するか、あるいはその傾向性原則がどの程度適用されるかを検証可能とする土台が存することになる。なお受領者標識構文の場合、目的語となる対象がどんなに重くても「重成分後置」には反しない。標識（介詞）を使えば「斜格（"間接格"）」となり、成分としてそもそも「直接格（目的格）」より重くなるからである。「重成分」とは名詞句の範囲のみで議論されるものではない。张敏（2001 : pp.127-130）における議論も参照されたい。

[23] 张双庆（1997 : 256）に"（前略）但随着共同语的流行，例55）（引用者注："爸爸畀一支笔我。"）、例56）（引用者注 :"我畀本书小李。"）说成"爸爸畀我一支笔。""我送本书畀小李。"也是很平常的,但在口语中, 总是以例55）、例56）为常用。"とある。また黄伯荣主編（1996 : pp.730-731）に、湖北武漢方言と呉語の二重目的語文の記述の中で、直接目的語が後ろに来ることに関して普通話（北方方言）の影響についての言及がある。Takashima & Yue（2000 : 39）では、アメリカや東南アジア諸国、日本で出版された広東語資料に基づき、普通話と共に英語（やフランス語）からの影響の可能性が指摘されている。张敏（2011 : 119）では、共通語（普通話）や他の強勢方言からの借用、及び普通話型の二重目的語文、受領文（受領者標識を伴う）、広東語型の二重目的語文、この三種の構文の文言と白話における分布の違いに触れている。

[24] 2002年8月吉川雅之氏のご紹介で、東京にて香港から訪日された郭必之氏にお目にかかった際の談話の中でのことである。両氏に感謝申し上げたい。

[25] ただし語学のテキストであれば、規範性を重視し広東語の本来的な言い方を先ずは採用する傾向がある。このことに関して著者ご本人である飯田真紀氏より直接お話を伺う機会

を得た。テキストという限られたスペースの中で、広東語特有の言い方をなるべく採用するようにしたとのことである。さらに、普通話型の二重目的語文は書き言葉の影響を通して大なり小なり話し言葉（音声言語）にも浸透してはいるが（例えば演説、講義やニュース（報道）では普通話型が多くなる印象であるという）、少なくとも純粋にくだけた日常会話の中では「直接目的語＋間接目的語」の語順が圧倒的に優先される傾向があるとのご意見を頂戴した。稿者の突飛な質問にも快く丁寧に応じて下さった飯田氏に、記して感謝申し上げる次第である。

26 "结构象似性指语义关系紧密的成分在句法结构上也更加紧密。比如与动词关系最密切的施事和受事通常分别占据直接格即主宾语位置，而其他题元则充当间接格状语，用介词一类标记引出。线性象似性指语义关系紧密的单位在线性距离上也更加靠近，多项定语的排列典型地说明了这一点。"（刘丹青2001：389）

27 Chin（2011：536）にそのイメージ・スキーマのモデルが示されている。スキーマにおける受領者は終点（goal）からのメタファーによる拡張として理解される。有生性を持った終点が受領者であると言い換えてもいい。例えば英語の前置詞「to」は「向格（allative）」「与格（dative、recipient）」同形である。

28 邓思颖（2003：79）で挙げられている主題（意味）役割階層（"题元层阶"thematic hierarchy）は、「動作者＞被動者（対象：引用者）＞終点」である。张林（2010：279）には、これまでの主要な先行研究で議論されてきた主題役割階層（张の用語では"论旨层阶"）についての簡便なまとめが載っている。

29 話性については、徐烈炯・刘丹青（2017）に最も詳しい議論が載っている。

30 鈴木（201：221）を参照。

31 邓思颖（2003：81 注②）に"粤语的介词应该属于词汇性词类（Tang 2000）。"とある。

32 他の後置成分"埋""埋晒""翻"（これらの生起は文全体を已然指向にする）や完了アスペクト助詞"咗"の生起も可能である。1．我送／買呢啲飛畀埋佢哋。（わたしは彼らにもこれらのチケットを贈った／買った。）2．我送／買呢啲飛畀埋晒佢哋。（わたしは（一人も余さず）彼ら全員にこれらのチケットを贈った／買った。）3．我送／買呢啲飛畀翻佢哋。（わたしは（お返しとして）彼らにこれらのチケットを贈った／買った。）4．我送咗呢啲飛佢哋。我送呢啲飛咗佢哋。我送咗呢啲飛咗佢哋。5．我買咗呢啲飛佢哋。我買呢啲飛咗佢哋。我買咗呢啲飛咗佢哋。（これらの文を容認するインフォーマントによれば、全て極めて自然な文であるという。）

33 このことに関連して、今次調査で確認できた広東語話者二つの層、すなわち「動詞＋対象＋畀＋受領者」構文を動詞のタイプによらず一律受領者標識構文と見なすグループ（Aとする。5名中3名）と、連動式構文と見なすグループ（Bとする。5名中2名）のうち、特にB層について興味深い事実が観察できた。B層2名中の1名（香港、30代）が容認可能とした"我將嗰件冷衫送咗佢畀妹妹。（私はそのセーターを妹に贈った。）"、"我將嗰個字寫咗喺佢嗱黑板上便。（私はその字を黒板の上に書いた。）"（この二文については後に改めて触れる）について、当該インフォーマントである李氏は、復述代名詞を伴うこのような表現はかなり「くどい（"罗嗦"）」言い方であり、しかも昔の古い言い方であるという感覚をお持ちとのことであった。このコメントを手掛かりとして、今度はB層のもうお一方である70代、香港出身で日本在住が長く、事実上「中期粤語（钱志安（2013）参照）」の話し手である凌氏に伺ったところ、当該二文のどちらも容認可能であり、かつやはり「くどい」言い方であるというご意見であった。このことから広東語話者には授与型二重他動構文に関して、A、B二つの層に分かれるとの推定が稿者によりなされたという経緯がある（A層3名は当該二文を完全不容認）。そして広東語も含めた中国語における文法化の一般的傾向は、言うまでもなく「動詞」から「介詞」への変化であり、お二方のコメントは十分に示唆的である。すなわち通時的にはB層が先でA層が後であるという推定が成り立つ。これは受領者標識構文が授与型連動式構文にその出自・由来を持つという事実にも重なり合

う。
34 「二重目的語構文」とは形式に着目した呼称であり、これに合わせる形で暫定的に「(受益的)受領者標識構文」とした。しかし煩雑に過ぎるので、以下簡単に(意味に着目した言い方ではあるが)「受領(者)構文」「受領文」等を使うことにする。中国語では通常"介宾补语式"である(刘丹青(2001b)、张敏(2011)等)。
35 例えば江西省贛語安義方言や安徽省贛語宿松方言がある(张敏 2011:94)。万波(1997:240)も参照。
36 张敏(2011:95)も参照。
37 授与(型)動詞は基本的には三項動詞という括りで大過ないであろうが、注意すべきは構成メンバー間においてある程度差があるということである。日本語で例えば友人同士のざっくばらんな会話において、開口一番「昨日指輪贈ったんだ。」と話し手が発話したとすれば、聞き手は「誰に?」と問い返すはずである。しかし「あの家昨日とうとう売ったよ。」と言えば、聞き手は「誰に?」「どこの不動産屋に?」とは必ずしもならないであろう。動詞がその項構造において、ある主題役割を果たす項をどの程度より義務的に要求するか(当該項が前景化して義務的な度合いが高いのか、後景化が可能で度合いが相対的に低いのか)という度合いに差があるということである。二項動詞、三項動詞という分類は絶対的なものではない。例えば"送"は通常三項動詞としてふるまうが、"送去"のように移動義が前景化すれば、受領者項は後景化され二項動詞のようにふるまう。杉村(2017:139 注8)に、動詞"卖"を例に「売却の実現が前景化した認知フレームにおいては受領者が関与しないも状況もありえる。(原文ママ)」との指摘がある。
38 その根拠として、邓(2003: pp.88-89.)では、"畀"本来の字義が「授与」であるのに対して、"俾"は「受益」であることを挙げている。张敏(2011:104)は"畀"が本来的な三項授与動詞であるのか否かを疑っており、TAKE義を持つ二項動詞由来の可能性を指摘している。しかし夏俐萍(2017:33)では、おそらく张敏(2011)を踏まえたものであろうが、"畀"を何の検証も議論もなしに、二項TAKE動詞由来としてしまっている。本稿では"畀"の本字考には一切立ち入らない。
39 中国語に関して他動詞における下位範疇化を軸にして言えば、一つの名詞性成分を目的語として(直接格である目的格を付与して)下位範疇化するのが二項動詞、二つの名詞性成分を目的語として(一般に直接目的語と間接目的語)又は一つの名詞性成分を目的語として、一つの介詞句(前置詞句)を斜格として下位範疇化するのが三項動詞であると定義づけることができよう。本稿における議論の範囲で言えば、授与(型)動詞は三項動詞であり、非授与型動詞は二項動詞である。
40 张敏(2011:108)では、一般の他動詞(二項動詞)の目的語の意味役割を通常「被動者」とし、三項動詞の移動や変化の対象となる目的語(二重目的語文の場合は直接目的語)を「対象(theme)」と称するとしている。そして「被動者(patient)」を"受到动词代表的动作影响的客体(affected theme)(p.108)"とする。「対象」の被る受影性(affectedness:動作の刺激により、結果としての反応が誘発される度合い)に着目した場合の言い方が「被動者」であると言い換えてもいい。
41 "我送畀咗佢。"ではないことに留意されたい。普通話の"我送给(了)他。"のように動詞の複合化は行われない。このことも広東語と普通話の大きな文法的違いの一つであり、後の議論にも関わる。
42 峰岸(2007:206)に、「目的語などが現れないことは、あってもなくてもよい随意的要素を「省略」できるという意味ではなく、特定の要素が具体的に言明されるか、されないかが特定のコノテーション(言外の意味、含意:引用者注)を担う、ということである。」という指摘がある。
43 沈家煊(1999:98)では、当該パターンの構文義を「受益」と定義する(受益者が被動者(対象)の受取り手になるか否かには関心を払わない)(原文は"对某受惠目标发生某动作")。

また、構文それ自体の全体義は部分（構文中の各構成要素）の意味の総和ではなく、ゲシュタルトとしての全体義であり、構文自体の独立性を認める立場に立つ。本稿もこの立場を首肯した上で、議論を進める。森・高橋（2013：251）に、「パターンとしてそれ自体で独立した構文としての地位を得ている」との指摘がある。

44 インフォーマントの郭氏（香港）によれば、"同"は複数ある意味の中でも第一義的には「～といっしょに」の解釈が先行するという。そしてこの解釈も含めてそれぞれの意味を表すのに、誤解をさけるためにそれぞれの補足手段や代替手段を持つ。「～といっしょに」であれば"我同你一齊去。（私はあなたと一緒に行く。）"のように。

45 太原方言では直接目的語の出自を統語的に異なる構文で区別をする。詳しくは沈明（2002）を参照。

46 本稿では、この「VO 畀 N」の構文義はあくまで「受領」であると考える。

47 佐々木（2010）では、本稿における受益（者）的受領（者構）文を、逆に「受益」を軸に据えて、「授与動詞を用いた受益文」として論じている。

48 張敏（2011：209）では、杉村（2017）が言うところの第Ⅳ構文から第Ⅲ構文への受領者の左方移動を、「移動」ではなく"消解（取り除く、解消する）"と捉える。そもそも認知言語学では生成文法に代表されるような「移動」というものをあまり認めず、語順の違いの根拠を常に認知的視点に求める。語順が違えば意味が違う、形式と意味における非恣意的関係を探るのが認知言語学最大の目的の一つと言ってよい。

49 歴史文法の上では元明期にこの形式は次第に衰え、多くの現代北方語ですでに消失或いはほぼ絶えなんとしつつある。張敏（2011：96）参照。

50 "在"フレーズが後置されるパターンの衰退については、伊原（1986）、張赬（2002）を参照。特に張赬（2002）は、介詞フレーズの意味上の分類と位置関係（主として主要動詞の前か後ろか）について、歴史文法の立場から古代漢語、近代漢語全般に亘って全面的な考察を行っている。

51 焦点化による重成分後置であればこの文型はありうる。"放咗喺张枱度一本红色嘅书。"（邓思颖 2003：112）ただし稿者によるインフォーマント調査では容認度は高くなかった。話者4名中、1名のみ容認（広州）で、3名（香港）がほぼ不容認または完全不容認（普通話を全く解さない話者）であった。やはり類像性が優先されるためであると考えられる。

52 「彼が机（の上）にのって」という解釈にしかならず、本をどこに置いたのかという必須項としての場所性終点が示されない不自然な文となる。横田（2001）参照。

53 動詞が放置型（"放"）であるか制作型（"寫"）であるかによって状況が異なる。それぞれ三項動詞と二項動詞であり、下位範疇化情報の違いが語順の違い（前置型のみか、前置型と後置型両用か）に反映していると考えられる。三項動詞である放置型動詞は場所性終点フレーズを下位範疇化し（義務的に要求する強い統御力で自身の後ろの位置に縛り付ける）、「（本等を）どこに置いたのか」を焦点化する（対象の「本」も不定・未知・新情報であるので、両者共に文の焦点であると解釈することも可能）が、二項動詞である制作型は場所性終点フレーズを下位範疇化せず（"黑板上便"は"喺"の項であって"寫"の項ではないので、実質連動構造である。）、場所フレーズを対象移動の終点ではなく、動作者の支配領域（domain）と認識し、状語（連用修飾語）として動詞に前置することで、「字」のみを焦点化の対象とする（場所フレーズは後景化する）ことも可能であるからと分析できよう（盧濤（2000：92）、横田（2001）参照）。そして構文ネットワークの観点から言えば、前置型（介賓状語式）と後置型（介賓補語式）という異なる二つの構文間相互の密接な連携として捉えることが可能である（本稿では、「喺 LVO」の構文義を「（動作が行われる場所としての動作者の）所在」、「VO 喺 L」の構文義を「終点」と考える。）。一方、普通話（特にアルタイ化の進んだ北方方言）において"在"フレーズの後置が許容されないのは、例え放置型の三項動詞であっても下位範疇化要求（終点性場所項の義務的要求）よりも「動後制限」が強く働くからに他ならない。このことに関連して、沈家煊（1999：98）に、""给 x"在动

词前表示预定的目标（Goal），在动词后表示达到的终点（Destination）。目标总是在行动之前先行设定，理应位于动词之前；终点总是在动词之后才能达到，理应位于动词之后。对"在 x"相对动词的位置可作类似说明。"とある。認知学的視点から「予定された目標」は動詞の前に位置すべきであり、「到達の終点」は動詞の後ろに位置すべきであるという、一種の類像性的観点から理論上の理想的なあるべき形式（語順）を説く。放置型二重他動構文において、普通話（北方方言）で対象が不定の場合に「到達の終点」が動詞の前に移動するのは、「動後制限」が沈氏の言う理論上の理想を凌駕するからである。

54 受益文として"给"が"为""替""帮"の解釈となる（ただしかなり無理がある。"给"の機能負担が大きすぎることとも関係があろう）ならば、この文は文法的には成立する。しかし"送去了"のように運搬の意味を中核にしなければ、受領者が示されていないため不自然である。なお受益者を導く"给"は従来類義語の"为""替"との互換性という文脈の中で議論されることが多かったが、近年ではこれに"帮"が加わる。この"给"と"帮"が用いられた受益文について、普通話における今次インフォーマント調査で興味深い事実が観察された。"乌龙茶再给／帮我拿一杯。"、"乌龙茶给／帮我再拿一杯。"という二文成立の可否を5名の話者に問うたところ、1名が"帮"の用いられた文を容認しなかった（後述する）以外は、二つのパターンとも容認できるとしたが、各位のコメント全てが重要な示唆を含むものであった。李洵氏は後者のほうが「もう一杯」がより強調される感覚であるという。これは紛れもなく距離的類像性（隣接性）が働いている。前者より後者のほうが"再"と"拿一杯"の距離がより近い。距離の近さは意味的関係性の強さに比例する傾向にある（森・高橋（2013：pp.135-136.）参照）。石ますみ氏は副詞"再"の意味を強く感じるので、なるべく前に出したい（前者の方がより適切）という意見であった。これは中国語文法体系において、副詞は動詞に密接に前置されるのではなく、介詞フレーズの前に置かれるという強い一般性・規範性がより強く働いている結果だと分析できる。また前者はレストラン等における注文の場面で、ウーロン茶をもう一杯頼むと決めてから店員を呼ぶ場合が想定され、後者はメニューを見ながら注文を逐一店員に告げている場面に思い至るという（"服务员，你给我···来盘饺子···再拿一杯乌龙茶。"と敷衍された作例が石氏のコメント中にあり）。肯綮に中る意見というべきである。事象としては一つでも、事象構造の中身については過程を二つに分けて認識しているということである（刘丹青（2001b：395）の「事象構造類象性」に関するまとめを参照）。そして「给／帮＋N＋再＋V（＋O）」構文を「再＋给／帮＋N＋V（＋O）」構文とネットワークで繋がる一つの独立した構文と見なすとして、前者は後者よりもより連動式的である（"给"、"帮"がより実義性が高く動詞的である）。石氏コメント中の敷衍例は、その微妙な差異の現れであろう。また陳愛玲氏が"帮"の用いられた文を容認しなかったが、台湾、香港を含め南方漢語で広範に使用される受益を表す"帮"（例えばカフェで注文の際、"小姐，麻烦，帮我做杯咖啡。"永江（2018：7）より引用）の北方漢語における浸透度に地域差・個人差があることの現れであろう。さらに呉志剛氏、楊駿驍氏、石氏は、"乌龙茶"の主題化前置をやや不自然とした。これは本来一つの構造体をなす"一杯乌龙茶"の数量詞のみを残し、名詞を本来の動詞の目的語位置から切り離して主題として文頭で言い立てるものであるが、文頭の主題と文末の焦点の間に動詞だけではなく「わたし（のため）に」というさらなる追加情報が入ることで、両者の距離が遠くなり、かつ一文の中で表現しうる情報量（目的語の主題化前置も情報量として「＋1」である）において、情報がやや過多になって無理をしているからであろう。一文に組み込むことのできる情報量には自ずから文の文法性ばかりではなく、発話としての自然さを低下させないための制限が働いているものと思われる。ただしこのことは現時点では判断材料に乏しく、断言はしかねる。今後も更なる調査・分析を重ねたい。なお"给"と"帮"の互換性と差異に関しては、永江（2008）、永江（2018）に「ポライトネス（丁寧さ、敬意）」の観点からの興味深い考察が見える。

55 焦点化による重成分後置であればこの文型はありうる。"我送咗畀佢一本好有用嘅书。"（邓思颖 2003：112）しかし注53の状況同様、容認度は高くない。内訳も同様である。

56 「私は彼に本を一冊（だれかに）贈らせた。」という（放任）使役文としてなら問題なく成立する。

57 同じ受益文でも処置式を使った場合、動詞"买"と"织"では話者の容認度に明らかな差があった。インフォーマント６名（北京２名、天津、チチハル、長春、瀋陽が各１名）中、容認できる・できない（疑問符が付くものを含む）の内訳は、"买"が２対４、"织"が５対１である。広東語は処置式でなければ全員が容認する。これはむろん普通話と広東語の違いの問題ではなく、処置式という構文に入ることのできる動詞の他動性（より正確には「被動作性」。角田（2007）、峰岸（2007）参照）の高さの問題であると考える。他動性とは、動作者による動作・作用（他動詞）が被動者・対象に何らかの影響を及ぼすこと、またその強さの度合いをいう。被動者・対象に何らかの働きかけをし、何らかの影響を与えた結果として、被動者や対象が状態変化や位置変化を被る。例えば"我给妹妹把那封信烧掉了。"では「手紙」は燃やされて灰になってしまうので、極めて強い状態変化を被っている。"我给妹妹把那件毛衣织好了。"においても"织"は制作型動詞であり、セーターが編まれて出来上がるという無から有への変化が現れている。従って前者は無理なく処置文として成立し、後者は前者ほどではない（被動者の被る直接的な状態変化のほうが、無から有への変化より他動性（被動作性）は高い）にせよ依然容認度は低くない。また例えば"我给妹妹把那件毛衣寄去了。（容認度は５対１）"においては、セーターがそれ自身の状態変化を被っているわけではないが、"寄去了"という明確に移動義を伴う表現により、位置の変化が見て取れる。それに対して「本を買う」という動作における被動者である「本」は、状態変化はもとより目立った形での位置変化も被ってはいない。買えば本は売り主から買い主の手に渡るという移動による位置変化を伴うと捉えることは可能であるが、動作者（本の受領者でもある）への内向きの移動であり前景化されているわけではない（後景化している）。「本を送る」という外向きの移動を伴う動作よりも、他動性が低いと言える。そしてこの他動性の度合いの差が、(23)における処置文の容認度の差になって現れていると考えられる。"我给妹妹把那件毛衣买好了。"に関して、普通話インフォーマント（石氏、チチハル出身）は、"把"が強調する「セーター」より「妹」が目立つのは不自然であると指摘した。傾聴に値する。そもそも一文の中に写像されうる事柄が多くなれば、すなわちこの場合「受益」を述べ立てて、さらに「処置」を重ねて言い立てる（言い換えれば動詞に下位範疇化されない介詞フレーズが連続して動詞の前に二つ現れる。受領文や場所性終点の表現は、受領者を表すフレーズや場所性終点フレーズが動詞に下位範疇化され、その直接的な統括支配を受けている。二項動詞と三項動詞の差と言ってもよい。受領文や場所性終点の表現は無理なく処置式を構成する。）のは、それだけ構造的にも無理が生じやすい。ある一定以上の他動性の高さを持つ動詞が入ることが当該処置文の成立条件になっていると考えられる。また荊紅濤氏（河南省鄭州、中原官話母語話者）に"我给妹妹把那件毛衣买好了。"成立の可否を尋ねたところやはり不自然であり、"妹妹让我帮她买的那件毛衣我买好了。"或いは"我买好了妹妹让我帮她买的那件毛衣。"のような表現の方がより適切であるというご教示を得た。前者は被動者主題前置文、後者は「セーター」が目的語本来の位置にあるわけだが、焦点化による文末後置もしくは重成分後置との分析も可能であろう。稿者の質問に熱心にお答え下さった荊氏に感謝申し上げる。なお、動詞の下位範疇化については中西（2017）を参照されたい。他動性の高さ（強さ）に関しては大堀（2002：pp.121-123）、角田（2007）を参照のこと。

58 c.とd.は、a.とb.よりさらに話者の判断が紛糾した。c.における、容認できる・できない（疑問符が付くものを含む）の割合は、４：２であり、d.は２（ただし２名ともやや不自然とする）：４とa.b.の場合とは判断が逆転する。構造（構文）上の安定性に問題はない。杉村（2017：137）に当該構文は「極めて使用頻度の高い構文である（コーパス利用の結果：引用者注）」とあり、主要動詞を中心に"把"で導かれた副主題（徐・劉（2017）参照）が動詞の左、"给"の指定する焦点が右に置かれ、中国語の強い一般的傾向に叶う理想的な構成を

なす。ではなぜ他動性がより高いはずの"织"がほぼ容認されず、他動性のより低いはずの"买"の容認度が比較的高くなるのか。第一義的には動詞のタイプの問題であると考えられる。この構文は対象が不定の場合の「V 给 NO」に対応するものであるが、この「V 给 NO」型に入ることのできる動詞は授与型動詞、投擲型動詞、通信型動詞である（杉村 2017：136 参照）。太源方言（沈明（2002）参照）とは異なり取得型動詞と制作型動詞は受け入れることができない。しかし取得型である"买"を含む c.を容認する話者が多いのは、構文の安定性と使用頻度に支えられた臨時的な（まだ熟してはいない）機能拡張によると考えられる。「その本を（まず）買って（それから）妹にあげる」という認知上の因果連鎖（大堀 2002：pp.98-100 参照）が無理なく働いて安定性の高い当該構文に比較的無理なく収まった結果であると考えられる。一方"买"より他動性が高いはずの"织"がこの型に極めて入りにくい（完全容認話者が一人もいない）のは、意味論上の根本的な矛盾が生じているからだと考えられる。制作型動詞の意味的特徴はその動作の作用が働いて初めて被動者が形作られることにある。d.において前半部である"我把那件毛衣"の段階で「セーター」は完成型でなければならない（処置文においては"把"に続く名詞性成分が定・既知・旧の情報であることを強く要求されることを想起）にもかかわらず「（これからセーターを）編む」を意味する動詞が来たのでは、たとえ已然性を指向する結果補語の"给"フレーズが主要動詞との複合化を伴い後置されたとしても、意味論の段階で自家撞着をきたすことになる。構文の安定性や使用頻度の高さ、他動性の高さ云々以前の問題であろう。よってこれだけの容認度の低さとなって現れるのであろうと思われる。それに対して b.の容認度が低くないのは構造上の無理があるとはいえ、意味論の段階において"织好了"という「セーター」の完成型を保証する表現があって"那件毛衣"が有する情報構造と意味論上の矛盾が生じない、言い換えれば意味論的親和性が低くないことによると解釈できよう。なお今次インフォーマント調査で明らかになったこととして、年配の話者になるほど文の文法性の判断に対する許容範囲が狭くなり、若い世代ほど範囲が広くなる傾向が顕著であることが挙げられる。普通話、広東語共にその傾向がはっきり見られた。これは教学経験の蓄積年数の差と、それに伴う文法における規範意識の度合いの差であると考えられる。教学経験の積み重ねにより培ってきた文法の規範性に対する意識が、例文の文法性の判断に影響を与えていることは確かであろう。

59 注 59 と同じ理由で、容認度が下がる。

60 稿者の広東語インフォーマント（料理研究家でもある黄愛萍氏）によるかつての指摘（2002 年当時）であるが、後にこのことに関して普通話母語話者（ハルピン出身）に調査したことがある（2011 年 6 月）。ある料理の作り方を簡単に説明してもらったのだが、初めご自身でその作り方を独り言で確認しておられた際には、処置式は一切出てこなかった。しかし稿者に向かって説明した際には、処置式が頻繁に使われた。処置式が使用される語用論的条件の分析や、それに基づく中国語教学における有用性を鑑みても、極めて示唆に富む事実である。ご協力下さった康鴻音氏並びに康氏の録音音声起しを手伝って下さった石ますみ氏に記して感謝申し上げたい。横田（2011b）を参照。

61 動詞に後置される"给"や"在"は結果を指向し（テキストや文法書では「結果補語」として扱われることが多いことを想起されたい）、意味論上已然との親和性が高いため完了アスペクト"了"をつけることは少ないが、付けるとしたら"给""在"の後であり、このことから複合化していることは明白である。

62 「（受益者的）受領者」ではない「受益者」のときは、「VO 畀 N」ではなく受益者標識構文「幫／同 NVO」を使うことに平行する。構文ネットワークにおいては、「VO 畀 N」の「受領者（受益者的受領者を含む）」が「VO 喺 L」の「場所性終点（goal）」に、「幫／同 NVO」の「受益者」が「喺 LVO」の「（動作者が動作を行う domain としての）所在」にそれぞれ対応すると解釈できる。ただし、「受領者 recipient」と「場所性終点 goal」は意味上メタファーの関係にあるが、「受益者 beneficiary」と「所在 locative（「（場）所格」または「位格」）」の意味的関係は希薄である。

63 「V」と「給」の複合化も動詞連続から議論することはもちろん可能であるが、ここで議論している動詞連続はあくまで統語論レベルのことであり、二つの動詞の複合化は形態論と統語論との間で論じられるべきものである。「V」と「給」の複合化に関しては、夏俐萍（2017）に興味深い観察が見える。

64 "將"を使った処置式も動詞と"畀"や"喙"が複合化はしていないので（完了アスペクトの"咗"が割って入る）、動詞と"畀"、動詞と"喙"（TAKE 動詞由来）の関係を動詞連続の観点から捉えて主要動詞が前という言い方ができる。同時に動詞の前に位置する"將"との関係で言えば、主要動詞は後ろ、従って構文全体として主要動詞は中間という捉え方も可能である。

65 中国語において、話題の最も自然な位置は文頭であり、焦点の最も自然な位置は文末である（自然焦点の位置に関しては、刘丹青、徐烈炯（1998：245）、刘丹青（2001a：33）参照）。例えば中国語の処置式はまさにこの傾向に則っているわけだが、広東語は統語構造上の制約（「VO」のユニットを崩さない）と類像性を優先する傾向がより強いということである。以下の議論に続く。

66 この文に関して普通話話者（大連出身、30歳）に調査をしたところ、"他比其他同学早十五分钟来了。"という言い方もできるとのことであった。同席していた別の話者（瀋陽出身、30代後半）に確認したところ、自分の発話では出てこないが特に若い世代がそのように言うのを聞けば、当該文の意味で理解するとのことである。さらに追加調査で別の話者（長春出身、30代前半）に確認したところ、完全に許容できるとした。また当該文に関連して、李洵氏よりインターネット上の書き込みから"他比平时早10分钟到达。"という例のご提供があった。これらは北方方言における「動後制限」（後述する）のさらなる進行と解され、アルタイ化（橋本（1987）、张敏（2011）参照）が現在も進行中であることを示唆するものであろう。

67 注66の調査後、さらに四川省綿陽出身30代前半の西南官話母語話者に追加調査したところ、"他比其他同学早来了十五分钟。"の他に、"他比其他同学来得早十五分钟。"も使用可能ということであった。北方官話では容認されない言い方が地理的に南方方言に近く位置する西南官話区域で容認されるというのは、後述する「動後制限」の働き方が官話地域全体で一様なわけでは決してなく、地域性の漸次的・段階的なグラデーションが存するということである。西南官話は北方官話ほど「動後制限」の制約が強くないと言える。逆に「動後制限」の制約が最も強力に働くのが、漢語諸方言の中でもアルタイ語化の最も著しいと言われる西北官話である（张敏（2011）を参照）。本稿の主要テーマである授与型二重他動構文を例にとれば、甘粛蘭州方言では、"你把书给尕王给给了没有？我给给给了。（あなたは本を王君にあげましたか。私はあげました。：引用者訳）（1番目の"给"は受領者を導く介詞（答えの文で受領者の省略が可能）、2番目が主要動詞、3番目が主要動詞に後置された助詞である。）（このような形式の成立過程は、张赪（2002）や石毓智（2003）の研究から推して、普通話の"送给他"同様、主要動詞"给2"に受領者を導く動詞"给3"フレーズが後接し"给2"と"给3"が再分析により複合化、その後複合化した"给2给3"のユニットを残したまま、受領者がアルタイ語化により介詞の"给1"に導かれ状語として動詞に前置されるに至るという一連の通時的変化が想定されるが、本稿ではこれ以上立ち入ることはせず、今後の課題としたい。）"（公望1986：190）のような「動後制限」どころか、動詞の後ろにいかなる自由形式の生起をも許容しないSOV言語に平行する現象が見られる。地理的区域性のグラデーションが存することを強く示唆する。

68 このテキストには付属のカセットテープがあり、吹き込み者は広東語母語話者である。

69 動作の回数を表す"三次"は、口語では焦点化されて文末におくことが可能である。a."我送過礼物畀佢三次。"そもそも広東語に限らず現代中国語では動作の回数を表す表現（いわゆる「動量補語」）は動詞により近い位置で目的語の前に置かれる（ただし目的語が代詞の場合は動量詞が後置される）。"我去过一次中国。""我见过两次黄先生。"しかし近年の中国

語テキストでは動量詞を後ろに置くこともできるとするものが出てきている（早稲田中国語教育研究会編（2018：132）参照）。広東語ではかねてより当該表現では両方の語順が可能である。本稿ではこのことを焦点化による動量詞の後置現象が文法化を経て一つの構文として定着した結果（構文化）であると考える（文法化するのは語彙ばかりとは限らない。秋元・前田（2013）、秋元（2015）を参照）。広東語の"我去過三次日本。""我見過一次黃太太。"は、b."我去過日本三次。"c."我見過黃太太一次。"のように言い立てることが従来より可能であり、どちらの語順も同じように容認される。そしてこの仮定が正しければ、a.の授与型二重他動構文の動量詞後置現象は今まさにその構文パターンの定着を目指す方向に文法化（構文化）が進行中であると解釈でき、a.の生産性や使用頻度がb.やc.のパターンほど高くなく、本来的なものからの逸脱という母語話者の感覚（黄氏）にも沿う。しかしながらこのことは現時点ではあくまで仮説の域を出ないものであり、理論的裏づけも現段階では希薄である。今後の更なる考察が待たれる。ただ(29)やa.の例も広東語の「動後無制限」傾向を支持するものとなるということは言えよう。また興味深いのは(29)からの焦点化であると考えられるa.の文が、生成文法理論ではどのように説明可能であるのかということである。現在のミニマリストプログラムにおいては、(29)からa.を派生させるためには、名詞句（目的語の"礼物"）と介詞句（"畀佢"）両方の階層構造（左枝別れ樹形図）における繰上りによる左方移動が行われなければならないが、鄧思穎（2003：109）も指摘する通り、生成文法理論におけるフレーズ移動は必ず意味上の動因（焦点化、強調等）を必要とする。(29)における"三次"が文末に位置する目的は焦点化であろうが、二重他動構造の場合は一つの動因で二つのフレーズが移動するとするのであろうか。あるいは焦点化を理由に"畀佢"が先ず"送過"の直後に移動するが（鄧（2003）の分析によれば、広東語の動詞は普通話よりも前へ中心語移動をする。よって動詞を跨いで越えることがない。）、そのままであれば広東語の持つ、類像性原則にできるだけ従う傾向と動詞が直後に目的語の顕現形式による生起を強く要求するという傾向に反するので、それらの傾向に対する違反や傾向からの逸脱を避ける目的で"礼物"が動詞の直後に名詞句移動を起してa.の語順が派生されるという考え方も可能性としてはありうる。ただしこれは意味論上の動因とはいえない。本稿ではこれ以上立ち入ることはしないが、今後もこの問題に注目していきたい。

[70] (34)を容認した話者は、インフォーマント５名中２名（香港）であるが、取得型動詞"買"に対して、制作型動詞"織"が入る文（"我將嗰件冷衫織咗佢畀妹妹。"）は１名容認、１名不容認と話者間で判断に揺れが見られた。注59で議論したように、"買"より"織"の方が他動性はより高いわけだが、後者１名の判断は他動性に基づく予測に反する。これは普通話も同様で、話者によっては"买"は容認するが、"织"は容認しない。もともとインフォーマントの方々が成立の判断に迷うような文であるので、他動性の高さという処置式の成立条件は、あくまでも傾向にすぎないことが分かる。

[71] 李氏（香港）によれば、特に"晒""翻"の２つがよく使われる印象があるということである。香港インフォーマントの一人、黄氏より(37)に関連して次の指摘があった。(37')"佢放咗啲嘢喺埋一齊。（彼はそれらの／いくつかのものを（別々にではなく）一緒に（同じ場所に）置いた。）"は、やや不自然ではあるものの容認可能ということである（氏は広東語の全インフォーマント中、最も文法性の判断が厳しく、かつ揺れやぶれが少ない話者である。）。氏の意見では、"佢放咗啲嘢喺「場所」。"と"啲嘢喺埋一齊。（それらの／いくつかのものが一緒に（同じ場所に置いて）ある。）"の二文を併せたような感じがするという。よって氏の認識では、(37')の"喺"は動詞である。氏は本文でまとめたごとく、「VO喺L」の"喺"を介詞と認識する層に属するが、(37')の不完全容認は放置型二重他動構文（場所性終点標識構文）からの類推による、一時的・臨時的な構文借用であると考えられる。なお自然な表現は処置式を使った"佢將啲嘢放埋一齊。"であり、当該の意味を表現するなら、これ以外（処置式を使わない「VO」型）の言い方はないとのことであった。先に広東語は、統語上処置式を必ずしも必要としないことに触れたが、このような実例があってみれば再考を要する。

ただし「V 埋一齊」（普通話の"在一起"に相当）は、これ自体すでに熟した一つの構文であり、(37')のような例は、いわば大きな構文の中に、臨時的に小さな構文が類推作用と機能拡大により埋め込まれた（embedded）と分析することも可能であり、例外的扱いができる可能性を排除しない。

[72] このタイ語の例文については、安藤恵一氏（バンコク在住）のご協力を忝くした。当初、氏は日本語が母語でありタイ語を準母語とするご令嬢お二方（就学前でありインターナショナルスクール幼稚部に通われており、英語母語話者の教師と日常的に接して英語を学んでおられる）に当該例文を確認くださったところ、(41)だけではなく、「(41')phom 私 khun あげる hai あなた nangsuu 本 lem 冊 nung 1。」という言い方もできるとのご令嬢お二方の回答を得た。そこでさらに氏に母語話者への追跡調査を依頼したところ、氏の職場の同僚 3 名（バンコク 2 名、タイ東北部出身（バンコク在住 20 年以上）1 名）から回答を得た。結果は 3 名とも一様で揺れがなく、(41)は完全容認、(41')はタイ語本来の言い方ではないため、自身の発話としては使用しないが、他人が言うのを聞けば十分理解できるということであった。氏の令嬢お二方の言語環境と母語話者の回答を併せて鑑みれば、そしてタイがすでに長い間都市部や観光地等で英語が浸透しているという事実をも考え合わせるならば、タイ語における(41')のような言い方は、英語との言語接触によるタイ語文法の変化（の過程段階）と解釈できよう。本稿注 23 も参照されたい。安藤氏を初めご令嬢お二方、氏の同僚であるタイ語母語話者のお三方には、この場を借りて感謝を申し上げる次第である。

[73] 张敏（2011）の言う意味での「重後置成分」であれば、当然従っていることになる。

[74] 数学等の分野において、「A は B である／ではない」と仮定して論を進め、ある段階で論理的矛盾が生じた場合に「よって A は B ではない／である」と結論付ける証明法をいう。

広東語の起点を表す"在"と"喺"（補遺）

横田文彦

０．はじめに

　横田・竹越（2010）では、竹越・横田（2007）を踏まえて、広東語の起点を表す"喺"が"在"に取って代わる変遷状況とその要因を考察した。しかしながら、起点を表す"喺"のみが他の用法に比べ、いち早く"在"との語彙交替を完了させたことについては理由を明らかにすることができず、その後の課題として残した。また本来所在を表す"喺"が如何なる経緯をたどって起点を表す用法を確立するに至ったかということには特に触れなかった。本稿では、先行研究を踏まえて"喺"の起点を表す用法への文法化の経緯と要因を探るとともに、"在"から"喺"への語彙交替完了に見られる起点以外の用法との時期的差異が存する理由についても併せて考察する。

１．近代漢語の起点を表す"在"

　荒木（2005）では、近代漢語における"在"が起点を表すに至った経緯と要因の考察がなされている。文法化の前提として「在 LVP」フレーズに注目し、動作主が動作を行う場所から動作の起点を表すに至った道筋を次の三段階に分けて分析している。

　　段階Ⅰ．施事、対象共に L で示される範囲から移動することなく、動作が L 内で遂行される。
　　段階Ⅱ．施事及び対象は元いた場所から移動しないが、動作が L の外に向かう。L の外の人物、事物に影響を与え得る。「～デ…シテイル」とも「～カラ…シテイル」とも解釈できる用法。（中略）動作は外に向かいうるものである動作の影響を受けるものは施事の存在する一定の範囲の外にいる。筆者はこの用例が"在"が起点を表すようになる鍵であると考える。ここで起こっているのは重新分析である。
　　段階Ⅲ．施事が動作を行うことにより施事自身あるいは対象が L の外へ移動する。
　　　　　　　　　　　　　　　　　　　　　　　　　　　　（荒木 2005：pp.167-168.）

　近代漢語の"在"は起点用法において、他の同様の意味を表す語彙項目との競合に敗れている。しかし現代広東語では、かつて所在動詞或いは動作者が動作を行う場所としての所在標識としても、起点を表すマーカーとしても使われていた"在"に取って代わった新進形式の"喺"が優勢であり、同じ起点を表す"由"が今では劣勢となって、40代と50代のインフォーマントによれば、ほぼ"由～到～""由～至～"（～から～まで）"由零開始（ゼロから始める）"等のイディオムのような使われ方を口語の範囲として残すのみとなっている。本稿では広東語の起点を表すマーカー"喺"について、かつて並存関係（対立関係）にあった"在"及び競

合関係にある（あった）他の形式にも触れつつ、通時的側面と共時的側面の両方から考察することを目的とする。

2．早期粵語の状況

早期粵語資料において起点を表す"喺"が最も早く現れるのは、Bridgman, 1839、Bridgman, 1841（内容に重なる部分が多い）中の2例である。

（1）而家想學讀書，喺乜野書起呢　（Bridgman, 1839：8、Bridgman, 1841：8）
（2）喺邊處嚟呢　（Bridgman, 1839：18、Bridgman, 1841：18）

（1）は動作の起点と解することもできれば、「何の本で（読書を）始めるか」のように動作主の動作が行われる支配領域（domain）としての（比喩的な）場所を表すと見ることも可能である。しかし（2）の用法は動作の起点以外の解釈はない。そして注目すべきは早期粵語資料中、起点の"喺"（及び"在"）の後ろに来る動詞の圧倒的大多数が"嚟（來）"（他の述語動詞の後ろで方向補語になっているものを含む）であることである。他の起点を表すマーカー（"由"、"從"、"自"、"自從"、"打"）には、特にこれと言って後ろの動詞の種類に何らかの傾向は見られない[1]。"喺"の組む動詞が"嚟（來）"であるからには、動作の方向性は話し手に向かってくる方向であるから当然内向きであり、近代漢語の"在"とは反対である。そして"喺"以外のマーカーのうち、"在"は早々に消え（Lobscheid,1864 が最後）、"從""自""自從""打"も現代の口語で使われることはない。最後まで"喺"と競合するのが"由"であるが、20 世紀までのことでそれ以降現在はほぼ"喺"のみが起点を表すマーカーになっていると言ってよい。（1．で触れた"由"のイディオム的用法を除く。またこのことは3名のインフォーマントに確認済みである。）

3．中期粵語

20 世紀までは"由"が"喺"と最後まで競合したことに触れたが、広東語自体この数十年で変容しており（最も代表的な変容が声調の変化で、陰平が調値 53 の下降調から調値 55 の高平調になっている）、钱志安（2013）では 1950 年代と 60 年代の広東語を「中期粵語」と名付け、今現在の広東語とは通時的に区別し新たな研究対象としている。その中期粵語において競合していた"由"と"喺"にはある程度の使い分けがあったようである。今回のインフォーマント調査（70 代）で明らかになったことであるが、両者はほとんどの場合で互換性があったと見られ、「〜から来る／来た」の場合のみ"喺"が選ばれる傾向にあったということである。このことからも当該表現が他から孤立して別格扱いされていることが分かる。つまり早期粵語で"嚟（來）"と組むことが大多数であった"喺"は、組む動詞の選択制限が徐々

---

[1] 傾向を見出せるほど用例の数が多くないことにもよる。また"自""自從"は書面語的、文語的表現に多い。

になくなり（機能拡大"功能扩展"）、広範な動詞が後ろにくるようになる一方で、早期粤語では"嚟（來）"とも組んでいた"由"がそれとだけは組むことができず、"喺"に座を譲った形である。新進形式の"喺"による"由"の淘汰の過程が見て取れる。

4．「場所」から「起点」へ

１．で触れた荒木（2005）でも言及されているが、「場所」から「起点」への語義変化（厳密に言えば「第二次文法化（secondary grammaticalization）」。主体の「所在」から動作主の動作が行われる「場所」への変化が「第一次文法化（primary grammaticalization）」[2]は必ずその中間的な用法の存在（いわば媒介）を必要とする。「場所」とも「起点」とも解釈できるような用例が変化の橋渡しとなる。このことは例えば、授与動詞が使役動詞に（「第一次文法化」）、そして使役動詞が受動を表すマーカーに文法化（「第二次文法化」）していく過程において、それぞれの変化の橋渡し役（媒介）が二義的な用法であることは先行研究でほぼ明らかになっていると言っていい[3]。そして文法化を経た後でも二義的な用法が依然存在するからこそ、その成分は多義語となりうる。現代広東語で例を挙げれば、

（３）我畀佢睇咗個銀包。（私は彼に財布を見せた。／私は彼に財布を見られた。[4]）

この文は二義的であり、それゆえに受動の意味を明確にして誤解を与えないようにするために、結果補語を伴った表現、

（４）我畀佢睇倒（咗）個銀包。（私は彼に財布を見られた。）

とするのが一般的である。よって（３）は第一義的には使役の解釈が先行する傾向にある。
　早期粤語における"喺"が「起点」を表す契機となる「（動作主が動作を行う）場所」とも「起点」とも解釈されるような例を、早期粤語資料の中から挙げてみよう。

（５）喺邊處得來嘅呢　　Where did you get it?　　（Dennys1874：28）
（６）你喺邊處得嚟嘅　　Where did you get them from?　　（Dennys1874：112）

英訳はあくまで参考に過ぎないとはいえ、"喺"が「場所」にも「起点」にも傾きうる好例をなす一対である。さらに詳細に見ていくと動詞「得」のところまでは"喺"は「どこで（ものを）得たのか」という「場所」の解釈が先行する。「ある場所でものを得る」とい

---

[2] 秋元（2015：16）を参照のこと。
[3] 例えば共通語の授与動詞"给"がその典型である。その文法化の過程についての詳細は蒋绍愚（2002）、张文（2013）、刘云（2018）参照。
[4] ただし話者によっては、受動の意味にとることはできず、使役の解釈のみとした（5名中2名）。

う出来事は、動作主が自分の所在で動作を行うことを表しているだけで、動作主の移動を指向しない。ところがこれに"嚟（來）"が続くと"喺"の意味は一気に「起点」へと傾く。今度は現代広東語で考えてみよう。

（7）我喺天星码頭搭水翼船嘅。私はスターフェリー乗り場で水中翼船に乗ったのです。
（8）我喺天星码頭搭水翼船嚟澳門嘅。私はスターフェリー乗り場で／から水中翼船に乗ってマカオに来たのです。
（9）（平時喺上環港外綫碼頭，不過今次）我喺天星碼頭嚟澳門嘅。（いつもは上環港外線埠頭からですが、今回）私はスターフェリー乗り場からマカオに来たのです。[5]

他の動作動詞を介さず直示的方向動詞と直接組むようになって"喺"の真の「起点」用法は確立する[6]。構文全体を俯瞰的に捉えれば、"喺"と直示的方向動詞の間にある種の動作動詞が入って（「水中翼船に乗る」）「所在」（「場所」）から「起点」へと傾き、さらにその動作動詞が文脈等の要請から省略されて落ちることで"喺"の「起点」義が確定する。早期粤語資料に初期から見られる"喺"（及び"在"）の起点用法は、このような一連の過程を経て文法化と構文化（constructionalization[7]）が進んだと推定されるが、惜しむらくは資料の限界からそれ以前の状況が分明ではないことである。

---

[5] この例は母語話者の作例であるが、前半節の"喺"は、後半説との関係から明らかに「起点」を表しているにもかかわらず、それを受ける動詞が顕現形式として生起していない。頗る口語的な表現ではあろうが、このような語用論上の要請と経済原則（同じことを表現するのになるべく少ない要素で文を構成しようとする傾向。刘丹青（2001：392）を参照のこと。）に基づいた省略が、中国語の本来的な統語原則（介詞はそれを受ける動詞がなければ文として完結できない）をおかすかの如き運用の実際は注目に値する。ただしこのような「省略」が可能であるのも、後半の主節に前半節の"喺"を受ける述語動詞"嚟"があることが前提であるのは言うまでもない。もし後半節の動詞が"嚟"でなければ、この省略は起こりえない（直示的方向動詞でなければ、起点義の確定ができない）。いわば複文における節をまたいだ依存・被依存の関係（修飾・被修飾の関係）が存するとも考えられよう。

[6] ここで再分析が完了する。従って荒木（2005：168）の言う「重新分析を重ね」という分析は首肯しがたい。「媒介」の用例は再分析が起こりつつある、またはその過程が進行中の段階にあると考えられる。そうでなければ、現代でも「所在」にも「起点」にも解釈しうる二義的な用例が、果てしなく「再分析」を繰り返していることになってしまうであろう。

[7] 前田（2013）を参照されたい。そこで議論されている構文化最大の動機は、本稿で強調しているところの「高頻度使用」による固定化・成熟化（前田のことばで「反復使用による慣習化（conventionalization）」）である。使用頻度の高さということが構文理解の鍵を握ると言っていい。

5．再び早期粵語へ

　香港や広州における通商等の人的交流が盛んな状況において、迎える側と訪れる側に「〜から来たの？」「〜から来た。」の如きやり取りが頻繁にかわされる（かわされた）であろうことは容易に想定される（象徴的には広州交易会を想起されたい）。4．で指摘した"喺"の起点義の確立は、とりもなおさず「喺＋場所＋嚟（來）」という構造上強い一体性を持つ統語形式（構文）の確立でもある[8]。そして2．で述べたように早期粵語の"在"と"喺"が使われる構文環境として大多数を占めるのが"在／喺〜嚟（來）"形式の文であるという文献上の事実がある。その形式のみ集中的に使われるということは、ある種固定表現（決まった熟した言い方）に近いものになりやすく、かつ日常生活の中で使用頻度が高いと思われる表現（「〜から来たの？」「〜から来た。」のようなやりとり。事実早期粵語資料の中でも起点を表す"在"と"喺"の用例にそのようなものが最も多いことはすでに述べた。）であれば、"喺"は新進形式（「起点」よりもはるかに用例が多く、従って使用頻度も高いと思われる「所在」をあらわす"喺"も新進形式として同時平行的に使われている）であるだけに、若い世代の流行から始まって競合関係にある相手、すなわち構文環境を同じくし意味においても差が見られない"在"をより淘汰しやすい、もしくは淘汰する速度が速まるとは考えられないだろうか（現に"由""從""自"等、他の形式はその後も残る）。さらには同じ構文環境の中で使われる動詞が事実上ひとつ（に近い状況）であれば、「起点」をマークする部分に入りうるものが二つというのは明らかに余剰的であり不経済である。横田、竹越（2010）では「起点」を表す"在"のみが文献上からいち早く消え去った理由を、"喺"も含めた他の類義形式との競合による影響に求める方向で議論を展開したが、最後まで詰めきることができなかった。"喺"以外の「起点」を表す形式による影響を排除はできないものの[9]、やはり"在"はそれらとの競合の中で廃れたのではなく、第一義的には統語環境と動詞の選択制限（ある特定の語彙項目との結びつき易さ）によって、いわば最小対立項をなす新進形式"喺"との競合でいち早く淘汰されたのであると本稿では思料する。

追記）本稿執筆にあたり、広東語母語話者の協力を仰いだ。ご協力下さった凌志偉氏、黄愛萍氏、郭文灝氏、李昆陽氏（以上香港）、馬之濤氏（広州）、以上5名の方々に深甚の感謝を申し上げたい。

　また広東語の音韻変化の状況をはじめとする様々な問題に関して、西田文信氏の貴重なご意見を忝くした。稿者の再三に渡る追究に快く応じて下さった氏に満腔の感謝を申し上げる次第である。

　最後に、本稿をまとめるきっかけとなったのが、2005年度から2006年度にかけての竹越

---

[8] "嚟（來）"が他の動詞の結果補語となる例を除外しても、依然"嚟（來）"が大多数を占めることにはかわりがない。

[9] "由"や"打"も、"我由書館來"（Dennys 1874：71）"你打邊處來"（Bonney 1854：31）のように直示的方向動詞が共起する例が見える。

美奈子先生との早期粤語資料に基づいた一連の共同研究にあったのは言うまでもない。今次考察にあたって、竹越先生と当時交わした主としてメールによる膨大な議論のやりとりを読み返すことから、本稿の議論は全てが始まっている。先生との真剣な議論がなければ、本稿における残された問題解決は到底かなわなかったはずである。竹越先生にはこの場をお借りして改めて心からの感謝を申し上げるのほかはない。

早期粤語資料

Bridgman, E.C. 1839. *A Chinese Chrestomathy in the Canton Dialect*. China: S.Wells Williams.

Bridgman, E.C. 1841. *A Chinese Chrestomathy in the Canton Dialect(enl.ed.)*.Macao: S.Wells Williams.

Bonney, Samuel W. 1854. *A Vocabulary with Colloquial Phrases of the Canton Dialect*. Canton: Office of the Chinese Repository.

Lobscheid, W. 1864. *Grammar of the Chinese Language*(2 vols.). Hong Kong: Office of the Daily Press.

Dennys, N.B. 1874. *A Handbook of the Canton Vernacular of the Chinese Language*. London：Trübner & co./ Hong Kong: China Mail Office.

参考文献

秋元実治 2015「文法化から構文化へ」『日英語の文法化と構文化』ひつじ研究叢書〈言語編〉第 132 巻，東京：ひつじ書房．pp.1-40.

荒木典子 2005「起点を表す"在"—『西遊記』の用例を中心に」，『中国語学研究 開篇』vol.24，東京：好文出版．pp.166-168.

森雄一・高橋英光編集 2013『認知言語学 基礎から最前線』，東京：くろしお出版

竹越美奈子、横田文彦 2007「"喺"的历史演变」《第十届国际粤方言研讨会论文集》张洪年、张双庆、陈雄根主编，北京：中国社会科学出版社．pp.299-305.

前田満 2013「構文化と脱従属化」『人間文化：愛知学院大学人間文化研究所紀要』第 28 号．pp.17-36.

横田文彦、竹越美奈子 2010「早期粤语文献中表示动作起始点的"在"与"喺"」『中国語学研究 開篇』vol.29，東京：好文出版．pp.85-89.

蒋绍愚 2002「"给"字句"教"字句表被动的来源」《语言学论丛》第 26 期，北京：商务印书馆．pp.159-177.

刘丹青 2001「汉语给与类双及物结构的类型学考察」《中国语文》第 5 期．pp.387-398.

刘云 2018「北京话被动标记"给"的来源及历时演变」《中国语文》第 4 期．pp.395-407.

钱志安 2013「粤语研究新资源《香港二十世纪中期粤语语料库》」《中国语文通讯》第 92 卷第 1 期．pp.7-16.

张敏 2011「汉语方言双及物结构南北差异的成因：类型学研究引发的新问题」《中国语言学

集刊》第 4 卷第 2 期．pp.87-270.

张文 2013「近代汉语"给"的语法化演变研究」《语言学论丛》第 47 期，北京：商务印书馆．pp.229-257.

<研究ノート>

中古音と現代広東語の音韻対応と例外（声母篇）

塩田祥大

　広東語（香港）の音韻、特に中古音との対応については、今までにも多くの研究があるが、ここでは自分なりの観点から対応関係を示してみたい[1]。重点は常用例外字を一覧することにある。例については主に李新魁・黄家教・施其生・麥耘・陳定方（1995）《廣州方言研究》pp.204-224 及び《漢語方音字彙（第二版重版本）》に記載があるものを抜粋した[2]。また《粤音韻彙》やその他の資料を用いたものもある。例外の判別は李新魁他（1995）を参考にした。

　中古音と現代広東語の音韻対応のうち声母について大きくまとめると以下の表のようである[3]。

		全清		次清		全濁		次濁	
		中古音	広東語	中古音	広東語	中古音	広東語	中古音	広東語
重唇音	幇組	幇p	p	滂pʰ	pʰ	並b	p、pʰ	明m	m
軽唇音	非組	非pf	f	敷pfʰ	f	奉bv	f	微ɱ	m
舌音	端組	端t	t	透tʰ	tʰ	定d	t、tʰ	泥n	n
								來l	l
	知組	知ṭ	tʃ	徹ṭʰ	tʃʰ	澄ḍ	tʃ、tʃʰ	娘ṇ	n
歯音	精組	精ts	tʃ	清tsʰ	tʃʰ	從dz	tʃ、tʃʰ		
		心s	ʃ			邪z	tʃ、tʃʰ、ʃ		
	荘組	荘tʂ	tʃ	初tʂʰ	tʃʰ	崇dʐ	tʃ、tʃʰ、ʃ		
		生ʂ	ʃ			俟			
	章組	章tɕ	tʃ	昌tɕʰ	tʃʰ	船dʑ	ʃ	日ń	j
		書ɕ	ʃ	常ź	ʃ			羊（以）	j、w
牙喉音	見組	見k	k、kw	溪kʰ	h、f、j、(kʰ、kʰw)	群g	k、kw、kʰ、kʰw	疑ŋ	ŋ、j、ŋ̍
		曉x	h、f、j			匣ɣ	h、j、w		
		影ʔ	零声母、j、w					云ɣ	j、w

　次に各声母について一つ一つ見ていきたい。

　凡例：中古音の復元音を「中古*」、現代広東語を「粤」で表し、その対応法則を示す（たとえば幇母の場合「対応　中古*p：粤 p」）。対応が 1 対 1 でない場合はその条件を記す。対応に合う例字を幾つか挙げたあと、対応法則に合わないものを「例外」として挙げる。李新魁他（1995）で既に指摘済みの例外字については下線を引いた。例外に複数の音が存在する場合は各節の初めのところに注としてまとめた。

---

[1] あくまでも本章で記述した字から推測される対応である。以下、〜母、〜摂という表現を用いているがすべての字をみて判断したものではない。
[2] 李新魁他（1995）は声母のみの記述であったが、全体の音節にも IPA を記した。
[3] 枠組みは、伊藤（2007：45）を参考にした。復元音はほぼ三根谷説。

1 唇音[4]
1.1 幫母　　対応　中古*p：粤 p　　例：波 pɔ⁵⁵、布 pou³³、貝 pui³³、包 pau⁵⁵
　　例外　　pʰ：遍 pʰin³³、鄙 pʰei³⁵、豹 pʰau³³、編 pʰin⁵⁵
　　　　　　m：剝 mɔk⁵、繃（繃緊）maŋ⁵⁵ 白、擘 mak³³ 白

1.2 滂母　　対応　中古*pʰ：粤 pʰ　　例：破 pʰɔ³⁵、普 pʰou³⁵、披 pʰei⁵⁵、片 pʰin³³
　　例外　　p[5]：胖（肥胖）pun²²、品 pɐn³⁵　　　f：剖 fɐu³⁵

1.3 並母　　対応　中古*b：粤 p, pʰ　　中古平声および一部の上声は pʰ、大部分の上声と去声と入声は p
　　　　例：部（部隊）pou²²、避 pei²²、備 pei²²、暴（粗暴）pou²²、勃 put²
　　　　　　婆 pʰɔ²¹、皮 pʰei²¹、袍 pʰou²¹、頻 pʰɐn²¹、盆 pʰun²¹、抱 pʰou²³
　　例外　　f：瓣 fan²²、埠 fɐu²²

1.4 明母　　対応　中古*m：粤 m　　例：馬 ma²³、暮 mou²²、眉 mei²¹、冒 mou²²、木 mʊk²
　　例外　　n：彌瀰獼 nei²¹

1.5 非母[6]　　対応　中古*pf：粤 f　　例：富 fu³³、否 fɐu³⁵、法 fat³³、反 fan³⁵、發 fat³³
　　例外　　pʰ：甫 pʰou³⁵/³³、脯 pʰou³⁵

1.6 敷母　　対応　中古*pfʰ：粤 f　　例：副 fu³³、泛 fan³³、番（更番）fan⁵⁵、芬 fɐn⁵⁵、紛 fɐn⁵⁵
　　例外　　p：捧₁ pʊŋ³⁵ 白

1.7 奉母　　対応　中古*bv：粤 f　　例：凡 fan²¹、范 fan²²、乏 fɐt²
　　例外　　p：縛 pɔk³³ 白、伏 pʊk² 白 pou²² 白　　pʰ：浮 pʰou²¹ 白、婦 pʰou²³ 白

1.8 微母　　対応　中古*ɱ：粤 m　　例：晚 man²³、萬 man²²、襪 mɐt²、文 mɐn²¹、聞（耳聞）mɐn²¹
　　例外　　w：挽 wan²³　　普通語の挽 uan²¹⁴ に似る

2.舌音[7]
2.1 端母　　対応　中古*t：粤 t　　例：多 tɔ⁵⁵、朵 tɔ³⁵/tœ³⁵、堵 tou³⁵、刀 tou⁵⁵、耽 tam⁵⁵
　　例外　　tʰ：禱 tʰou³⁵

---

[4] 以下は例外として挙げた音以外の音：遍 pin³³、繃（繃緊）pɐn⁵⁵ 文、剖 pʰɐu³⁵、瓣 pɐn²²、埠 pou²²、彌瀰獼 mei²¹、甫 fu³⁵、脯 fu³⁵、捧 fʊŋ³⁵ 文、縛 fɔk³³ 文、伏 fʊk² 文、浮 fɐu²¹ 文、婦 fu²³ 文
[5] 李氏は対応規則に含めている。
[6] 便宜上幫滂並明に含まれていた非敷奉微を分けておく。
[7] 以下は例外として挙げた音以外の音：禱 tou³⁵、粒 lɐp⁵、桌 tʃœk³³、幢 tʃɔŋ²² と幢 tʃʰɔŋ²¹

2.2 透母　　対応　　中古*t^h：粵 t^h　　　例：拖 $t^hɔ^{55}$、妥 $t^hɔ^{35}$、土 t^hou^{35}、討 t^hou^{35}、探 t^ham^{33}

2.3 定母　　対応　　中古*d：粵 t、t^h　　　中古平声および一部の上声は t^h、大部分の上声と去声と入声は t
　　　　例：大 tai^{22}、惰 $tɔ^{22}$、度 tou^{22}、地 tei^{22}、道 tou^{22}　　　圖 t^hou^{21}、桃 t^hou^{21}、潭 t^ham^{21}、談 t^ham^{21}、艇 $t^hɪŋ^{23}$文/$t^heŋ^{23}$白

2.4 泥母[8]　　対応　　中古*n：粵 n　　　例：奴 nou^{23}、腦 nou^{23}、諾 $nɔk^{22}$、泥 $nɐi^{21}$、耐 $nɔi^{22}$

2.5 来母　　対応　　中古*l：粵 l　　　例：梨 lei^{21}、李 lei^{23}、樓 $lɐu^{21}$、劉 $lɐu^{21}$、六 $lʊk^2$
　　　例外　　t：隸 $tɐi^{22}$　　　n：粒 $nɐp^5$

2.6 知母　　対応　　中古*$ṭ$：粵 $tʃ$　　　例：智 $tʃi^{33}$、致 $tʃi^{33}$、肘 $tʃɐu^{35}$、晝 $tʃɐu^{33}$、哲 $tʃit^{33}$
　　　例外　　$tʃ^h$：桌 $tʃ^hœk^{33}$、卓 $tʃ^hœk^{33}$　　　t：啄 $tœk^{33}$/$tœŋ^{55}$白、琢 $tœk^{33}$、斲 $tœk^{33}$

2.7 徹母　　対応　　中古*$ṭ^h$：粵 $tʃ^h$　　　例：抽 $tʃ^hɐu^{55}$、丑（子丑）$tʃ^hɐu^{35}$、撤 $tʃ^hit^{33}$、趁 $tʃ^hɐn^{33}$、椿 $tʃ^hɵn^{55}$

2.8 澄母　　対応　　中古*$ḍ$：粵 $tʃ$、$tʃ^h$　　　中古平声および一部の上声は $tʃ^h$、大部分の上声と去声と入声は $tʃ$
　　　例：陣 $tʃɐn^{22}$、濁 $tʃʊk^2$、直 $tʃɪk^2$、稚 $tʃi^{22}$、著（著手）$tʃœk^{22}$
　　　　　茶 $tʃ^ha^{21}$、池 $tʃ^hi^{21}$、遲 $tʃ^hi^{21}$、稠 $tʃ^hɐu^{21}$、儲 $tʃ^hy^{23}$文/$tʃ^hou^{23}$白
　　　例外　　$ʃ$：篆 $ʃyn^{22}$、兆 $ʃiu^{22}$、朮白～$ʃɵt^2$　　　t：秩 tit^{22}　　　t^h：幢海～寺 $t^hɔŋ^{21}$

2.9 娘母　　対応　　中古*$ṇ$：粵 n　　　例：娘 $nœŋ^{21}$、你 nei^{23}、膩 nei^{22}、黏（黏土）$nim^{21} nim^{55}$、聶 nip^{22}
　　　例外　　j：釀 $jœŋ^{22}$　　　讓 $jœŋ^{22}$、攘壤 $jœŋ^{23}$ などからの類推であろう

3 歯音

3.1 精母　　対応　　中古*ts：粵 $tʃ$　　　例：組 $tʃou^{35}$、紫 $tʃi^{35}$、資 $tʃi^{55}$、糟 $tʃou^{55}$、走 $tʃɐu^{35}$
　　　例外　　$tʃ^h$：躁 $tʃ^hou^{33}$、殲 $tʃ^him^{55}$

3.2 清母　　対応　　中古*ts^h：粵 $tʃ^h$　　　例：且 $tʃ^hɛ^{35}$、醋 $tʃ^hou^{33}$、雌 $tʃ^hi^{55}$、次 $tʃ^hi^{33}$、草 $tʃ^hou^{35}$
　　　例外　　$tʃ$：鵲 $tʃœk^{33}$、蛆 $tʃɵy^{55}$　　　$ʃ$：從（從容）$ʃʊŋ^{55}$

3.3 從母　　対応　　中古*dz：粵 $tʃ$、$tʃ^h$　　　中古平声および一部の上声は $tʃ^h$、大部分の上声と去声と入声は $tʃ$
　　　例：自 $tʃi^{22}$、就 $tʃɐu^{22}$、雜 $tʃap^{22}$、暫 $tʃam^{22}$、族 $tʃʊk^2$/$tʃɔk^{22}$
　　　　　曹 $tʃ^hou^{21}$、慚 $tʃ^ham^{21}$、殘 $tʃ^han^{21}$、前 $tʃ^hin^{21}$、秦 $tʃ^hɵn^{21}$、踐 $tʃ^hin^{23}$

---

[8] 李氏は泥母と娘母を同じグループとしている。

3.4 心母　　対応　中古 *s：粤 ʃ　　例：梭 ʃɔ⁵⁵、寫 ʃɛ³⁵、酥 ʃou⁵⁵、私 ʃi⁵⁵、騷 ʃou⁵⁵
　　例外[9]　tʃ：僧 tʃɐŋ⁵⁵、伺 tʃi²²　　tʃʰ：速 tʃʰʊk⁵、賽 tʃʰɔi³³

3.5 邪母　　対応　中古 *z：粤 tʃ、tʃʰ、ʃ
　　中古平声および一部の上声は tʃʰ、大部分の上声と去声と入声は tʃ　ただし止遇山の諸摂の一部は ʃ
　　例：謝 tʃɛ²²、袖 tʃɐu²²、習 tʃap²、象 tʃœŋ²²、橡 tʃœŋ²²、俗 tʃʊk²
　　　　囚 tʃʰɐu²¹、尋 tʃʰɐm²¹、旬 tʃʰøn²¹、循 tʃʰøn²¹、巡 tʃʰøn²¹　羨 ʃin²²、緒 ʃøy²³、遂箋 ʃøy²²

3.6 荘母　　対応　中古 *tʂ：粤 tʃ　　例：榨 tʃa³³、斬 tʃam³⁵、莊 tʃɔŋ⁵⁵、裝 tʃɔŋ⁵⁵、捉 tʃʊk⁵

3.7 初母　　対応　中古 *tʂʰ：粤 tʃʰ　　例：叉 tʃʰa⁵⁵、櫬 tʃʰɐn³³、瘡 tʃʰɔŋ⁵⁵、創（創造）tʃʰɔŋ³³、窗 tʃʰœŋ⁵⁵

3.8 崇母　　対応　中古 *dʐ：粤 tʃ、tʃʰ、ʃ
　　中古平声および一部の上声(柿など)は tʃʰ、大部分の上声と去声と入声は tʃ、ただし通止山流深の諸摂には ʃ も
　　例：驟[10] tʃɐu²² tʃau²²、狀 tʃɔŋ²²、助 tʃɔ²²、鐲 tʃʊk²　鋤 tʃʰɔ²¹、饞 tʃʰam²¹、床 tʃʰɔŋ²¹、豺柴 tʃʰai²¹
　　　　崇 ʃʊŋ²¹、士 ʃi²²、事 ʃi²²、潺 ʃan²¹、愁 ʃɐu²¹、岑 ʃɐm²¹　　侯母の「俟」は tʃi²²

3.9 生母　　対応　中古 *ʂ：粤 ʃ　　例：沙 ʃa⁵⁵、師 ʃi⁵⁵、瘦 ʃɐu³³、森 ʃɐm⁵⁵、瑟 ʃɐt⁵
　　例外　tʃ：蟀[11] tʃøt⁵　　tʃʰ[12]：杉 tʃʰam³³、刷 tʃʰat³³[13]

3.10 章母　　対応　中古 *tɕ：粤 tʃ　　例：者 tʃɛ⁵⁵、支 tʃi⁵⁵、脂 tʃi⁵⁵、周 tʃɐu⁵⁵、洲 tʃɐu⁵⁵
　　例外　tʃʰ：診 tʃʰɐn³⁵、疹 tʃʰɐn³⁵、昭 tʃʰiu⁵⁵　　j：錐 jøy⁵⁵ 白

3.11 昌母　　対応　中古 *tɕʰ：粤 tʃʰ　　例：車 tʃʰɛ⁵⁵、川 tʃʰyn⁵⁵、春 tʃʰøn⁵⁵、出 tʃʰøt⁵、廠 tʃʰɔŋ³⁵
　　例外　tʃ：觸 tʃʊk⁵

3.12 船母　　対応　中古 *dʑ：粤 ʃ　　例：蛇 ʃɛ²¹、示 ʃi²²、舌 ʃit²²、船[14] ʃyn²¹、神 ʃɐn²¹

3.13 日母　　対応　中古 *ń：粤 j　　例：若 jœk²²、兒 ji²¹、二 ji²²、柔 jɐu²¹、然 jin²¹
　　例外　n：餌 nei²²　　ŋ：靭 ŋɐn²² 白

---

[9] 李氏は tʃ、tʃʰ を対応規則に含めている。
[10] 《漢語方音字彙》注（2008：208）又*才候切，流開一去候從。
[11] 千島（2008：1213）、読音は ʃøt⁵
[12] 李氏は対応規則に含めている。
[13] 《漢語方音字彙》注（2008：14）"擦"訓讀，七曷切。
[14] 《漢語方音字彙》注（2008：266）又*餘專切，山合三平仙以。

3.14 書母　　対応　中古*ś：粤 ʃ　　例：賒 ʃɛ⁵⁵、屍（屍體）ʃi⁵⁵、收 ʃeu⁵⁵、深 ʃem⁵⁵、扇 ʃin³³

　　　例外　tʃʰ[15]：束 tʃʰʊk⁵、始 tʃʰi³⁵、設 tʃʰit³³

3.15 常母　　対応　中古*ź：粤 ʃ　　例：社 ʃɛ²³、受 ʃeu²²、十 ʃɐp²、辰 ʃɐn²¹、折（損折）ʃit²²

　　　例外　tʃʰ：署 tʃʰy²³、酬 tʃʰeu²¹

3.16 羊母　　対応　中古*j：粤 j、w

　　　山梗摂三等を除く中古合口は w、三等開口と山梗摂三等合口は j、それ以外は零声母

　　　例：由 jeu²¹、誘 jeu²³、艷 jim²²、淫 jɐm²¹　勻 wen²¹、允 wen³⁵、尹 wen²³、穎 wɪŋ²²、維 wei²¹

　　　例外　k：捐[16] kyn⁵⁵　　l：聿 løt²

4 牙喉音[17]

4.1 見母　　対応　中古*k：粤 k、kw　　中古合口（通摂と山摂の一部以外）は kw、それ以外は k

　　　例：哥 kɔ⁵⁵、加 ka⁵⁵、寄 kei³³、肌 kei⁵⁵、高 kou⁵⁵　瓜 kwa⁵⁵、均鈞 kwen⁵⁵、光 kwɔŋ⁵⁵、橘 kwet⁵

　　　例外　h：酵 hau⁵⁵　　w：鍋 wɔ⁵⁵、會₁（會計）wui²²

　　　　　　ŋ：勾（勾消）ŋeu⁵⁵、鈎 ŋeu⁵⁵、訖 ŋɐt²　f：攫 fɔk³³、攫 fɔk³³

　　　　　　kʰ[18]：構 kʰeu³³、購[19] kʰeu³³、級 kʰɐp⁵、襟 kʰɐm⁵⁵、概 kʰɔi³³、決 kʰyt³³、

　　　　　　　　　駒 kʰøy⁵⁵

　　　　　　kʰw[20]：規 kʰwei⁵⁵　　ŋeu と kʰeu はタブーワード「閪」keu⁵⁵ を避けた結果と推定される

4.2 溪母　　対応　中古*kʰ：粤 h、f、j　（kʰ、kʰw）

　　　遇摂一等を含む中古合口は f（通摂は h）　流深摂開口三等は j、それ以外は h

　　　例：可 hɔ³⁵、器 hei³³、考 hau³⁵、口 heu³⁵、坎 hem³⁵　苦 fu³⁵、科 fɔ⁵⁵、課 fɔ³³、枯 fu⁵⁵　丘 jeu⁵⁵、欽 jɐm⁵、泣 jɐp⁵

　　　注意：個別に kʰ/kʰw の対応もあり。例：靠 kʰau³³、叩 kʰeu³³、抗 kʰɔŋ³³、確 kʰɔk³³、跨 kʰwa⁵⁵

　　　例外　k：麯 kʊk⁵　撳 kɐm²²　　kw：蒯 kwai³⁵、窟 kwet² 文[21]、廓 kwɔk³³

　　　　　　w：屈 wet⁵　　tʃʰ：糗 tʃʰeu³³

4.3 群母　　対応　中古*g：粤 k、kw、kʰ、kʰw

　　　中古平声および一部の上声は kʰ、kʰw、大部分の上声と去声と入声は k、kw

---

[15]　李氏は対応規則に含めている。
[16]　《漢語方音字彙》注（2008：272）《廣韻》與專切，山合三平仙以。等韻の記載なし。
[17]　以下は例外として挙げた音以外の音：訖 kɐt⁵、窟（白）fet⁵、廓 kʰwɔk³³、糗 jeu³⁵、及 kɐp²、昏（昏迷）fen⁵⁵、檻 ham²³、乎 wu²¹
[18]　李氏は対応規則に含めている。
[19]　《漢語方音字彙》注（2008：212）又*居侯切，流開一平侯見。
[20]　李氏は対応規則に含めている。
[21]　《漢語方音字彙》注（2008：127）（白）wet⁵

例：技 kei²²、舊 kɐu²²、儉 kim²²、極 kɪk²、巨 køy²²、傑 kit²²

奇(奇怪)kʰei²¹、求 kʰɐu²¹、琴 kʰɐm²¹、勤 kʰɐn²¹、距 kʰøy²³ 群裙 kʰwɐn²¹

例外　kʰ：及 kʰɐp²

4.4 疑母　　対応　中古*ŋ：粤 ŋ、j、ŋ̍

　　蟹臻深流摂を除く三四等開口は j、それ以外は ŋ（遇摂一等は ŋ̍）　　ただし止摂三等開口 B「蟻」は ŋei²³

　　例：蛾 ŋɔ²¹、牙 ŋa²¹、瓦 ŋa²³、熬(煎熬) ŋou²¹/ŋau²¹、牛 ŋɐu²¹　宜儀 ji²¹、驗 jim²²　吳梧 ŋ̍²¹、五 ŋ̍²³、誤悟 ŋ̍²²

　　例外　w：玩(玩賞) wan²¹ wun²³、玩頑(遊玩)[22] wan²¹　普通語の uan に似る

4.5 曉母　　対応　中古*x：粤 h、f、j

　　合口は f（通摂と遇摂三等、梗摂「兄」などは h）　流臻深摂三等は j（「旭」「譃」なども）。それ以外は h

　　例：戲 hei³³、好(好壊) hou³⁵、吼[23] hɐu³³/hau⁵⁵、喝(喝彩) hɔt³³、險 him³⁵

　　火 fɔ³⁵、花 fa⁵⁵、虎 fu³⁵、婚 fɐn⁵⁵　j：旭 jʊk⁵、休 jɐu⁵⁵、岬(挑岬) jɐn²²、欣 jɐn⁵⁵

　　例外　kʰ：吸 kʰɐp⁵⁵、郝 kʰɔk³³、豁 kʰut³³　　kw：蠹 kwɐŋ⁵⁵　　n：朽 nɐu³⁵

　　　　　w[24]：喚 wun²²、昏(昏迷) wɐn⁵⁵、毀[25] wei³⁵

4.6 匣母　　対応　中古*ɣ：粤 h、j、w

　　山摂四等開合口は j、それ以外の合口は w（遇摂を含む）　それ以外は h

　　例：河 hɔ²¹、夏(春夏) ha²²、毫 hou²¹、厚 hɐu²³、含 hɐm²¹

　　賢 jin²¹、弦 jin²¹、現 jin²²、玄 jyn²¹、縣 jyn²²、禾 wɔ²¹、華(中華) wa²¹、戶 wu²²、魂 wɐn²¹、渾(渾身) wɐn²¹

　　例外　ŋ：淆餚 ŋau²¹　　kʰw：繪[26] kʰui³⁵、潰(潰瘍) kʰui³⁵、攜畦 kʰwei²¹

　　　　　l：艦檻 lam²²　　f：乎 fu⁵⁵ fu²¹

4.7 影母　　対応　中古*ʔ：粤　零声母、j、w

　　山梗摂三四等を除く中古合口は w、三四等開口と山梗摂三四等合口は j、それ以外は零声母

　　例：鴉 a⁵⁵、歐(姓) ɐu⁵⁵、暗 ɐm³³、安 ɔn⁵⁵、握 ɐk⁵

　　椅 ji³⁵、憂 jɐu⁵⁵、幽 jɐu⁵⁵、幼 jɐu³³、音 jɐm⁵⁵　窩 wɔ⁵⁵、烏 wu⁵⁵、枉 wɔŋ³⁵、蛙[27] wa⁵⁵、委 wei²¹

4.8 云母　　対応　中古*ɥ：粤 j、w　　山摂三等合口、流摂三等、「矣」「鴞」は j、それ以外は w

　　例：炎 jim²¹、尤 jɐu²¹、又 jɐu²²、員 jyn⁵⁵、袁 jyn²¹　韻 wɐn²²、運 wɐn²²、王 wɔŋ²¹、往 wɔŋ²³

---

[22] 《漢語方音字彙》注（2008：271）又通"頑"，《廣韻》五還切，列刪韻，現據宋跋本王仁昫《刊謬補缺切韻》吳鰥切，歸山韻。
[23] 《漢語方音字彙》注（2008：213）又呼漏切，流開一去候曉。
[24] 李氏は対応規則に含めている。
[25] 《漢語方音字彙》注（2008：170）又況偽切，*˙呼恚切，止合三去寘曉。
[26] 《漢語方音字彙》注（2008：171）又胡對切，蟹合一去隊匣；*古外切，蟹合一去泰見。
[27] 《漢語方音字彙》注（2008：17）又烏媧切，蟹合二平佳影。

5 広東語と普通語ともに同様の例外的対応を見せるもの

　　幫母：譜 pʰou³⁵　　　敷母：捧₂白 pʰʊŋ³⁵
　　端母：鳥 niu²³（タブーワード閉 tiu³⁵）　　知母：爹 tɛ⁵⁵　　徹母：偵 tʃɪŋ⁵⁵　　澄母：瞪[28] taŋ²²
　　心母：賜 tʃʰi³³　　生母：產 tʃʰan³⁵　　初母：柵（柵級[29]）ʃan⁵⁵
　　書母：舂（舂米）tʃʊŋ⁵⁵、翅[30] tʃʰi³³　　常母：植[31] tʃɪk²
　　見母：蝸（蝸牛）[32] wɔ²¹、昆 kʰwɐn⁵⁵、礦 kʰwɔŋ³³/kʰɔŋ³³、會₂（會計）kʰui³⁵
　　影母：軋[33] tʃat³³　　匣母：晃（晃眼）fɔŋ³⁵、迴 kwɪŋ³⁵　　云母：熊雄[34] hʊŋ²¹

《参考文献》

北京大學中國語言文學系語言學教研室編　王福堂修訂　2003/2008《漢語方言字彙（第二版重排本)》 語言出版社
李新魁・黃家教・施其生・麥耘・陳定方　1995《廣州方言研究》廣東人民出版社
黃錫凌 1968《粵音韻彙（廣東標準音之研究)》中華書局　（原本は 1940 年）
伊藤智ゆき 2007『朝鮮漢字音研究　本文篇』汲古書院
千島英一 2005/2008『東方広東語辞典』東方書店

---

[28]　瞪 tʃʰɪŋ²¹ も存在する。
[29]　千島（2008：82）に「グリッド」に用いるとある。
[30]　李氏は対応規則に含めている。
[31]　《漢語方音字彙》注（2008：62）又*逐力切，曾開三入職澄。
[32]　《漢語方音字彙》注（2008：42）又古蛙切，蟹合二平佳見；*古禾切，果合一平戈見。
[33]　千島（2008：10）に又音は tʃat³³ とある。
[34]　《漢語方音字彙》注（2008：374)《集韻》*胡弓切，匣母。

翻訳　　　　　　　　Cantonese Primer(16)[1]

竹越美奈子

Daih Yihsahp-sàam Fo
第二十三課
Baahk wah* màhn wahnduhng
白話*文[1)]運動

Heidehk sìng
（汽笛聲）

甲： Yíh, gàháh jek syùhn màaih bīnsyu a?
乙：咦，家吓 隻 船　埋　邊處　呀？

甲： M̀hhaih gwa, waahkjé haih deuimihn yáuh jek syùhn làih, tùhng ngóhdeih jek syùhn dá go jiufù jē.
唔係 卦［啩］，或者 係 對面 有 隻 船 黎［嚟］，同 我地［哋］隻 船 打個 招呼[2)] 啫．

O.
乙：哦．

甲： E ngóh tàuhsìn°jingwah góng-gán ngóh saisìh* kèihsaht m̀hhaih hóu hahn duhk syù ge. Chyùhjó Maahng Jí, Jójyuhn, tùhng Léih Baahk ge sí°jì ngoih, deui'yù kèihyùh dī gìngsyù ngóh dōu m̀hhaih hóu gáam² hingcheui.
せ―― 我 頭先° 正話 講緊 我 細時* 其實 唔係 好 恨[3)] 讀書嘅．除阻［咗］ 孟子、左傳、同 李白[4)] 嘅 詩°之外，對於 其餘 啲 經書 我 都 唔係 好 感興趣[5)]．

Ngóh jùngyi tái Lóuh Jí a, Jòng Jí a, ---- gódī syù, daahnhaih sìnsàang yauh m̀h gaau ngóhdeih hohk. Ngóh yàuhkèihsih Jùngyi tái síusyut, sìnsàang giu gódī jouh hàahnsyù, m̀hjéun ngóhdeih tái, yeuhkgwó béi kéuih chàh-dóu juhng yiu ngàaih naauh.
我 中意 睇 老子[6)] 呀，莊子[7)] 呀，――嗰啲書，但係 先生 又 唔教 我地［哋］學．我 尤其是 中意 睇 小說[8)]，先生 叫 嗰啲 做 閒書[9)]，唔准 我地［哋］睇，若果 俾 佢 查倒[10)] 重要 捱 鬧．

Ngóh sìhsìh tàutàu° jèung dī síusyut sàumàaih hái gwaihtúng-léuihbihn, ------ hóuchíh Séuiwú a, Hùhnglàuh Muhng a, Yùhlàhm Ngoihsí a, Sàamgwok Ji a,...
我 時時 偷偷° 將 啲 小說 收埋 喺 櫃桶裏便―― 好似 水滸[11)] 呀，紅樓夢[12)] 呀，儒林 外史[13)] 呀，三國志[14)] 呀……

乙： Sàamgwok Ji m̀hhaih Yihsahp-sei Sí-léuihbihn ge Jing-sí làih?
三國 志 唔係 二十四 史裡［裏］便 嘅 正史 黎［嚟］？

甲： Ngóh góng gó-bouh haih Sàamgwok Yíhnyih, haih póutùng° yàhn tái ge síusyut nē.
我 講 嗰部 係 三國 演義，係 普通°人 睇 嘅 小說 呢．

Hauhlòih yahp-jó hohkhaauh, sìnsàang bātdaahn m̀h gamjí ngóhdeih tái síusyut, yìhché juhng giu ngóhdeih dong kéuih jouh gùngfo, gùngyìhn* hóyíh jài-séuhng
後來 入阻［咗］ 學校[15)]，先生 不但[16)] 唔 禁止[17)] 我地［哋］睇 小說，而且 重 叫 我地［哋］當 佢 做[18)] 功課，公然* 可以 擠上

---

[1] 凡例は前号に準ずる
[2] gám （『現代廣東語辭典』）

352

tòih*mihn làih duhk tìm, néih wah géi gwoyáhn a!
檯*面 黎[嚟] 讀 添, 你 話 幾 過癮[19] 呀!

乙: Tèng néih gám góng, ngóh séung néih yātdihng jaansìhng Sàn Màhnhohk Wahnduhng ge lo?
聽 你 敢 講, 我 想 你 一定 贊成 新 文學 運動 嘅 咯?

甲: Haih, ngóh haih fèisèuhng jaansìhng baahkwah* Wahnduhng ge.
係, 我 係 非常[20] 贊成 白話* 運動 嘅.

乙: M̀h—— waih chòkāp gaauyuhk, waahk màhnjung gaauyuhk, waahkjé yuhng baahkwah* hóu dī. Daahnhaih yùhgwó yiu góng gòusàmdī ge hohkléih, waahkjé baahkwah* móuh màhnyìhn gam jéunkok bo. Néih jùngyi duhk ge Lóuh Jí, Jòng Jí, m̀hhaih màhnyìhn ge mē?
唔—— 爲 初級[21] 教育 或 民衆[22] 教育, 或者 用 白話* 好啲. 但係 如果要 講 高深啲[23] 嘅 學理[24], 或者 白話* 冇 文言 咁 準確 播[噃]. 你 中意 讀 嘅 老子, 莊子, 唔係 文言 嘅 咩?

甲: Ngóh séung yuhng baahkwah* góng dāk béigaau màhnyìhn gang chìngchó.
我 想 用 白話* 講 得 比較 文言 更 清楚.

Péihyùh³ Tòhng-chìuh Fahtgìng-léuihbihn ge Yúhluhk a yúhluhk jīk haih yìhgā sówaih góngyih la juhng yáuh Sung-chìuh gódī jithohkgā° gónghohk ge syù a
譬如—— 唐朝 佛經裡便[裏] 嘅 語錄[25]呀—— 語錄 即係 而家 所謂 講義 喇—— 重有 宋朝 嗰啲 哲學家°[26] 講學[27] 嘅 書 呀, ……

乙: Bātgwo yihnsìh yuhng ge gok-júng gùngmàhn a, gwokjai ge tìuhyeuk a, faatleuht ge tìuhmàhn a, gódī sèungmouh ge hahptùhng a, sahmji boují-syu ge gwónggou tùhngmàaih sànmàhn* yìhngyìhn haih yíh màhnyìhn wàih jyú
不過 現時 用 嘅 各種 公文 呀, 國際 嘅 條約 呀, 法律 嘅 條文 呀, 嗰啲—— 商務 嘅 合同 呀, 甚至 報紙處 嘅 廣告 同埋 新聞*, 仍然 係 以 文言 爲主[28],

yuhng baahkwah* ge ngóh tái dōu haih hóu síusou jē bo.
用 白話* 嘅 我 睇 都 係 好 少數 啫 播[噃].

甲: A, nīgo mahntàih yùhgwó chitdái tóuleuhn-héi-séuhnglàih, jauhhaih yàuh yehmáahn góng dou tìn gwòng dōu góng-m̀h-yùhn ge lo. Hósīk ngóh m̀hhaih Wùh Sīk, sóyíh m̀hjì dímyeuhng* tùhng néih bihnleuhn ji hóu. È° Ngóh yíhwàih néih yùhnbún haih jaansìhng baahkwah*màhn Wahnduhng ga?
啊, 呢個 問題 如果 徹底 討論起上黎[嚟], 就係 由 夜晚 講 到天 光 都 講唔完 嘅咯. 可惜 我 唔係 胡適[29], 所以 唔知 點樣* 同 你 辯論 至好[30]. 也°, 我 以爲 你 原本 係 贊成 白話* 文 運動 架[㗎]?

乙: Haih jauh haih ge, ngóh bātgwo séung jòng-sìhng hóuchíh kéi hái fáanmihn* ge
係 就 係 嘅, 我 不過 想 裝成 好似 企 喺 反面* 嘅

---
3 peiyùh (『現代廣東語辭典』)

```
                  laahpchèuhng  làih   tùhng néih góng háh jē.
甲：              立場³¹⁾ 黎[嚟]  同   你    講吓   啫.
                  Hèui  Ngóh séuhng-jó néih ge daaih dong
甲：嘘！ 我    上阻［咗］你 嘅   大 當！³²⁾
                  Hái syùhn-syu waàhngdihm dòu móuh  mīyéh jouh, wán dī   yéh    kìng háh
乙：喺  船處    橫掂     都 冇  乜野[嘢] 做, 搵 啲  野[嘢] 傾吓
                  yātjihk dou tìn gwòng la mah
                  一直  到 天  光   喇嗎！
                  Dá haamlouh Ngóh  gàháh dòu sahpyāt-dím-bun lo
甲：（打喊露） 哦,   家吓 都   十一點半       咯.
                  M̀h,   ngóh dōu yauh ngáahnfan yauh tóuhngoh
乙：唔, 我 都 又  眼瞓  又 肚餓.
                        Léuhng-waih*sì'sàang giu dī mīyéh a   Gàmmáahn Gàiºsàammeih* hóu leng bo.
夥計： 兩位* 先生 叫 啲 乜野[嘢]呀？ 今晚    雞º三味*³³⁾ 好靚播[播].
                  A, néih wah tóuhngoh, bātyùh ngóh chéng néih sihk Gàiºsàammeih* lā
甲：呀, 你 話 肚餓,   不如³⁴⁾ 我  請  你  食  雞º三味*  喇[啦].
                  M̀hhóu m̀hhóu, táng⁴ ngóh làih
乙：唔好 唔好,  等 我 黎[嚟]³⁵⁾......
                  Fógei,  ngóh wah sìn ge. Haih ngóh giu   ge
甲：夥計, 我  話 先 嘅. 係 我   叫 嘅......
                  Wài, m̀hhóu a, ngóh giu   ga, táng    táng ngóh làih a
乙：喂, 唔好 呀, 我 叫 架[㗎], 等......等 我 黎[嚟]呀......
                  Wài, néih m̀hhóu tèng kéuih a
甲：喂, 你  唔好   聽  佢 呀......
                  Yāt Gàiºsàammeih*
夥計：一雞º三味*！
Heidehk sìng
（汽笛聲）
```

和訳
第二十三課　白話文運動

（汽笛の音）
B　あれ、いま船はどこに泊まってるんだろう？
A　ちがうよ、たぶん別の船が前から来てこの船に合図しただけじゃないか？
B　ああ。
A　ええと——今も言った通り、小さいとき読書があまり好きでなくてね。『孟子』と『左伝』と李白の詩のほかは、古典にあまり興味がなかった。老子とか、荘子とか、そういう本は読むのが好きだったけど、でも先生は教えてくれなくて。僕はとくに小説が好きだったんだけど、先生は「ひまつぶしの本」とか呼んで読ませてくれなかった。見つかると叱られるんで、よくたんすの中に隠したもんだ。『水虎』とか、『紅楼夢』とか、『儒林外史』とか、『三国志』とか。
B　『三国志』は『二十四史』の中の正史じゃなかったかい？
A　僕の言ったのは『三国演義』、普通の人が読む小説だよ。その後で学校に入っ

---

⁴ dáng あるいは téng　（『現代廣東語辭典』）

	たら、先生は小説を読むのを禁止しないばかりか、それを教材にしてくれたから、堂々と机の上で読めた。どんなに楽しかったか！
B	ってことは、君はきっと新文学運動に賛成なんだろうね。
A	そう。僕は白話文運動に大賛成。
B	うーん、初級教育や民衆教育なら白話を使った方がいいかもしれないが、難解な学問理論を語るなら、白話は文言ほど正確でないかもしれない。君の好きな『老子』と『荘子』だって文言じゃない？
A	僕は白話を使った方が文言より明確だと思うよ。たとえばーー唐代の仏典の中の『語録』とか、ーー語録っていうのは今で言う講義録だろーー宋代の思想家が教えを説いた本とか……
B	でも現代使っている各種の公文書、国際条約、法律の条文、それから商業の契約書、新聞の広告とニュースにいたるまで、今でも文言が中心だよ。白話で書かれたものはあんまり見ないよ。
A	ああ、この問題は徹底的に討論し始めたら夜から明け方まで話しても話し終わらないよ。残念ながら僕は胡適じゃないから、どうやって君と議論したらいいかわからないよ。うーん、君は白話運動に賛成だと思っていたのに。
B	そうさ、ただわざと反対の立場のふりをして君と議論してみたかっただけさ。
A	やれ、すっかりかつがれた。
B	どうせ船の上じゃやることないから、何か夜が明けるまでの話題をさがしていたのさ。
A	（あくびをして）ああ、もう１１時半だ。
B	ねむいくて腹が減った。
給仕	お二人様、ご注文は？今夜は鶏三味がおいしいですよ。
A	ああ、腹がへったなら鶏三味でもごちそうしようか？
B	いやいや、僕が……
A	お兄さん、僕が先に注文したから、僕の勘定で。
B	おい、違う、僕が注文したんだ。僕に…
A	いや、そうじゃなくて。
給仕	鶏三味ひとつ！（汽笛の音）

原注

1) Baahk wah* "白話"「何も加えないそのままの話、——口語、その地方特有の言葉」。Baahk wah* màhn "白話文"「白話文」日常語に近いスタイルで書く方法。この運動は胡適らによって1917年に始められた。（p.7参照）
2) Dá jiufù "打招呼"「手招きする、合図する」。
3) Hahn "恨"「関心がある、切望する」。この語は書面語と官話では恨むの意味。
4) Léih Baahk "李白" Li Poとも。8世紀の詩人。英訳された詩も多い。
5) Gáam "感"「感じる」。Gáam hingcheui "感興趣"「興味を感じる——興味をもつ」。M̀hhaih hóu gáam "唔係好感" のM̀hhaih "唔係" の用法については、第9課注27参照。
6) Lóuh jí "老子" 紀元前6世紀、道教の始祖。老子の書は正確にはDouhdāk Gìng "道德經"「道徳の経典」、一般にLóuh jí "老子" と呼ばれる。
7) Jòng jí "莊子" 紀元前5世紀、道教の思想家。荘子の書は正確にはNàahm wàh Gìng "南華經"、一般にJòng jí "莊子" と呼ばれる。
8) Síusyut "小説"「小さな話——小説」。

9) Hàahnsyù "閒書"「ひまつぶしの本——小説の古い言い方」。
10) Chàh "查"「調査する、検査する」；chàh-dóu "查倒"「（調べて）見つける」。
11) Séuiwú (Jyuhn) "水滸（傳）"『水滸（伝）』、Sì Noih'àm "施耐庵"、14世紀。Pearl S. Buck による翻訳『All Men Are Brothers』(New York, 1937), J. H. Jackson による翻訳『Water Margin』(上海, 1937)がある。
12) Hùhnglàuh Muhng "紅樓夢"『紅楼夢』、Chòuh Syutkàhn "曹雪芹"、18世紀。Chi-chêng Wang による翻訳 (London, 1927)がある。
13) Yùhlàhm Ngoihsí "儒林外史"『儒林外史』（歴史外の学者たち——学者たちの非公式の歴史）、18世紀、Ǹgh Gingjí "吳敬梓" による風刺小説。
14) Sàamgwok Ji "三國志"『三国志』、正式には『二十四史』の一つの名。よく14世紀、Lòh Gwunjùng "羅貫中" の Sàamgwok (Ji) Yíhnyih "三國（志）演義" を指す。Brewitt Taylor による翻訳『San kuo, or the Romance of Three Kingdoms』(上海、1925)がある。
15) Hohkhaauh "學校"「学校」。
16) Bātdaahn "不但"「のみならず」m̀hjí "唔只" よりあらたまったいい方。
17) Gam jí "禁止"「禁止」。
18) Dong.....jouh "當……做"「〜を〜とみなす」。離して間に目的語をはさんで使うこともできるし、"將"構造でつなげて使うこともできる。Dong kéuih jouh gùngfo "當佢做功課"、Jèung kéuih dongjouh gùngfo "將佢當做功課"。目的語が長い場合はJèung.....dongjouh "將.....當做" が使われる。
19) Néih wah géi gwoyáhn "你話幾過癮" 字義通りの訳は「どんなにおもしろいと君は思うかい」。
20) Fèisèuhng "非常"「普通でない——とても」。
21) Chòkāp "初級"「初めの級——初級」。
22) Màhnjung "民眾"「人民-大衆——大衆、民衆」。
23) Gòusàm "高深"「高い-深い——難解な、上級の」。
24) Hohkléih "學理"「学問-理論——（学問的）理論」。
25) Yúhluhk "語録"「言語-記録——講義録」さまざまな僧侶の仏教の教えを記録した書物。
26) Jithohk "哲學"「知恵-学問——哲学、思想」。Jithohkgà "哲學者、思想家"。
27) Góng hohk "講學"「学問を話す——講義をする、学問的議論をする」。
28) Yíh màhnyìhn wàih jyú "以文言爲主" 字義通りでは「書き言葉を主とする」。
29) Wùh Sīk "胡適"「胡適」現代の学者で白話文運動のリーダー。
30) Ji hóu "至好"「良好に至る——適切に、よく」。
31) Laahpchèuhng "立場"「立つ-場所——立場，見地」。
32) Séuhng dong "上當"「質屋に行く——だまされる、かつがれる」。
33) Gài° sàammeih* "雞°三味"「三種の味の鶏、鶏の三種料理」一羽の鳥を三種類の料理にしたもの。
34) Bātyùh "不如"「〜にしかず、〜に及ばない——〜した方が良い、〜しませんか？」。
35) 第11課の注30参照。

EXERCISES

1. 例）Ngóh m̀h jùngyi duhk gìngsyù, daahnhaih hóu jùngyi duhk Maahng Jí, Jójyuhn. （我唔中意讀經書, 但係好中意讀孟子、左傳.）

   答）Ngóh chyùhjó hóu jùngyi duhk Maahng Jí, Jójyuhn jì (or yíh) ngoih, kèihyùh dī gìngsyù ngóh dōu m̀h jùngyi duhk. （我除阻[咗]好中意讀孟子、左傳之（or 以）外, 其餘啲經書我都唔中意讀。）

(a) Ngóh m̀h jùngyi tái sàm ge sīkséui, daahnhaih jùngyi tái sàm hùhng tùhngmàaih sàm làahm jē. （我唔中意睇深嘅色水, 但係中意睇深紅同埋深藍啫） (b) Ngóh ge sìnsàang góng fòhohk góng dāk m̀h chìngchó, daahnhaih kéuih góng souhohk góng dāk chìngchó. （我嘅先生講科學講得唔清楚, 但係佢講數學講得清楚） (c) Jàn chēutkèih lā, yihnjoih ge boují chàmhdò° yùhnchyùhn haih yuhng màhnyìhn sé ge, daahnhaih sówaih màhnhohk ge bouhfahn hóudò haih yuhng baahkwá* sé ge. （真出奇罅[喇], 現在嘅報紙差唔多°完全係用文言寫嘅, 但係所謂文學嘅部分好多係用白話*寫嘅） (d) Màhnsàng Chóng-léuihbihn chàmhdò° mīyéh dōu wúih jaijouh, daahnhaih m̀hwúih jouh chùhnglòih meihchàhng hái Jùnggwok jaijouh-gwo ge yéh. （民生廠裡[裏]便差唔多°乜野[嘢]都噲[會]製造, 但係唔噲[會]做從來未曾喺中國製造過嘅野[嘢]） (e) Gó-waih*sìnsàang chàmhdò°júnghaih háidouh góng syutwah, daahnhaih kéuih háu-léuihbihn sihk-gán yéh ge sìhhauh jauh m̀h góng la. （嗰位*先生差唔多°總係喺度講說話, 但係佢口裡便食緊野[嘢]嘅時候就唔講罅[喇]） (f) Saigaai-seuhng ge daaihjàu chàmhdò° haih yùhnchyùhn hái Bāk Bunkàuh, daahnhaih Oujàu tùhngmàaih Nàahmgihk jàu haih yùhnchyùhn hái Nàahm Bunkàuh. （世界上嘅大洲差唔多°係完全喺北半球.但係澳洲同埋南極洲係完全喺南半球） (g) Nīgo fòhnghùng-duhng haih yātgo tìnyìhn* ge sehkduhng, daahnhaih gógo mùhnháu haih gonggwāt séunàih jouh ge. （呢個防空洞係一個天然*嘅石洞。但係嗰個門口係鋼骨水泥做嘅） (h) Yuhng Jùnggwok-jih sé Gwóngdùng-wah* tùhngmàaih sé Gwokyúh chàmhdò° hahmb'laahng yātyeuhng ge, daahnhaih yáuh síusou ge jih hóuchíh dám jih a, leng jih a, la jih, kéuih jih, tái jih, gódī tùhng Gwokyúh m̀htùhng jē. （用中國字寫廣東話*同埋寫國語差唔多°喊棒冷一樣嘅, 但係有少數嘅字好似掠字呀, 靚字呀, 罅字, 佢字, 睇字, 嗰啲同國語唔同啫）

2. 広東語に訳しなさい。
(a) 私が孟子を読むのが好きなのは、現代中国文学の言葉に似ているからだ。
(b) 先生にいわゆる「ひまつぶしの本」を読むのを禁じられたとき、僕たちはよく古典の間に隠したものだ。
(c) 新しい学校で先生は小説を読むのを許可しただけでなく、できるだけたくさんの小説を読めと言った。（「〜すればするほどよい」の構文を使う）
(d) 机の上で小説を読めることは、教室で煙草を吸えるより喜ばしいと僕たちは感じた。
(e) 軽工業合作運動の歴史を聞いた後、君はきっと好きになると思うよ。
(f) 日常品や小銃の生産には、たぶん小さな工場がいいと思う。
(g) 明清時代の小説のような、いわゆる白話文学でも、胡適自身が書いた本でさえも、依然として書き言葉を中心に用いている。
(h) 君も新文学運動を支持する一人ではないのかい？

3. 白話文運動を支持する立場と反対する立場それぞれの意見を要約しなさい。

『開篇』創刊の頃のこと

笹原宏之（早稲田大学・社会科学総合学術院）

　古屋先生の御退休に伴い、『開篇』もこの第37号で幕を閉じることとなると伺った。先生の余りにも大きな学恩に報いることは何をもってしても叶わないが、この小文によって当時の記録を残すことで幾らかでもその任を果たしたく筆を執ることとした。

　まだ学部生だった35年ほど前、憧れの早稲田大学に入れた高揚感、そして念願だった漢字研究の夢がいよいよ叶うという実感もあって、世間知らずゆえの生意気な言動を抑えられなかった。漢字文化圏と名のついた演習科目を担当されるという先生が幸運にも私の語学クラスであるYクラスの担任でいらした。お見かけしたところ、若く感じられた古屋先生には、誠に失礼なことにまとわりついては、漢字と言語に関する疑問を何でも尋ねた。

　ほどなく先生から、雑誌を作るお考えがあると伺った。『開篇』と名付けることと由来を伺い、その崇高なお志は一介の学部生にも一端をうかがい知ることができた。そして、若輩者に何か文章を記すこと、表紙の題字も書くことを慫慂して下さった。レタリングを僅かに習ったことがあったので何とか書いたのが最初の頃の表紙に残っているのだが、やはり泥臭さの抜けないもので、いつしかフォントに切り替わってホッとしたものだった。

　肝腎の文章は、「漢字系文字における六書以外の構字法について」という、行き場のない雑多な知識をまとめた見開きの小文で、先生、先輩方の堂々たる論文に並んで、メモのようなものまで公表させて下さった御厚情に、申し訳なさとありがたさを感じていた。

　文章というものは、とにかく分かりやすく、手書きの挿入などの訂正はきれいに、というご指導は、今でも忘れず、実践するように努めている。当時流行していた丸文字についてまとめた小文をお見せしたときには、さすがに誤字がないですね、と褒めて下さりながらも、「〜だから〜」という論理性が大切だ、ということも教えて頂いた。

　こうして手書きでのデビュー作の掲載の機会を頂いたあとも、貴重な誌面に「佛の異体字「囗（にんべん西國）」について」を載せて頂いた。この僻字の類が図書館、さらには採集疲れで気を紛らわすために入った戸山の生協書店でも、後から後から目に飛び込んでくるようになり、「仏の笹原」といった愛称を作ることまでお勧め下さった。

　「則天文字の周圏論」は、タイトルからして大それたものだったので、「的性質について」とぼかして逃げたら、ちゃんとその逃げ腰を斯界の先輩からとしてやんわりと指摘して下さった。パソコンもデータベースもないアナログな時代だったが、研究室にワープロが導入された。それを使って原稿を清書したのだが、私は保存法も知らず、フロッピーもなかったので、プリントアウトして版下ができたところで、入力したデータは自ら消去してしまった。助手でいらした岡崎さんがフロッピーがあれば、と言って下さったのだが、変に潔いところがあった。

　当時の図書館（いまの高田記念図書館の建物）に、先生から預かった『開篇』創刊号から3号か4号までを届け、納本してもらった。「乒乓（ピンポン）」の俗解、「囍」の文字化、「華南の俗字」に関する卒論のダイジェストと、その後も若造に執筆と公刊の機会を与えて下さる先生の懐の広さには、後になるほど感謝の気持ちがより膨らんでいった。

私の研究者としての基盤をこうして形成して下さった。後に妻となる同級生の顔真卿に関する卒論のダイジェストも『開篇』に載せて下さったことは、またとない記念となった。御多忙の中でもろもろの相談にまで親身にお付き合いくださった。手書きで寄せられた原稿をワープロで清書するというアルバイトの機会も与えて下さったが、当時のワープロは漢文を打つのがかなりの手間で音を上げてしまった。トゥルータイプフォントなどなく、ドットがそのままプリンターから印刷されたため、先生は、ギザギザする斜線が嫌だとおっしゃっていた。先生のお書きになる字は、板書もメモも端整な楷書体である。

　先の漢字文化圏の演習では、図々しくも、また無礼にも三週間にわたって発表をするという迷惑至極なことをしてしまった。今は、社会科学総合学術院で、「漢字文化圏論」と題した講義を学部と大学院とで担当しているが、いまだにその時に作った手書きのプリントが役立っている。講義では毎回、先生がこうおっしゃっていたな、先生ならばこうおっしゃるだろうな、こんなことはなさらない、などと考えながら四苦八苦している。

　先生の講義では、日本人や留学生に、この字はどう読むか、このことばをどういうか、とよくお尋ねになった。私も現在、よく真似をしてみるのだが、十分な学識とある程度の見込みがないと、そううまくはいかないことを痛感する。先生はいつも答えをご存じだったからこそ、あのように活き活きとした今でいうアクティブラーニングの時間を作り上げていらしたのだろう。中国語の講義でも、教科書にある語学だけではなく、専門性を持った言語学の内容から、お好きな猫に関する童話のようなものにまで、時間を割いて触れて下さることがあった。

　空き時間を縫って、研究会も開いて下さり、院生や学部生数名にプリントを配って趙元任の研究書、広東語や上海語などについて基礎を教えていただいた。さらに中国書で埋め尽くされた研究室を覗くと、拙い質問にお答えくださり、何でも教えて下さる。ときには韓国語、ベトナム語、ロシア語やフランス語の論文まで読み聞かせて下さった。さらに日本語についても、満洲語についても。けだし語学の天才でいらしただけでなく、寸暇を惜しんで幅広く研究されていたからに違いない。

　若気の至りで、『大漢和辞典』は、載っていない字が多くて良くない、といったことを話したり、僻字ばかりに関心を示したりしていると、きちんと諭し、また弁解にもならぬ理由も聞き入れて下さった。そういう指導をきちんとなさる教育者でもいらした。「毛にょう」のいくつもの俗字を出典とともに教えて下さるようなこともあった。紙片に書いて教えて下さったものは、今でも大切に保管してある。

　韓国人留学生と読書会を催したこともある。先生が地図を書いて下さり、早稲田近くのご自宅にお招きくださったときには、蔵書の量に圧倒され、本と結婚していると伺った（奥様と出逢われるのはその後）。明清の随筆などの表紙裏には、鉛筆で音韻などの面でご関心をもたれたページと内容についてメモが書き込まれていた。

　優秀な学生の多い代で、同学たちもプレッシャーからか体調を崩しながらも院への進学を希望した。院には錚々たる先輩たちもいた（怖そうな人もいた）。その頃の院試では英語を駆使しないと修士課程に入れなかった。当時は辞書の持ち込みは不可、いわゆる足切りの点数も今より高かった。中国語で受けられるのは、むしろ日文のほうだった。貧乏学生に何度もご馳走して下さったのだが、院試が近づくと、レストランでは胸が詰まってほとんど喉を通らなかった。先生は、中国語と音韻に興味を持って進んで行ったら漢字があ

った、という順番だったそうだ。教わるほど、自分には遠く及ばないと、自身の限界を知っていった。

　こうして中国の言語や漢字を学ぶ内に、それとは違う実感を伴う日本のことばと漢字について扱う国語学をもっと学び、専攻したいと考えるようになった。古屋先生はそのわがままな申し出に賛同してくださった。杉本つとむ先生の研究室に私を連れて行ってご紹介下さった。大学院では、日本文学に移った後も、神田の喫茶店で、漢語の朝鮮漢字音、ベトナム漢字音を当てる競争の相手をして下さる。飛び出していった不肖の教え子に、いつでも戻ってくるといいですよ、とまで声を掛けて下さった。日本の漢字を研究する中で、中国文学や中国史、中国語学、韓国語学などの構造や個々の史的な知識は不可欠であった。日本らしさを漢字から読み取るうちに、改めて多くのことに気付かされた。

　その後、縁あって母校の社学に職を得た。すると、古巣の中文での講義を代講させて頂く機会を与えて下さった。すっかり世代が変わり、工具書が電子情報に完全に入れ替わっており、研究方法も変わった中で、好きにやっていいですよ、との助言のお蔭で、同窓の後輩たちと懐かしさを感じながら学ぶ一時に恵まれた。

　先生は、校内はもちろん学会からも嘱望され、多忙さが増すばかりの中、博論の副査も快く引き受けて下さった。さらに中公新書などを執筆する中でも、かつて教わった「四庫全書」の批判的な利用に心掛けるなどし、そのためにまた多くの発見に出会うことができた。2018年の12月に開かれた中国文学会での御講演は、最終講義に代わるもので、別の学会を抜け出して拝聴した。先生は、変わらぬ研究姿勢と新たな展開を誰にも楽しくわかるようにお示し下さった。「「明」の「ミョウ、メイ、ミン」以外の字音は？」との御下問に、「明太子のメンでしょうか」と答えられたのは、まさに先生の教えの賜物だった。

　『開篇』は、先生の学問と人徳を表すように自ずと蹊を成し、世界中の方々が多くの原稿を寄せるようになっていき、学界に広く知れ渡る研究誌として位置づけられるに至った。同人による「弾詞における前座的な曲」としての「開篇」であったことを知る人は今や少ないかもしれない。この全37巻は、先生の浩瀚な学的交流を物語るとともに、中国語学、韓国語学、日本語学など言語学の三半世紀の発展史を凝縮するものとしての重要な意義も担っている。この先も、斯界に永く記憶され、また多くの研究者から遍く引用され続けるに違いない。

　末筆ながら、古屋先生の益々の御壮健と御健筆を祈念して、深謝の思いを込めつつ筆を擱く。

寄古屋先生

徐剛

2018年新年，收到古屋先生賀聯："遠山白雪，林泉湧不盡；鄰里炊烟，雞犬聲相聞。"先生言及明年退休之事，不禁想起與先生交往的點點滴滴，因作此詩，寄先生，以相問慰。

相知萬里不覺遠，故人一十五年前。

曾經挾文扣師門，先生殷勤說開篇。

韻學獨步聞天下，吳音究極到我家。[1]

研精覃思正字通，中國語史多清發。

曾造上庠細論文，滿園桃李鬥芳華。

曾驚街頭乍相逢，此日信有三生緣。

俗務紛紛費精神，斯文戚戚托心傳。

那年三校共析疑，櫻花開時重聚首。[2]

清歌笑語滿畫船，春風有意不須酒。

四海飄零久，餘生惜舊友。

林泉果深致，萬物皆芻狗。

衆人競熙熙，夫子何藹藹。

臨別總傷懷，莫賦歸去來。

來日東瀛遊，請與先生共登舞雩臺。

2018年1月4日

---

[1] 我是浙江人，吳語是我母語。
[2] 2010年春，早大、復旦和北大三校的古籍所在早大開會。

《寒雨詩選》第 1011 首

野川博之

讚嘆《開篇》這麼多年以來的成就, 向主編**古屋**博士與**好文**出版致敬

篇篇皆是**好文**章,　　○○○●●○◎

三十四年**開**大荒;　　○●●○○●◎

溫**古**知新書滿**屋**,　　○●○○○●●

不憂斯學莫由彰!　　●○○●●○◎

【自注】
　　作者在這裡把「好文」解釋為「喜愛以中國文學為首的人文諸學」而不敢解釋為「好文木（即是梅）」. 雖然後者多個世紀以來是日本民眾所愛的, 但是他們視為典據的《晉起居注》早已散逸, 而引用該書的中日兩國古典只有《日本書紀》和《謠抄》這兩本日本本土古典書籍而已, 連一本也沒有中國的. 希望各位後進在這個方面多加研究!
　　關於「好文木」的真實面貌, 旅日中國學者韓雯有一篇好論文, 題目乃是〈「好文木」考〉, 收載於創價大學日本語日本文學會編《日本語日本文學》第 22 號, 2012 年.

《开篇》所载汉语方言同音字汇目录

《开篇》编辑部

同音字汇是汉语方言研究最重要的基础资料之一。同音字汇的质量在很大的程度上反映出对该方言各方面研究、尤其是音韵方面的研究质量。敝刊一直以来十分重视刊发同音字汇，总共发表了 57 篇（包括历史文献材料的同音字汇在内）。停刊之际，编辑部对所刊发的同音字汇做一个汇总，编出目录，以期这些重要资料能在一段时间内继续为汉语方言研究事业发挥积极作用。

本目录的方言分类主要根据《中国语言地图集（第 2 版）汉语方言卷》（中国社会科学院语言研究所、中国社会科学院民族学与人类学研究所、香港城市大学语言资讯科学研究中心[编]，2012 年，商务印书馆）。

1 官话
1.1 冀鲁官话
1.1.1 沧惠片
博兴方言音系　　　　　　　杨秋泽　　　　16：34-54（1997）[1]
1.2 胶辽官话
1.2.1 青莱片
山东高密（西乡）方言音系　　田文静　　　　32：98-117（2013）
1.3 中原官话
1.3.1 兖荷片
郯城（重坊）方言同音字汇　　颜峰　　　　　26：199-212（2007）
山东兖州新兖方言同音字汇　　杨文波　　　　32：118-134（2013）
1.3.2 商阜片
河南永城（茴村）方言音系　　郭瑞　　　　　35：194-219（2017）
1.3.3 汾河片
陕西宜川方言同音字汇　　　　孙建华　　　　35：173-193（2017）
山西襄陵方言同音字汇　　　　支建刚　　　　32：135-153（2013）
1.3.4 关中片
陕西白河城关方言音系　　　　柯西钢　　　　28：41-58（2009）
1.3.5 陇中片
甘肃秦安五营方言音系　　　　郭沈青　　　　25：169-181（2006）
1.3.6 其他

---

[1] 表示发表在 1997 年出版《开篇》vol.16，自第 34 页至第 54 页。下同。

| 陕西镇安永乐方言音系 | 郭沈青 | 30：175-188（2011） |

1.4 江淮官话
1.4.1 洪巢片
| 江苏泗洪方言音系 | 石绍浪 | 33：285-304（2014） |

1.4.2 黄孝片
| 安徽枞阳方言音系 | 吴波 | 25：199-209（2006） |

1.4.3 其他
| 陕西白河茅坪江淮官话音系 | 郭沈青、王应龙 | 29：115-128（2010） |

1.5 西南官话
1.5.1 川黔片
| 『西蜀方言』音節表 | 千葉謙悟 | 25：139-158（2006） |
| 《华西初级汉语课程》同音字汇 | 范常喜、刘羽佳 | 35：315-322（2017） |

1.5.2 云南片
| 『華英捷径』音節表 | 千葉謙悟 | 26：186-198（2007） |

1.5.3 其他
| 湖南桑植县芙蓉桥白族乡"民家腔"同音字汇 | 钟江华 | 31：66-83（2012） |

1.6 其他
| 江山市廿八都"正字"音系 | 黄晓东 | 29：265-281（2010） |

2 晋语
2.1 并州片
| 山西祁县方言同音字汇 | 王姬 | 35：113-128（2017） |

2.2 吕梁片
| 山西汾阳方言同音字汇 | 李卫锋 | 35：129-150（2017） |
| 山西汾西方言同音字汇 | 刘丹丹 | 35：151-172（2017） |

2.3 五台片
| 神木方言（城关话老派）同音字汇 | 邢向东 | 21：222-233（2002） |

2.4 张呼片
| 河北宣化方言音系 | 郭风岚 | 25：182-193（2006） |

2.5 邯新片
| 河南武陟（大虹橋鄉）方言音系 | 朱玉柱 | 35：88-112（2017） |

3 吴语
3.1 金衢片
义乌方言同音字汇	施俊	34：267-288（2015）
金华鞋塘方言的语音特点	孙宜志	29：223-246（2010）
衢州方言音系	张世方	27：237-257（2008）

3.2 宣州片

江苏高淳（淳溪镇）方言音系	侯超	32：266-282（2013）
安徽铜陵吴语同音字汇	谢留文	29：192-207（2010）

3.3 其他

江西上饶铁路话音系	杨文波	31：110-128（2012）

4 闽语

4.1 闽东片

江根方言音系	徐丽丽	33：335-359（2014）

4.2 闽北片

閩北語松溪方言同音字表	秋谷裕幸	11：51-67（1993）

4.3 闽中片

福建省沙縣蓋竹話同音字彙	鄧享璋	25：262-282（2006）

5 客家话

5.1 汀州片

连城（文亨乡文保村）方言同音字汇	项梦冰	21：203-221（2002）

5.2 于信片

江西信丰（铁石口）客家方言同音字汇	张倩	32：154-171（2013）
安远（鹤子）客家方言同音字汇	蔡芳	36：220-236（2018）

6 粤语

6.1 高阳片

广东吴川吉兆村双语人粤方言同音字汇	邵兰珠	37：270-290（2019）

7 湘语

7.1 娄邵片

韶山方言同音字汇两种	王福堂	29：146-175（2010）
韶山如意方言同音字汇	项梦冰	29：176-191（2010）
邵阳县白仓方言同音字汇	邹晓玲、庄初升	31：84-96（2012）
邵阳县金称市方言同音字汇	吕俭平	33：360-375（2014）

8 赣语

8.1 吉茶片

永丰瑶田方言同音字汇	张勇生	32：201-220（2013）

8.2 抚广片

东乡县马圩镇方言同音字汇	张勇生等	37：197-219（2019）

8.3 鹰弋片

江西彭泽方言同音字汇	汪高文	31：97-109（2012）

萬年（石鎮）方言同音字彙	項夢冰、詹澹	32：178-200（2013）

8.4 怀岳片
安徽潜山方言音系	徐建	32：234-252（2013）

8.5 其他
陕西商南城关赣方言音系	郭沈青、王红霞	28：59-74（2009）

9 徽语
9.1 绩歙片
安徽歙县大谷运方言同音字汇	陈丽	30：200-213（2011）
安徽歙县郑村方言同音字汇	沈明	30：214-228（2011）

9.2 休黟片
安徽黄山汤口方言同音字汇	刘祥柏	30：229-243（2011）

9.3 旌占片
安徽石台南源话音系	杨慧君	30：244-262（2011）

9.4 其他
金华九姓渔民方言音系	黄晓东	33：305-323（2014）
浙江九姓渔民方言同音字汇	刘倩	35：220-237（2017）

10 平话
10.1 桂南片
广西三江六甲话的老年层音系与语法例句简介	远藤雅裕	24：258-271（2005）
广西三江六甲话中年层音系简介	植屋高史、竹越美奈子	24：280-292（2005）

11 其他
陕西山阳长沟方言音系	郭沈青	31：35-50（2012）

『開篇』閉刊の辞に代えて

古屋昭弘

　総目次を並べて『開篇』を閉じる前に、少しだけこの雑誌の歴史を振り返っておきたいと思います。

　『開篇』は 1985 年 12 月に早稲田大学文学部中国語学研究班の名のもと始まりました。実は東京都立大学人文研究科の院生時代にガリ版刷りの同名の雑誌があったのでした。同人は「中文系水滸伝読書会」の池本和夫・金子真也・氷上正・水谷富次の諸氏と編集発行人の古屋です。誌名は蘇州の説唱芸能「弾詞」の前座的一曲を意味する術語に由来します。その背景には、編集発行人の、蘇州語ないし呉語への傾倒がありました。創刊号と第 2 号の目次を以下に掲げておきます（第 3 号は佚）。

　　第 1 号　1979 年 12 月 15 日
　　　池本和夫　胡雲氏が語る《水滸伝》
　　　古屋昭弘　魯迅と呉方言
　　　金子眞也　翻訳「愛情の位置」（劉心武）1
　　　水谷富次　書評「名と恥の文化」（森三樹三郎）
　　第 2 号　1980 年 6 月
　　　池本和夫　胡雲氏が語る《水滸伝》（完）
　　　金子眞也　翻訳「愛情の位置」（劉心武）2

　第 3 号で終わってしまったその雑誌の名を、同人諸氏の許可を得て、早稲田でも引き継がせてもらうことにしたのでした。

　その第 1 号から第 5 号までは、大学付近の印刷屋にコピー印刷と製本を依頼（第 2 号からは『開篇』編集部の名のもと出版）、第 6 号からは早稲田鶴巻町の好文出版（尾方敏裕社長）に刊行を委託、今に至っています。最初の頃は不定期刊で 1 年に 2 回出したり、出さない年があったりしましたが、第 18 号からはほぼ年一回発行のペースとなっています。第 4 号から「中国語学研究」の 6 字を冠しています。前座の段階が終わったら「開篇」の二字をはずして、早稲田大学中国文学会の機関誌『中国文学研究』と並ぶ存在にしたいという気持ちもあったのですが、結局この二字への愛着を振り捨てることはできませんでした。

　『開篇』は著者原稿をそのままオフセット印刷するという方式を今でも採用しているため、レイアウトが不統一で恐縮ながら、通覧してみるとワープロ、コンピュータの目覚しい進化をみることができます。たとえば創刊号では秋谷裕幸・木津祐子・笹原宏之の諸氏と古屋は手書き、山崎直樹氏のみ 16 ドットのワープロを使っています。その後ワープロ、パソコンを使う人が増え、今では厄介な音声記号や難字を手書きする必要もほぼなくなりました。今回、創刊号の 4 人が揃って原稿を寄せてくださり、本当にありがたいことだと思っています。

　第 4 号に中国の研究者として始めて石汝傑氏が投稿してくれたのを契機として、中国や

その他の国からの投稿も増え、毎号半数、あるいはそれ以上を占めるに至りました。これとは反対に、『開篇』に載った文が『中国語文』に転載された例もあります。内容的には中国語史と方言が中心となっています。総目次は今号の他、第10号、第20号、第30号に附してあります。

1989年からは単刊として専著や索引を出すことになりました。そのほとんどが各著者の自費出版なのですが、著者の方々からの支援の一つの形として、ありがたく「開篇単刊」と銘打たせて頂いています。以下に列挙しておきます。

①岩田礼『中国江蘇・安徽・上海両省一市境内親屬稱謂詞的地理分布』
②石汝傑・陳榴競『山歌索引』
③遠藤光暁『翻訳老乞大朴通事漢字注音索引』
④鱒澤彰夫『燕京婦語』
⑤銭乃栄『杭州方言志』
⑥渡部洋『劉智遠諸宮調語彙索引』
⑦曹志耘『嚴州方言研究』
⑧石汝傑『呉語讀本』
⑨平田昌司主編『徽州方言研究』
⑩丁鋒『球雅集』
⑪大西博子『蕭山方言研究』
⑫曹志耘・秋谷裕幸・太田斎・趙日新『呉語處衢方言研究』
⑬林璋・佐々木勲人・徐萍飛『東南方言比較研究―寧波語・福州語・廈門語の分析』
⑭樋口勇夫『臨汾屯里方言研究』
⑮『太田斎・古屋昭弘 両教授還暦記念 中国語学論集』
⑯竹越孝『満漢字清文啓蒙〔会話篇・文法篇〕―校本と索引―』

内容的には方言関係、特に呉語に関連するものが多いのですが、④のように生粋の旗人北京語を反映した資料、また③⑩⑯のように、それぞれ中期朝鮮語・琉球語・満洲語に関連するものもあります。なによりも嬉しいのは、平山久雄先生が、好文出版から刊行のご高著『敦煌《毛詩音》音韻研究』を開篇単刊17として下さったことです。

なお『開篇』は2001年11月に日中学院倉石武四郎賞をいただく栄誉に浴しました。このことについては佐藤進・相原茂両先生のご尽力を忝くしました。

今日まで34年間も継続できたのは偏に投稿者諸氏と定期購読者を始めとする皆様のご支援のおかげです。故慶谷壽信先生、そして平山久雄先生、早稲田大学の同僚の先生方、(各時期の)学部生・院生諸君、水谷誠・遠藤光暁両氏を始めとする諸先輩や友人、中国および其他の国の研究者諸氏、編集部の太田斎・秋谷裕幸・楊達の三氏、今年創立30周年を迎える好文出版の尾方敏裕・路子ご夫妻、そして、初期の頃からずっと応援を惜しまず編集も手伝ってくれている妻の和平に、心から感謝したいと思います。

(『日本中国学会便り』2007年12月30日第2号所載の紹介文に基づいた部分あり)

開篇総目次

1 　早稲田大学文学部中国文学科中国語学研究班　1985・12
発刊の辞
序にかえて
秋谷裕幸　　　声母と声調
木津祐子　　　中世呉地方の声調—日本漢字音からの考察
笹原宏之　　　漢字系文字における六書以外の構字法について
古屋昭弘　　　切韻における「伽」の音注について
山崎直樹　　　二重名詞句構文の分析について

2 　『開篇』編集部　1986・10
遠藤光暁　　　粤語咸摂一等牙喉音の主母音について
山崎直樹　　　中国語における名詞の編入（Noun-Incorporation）
古屋昭弘　　　翻訳　С.А.Старостин　上古中国語の声調について
吉田早恵　　　『四庫全書総目提要』所載「説文解字篆韻譜」訳注
奥野誠弘　　　卒論紹介「広東語音韻小論」より
樋口勇夫　　　卒論紹介「隋唐の中古音と日本漢字音
　　　　　　　　—特に日本書紀歌謡の万葉仮名について—」より
秋谷裕幸　　　杭州方言資料会話篇（1）

3 　『開篇』編集部　1987・7
遠藤光暁　　　獲嘉方言の変韻とそれに関連する音変化の相対的順序
笹原宏之　　　〈佛〉の一異体字〈儞〉について
鱒沢彰夫　　　『支那文典』及び『大清文典』の原本—『文學書官話』について
山崎直樹　　　受動態のプロトタイプにたいする中国語からのふたつの寄与
吉田早恵　　　『四庫全書総目提要』所載「方言」訳注
秋谷裕幸　　　杭州方言資料会話篇（2）
吉池孝一　　　呉語文献目録稿　—日文・中文＜1979-1986＞
古屋昭弘　　　『梅花戒寶巻』と清末浙東の呉語
氷上正　　　　『梅花戒寶巻』注釈（一）

4 　『開篇』編集部　1987・11　　　　　　この号から『中国語学研究　開篇』
石汝杰　　　　苏州方言的一种拼音方案
万小力　　　　上海方言拼音方案
岩田礼　　　　赣榆县石桥乡方言的声调
遠藤光暁　　　襄垣方言における母音韻尾の鼻音韻尾への変化過程

山崎直樹	複合語としての姓名の構造
笹原宏之	則天文字の周圏論的性質について
古屋昭弘	白居易詩における「相」の声調について
秋谷裕幸	杭州方言資料会話篇（３）
氷上正	『梅花戒寶卷』注釈（二）

5　『開篇』編集部　1988・6

遠藤光暁	橋本萬太郎教授の足跡　〈附〉"粤語とタイ語の関係"の検討
W.L.Ballard	Whence Putative Tonogenesis?
太田斎	中国語に見られる'Metathesis'について
石汝杰	吴语连读变调的两个问题
万小力	关于汉语口语的信息冗余问题（一）
杨春霖	"朱门酒肉臭"释义辩正
张惠英	关于《金瓶梅》的语言
钱曾怡/杨秋泽/太田斎	掖县方言同音字表（第一次改订稿）
秋谷裕幸	杭州方言資料会話篇（４）
徐菊秀/陳為瑋/氷上正/古屋昭弘	南京方言資料—南京白话〈人情债〉
和平	北京方言資料（一）
山崎直樹	類別詞、プロトタイプ、メタファー
鱒沢彰夫	安藤彦太郎『中国語と近代日本』を読む
斉藤由希子	卒論紹介「顔真卿の楷書について」
笹原宏之	卒論紹介「華南の俗字について」

6　好文出版　1988・12　　　　この号から『中国語學研究　開篇』

金經一	試釋弄
郄政民	《诗绸缪三星》说略
伊藤丈	六朝漢語語法考 ―「了＋否定詞」―
平山久雄	『切韻』序と陸爽
遠藤光暁	p3696の第10・12・13片について
波多野太郎	元曲疏證（一）
古屋昭弘	「賓主問答私擬」の音系
笹原宏之	〈乒乓〉に関する「字源俗解」と史実
万小力	关于汉语口语的信息冗余问题（二）
石汝杰	扬州评话记音《学事务》
臼田真佐子	陳復華・何九盈両先生の『古韻通暁』をめぐって

7	好文出版	1990・6
钱乃荣	古吴语的构拟（一）	
宋玉珂	膑脚不是削膝盖	
杨学军	古书训解与古代典章文化	
伊藤丈	六朝漢語語法考Ⅱ	
遠藤光暁	在欧のいくつかの中国語音韻史資料について	
臼田真佐子	『広韻』『集韻』の韻目の異同について	
波多野太郎	元曲疏證（二）	
古屋昭弘訳	姜信沆「訓世評話について」	
植田均/李思明	〈水滸全傳〉〈金瓶梅〉の言語	
笹原宏之	〈囍〉に見る符号・紋様の文字化	
楊達	「表现」「表示」「表达」について	
水谷誠	『広韻』『毛増』小韻対照表（平声篇）	
樋口勇夫	山西省太谷方言資料「牛郎織女」	
佐藤喜之	モンゴル関係中国近世語研究論著目録稿	
西尾祐子	〈卒論紹介〉「香港式広東語の音韻研究」	

8	好文出版	1991・4	この号から『中國語學研究　開篇』
苏晓青	试论"着"在现代方言中的一个特殊音义		
遠藤光暁	河北省・遼寧省・山東省に於ける声調の地理分布と変遷		
Richard VanNess Simmons	Hangzhou Oral Performances 杭州曲艺资料		
刘庆谔	反训难以否定 ―《韩非子》反训初探―		
万小力	蒙古语的汉语借词		
Zhang Jibin	Grammatical Organization in the Human Mind and Grammar Teaching		
鱒沢彰夫	東本願寺中国語教育編年資料		
钱乃荣	古吴语的构拟（二）		
波多野太郎	元曲疏證（三）		
植田均	《金瓶梅词话》中词尾"子""儿"（二）		
水谷誠	『広韻』『毛増』小韻対照表（平声篇Ⅱ）		
姜信沆	訓世評話について（資料篇上）（古屋昭弘校）		

9	好文出版	1992・4
Richard VanNess Simmons	Hangzhou Storytellers and their Art 杭州说书	
池田巧	江蘇省泰州方言の音声についての記述的研究	
鲁国尧	我的语言简历	
王宝平	有关《助语词》的文献学的研究	

郲政民	《歧路灯》释词
钱乃荣	古吴语的构拟（三）
波多野太郎	元曲疏證（三）
姜信沆	訓世評話について（資料篇下）（古屋昭弘校）
水谷誠	『広韻』『毛増』小韻対照表（去声篇）
遠藤光暁	中国語の言語習得と言語障害研究文献目録
臼田真佐子	"纪念王力先生九十诞辰语言学研讨会"見聞記
里見泰	卒論紹介「帛書『老子』の語学的研究」

10　好文出版　1992・5

张惠英	《山歌》注（一）
杨春霖	西安方言饮食词语选择
秋谷裕幸	閩南祖語における*-ɔi・*-øy の再構
笹原宏之	画数に隠された意味──64画の漢字とその背景
波多野太郎	元曲疏證（四）
古屋昭弘	清代官話の一資料・補
舛谷鋭	インドネシア華人の言語生活
小早川真理子	翻訳　金経一「《龍龕手鑑》小考」
遠藤雅裕訳	翻訳　姜信沆「韓国漢字音の舌音系漢字音の変化について」
水谷誠	『広韻』『毛増』小韻対照表（入声篇）
渡辺浩司	神戸市外国語大学所蔵南音・木魚書類一覧
総目次	

11　好文出版　1993・12

王福堂	《梅花戒宝卷》中的绍兴方言
刘广和	唐朝不空和尚梵汉对音字谱
张惠英	《山歌》注（二）
伊藤丈	漢魏晋南北朝訳経歴史文法
工藤早恵	十巻本『説文解字篆韻譜』における「慧琳型反切」
波多野太郎	元曲疏證（五）
秋谷裕幸	閩南語松溪方言同音字表
水谷誠	『広韻』『毛増』小韻対照表（上声篇）
金俊憲	修論紹介「上古複声母論の研究」
遠藤光暁	\<résumé\>《重刊老乞大谚解》牙喉音字腭化的条件　附・パリにある朝鮮資料
古屋昭弘	关于《拍掌知音》的成书时间问题

12　好文出版　1994·12

遠藤光曉	辻伸久先生の思い出
西田文信	辻伸久先生論著目録（稿）
钱乃荣	上海市郊一县语音变异的考察　一奉贤语音的内部差异
王世华	扬州话的"轻声"—补足调
丁忱	雅书类说
梁晓虹	从"泰山地狱"到"东岳主冥"的泰山信仰
杨学军	中国古代的"生鱼片"、"木屐"及"席地而坐"
杨春霖	西安方言饮食词语选择（二）
张惠英	《山歌》注（三）
波多野太郎	元曲疏證（六）
水谷誠	「附釈文本」と「増韻本」との反切用字の相違について
遠藤雅裕	粵語広州方言の色彩語彙体系（試論）
古屋昭弘	白居易詩にみえる V 教（O）C について

13　好文出版　1995·12

邢向东	内蒙古晋语叙述句、描写句表肯定和否定的基本格式
梁晓虹	试论无著道忠对中国训诂学的贡献
李国英	小篆形声字历史成因的探讨与共时系统的描写 —传统《说文》学向现代文字学的转化
平山久雄	昆明为什么不读 Gunming
水谷誠	「附釈文本」と「増韻本」との小韻順序の相違について
小早川真理子	「四声通解」と「韻学集成」
小島正弘	中国語教授法に関する一考察 ―長谷川良一著『中国語入門教授法』を読んで―
张惠英	《山歌》注（四）
波多野太郎	元曲疏證（七）
大嶋広美	梅県客家語会話（一）
福田和展	《你呢貴姓》翻字
古屋昭弘	〈資料紹介〉魏際瑞の「切字訓」　—17 世紀江西客家方音の資料—

14　好文出版　1996·12

江蓝生	《游仙窟》漫笔
梁晓虹	佛典与训诂
冯蒸	《尔雅音图》的声调
刘勋宁	「秃秃麻食」和「馒头」

石汝杰	《山歌》词语考释
杨学军	汉语成语语义发微（六题）
温云水	现代汉语的敬体问题
野間晃	閩語研究文献目録
大野広之	Transcription of Great Learning from the Manchu Version
波多野太郎	元曲疏證（八）
大嶋広美	梅県客家語会話（二）
古屋昭弘	影印《正字通》三种简介

15　好文出版　1997·6

戴耀晶	论现代汉语的体范畴
游汝杰	吴语的音韵特征
太田斎	漢語方言の常用語彙に見られる例外的対応形式について —'明'の場合—
平山久雄	説文段注ノート（一部・上部）
郗政民	《長鋏歌》韻釋
古屋昭弘	〈新刊紹介〉『日本語アクセント史総合資料　索引篇』
尾方敏裕	はじめての AA 研 2518

16　好文出版　1997·12

平山久雄	阴去和阳去在"声调调值变化的环流"中演变的先后关系 —以河北方言为例—
曹志耘	山东峄城方言民俗词汇 —婚育、丧葬、称谓
张世方	山东单县方言的亲属称谓系统
杨秋泽	博兴方言音系
邢向东	神木话表虚拟的语气词
苏晓青	赣榆・青口方言特字音表
Fuminobu NISHIDA	Merger of Rising(Shang)Tones in Hong Kong Cantonese
耿振生	近代北京音与现代北京音的时界
太田斎	『西儒耳目資』に見る先行韻書の利用のされ方
小方伴子	古漢語研究における使動用法の扱いについて
古屋昭弘	明代の "V 倒" について
杨剑桥	《〈山歌〉注》补
万清华	构语形态 "-子" 的分类
波多野太郎	元曲疏證（八）要語勘誤表

| 17 | 好文出版 | 1998・6 |

丁锋　　　　百年前的海盐音和东京音 ―《东语入门》的日中对音―
池田巧　　　广西客家陆川方言的合口介音 ―关于高本汉所构拟的两种合口介音―
小松岚　　　闽南方言的"V互OC"动补结构小议
杨学军　　　中国古代食俗语释四题
古屋昭弘　　『定州漢墓竹簡・論語』と大西氏の予言
梁晓虹　　　说"沟港"
邓兴锋　　　元代大都杂剧用韵研究
孟庆泰　　　《金瓶梅词话》《醒世姻缘传》《聊斋俚曲集》"VOV"结构比较研究
大嶋広美　　梅県客家語会話（三）
臼田真佐子　中国語音声学教学札記
太田斎　　　〈資料〉玄応音義反切と玉篇反切の一致
金俊憲　　　韓国の中国語学・文学関係博士論文の内容と傾向
　　　　　　　―1992年度後期～1996年度前期―
太田元子　　〈卒論紹介〉香港の雑誌 ―「YES!」をめぐる問題と表記

| 18 | 好文出版 | 1999・1 |

钱曾怡　　　长乐（浙江嵊县）话的特殊语序
秋谷裕幸　　吴语太湖片文读中所保存的官话江摄牙喉音古读
远藤雅裕/将邑剑平　上海方言基本颜色词汇调查简报
罗福腾　　　胶辽官话概论
赵日新　　　关于徽语的历史层次
王岚　　　　厦門語"有"の用法について
中西裕樹　　从历时的角度看万载客家话的语音特点
吉川雅之　　香港粤語文学作品書目
西田文信　　声調関連文献目録稿（欧文編）
宋焕起　　　隶书体的滥觞与流变述略
舩田善之　　『元典章』読解のために ―工具書・研究文献一覧を兼ねて―
古屋昭弘　　『楊家府演義』の"V倒""V教C"等について

| 19 | 好文出版 | 1999・12 |

鄭光　　　　元代漢語の『旧本老乞大』
金俊憲　　　崔世珍の生涯に関する新資料の発見 ―附簡略年譜―
郭必之　　　從《説文解字注》看段玉裁「音轉」説的運用
曹志耘　　　二十世纪汉语方言的发展变化 ―历史和地域的角度―
秋谷裕幸　　吴语处衢方言和瓯江方言里的覃谈二韵

潘家懿	粤东地区的一座"语言学校" —惠东县多方言现象述略—
严修鸿	连城方言古浊上字的调类分化 —兼论福建内陆闽语"浊上归入"的现象—
邢向东	神木方言音系及其内部差异
王静	山东博山方言几种语音现象的社会分布
西田文信	声調の音声的特徴に関する一考察
周斌武	清代古音学
徐时仪	"睡觉"词义衍变蠡测
古屋昭弘	『齐民要術』の"V令C""V著O"等について
波多野太郎	「北京口語語法―詞法卷」讀後
佐藤浩一	訳注試稿「祭遠祖当陽君文」

20　好文出版　2001・3

平山久雄	説文段注ノート（敘前半、"六書"まで）
郭必之	段玉裁《說文解字》所見"合韻"、"音轉"一覽表
徐时仪	慧琳《一切经音义》引《切韵》考论
李林	《世说新语》关系动词研究
遇笑容	《賢愚經》中的代詞"他"
波多野太郎	"力巴兒"試探
竹越孝	蒙漢対訳文献における"有"の対応蒙古語
麦耘	广州话的声调系统与语素变调
赵日新	徽州的词汇特点
赵则玲	浙江兰溪方言的语音异读分析
项梦冰	《连城方言古浊上字的调类分类》
严修鸿	再谈连城方言浊上字的调类分化 —回答项梦冰先生的读后札记
李树俨	宁夏方言与引黄灌区农耕文化
孟子敏	平邑话的变调—兼论变调的类型
吴永焕	山东方言的声调类型
徐丽华	义乌方言的人称代词
吉田仁	韻母から見た北京語と中国語各方言との音声距離
野川博之	金剛幢下に見る方言蔑視の種々相
杨宝霖	《花笺记》研究
古屋昭弘	『三國志玉璽傳』の言葉のことなど
千葉謙悟	清末文献に見る固有名詞表記の誤記例
西槇延子	介词"朝、向、往"比较分析
いしゐのぞむ	清濁易名陰陽考
総目次	

| 21 | 好文出版 | 2002・3 |

慶谷壽信	中国音韻学史上の一問題　—刪、山韻と黠、鎋韻との対応関係をめぐって—
徐丹	上古漢語複輔音與前綴　—以*m - 為例
黄華珍	淺談《經典釋文》
王弘治	《经典释文》成书年代补证
徐时仪	重纽三、四等的区别管窥
平田眞一朗	中古四声に関する資料及び研究論文
張渭毅	1978年—2001年上半年近代汉语语音研究论著目录
李林/张海霞	《搜神记》兼语式研究
祖生利	《景德传灯录》中的附加式复音词
荒木典子	水滸伝の待遇表現
孟子敏	再剪金瓶梅几枝—《金瓶梅词话》词语例释（二）
井上治	蒙語老乞大　テキストのローマ字転写と和訳　〈巻之一〉
波多野太郎	一磨兒攷
千葉謙悟	倣借と対音の間　—「紐約」を中心に—
西槇永志	副詞「都」に関する調査と分析
佐藤直昭	王蒙《季节四部曲》における"V将C"構造
北川修一	歴史文法と方言文法　—閩南語の"bat4"—
庄初升	粤北土话中知组三等读如端组的性质—兼论早期赣语知二、知三的分化
严修鸿	汉语南方方言里白读中所见以母古读的层次
李树俨	灵武回族使用的选择性用语
傅根清	景宁畲话声母的超中古现象
项梦冰	连城（文亨乡文保村）方言同音字汇
邢向东	神木方言（城关话老派）同音字汇
NISHIDA Fuminobu	Chinese loanwords in Khmer　Part I: Lexical comparison
曹志耘	珊瑚的月亮
佐藤晴彦	〈書評〉近代中国における言語文化接触の新研究
古屋昭弘	〈書評〉『老乞大　朝鮮中世の中国語会話読本』

| 22 | 好文出版 | 2003・4 |

林英津	再論'釁'、'沫'同源
林英津	從漢藏語的比較，龔煌城先生在李方桂先生的漢語上古音系上搭樓台
齐冲天	论两个语源
遇笑容	说"云何"
徐時儀	佛經音義引切韻考

周志锋	大型字典俗字音义补遗
波多野太郎	鮈字攷
张树铮	蒲松龄《日用俗字》语音研究
井上治 金度亨	蒙語老乞大 テキストのローマ字転写と和訳＜巻之二＞
佐藤晴彦	栗林均氏の批判に答える
	―氏の「『元朝秘史』におけるモンゴル語と漢語の人称代名詞の対応」をめぐって―
Christine LAMMARE	
	状態変化、構文、そして言語干渉：中国語の【V＋在＋場所】構文のケース
荒木典子	「実現・可能」の"V得"の成立
张世方	北京官话的再分区
刘淑学	冀州方言中的特殊词语
颜峰	山东郯城方言的代词
李树俨	宁夏方言与晋语某些相似的语法特点
徐从权/石汝杰	安徽肥西方言的语音特点
蔡嵘	吴语瓯江片乐清方言古今韵母比较
赵则玲	浙江畲语的形成及其特性考察
佐藤直昭	虚指の"伊"―上海方言"伊"に関する一考察―
彭冰泉	安福方言小称变调现象考察
Timothy MILLER	Two Types of Sonorant Initials: More Evidence from Tatien as Well
北川修一	泰華小説《三聘姑娘》の潮州語
野間晃	"切音新字"について
西田文信	香港粤語のダウンドリフトについて
	―産出と知覚に関する音響実験の結果から―
竹越美奈子	翻訳　Cantonese Primer(1)
横田文彦	広東語の授受表現に関する一考察
稲葉明子	脚韻からみた木魚書「南音」の発生
鋤田智彦	翻訳　姜信沆　洪武正韻訳訓「歌韻」のハングル表音字について
秋谷裕幸/古屋昭弘	李方桂記念漢語史国際シンポジウムに参加して

23　好文出版　2004・5

鱒澤彰夫	追悼　波多野太郎博士
波多野太郎	雜劇解詁 一
神山志郎	中國戲曲音韻 ―京劇音韻探究
余志鸿	《蒙古秘史》动词"回响"结构
荒木典子	『金瓶梅詞話』の"向"について
井上治 金度亨	蒙語老乞大　テキストのローマ字転写と和訳＜巻之三＞

林虹瑛・村瀬望・古屋昭弘	戦国文字「龍」について
鈴木慎吾	『切韻残巻諸本補正』未収の切韻残巻諸本について
徐時儀	玄應《一切經音義》所釋方音考
平田眞一朗	『悉曇蔵』所伝の「金」の声調について
王淑霞	荣成方言"Ⅹ儿Ⅹ儿"结构的形容词
吴永焕	山东方言中的[pf]、[pf']、[f]声母
包旭玲	灵宝方言浊音清化的层次
李树俨	宁夏引黄灌区地名面面观
卢小群	湘南土话中表示"给"的字
黄晓东	台州方言的人称代词
王莉	"平阳普通话"音系底层形式的特点
蔡嵘	吴语瓯江片乐清方言古今声母比较
佐藤直昭	情報構造とトーンサンディ ―上海語の"啥人VP?"の例から―
严修鸿	客赣方言浊上字调类演变的历史过程
刘泽民	客赣方言鱼虞韵的历史层次
庄初升	粤北土话的小称变音
西田文信	香港粤語の音節の長さについて ―音響実験の結果からの予備的考察―
竹越美奈子	翻訳 Cantonese Primer (2)
西槇延子	"里"和"上"的语义特征分布
刘利	一部有特色的中国语言学通史 ―赵振铎《中国语言学史》评介

24 好文出版 2005・3

太田斎	乏韻渓母小韻は実在したか
鈴木慎吾	王仁昫切韻の異体字注記について
張渭毅	1950年―2003年中國的中古音研究綜述
鋤田文彦	東洋文庫本『重刊老乞大諺解』に現れた上声の連読変調について
徐剛	《孝經》"聖治章"正讀
徐時儀	《玄應音義》所釋方俗詞考
方一新/柴红梅	《汉语大词典》商补
周志锋	俗字拾零
井上治/金度亨	蒙語老乞大 テキストのローマ字転写と和訳＜巻之四＞
竹越孝	谈"却"的副词化
荒木典子	起点を表す"在" ―『西遊記』の用例を中心に
王周明	『三言』における「V有NP／V得有（NP）」
千葉謙悟	『東西洋考毎月統記傳』にみるThe United Statesの訳語 ―「合衆国」語構成の再検討―

西槇延子	"里""中""内"的比较研究
汪化云/陈金仙	废名小说中的"不"及其相关句式
彭国跃	中国語の謝罪発話行為のコンテクスト制約
	―大学生の言語意識調査に基づいて―
张树铮	山东方言轻声的语音特点
刘泽民	客赣方言江、宕摄的历史层次
温昌衍	客家方言本字举例
陈淑梅	鄂东方言"把得"被动句
王莉	温州话的"牢"和"赖"
赵江平	湘潭方言的"把"字句
远藤雅裕	广西三江六甲话的老年层音系与语法例句简介
远藤雅裕	广西三江六甲话的基本颜色词系统
植屋高史/竹越美奈子	广西三江六甲话的中年层音系简介
横田文彦/三木夏华	广西三江桂柳话、土拐话的语法比较
竹越美奈子	翻訳　Cantonese Primer (3)
古屋昭弘	＜新刊紹介＞　石汝杰、宫田一郎主编《明清吴语词典》

25　好文出版　2006・5

平山久雄	上古漢語の音素体系
徐剛	《周禮》"任人"解
刘利	先秦助动词"足"的语义分析
徐时仪	《一切经音义》引《说文》考
鋤田智彦	『四声通解』における崔世珍「按」
竹越　孝	〈資料〉『象院題語』翻字
井上治/金度亨	蒙語老乞大　テキストのローマ字転写と和訳＜卷之五＞
高永安	中古山咸摄在《音韵正讹》中的演变看声调对韵母的影响
古屋昭弘	「官話」と「南京」についてのメモ
	―「近代官話音系国際学術研討会」に参加して―
黄仕忠	读早稻田大学整理本浙东宝卷三种札记
庄初升	一百多年前新界客家方言的方位词"里"
温昌衍/温美姬	客家方言本字举例（续）
千葉謙悟	『西蜀方言』音節表
大西博子	汉语方言单音形容词重叠后缀的地理分布及类型　―以"子"尾为例―
郭沈青	甘肃秦安五营方言音系
郭凤岚	河北宣化方言音系
颜峰	山东郯城方言词缀研究

吴波	安徽枞阳方言音系
孙宜志	桐城方言的语音特点及其归属
王健	江淮方言若干语法特点略说
徐越	浙北杭嘉湖方言音韵特点
张盛开	湖南平江各地方言的语音词汇特征及常用词汇
鄧享璋	福建省沙縣蓋竹話同音字彙
麥耘	廣州話疑問語氣系統概述
竹越美奈子	翻訳 Cantonese Primer (4)
杨璧菀	《粤西十县市粤方言调查报告》怀集话语料补正
工藤早惠	广西三江六甲话的量词简介
西田文信	納木義語における漢語からの借用について
笹原宏之	〈新刊紹介〉何華珍著『日本漢字和漢字詞研究』

26 好文出版 2007・5

王弘治	说"去"、"瀍"
野原将揮	春秋戦国文字「陳」の声符に関して
菅井紫野	漢字の表意文字体系維持の謎について
徐剛	《論語》疑義舉例
徐時儀	"開心"考
沈怀兴	"疆场"辨释
曹小云	试论古兽医书《司牧安骥集》在汉语词汇史研究上的语料价值
増野仁	中国語における二人称代名詞の変遷 —『老乞大』諸版本からの検討—
井上治/金度亨	蒙語老乞大 テキストのローマ字転写と和訳＜卷之六＞
周志锋	《明清吴语词典》释义探讨
白川实子	浙南呉語に見る魚韻の歴史的層分けについて
平田眞一朗	『文鏡秘府論』にいわゆる「傍紐」と「正紐」について
高永安	《音韵正讹》韵母系统的特点
鋤田智彦	『満文金瓶梅』漢字音表
李無未/趙小丹/李逊	清末中日学者北京官話"變調"意識 —以日本《日清會話辭典》為依據
村上之伸	瑞安方言一百年间的音韵变化
千葉謙悟	『華英捷径』音節表
颜峰	郯城（重坊）方言同音字汇
赵学玲	山东方言入声区的入声调
沈明/谢留文	安徽黟县（宏村）方言的小称音变
王莉	浙江平阳县昆阳镇方言词汇的调查
张盛开	关于平江城关方言的处所表现

竹越美奈子	翻訳　Cantonese Primer（5）
北山由紀子	〈卒論紹介〉『原本玉篇』の受容について
	～『玄応一切経音義』との"案語"の比較を通して～

27　好文出版　2008・4

平山久雄	论"摸"、"拉"等字在中古口语音系中的多音现象
大西克也	上博楚簡（四）"龔之脾"的"脾"字怎麼讀？
野原将揮	無声鼻音考　～上古音声母体系からの一考察～
徐剛	《孟子》"舍皆取諸其宮中"補證
沈怀兴	语文学史上的"长言"说及相关理论
田中希実	『太子須大拏経』『賢愚経』における"令"使成式とその成立背景
徐时仪	《一切经音义》引《玉篇》考
澤田達也	吐魯番出土『玉篇』目録断片（Ch1744）について
叶宝奎/郑碧娇	也谈《中原音韵》之入声韵
鄭光　竹越孝訳	吏文と漢吏文
刘丽川	《老乞大》多版本中"要"的研究
井上治/金度亨	蒙語老乞大　テキストのローマ字転写と和訳＜巻之七＞
荒木典子	禁止否定の"別要"について
刘泽民	吴语桓韵的主体层次和上古遗留层
苏晓青/岩田礼	方言边界线上的存古现象：以江苏连云港地区的入声为例
张卫东	戏棚官话与近代汉语
野間晃	《厦門音新字典》之成書
颜峰/徐丽	郯城方言的重叠式
邢向东	秦晋两省黄河沿岸方言的词汇异同
张世方	衢州方言音系
温美姫	梅县方言本字考辨五则
竹越美奈子	翻訳　Cantonese Primer（6）
野原将揮/千葉謙悟	翻訳　S.A.スタロスティン『上古中国語音韻体系の再構』訳注（1）
李超	杨军《七音略校注》与潘文国《韵图考》古韵图考注的比较及补正
成晓东	读《古书虚词旁释》

28　好文出版　2009・4

小松紘一郎	有坂秀世と小松摂郎
赵则玲	宁波话与上海话语音的异同
平田眞一朗	丹陽方言における語声調の形成について
吴永焕	山西方言声调的共时类型与历时演变

柯西钢	陕西白河城关方言音系
郭沈青/王红霞	陕西商南城关赣方言音系
项梦冰	连城（罗坊）方言词汇记略
馬之涛	広東語の母音の/a/と/ɐ/について
工藤早恵	広西三江六甲話の指示代詞と量詞の統語的特徴について
张燕芬/刘晓海	猪舌头婉称的种类及其地理分布
野原将揮	上古中国語の牙喉音系声母についての初歩的研究 〜戦国楚地出土資料を例に〜
鈴木慎吾	『切韻残巻諸本補正』未収の切韻残巻諸本—ベルリン本補遺
鋤田智彦	『満文三国志』に現れる歯音字の表記について
徐剛	《孟子》"蹶者趨者"新釋
陈练军	論"衣"的语素化
汪维辉	"雌黄治书"究竟是怎么一回事？—纠正白寿彝主编《中国通史》的一处疏失
徐时仪	古白话方言词考释
陈念波	"跑"字小考
蕭旭/趙鑫曄	《捉季布傳文》校補
蕭旭	"垃圾"考
姚伟嘉	成化本《花关索传》校正二则
井上治/金度亨	蒙語老乞大　テキストのローマ字転写と和訳〈巻之八〉
竹越美奈子	翻訳　Cantonese Primer（7）
千葉謙悟/野原将揮	翻訳　S.A.Starostin 上古中国語音韻体系の再構・訳注（2）
渋井君也	〈卒論紹介〉語形成における合成語の主要部の位置について —中国語と日・英語の比較を中心として—

29　好文出版　2010・9

徐剛	《公羊傳》"登來之"及相關問題新解
石村広	古代使動用法と使成式の継承関係について
鈴木慎吾	『切韻残巻諸本補正』未収の切韻残巻諸本 —大谷本補遺
平山久雄	关于 S.10V《毛诗音》残卷 —论其混合本性质—
何华珍	《参天台五台山记》与中日汉字词研究
何华珍/方国平	白本《参天台五台山记》与王本《新校参天台五台山记》比较
蕭旭	"郎當"考
荒木典子	『清文指要』異本間の対照 —"無"と"没"の例
徐丽・石汝杰	《官话指南》的版本和语言
横田文彦/竹越美奈子	早期粤语文献中表示动作起始点的"在"与"喺"
馬之濤	『粤東俗字便蒙解』の紹介
颜峰・徐丽	郯城（重坊）方言单音节特征词例释

郭沈青/王应龙	陕西白河茅坪江淮官话音系
石绍浪	江淮官话黄孝片入声字韵母分析
栗华益	通城石板铺方言的语音特点
王福堂	韶山方言同音字汇两种
项梦冰	韶山如意方言同音字汇
谢留文	安徽铜陵吴语同音字汇
大西博子	浙江萧山方音的内部差异及其演变趋势
李海波	吴语黄岩方言中的"凑"
孙宜志	金华鞋塘方言的语音特点
应李淑/盛爱萍	瓯语比较句初探
张勇生	永丰瑶田话的中塞调
黄晓东	江山市廿八都"正字"音系
张燕芬	揭东方言的"有""无"问句
井上治/金度亨	蒙語老乞大 テキストのローマ字転写と和訳＜跋＞
竹越孝	翻訳 鄭光 山気文庫所蔵〔刪改〕〈老乞大〉について
徐奕	翻訳 艾約瑟《上海方言口語語法・句法》
竹越美奈子	翻訳 Cantonese Primer（8）
日高知恵実	〈卒論紹介〉漢語フフホト方言「旧城話」の形成過程について

30　好文出版　2011・9

高嶋謙一	「河」の語源と中國古文字學
徐剛	論《詩經》的虛詞"言"—從語法分佈的角度看
蕭旭	《莊子》拾詁
野原將揮	「仇讎」的讀音　～以《清華簡・耆夜》為例～
平山久雄	中古汉语的鼻音韵尾在日本汉字音中的反映及其演变
太田斎	韻図における唇音字の開合配置
澤田達也	『大廣益會玉篇』部首目録の成立過程：反切用字からの考察
鄭丞惠	老乞大・朴通事の学堂風景を通して見た麗末鮮初の漢語教育と元代の童蒙教育
朱新林	行状考实
陈喜真	关于"饭时"
荒木典子	江戸期の文献における漢語語彙の段階的定着 —『通俗赤縄奇縁』の例—
何华珍	近代中日医学词汇探源 ——以《医语类聚》为例
千葉謙悟	19世紀意大利的漢語課本『三字經』簡介 —兼論它的基礎方言—
刘艳	山西省文水（云周）话中的提顿词"桑"
郭沈青	陕西镇安永乐方言音系
王慧娟	河南项城方言的使感结构"X人"

佐藤直昭	上海方言における陽入調 4 音節名詞句の連読変調パターンと語構造に関する一考察
陈丽	安徽歙县大谷运方言同音字汇
沈明	安徽歙县郑村方言同音字汇
刘祥柏	安徽黄山汤口方言同音字汇
楊慧君	安徽石台南源话音系
张盛开	平江说唱文学
秋谷裕幸	闽中区方言中弱化清声母的反映
工藤早恵	広西三江侗族自治県・六甲話の代詞
横田文彦	広東語「VO 喺[hai]L」構文再考
神山志郎	崑曲的聲調
鱒澤彰夫	現代中国語資料：《中国人民解放军军语（全本）》収録用語一覧
竹越美奈子	〈翻訳〉　Cantonese Primer（8）
高山亮太	〈卒論紹介〉　隷変以後の漢字の造字法
尾方敏裕	『開篇』30 号出版に当たって
総目次	

31　好文出版　2012・10　JERRY NORMAN 先生追悼号

秋谷裕幸	ジェリー・ノーマン先生の閩語研究と私
曾南逸	也谈《荔镜记》的方言归属
冯青青/项梦冰	北方方言端见母细音字的读音类型
李会芳	河南济源方言中的"老 AA"
支建刚	获嘉亢村方言的异调分韵现象
郭沈青	陕西山阳长沟方言音系
栗华益	安徽绩溪华阳话两字组连读变调分析
张勇生	湖北省大冶陈贵方言的语音特点
钟江华	湖南桑植县芙蓉桥白族乡"民家腔"同音字汇
邹晓玲/庄初升	邵阳县白仓方言同音字汇
汪高文	江西彭泽方言同音字汇
杨文波	江西上饶铁路话音系
卢惠惠	江西南康客家话的表微标记"子[tsŋ^{42}]"
刘斐	客家方言于桂片南康荷田话重叠式形容词研究
中西裕树	海丰鹅埠客家话的畲汉口音调值不同的现象
濱田武志	湘・粤・桂の省境地域の粤語「梧州話型粤語方言」について
吉川雅之	香港粤語文學作品書目(二)
竹越美奈子	〈翻訳〉Cantonese Primer (10)

徐剛	甲骨文"大采""小采"探源
蕭旭	《說文》"褫"字音義辨正
崔山佳	《略論人稱代詞帶修飾語的形式》質疑
澤田達也	原本『玉篇』収録字の依拠資料
太田斎	于母重紐問題と助紐字を巡る臆説
王莉	《琵琶行》"间关"音义考订
徐时仪	《朱子语类》习语俗词俚谚考
李妍	簡論《劉知遠諸宮調》中的疊音稱謂詞
張衛東	論《中原音韻》的魚模尤侯"兩韻併收"
鄭丞惠 竹越孝訳	東洋文庫所蔵漢字本『老乞大』の新発見
髙山亮太	早稲田大学図書館蔵『満漢字清文啓蒙』（宏文閣本）の「漢」について
宮島和也	＜卒論紹介＞戦国竹簡における用字法の研究
	―『清華大学蔵戦国竹簡（壱）「周武王有疾周公所自以代王之志（金縢）」』を例に―
鈴木慎吾	切韻諸本残存状況一覧図 ―切韻諸本研究資料之一―

32 好文出版 2013・10

周广干	"或"系假设连词流变考论
徐剛	《論語》首章的語用學研究 ―"不亦……乎"的預設規則
刘斐	郑玄跨文本互文现象研究
徐时仪	"炒、吵、抄、钞"与"闹、诮"词义类聚考探
崔春子	百年日本汉语教材中的政治称谓词 ―社会语言学的视角
张虹倩	《文始》初文、准初文总数考
澤田達也	原本《玉篇》脂之韻的反切分布
陳小珍	再議五臣注《文選》諸版本的音注問題
張渭毅	論《集韻》轉移小韻非因"錯簡"而成
山口要	從馬禮遜的《字典》看19世紀的官話音系
田文静	山东高密（西乡）方言音系
杨文波	山东兖州新兖方言同音字汇
支建刚	山西襄陵方言同音字汇
张倩	江西信丰（铁石口）客家方言同音字汇
贾坤	江西婺源段莘方言的语音特点
項夢氷 詹澹	萬年（石鎮）方言同音字彙
张勇生	永丰瑶田方言同音字汇
唐桂兰	宿松方言中的"尼"及关于"尼"的成分
徐建	安徽潜山方言音系
髙橋康徳	連江方言（福建省福州市連江県）単字調の音響音声学的分析

侯超	江苏高淳（淳溪镇）方言音系
王莉	温州昆阳镇方言拟声词的调查与分析
馬之濤 屠潔群	譯註《甯波土話初學》（一）
王一萍	19世纪上海方言中的"拨"字结构 —以艾约瑟（J.Edkins）的语料为中心
竹越美奈子	〈翻訳〉　Cantonese Primer (10)
高山亮太	〈研究ノート〉漢字系文字の「借形字」について
宮内駿	〈卒論紹介〉「哀」字に関する一考察

33　好文出版　2014・12

侯立睿	古汉语黑系颜色词的构成、来源及其特点
徐剛	論《詩》《書》及甲骨金文中的虛詞"誕"
刘斐	汉语倒序互文研究
蕭旭	《史記》校札
赵家栋 董志翘	《经律异相》（12-17卷）校读札记
太田斎	疑母重紐A類小韻試論　　附論　云母との相補性
王正	《篆隸萬象名義》所收字之不見於《大廣益會玉篇》現象淺析
韓小荆	《可洪音義》所引"新韻"研究
王为民	论《黄锺通韵》的"日"母
高山亮太	『清文指要』『續編兼漢清文指要』の版本系統について
林素娥	从近代西人文献看十九世纪中叶以来吴语"有"字句的演变
徐奕	『実用上海語字引及び訳』における上海語の異読状況
丁锋	民国新绛县志所记方言音
藤本健一	民國期の《六法全書》に見える和製法律語
徐馥琼	鱼虞有别—粤东闽语遇摄字的历史层次分析
濱田武志	南寧市以西の桂南平話の共通祖語と系統関係
夏俐萍	汉语方言古浊塞擦音声母的擦音化 —兼谈浊音清化与擦音化的竞争性演变
邓楠	特字"溪"的声母
王海波	中国語天津市薊県方言の指示詞について
孙红举	河南鲁山方言的时频大量副词"狠"
连琪	溧阳（河心）方言"阿VP/阿有VP"问句
李姣雷	湘语人称代词复数标记向结构助词的演化现象
王春玲	四川客家方言の受動マーカーについて
任光远	太原市南郊区声调实验调查报告
石绍浪	江苏泗洪方言音系
黄晓东	金华九姓渔民方言音系
刘倩	浙江九姓渔民方言的性质 —徽语包围中的吴语方言岛

徐丽丽	江根方言音系
吕俭平	邵阳县金称市方言同音字汇
蕭振豪	南音「新平仄律」詞樂關係新探：以杜煥〈客途秋恨〉為例
竹越美奈子	〈翻訳〉　Cantonese Primer (12)
馬之濤 屠潔群	譯註《甯波土話初學》（二）

34　好文出版　2015・12　　B.カールグレン『中国音韻学研究』刊行百周年記念号

遠藤光曉	Karlgren, *Etudes sur la Phonologie Chinoise* 百周年に寄せて
馬之濤	カールグレンのいう舌尖母音と日本語/u/の異音
平山久雄	中古漢語の口蓋化声母の分布について
張渭毅	汉语语音史分期的综合研究
太田斎	神尾弌春氏の慧琳音義研究
	―『慧琳一切経音義の摸索』校訂版作成に当たって―
竹森牧人	中古期反切資料の反切上字一覧表
水谷誠	元代韻書についての一考察……『古今韻会挙要』と百七韻……
山内雅幸	『洪武正韻譯訓』俗音の性質に関して―藥韻「鶴」の俗音をめぐって
山口要	從顧賽芬《中國古文大辭典》看19世紀官話音系
鋤田智彦	『官話指南』に書き込まれた入声由来字の声調
八木堅二	沁源近隣方言における声調の分布と推移―単字調の微視的調査―
張勇生 張貴艶	鄂东南赣语古阳声韵尾的今读类型
徐剛	論《孟子》與"性"相關之"故"
謝維維	論元結構視角下的漢語方向類變讀構詞
関光世	徐志摩の翻訳作品にみられる"被"構文と欧化
崔山佳	寧波方言"做"字補說
遠藤雅裕	臺灣海陸客語的處置式與動補結構
王春玲	四川西充方言における"过成""过"について
施俊	义乌方言同音字汇
宮内駿	「門」を声符とする文字について
高山亮太	『成王爲城濮之行』の地名を表す二字について
臼田眞佐子	紀念陳新雄教授八秩誕辰学術論文発表会に参加して
竹越美奈子	〈翻訳〉　Cantonese Primer (13)
馬之濤 屠潔群	譯註《甯波土話初學》（終）
塩田祥大	＜卒論紹介＞閩語と呉語の関係〜代名詞を起点として〜

35　好文出版　2017・3　慶谷壽信先生追悼記念号

落合守和	あのやまなみの向こうに 一慶谷壽信先生を送る

落合守和編	慶谷壽信名誉教授著書論文目録
讚井唯允	師匠にして戦友　慶谷寿信先生を悼む
佐藤進	「文法上許容ニ関スル事項」と漢文訓読
水谷誠	学恩深し。――慶谷壽信先生の思い出――
太田斎	慶谷門下一不肖の弟子
小方伴子	慶谷先生の「言語学」
金子眞也	慶谷壽信先生の想い出
工藤早恵	慶谷壽信先生の思い出
更科慎一	慶谷壽信先生から受け継ぐもの
下地早智子	「勉強」と「研究」と
砂岡和子	慶谷先生の思い出
竹越孝	『有坂秀世研究』のことなど
中村雅之	慶谷先生の学問
吉池孝一	歌戈魚虞模古讀管見の講義より
石崎博志	官話教材としての『六諭衍義』
松江崇	淺談不符合"聲調排列原則"的同義並列雙音詞的産生機制
秋谷裕幸	邵將区光泽寨里方言里的古浊入声分化
太田斎	揚中方言調査ノートから
竹越美奈子	〈翻訳〉　Cantonese Primer (14)
朱玉柱	河南武陟（大虹橋鄉）方言音系
王姫	山西祁县方言同音字汇
李卫锋	山西汾阳方言同音字汇
刘丹丹	山西汾西方言同音字汇
孙建华	陕西宜川方言同音字汇
郭瑞	河南永城（茴村）方言音系
刘倩	浙江九姓渔民方言同音字汇
日高知恵実	徐州方言の「箕」「ちりとり」「ほうき」に見られる音声的・語彙的差異
根岸美聡	浙江臨海方言のアスペクト表現形式　―実現を表す"lɜʔ⁰"、"爻"を中心に―
魏業群　崔山佳	諸暨楓橋方言的代詞
北川修一	現代中国語方言の反復・選択疑問文の添え字
蕭旭	《慧琳音義》"諏讜"正詁
姚伟嘉	成化本《白兔记》中北方俗语词札记
徐時儀	百年汉语语文辞书编纂探略
范常喜　刘羽佳	《华西初级汉语课程》同音字汇
李綾香	〈卒論紹介〉内と外から見る台湾語
古屋昭弘	あとがき

遠藤光曉	雅洪托夫 о.Део̆ (1926-2018)
平山久雄	《切韵》"同母韵组"第 2 小韵亦同母的例外诠释——兼论痕韵替"中韵"后增问题
鄭光	反切考
林英津	從高麗譯音（Sino-Korean）看漢語音韻史上的送氣清聲母
山口要	從麥都斯《華英字典》看 19 世紀官話音系
张坚	两种新发现的早期潮州方言文献音系性质
亓海峰/李明兴	东港方言"蟹止山臻"四摄合口呼 u 介音的变异研究
蔡华祥/刘刚	盐城市方言语音概况
蔡佞	古尤韵字在苏州北部地区的读音与分布
秋谷裕幸	江淮官話桐城方言における咸摂一等重韻舌歯音字
宮島和也	也談曾侯乙墓竹簡的"左""右"
徐剛	《離騷》"計極"考
山田大輔	古代漢語の時間副詞"既""已"の機能變遷について —漢代・魏晋南北朝期を中心に
王衍军	《聊斋俚曲》中的能性述补结构及其历时发展初探
北川修一	唐話資料に見られる茶に関する表現
鈴木史己	試論表名物詞多樣化的成因—以表〈高粱〉義為例
赵晓阳	河北阳原（化稍营镇）方言代词
盛益民	吴、徽语论元性强调代词研究述评
王曹杰	柳州方言动作类常用词疑难本字考
蔡芳	安远（鹤子）客家方言同音字汇
竹越美奈子	〈翻訳〉Cantonese Primer (15)
鈴木陽一	我が師を語る　慶谷先生に救われ、慶谷先生に教えられ、慶谷先生に認められた思い出について

編集後記

　私的なことで恐縮ながら編集長の勤務先定年退職にともない、『開篇』も閉篇の時を迎えることになりました。最終号が鄭張尚芳・楊耐思両先生の追悼記念号となるとは思いもよらないことでした。鄭張先生は開篇単刊として出版をご希望の原稿があるとおっしゃっていたのに本当に残念です。楊先生には北京でとてもお世話になりました。両先生にそれぞれサインしていただいた『上古音系』と『近代漢語音論』は家の宝物となっています。両先生のご冥福を心よりお祈り致します。

　今回で閉刊ということもあり、ゆかりのある多くの方が書いてくださいました。早くから投稿して下さっていた皆様には出版が予定より大幅に遅れてしまったことをお詫びします。『開篇』だけでなく、早稲田大学中国文学会の『中国文学研究』最新号すなわち第44期にも以下のように『開篇』に縁の深い諸氏の論文が沢山載っています：

　　秋谷裕幸　呉語の「蚊」音について
　　荒木典子　『滿漢西廂記』版本二種の漢文部分の相違について
　　高山亮太　『海篇集韻大全』の「經史切韻音義」の音注について
　　千葉謙悟　J.A.イングル『漢音集字』（1899）と近代漢口方言
　　野原将揮　「少」の上古音再考―義通換讀から見た上古音再構
　　平田眞一朗　北部呉方言の広用式変調とアクセント特性
　　鱒澤彰夫　中國口語語彙層の二層化

　同じく中国文学会の『集報』には、秋谷裕幸、樋口勇夫、中山喬章の三氏が思い出の文を書いてくれました。今回の『開篇』と併せて全体が退職記念特集のようにもなっていて恐縮至極です。

　この場をお借りして、今まで『開篇』がお世話になったすべての方々にお礼申し上げたいと思います。本当にありがとうございました。

　　　　　　　　　　　　　　　　　　　　　　　　　　　　　　　古屋昭弘

<執筆者紹介>

馮蒸	首都師範大学	佐藤直昭	みずほ総合研究所
秋谷裕幸	愛媛大学	張勇生	江西師範大学
丁鋒	大東文化大学	汪玲	江西師範大学（院）
宮内駿	立教新座中学校・高等学校	張文娟	江西師範大学（院）
太田斎	神戸市外国語大学名誉教授	彭愛華	江西師範大学（院）
季鈞菲	神戸市外国語大学（院）	遠藤雅裕	中央大学
橋本貴子	神戸市外国語大学	工藤早恵	明治大学
高山亮太	早稲田大学（院）	邵蘭珠	上海大学
藤田拓海	二松学舎大学	西田文信	東北大学
山内雅幸	神奈川県立愛川高等学校	横田文彦	早稲田大学
鋤田智彦	岩手大学	塩田祥大	早稲田大学（院）
山崎直樹	関西大学	竹越美奈子	愛知東邦大学
劉淼	首都大学東京	笹原宏之	早稲田大学
荒木典子	首都大学東京	徐剛	香港嶺南大学
湯伝揚	清華大学	野川博之	博士（文学）
木津祐子	京都大学		早稲田大学　元台湾立徳大学
林素娥	上海大学	古屋昭弘	早稲田大学名誉教授
馬之濤	華南農業大学		

中國語學研究『開篇』vol.37

2019年 4 月 1 日　発行

編　集　『開篇』編集部
　　　　〒162-8644　東京都新宿区戸山1-24-1
　　　　早稲田大学文学学術院　楊達研究室
発行人　尾方敏裕
発行所　株式会社 好文出版
　　　　〒162-0041　東京都新宿区早稲田鶴巻町540　林ビル3F
　　　　Tel.03-5273-2739　Fax.03-5273-2740

Ⓒ2019　Printed in Japan ISBN978-4-87220-221-2